Autoware与自动驾驶技术

田大新　段续庭　郑坤贤
林椿眄　王　奇　姜　航　著

科 学 出 版 社
北　京

内 容 简 介

本书从代码实现角度系统地介绍了自动驾驶车辆软件系统，详细剖析了自动驾驶开源解决方案 Autoware 的技术实现过程和原理，并介绍了基于 Autoware 的自动驾驶工程开发案例。本书首先为读者介绍 Autoware 总体架构及安装指南，接着按照感知、定位、决策、控制四大模块分章分析 Autoware 内对应模块中各个基础 ROS 节点的技术实现细节及原理，最后详细介绍基于 Autoware 开发无人驾驶车辆软件系统的工程实践案例及后续研发方向，帮助读者从实操角度深入了解无人驾驶技术落地应用相关知识。

本书可作为高等院校、研究院所、企事业单位中从事自动驾驶车辆软件系统研究的学生/研发人员的技术入门书籍，也可作为自动驾驶软件系统开发的工具书。

图书在版编目（CIP）数据

Autoware 与自动驾驶技术 / 田大新等著. —北京：科学出版社，2020.7
ISBN 978-7-03-065571-4

Ⅰ. ①A… Ⅱ. ①田… Ⅲ. ①汽车驾驶－自动驾驶系统 Ⅳ. ①U463.61

中国版本图书馆 CIP 数据核字（2020）第 107236 号

责任编辑：闫 悦 / 责任校对：王萌萌
责任印制：吴兆东 / 封面设计：迷底书装

科学出版社 出版
北京东黄城根北街 16 号
邮政编码：100717
http://www.sciencep.com

中煤（北京）印务有限公司印刷

科学出版社发行 各地新华书店经销

*

2020 年 7 月第 一 版 开本：720×1 000 1/16
2024 年 8 月第六次印刷 印张：22 3/4
字数：446 000

定价：149.00 元

（如有印装质量问题，我社负责调换）

序

自动驾驶汽车是指能够依据自身对周围环境条件的感知、理解，自行进行运动控制，且能够达到人类驾驶员驾驶水平的车辆。自动驾驶技术能够在根本上改变人们的生活和出行方式，使人们的出行、生活更加智能化，是当前智能交通领域的一大热门研究与发展方向。2020 年初，中国的交通运输部等 11 部委联合下发《智能汽车创新发展战略》，指出目前智能汽车已经是全球汽车产业发展的战略方向，并提出了到 2025 年实现有条件自动驾驶的智能汽车达到规模化生产，实现高度自动驾驶的智能汽车在特定环境下市场化应用的战略愿景。

当前世界尤其中国的自动驾驶领域相关人才还较为欠缺，因此中国的《智能汽车创新发展战略》也提出要强化人才保障，鼓励企业与高等院校合作开设相关专业，协同培养创新型自动驾驶人才。然而当前中国对于自动驾驶人才的培养尚处于起步阶段，尤其缺乏相关具有实操价值的自动驾驶教材和书籍，为了向中国的广大研究人员提供系统且具有工程实践价值的入门级自动驾驶书籍，该书作者共同撰写了这本自动驾驶技术著作。

该书主要详细剖析自动驾驶开源解决方案 Autoware 的技术实现过程、原理以及介绍自动驾驶工程开发案例。首先为读者介绍 Autoware 总体架构及安装指南，接着按照感知、定位、决策、控制四大模块分章分析 Autoware 内对应模块中各个基础 ROS 节点的技术实现细节及原理，并详细介绍基于 Autoware 开发搭建无人驾驶系统的工程实践案例，帮助读者从实操角度深入了解无人驾驶技术落地应用相关知识，加速相关人才培养，促进领域内技术交流。

该书具有如下特点。

(1)目前世界范围内尚无以自动驾驶开源项目代码解读(流程/原理分析)为主题的自动驾驶类专业书籍，因此该书内容非常新颖。该书从自动驾驶开源框架 Autoware 切入，详细讲解自动驾驶各个模块的技术实现细节，帮助相关研发人员快速掌握代码作用及实现原理，加速中国自动驾驶系统开发。

(2)详细讲解自动驾驶开源框架 Autoware 二次开发实践案例，包括具体操作流程和代码，帮助相关专业学生从零开始快速开发专属自动驾驶原型系统，极大助力中国自动驾驶行业科教发展。

(3)相较于市面上其他更偏向科普的自动驾驶书籍，该书专业性更强，更适合自动驾驶领域内高校、科研院所和企事业单位相关研发人员作为技能学习提升、案例实操之用，这也是市面上比较稀缺的类型。

(4)该书核心内容是对 Autoware 源码的解析，另外为生动形象准确地分析代码的作用及技术实现细节，该书配上丰富且专业的原理示例图、流程图和验证结果图帮助读者理解。

在自动驾驶车辆行业蓬勃发展的现阶段，各种新技术层出不穷，令自动驾驶初学者们应接不暇，往往陷入无从下手的窘境。本书将带领读者们一探著名自动驾驶开源软件解决方案 Autoware 的具体实现过程，并手把手教授二次开发过程，帮助读者快速入门自动驾驶开发，由此可起到帮助读者明确新技术如何选择与应用的作用，让读者不再迷失于技术的海洋。如果你有意投身自动驾驶领域却苦于无人带入门，那么本书就是带你入门的良师益友，绝对值得你仔细研读。

曹东璞教授
加拿大认知驾驶与自动驾驶首席科学家
认知自动驾驶实验室主任
加拿大滑铁卢大学
2020 年 7 月

前　言

站在行业发展的角度而言，自动驾驶技术在改善交通安全、通行效率、驾乘体验等方面具有极大潜力，将极大改变未来的交通出行方式，是当前及未来智能交通领域的前沿研究热点，被世界主要发达国家视作新的战略高地。我国也在《中国制造 2025》国家战略行动计划中，明确提出“2025 年，中国要掌握自动驾驶的总体技术以及各项关键技术，基本完成汽车产业的转型升级”。发改委等 11 个国家部委联合出台《智能汽车创新发展战略》，进一步细化提出“到 2025 年……实现有条件自动驾驶的智能汽车达到规模化生产，实现高度自动驾驶的智能汽车在特定环境下市场化应用”。本书顺应时代潮流，响应党和国家的号召，通过对已有自动驾驶开源框架 Autoware 的技术解读及工程开发示例，加速我国自动驾驶相关人才培养。

站在工程应用的角度，近年来各国学者针对自动驾驶技术进行了大量而有成效的研究，各大整车企业、无人驾驶系统解决方案提供商(如百度阿波罗、景驰等)也在推进各自的自动驾驶系统落地。然而这些自动驾驶解决方案存在难以工程化、保密或学习门槛过高等问题，阻碍了领域内的技术交流。本书依据自动驾驶开源框架 Autoware 分析自动驾驶系统感知、决策、控制等各个模块的基本功能技术实现细节，同时从实际工程开发的角度详细传授专属自动驾驶系统基础框架开发实例。通过本书，相关专业的学生将以更加深入和专业的角度理解自动驾驶技术，掌握自动驾驶系统实际工程应用的基础知识；相关行业的研发人员将更加轻松地掌握已有解决方案的技术实现细节，加速自动驾驶系统研发与落地。

国内外关于自动驾驶开源框架的解读基本处于技术博客分享和论坛交流的形式，尚未有编撰成书系统性讲解自动驾驶开源框架的著作。而且目前国内外关于自动驾驶开源框架 Autoware 的技术博客和论坛交流也大多处于“会操作运行”的程度，虽然也有代码交流的情况，但是基本上都是针对某一行代码报错等琐碎问题进行交流，并不构成体系性的 Autoware 技术解析。因此本书在内容上具有较高的原创性以及学术价值。

本书作为智能交通专业图书，主要面向高校、科研院所、企事业单位中的自动驾驶相关研发人员。随着我国对于自动驾驶技术的愈加重视，越来越多的企业开展自动驾驶车辆研发，北京航空航天大学和百度阿波罗合作成立了我国首个自动驾驶研究生专业方向，未来会有越来越多的读者需要更加专业的书籍学习自动驾驶技术，也会有更多研发人员需要实践性更强的参考资料用于拓展技术。本书难度适中，具有较强的可操作性，且因 Autoware 源码为 C++语言，本书适用于已经具备一定 C++编程能力的自动驾驶技术入门技术人员和高校学生。

本书从开始撰写到出版历时近一年，在此感谢北京航空航天大学交通科学与工程学院的段续庭老师、郑坤贤和林椿眄等同学对本书撰写的贡献。感谢国家自然科学基金和北京市自然科学基金对本书的支持。限于作者的学识，加之撰写经验不足，本书难免有疏漏之处，恳请各位同行和读者批评指正。

田大新

2020 年 5 月

目　录

序

前言

第 1 章　Autoware 概述及安装指南

在详细分析 Autoware 各模块内基础节点之前，本章结合官方用户手册[1]介绍 Autoware 相关概况及其安装过程。

1.1　Autoware 概述

1.1.1　机器人操作系统

随着人工智能的发展，潜力巨大的机器人领域受到各领域专家的广泛关注，并在不同程度上将各自研究内容与机器人开发相结合，客观上促进了机器人技术向其他领域的发展。但是，随着机器人功能上的日益丰富，其工程实现也愈加复杂，使得机器人开发的门槛大幅提高。与计算机和智能手机不同，机器人开发涵盖各种硬件、操作系统和编程语言，由此造成机器人算法之间的互不兼容，在机器人开发领域内部形成种种壁垒。这些壁垒阻碍了机器人开发人员以及其他领域专家深入研发机器人技术，限制了机器人技术在各领域内的交叉融合。

由此，产生了构建机器人开发通用平台的需求，目前业界已经发布了一些平台。在一个通用平台上，开发人员可以合并其他开发人员发布的各种软件，并通过重用它们来加快开发速度。因此，开发人员可以将更多精力投入创新而非复现。

机器人操作系统(robot operating system，ROS)是用于机器人软件开发的通用框架。原本是斯坦福大学的一个机器人项目，后来由 Willow Garage 公司发展，目前由 OSRF 公司维护的开源项目。虽然 ROS 的名称中带有“OS”，但它并不是 Windows 或 Linux 之类的“OS”，它是在基于 UNIX 的 OS 上运行的中间件。

ROS 特性如下。

1) 丰富的库和工具

ROS 提供了种类丰富的用于机器人软件开发的库和工具。主要库和工具如下所示：

①原始构建系统(Catkin)；

②图像处理库(OpenCV)；

③数据记录工具(ROSBAG)；

④数据和软件状态的可视化工具(RViz)；

⑤坐标转换库(TF)；

⑥基于 Qt 的 GUI 开发工具(RQT)。

2) 进程间通信

ROS 在模块间连接/合作框架中使用基于话题发布/订阅形式的消息传递机制。这种消息传递是一种进程间通信机制，发送方可以将数据发送到一个或多个接收方。正因此，我们得以设计分布式系统。在 ROS 中，被称为节点(node)的进程启动后分布式独立运行。节点之间的通信遵循发布/订阅模式，一个节点将消息(发布)写入话题，而另一个节点则读取该话题的消息(订阅)。

3) 文件组件

(1) bag 文件(ROSBAG)。

在 ROS 中，所有话题的消息都可以被记录并附带时间戳到被称作 ROSBAG 的.bag 文件中。该文件可用于在 RViz 上重播所录制的消息。在机器人开发过程中，很难同时同步地分析系统与多个传感器间的交互过程，但是 ROS 可以对机器人系统实现高效的分析和调试。另外，得益于记录的消息可以重复播放，该功能允许开发人员在没有实际传感器的情况下调试其系统。

(2) Launch 文件。

Launch 文件用于同时启动多个节点，其中包含要启动的节点以及以 XML 格式编写的参数。

1.1.2　Autoware 基本介绍

本书基于构建在ROS平台上的自动驾驶开源软件框架Autoware.AI分析自动驾驶相关原理与工程实现。Autoware.AI 的源代码托管于 GitLab，网址为 https://gitlab.com/autowarefoundation/autoware.ai。Autoware 的另一个变体，称为 Autoware.Auto，正在开发中，用于商业化部署具有功能安全能力的自动驾驶车辆。本书源代码基于Autoware.AI的1.12.0版本(架构如图1-1所示)，此版本提供但不限于以下所述的功能模块。

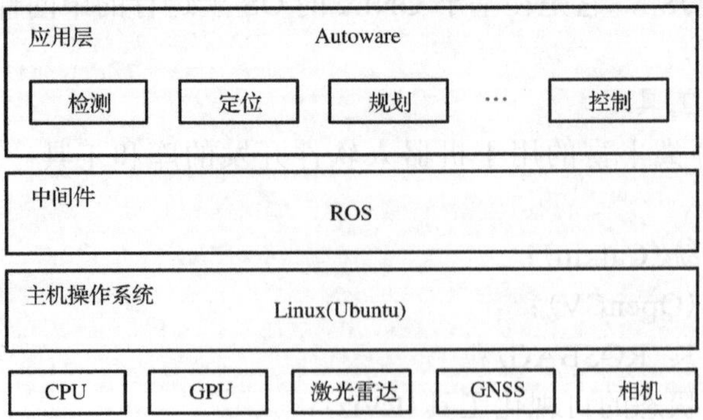

图 1-1　Autoware 架构

(1)定位：基于 3D 高精度地图数据和正态分布变换(normal distributions transform，NDT)算法。使用从 CAN 消息和 GNSS/IMU 传感器获得的里程信息，通过 Kalman 滤波算法对定位结果进行修正。

(2)识别：相机、激光雷达与 3D 高精度地图数据结合可实现目标检测。检测模块使用深度学习和传感器融合算法。

(3)规划：基于概率机器人技术和基于规则的行为决策系统，部分还使用深度学习方法。

(4)控制：通过速度和角度(以及曲率)的组合来定义车辆的运动。控制模块同时连接 Autoware 侧堆栈和车辆侧接口。

(5)交互界面：Autoware 提供一个名为“Runtime Manager”的用户界面使开发人员可以轻松地操作功能，如定位、对象检测和路径跟踪。

1.2　Autoware 安装指南

Autoware 有两种安装方式：Docker 安装和源码安装。Docker 安装更加简便，但需要对 Docker 有一定的基础，而且从后期基于 Autoware 构建自己的自动驾驶工程而言，本书建议初学者采用源码安装方式。若需要采用 Docker 安装方式，请读者参照官网教程即可[2]。

1.2.1　基本配置信息

1. 硬件配置

官网对于 Autoware 源码安装的硬件配置并未做出要求，就实际编译及运行而言，实际上 Autoware 对于硬件配置的要求较高。本书参照 Docker 安装的硬件配置需求给出下列源码安装时的配置参考：

①处理器：Intel Core i7 (preferred)，Intel Core i5，Intel Atom，AMD Ryzen 7 (preferred)，AMD Ryzen 5；

②内存：16～32GB；

③硬盘容量：超过 30GB 的存储空间(建议使用 SSD)；

④可选：NVIDIA GTX GeForce GPU (980M 或更高性能)。

2. 操作系统

Autoware 不同版本需要的操作系统是不一样的，具体如表 1-1 所示。

表 1-1 Autoware 版本-操作系统匹配表

版本	Ubuntu 14.04	Ubuntu 16.04	Ubuntu 18.04
v1.13.0			✓
v1.12.0		✓	✓
v1.11.1		✓	
v1.11.0		✓	
v1.10.0		✓	
v1.9.1	✓	✓	
v1.9.0	✓	✓	

3. 软件配置

不同操作系统下的软件配置如表 1-2 所示。

表 1-2 操作系统-软件配置匹配表

软件	Ubuntu 14.04	Ubuntu 16.04	Ubuntu 18.04
ROS	Indigo	Kinetic	Melodic
Qt	4.8.6 及以上	5.2.1 及以上	5.9.5 及以上
CUDA(可选)	8.0GA(?)	9.0	10.0
FlyCapture2(可选)			
Armadillo(可选)			

1) Ubuntu 14.04/Indigo 的系统依赖

```
1.  $ sudo apt-get install -y  python-catkin-pkg python-rosdep python-
    wstool ros-$ROS_DISTRO-catkin
2.  $ sudo add-apt-repository ppa:mosquitto-dev/mosquitto-ppa
3.  $ sudo apt-get update
4.  $ sudo apt-get install libmosquitto-dev
```

14.04/Indigo 的注意事项：请不要安装 ros-indigo-velodyne-pointcloud 软件包。如果已经安装，请卸载它。

2) Ubuntu 16.04/Kinetic 的系统依赖

```
1.  $ sudo apt-get update
2.  $ sudo apt-get install -y python-catkin-pkg python-rosdep ros-$ROS_
    DISTRO-catkin gksu
3.  $ sudo apt-get install -y python3-pip python3-colcon-common-
    extensions python3-setuptools python3-vcstool
4.  $ pip3 install -U setuptools
```

3) Ubuntu 18.04/Melodic 的系统依赖

```
1.  $ sudo apt update
```

```
2. $ sudo apt install -y python-catkin-pkg python-rosdep
   ros-$ROS_DISTRO-catkin
3. $ sudo apt install -y python3-pip python3-colcon-common-extensions
   python3-setuptools python3-vcstool
4. $ pip3 install -U setuptools
```

1.2.2 项目编译

1. 版本 1.12.0 及更高版本

(1) 创建工作空间。

```
1. $ mkdir -p autoware.ai/src
2. $ cd autoware.ai
```

(2) 下载 Autoware.AI 的工作区配置。

①对于 1.12.0 版本：

```
1. $ wget -O autoware.ai.repos "https://gitlab.com/autowarefoundation/
   autoware.ai/autoware/raw/1.12.0/autoware.ai.repos?inline=false"
```

②对于较高的版本，将 1.12.0 替换为要安装的版本。

③对于 master 版本：

```
1. $ wget -O autoware.ai.repos "https://gitlab.com/autowarefoundation/
   autoware.ai/autoware/raw/master/autoware.ai.repos?inline=false"
```

(3) 将 Autoware.AI 下载到工作区中。

```
1. $ vcs import src < autoware.ai.repos
```

(4) 使用 rosdep 安装依赖项。

```
1. $ rosdep update
2. $ rosdep install -y --from-paths src --ignore-src --rosdistro $ROS_
   DISTRO
```

(5) 编译工作区。

①如果安装了 CUDA：

```
1. $ AUTOWARE_COMPILE_WITH_CUDA=1 colcon build --cmake-args -DCMAKE_
   BUILD_TYPE=Release
```

②如果未安装 CUDA：

```
1. $ colcon build --cmake-args -DCMAKE_BUILD_TYPE=Release
```

2. 版本 1.11.1 及更低版本

(1) 克隆 GitLab 存储库。

```
1.  $ cd $HOME
2.  $ git clone https://gitlab.com/autowarefoundation/autoware.ai/
    autoware.git
3.  $ cd autoware
```

(2) 检查版本标签。

```
1.  $ git checkout 1.11.1
2.  $ cd ros
```

(3) 使用 rosdep 安装依赖项。

```
1.  $ rosdep update
2.  $ rosdep install -y --from-paths src --ignore-src --rosdistro $ROS_
    DISTRO
```

(4) 编译工作区。

①版本 1.11.0 或 1.11.1 使用 colcon 进行编译：

```
1.  $ ./colcon_release
```

②版本 1.10 或更低版本使用 catkin 编译：

```
1.  $ ./catkin_make_release
```

1.2.3　示例运行

一般编译过程中若不报错则编译成功，保险起见，运行本节示例以验证安装是否成功。

1) 示例数据

该示例需要给定的 3D 地图和 ROSBAG 示例数据。在运行示例之前，请下载以下示例数据。

(1) 下载示例 3D 点云/矢量地图数据。

```
1.  $ wget https://autoware-ai.s3.us-east-2.amazonaws.com/sample_
    moriyama_data.tar.gz
```

(2) 以 ROSBAG 格式或 ROSBAG2 格式下载示例数据(LiDAR：VELODYNE HDL-32E，GNSS：JAVAD GPS RTK Delta 3)。

```
1.  $ wget https://autoware-ai.s3.us-east-2.amazonaws.com/sample_
    moriyama_150324.tar.gz
```

或者

```
1.  $ wget https://autoware-ai.s3.us-east-2.amazonaws.com/sample_
    moriyama_150324.bag2.tar.gz
```

2) 运行示例

假设示例数据下载至～/Downloads 文件夹。

(1) 在 Home 目录下创建.autoware 文件夹并提取～/Downloads 文件夹中的演示数据到～/.autoware 文件夹内。

```
1.  $ cd ~
2.  $ mkdir .autoware
3.  $ cd .autoware
4.  $ cp ~/Downloads/sample_moriyama_* .
5.  $ tar zxfv sample_moriyama_150324.tar.gz
6.  $ tar zxfv sample_moriyama_data.tar.gz
```

(2) 运行 Autoware。

①版本 1.12.0 及更高版本：

```
1.  $ cd autoware.ai
2.  $ source install/setup.bash
3.  $ roslaunch runtime_manager runtime_manager.launch
```

②版本 1.11.0 或 1.11.1：

```
1.  $ cd autoware/ros
2.  $ source install/setup.bash
3.  $ ./run
```

③版本 1.10 或更低版本：

```
1.  $ cd autoware/ros
2.  $ source devel/setup.bash
3.  $ ./run
```

(3) 切到"Runtime Manager（ARM）"的"Simulation"选项卡，并加载示例 ROSBAG 数据，该数据位于～/.autoware 中。如图 1-2 所示，需要"显示隐藏的文件"以显示.autoware 文件夹。

(4) 如图 1-3 所示，将"Start Time"设置为 140，然后点击"Play"，一开始播放紧接着就点击"Pause"。

(5) 通过 ARM 右下角的 RViz 按钮启动 RViz，并加载 Autoware 随附的 default.rviz 配置。如图 1-4 所示，转到"File→Open Config"并导航到"autoware.ai/src/autoware/documentation/ autoware_quickstart_examples/ launch/rosbag _demo/default.rviz"。

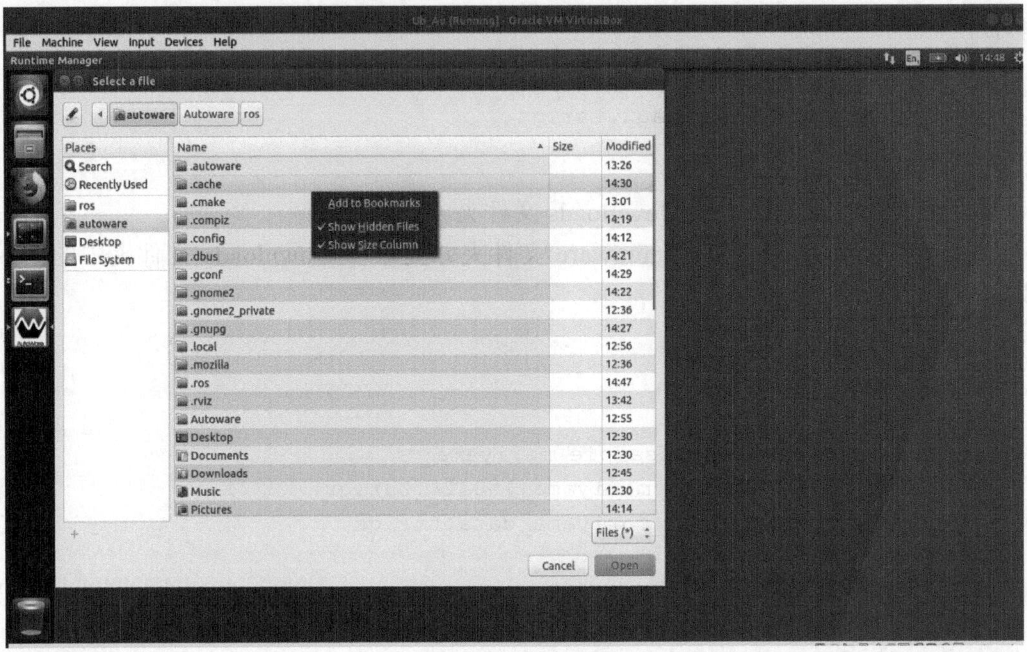

图 1-2　加载示例数据

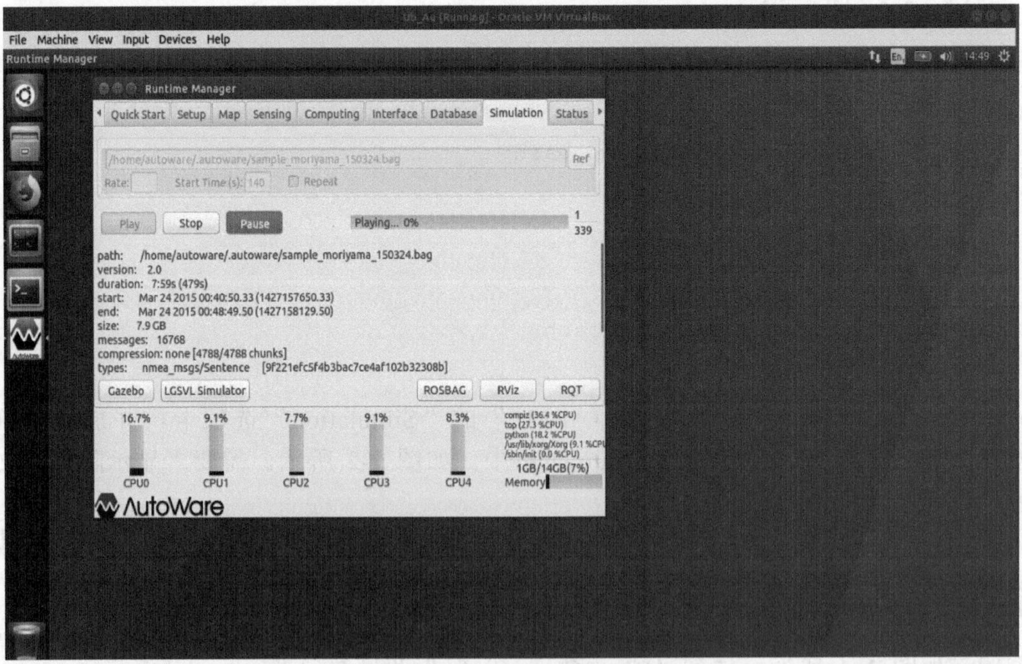

图 1-3　播放数据

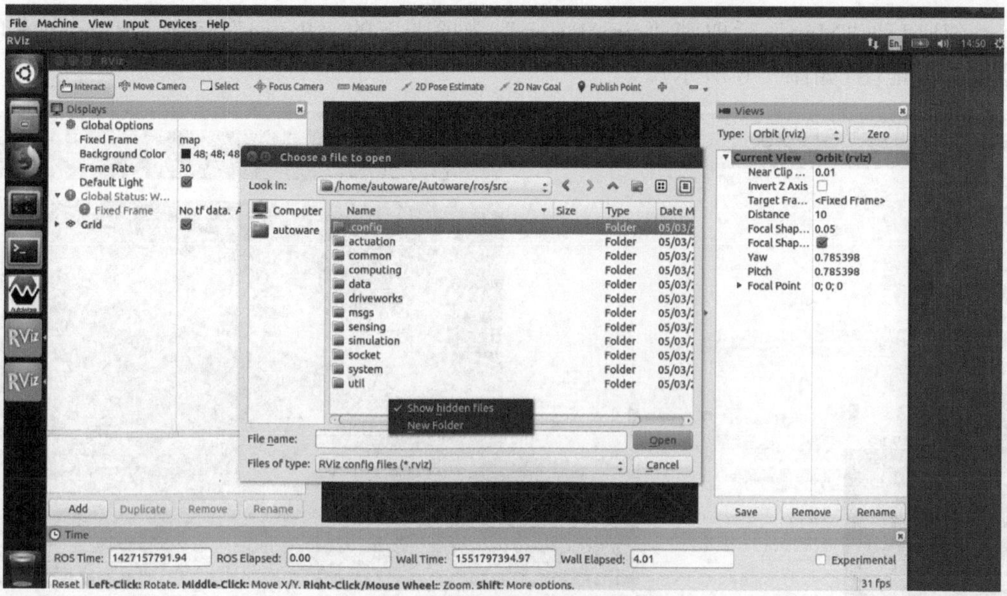

图 1-4　加载 RViz 配置

(6) 如图 1-5 所示，切到 ARM 的“Quick Start”选项卡，然后逐一加载预安装的 roslaunch 脚本。脚本位于“autoware.ai/src/autoware/documentation/autoware_quickstart_examples/launch/ rosbag_demo/”中。需要通过单击左侧按钮来启用脚本，如图 1-5 中的“Map”所示。

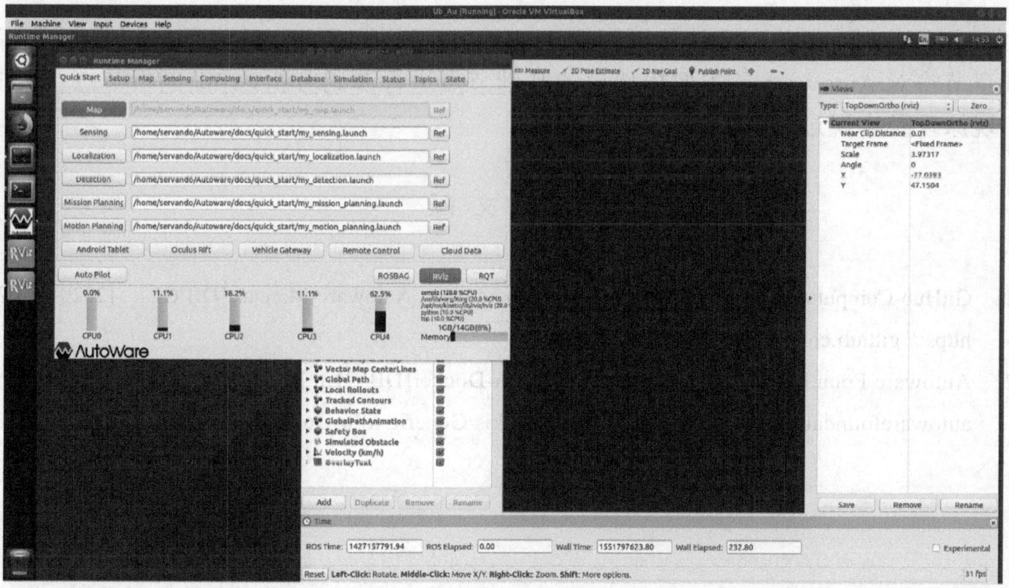

图 1-5　加载 roslaunch 脚本

(7) 启动“Map”后取消“simulation”选项卡下的“Pause”按钮，Rviz 中成功显示点云地图(如图 1-6 所示)。

图 1-6　点云地图加载效果

1.3　本 章 小 结

本章对自动驾驶开源软件框架 Autoware 的相关情况及安装过程进行了介绍，后续章节将对 Autoware 各主要模块内的基础节点进行源码分析，详细剖析节点背后的实现原理及实现过程。

参 考 文 献

[1] GitHub-Computing Platforms Federated Laboratory. Autoware-Manuals[DB/OL]. [2020-05-02]. https:// github.com/CPFL/Autoware-Manuals.

[2] Autoware Foundation. Users Guide-Installation-Docker[DB/OL]. [2020-05-02].https://gitlab.com/autowarefoundation/autoware.ai/autoware/-/wikis/Generic-x86-Docker.

第 2 章 Autoware 感知模块解析

2.1 自动驾驶感知模块概述

2.1.1 自动驾驶感知背景

作为自动驾驶的第一环，感知模块是车辆与环境交互的纽带，旨在通过各种传感器数据，感知周围环境、交通状态、场景目标的信息，为车辆路径规划和运动决策提供重要依据。近年来，科技的进步推动了自动驾驶的迅猛发展，主要可以分为以下两方面[1]。

(1)硬件性能的提升：一方面，芯片的计算能力和能耗比水平大大提升，为车载技术的实时性应用提供了可能；另一方面，传感器作为自动驾驶感知最主要的数据获取工具，也得到了不断地升级进化。其中，传统传感器(如摄像头)的精度进一步优化，而新型传感器(如各种雷达)的功能不断研发，二者互为补充，丰富了数据采集方式和数据特征类型，这也有助于提高环境感知的准确性和鲁棒性。目前自动驾驶感知中常用的传感器主要有以下三类。

①摄像头：这里通常指单目摄像头，提供 RGB 图像数据，但无目标深度信息。这类传感器需要在稳定较好的光照条件下才能正常工作，具有一定的局限性。

②毫米波雷达：利用多普勒效应，毫米波雷达能够获取目标的距离、距离变化率等信息，且不易受天气、光照等条件的影响，是一个可全天时工作的传感器。

③激光雷达：这类传感器的最大特点是能够描述目标深度信息，即通过激光束反射来获取具有 3D 信息的点云数据，对于物体的形状、尺寸表征性较好。此外，激光雷达不易受外界条件的影响，能够支持全工况、全天时数据采集工作。

(2)软件算法的改进：根据感知任务不同可分为目标识别、检测、分割、跟踪算法等。传统的感知算法以图像处理技术为核心，通过人为地提取图像特征算子，如方向梯度直方图(histogram of oriented gradient，HOG)、尺度不变特征变换(scale-invariant feature transform，SIFT)等，并针对不同任务设计相应的处理算法。然而，这类方法普遍存在感知精度有限、算法鲁棒性不足等问题，且感知性能易受自然条件的影响。随着人工智能、深度学习等技术热潮的兴起，自动驾驶感知算法也得到了充分的研究和改进。当前主流的感知算法以深度学习模型为基础，可分为以下三类。

①基于视觉的算法：该类方法基于视觉图像数据，通过深度学习模型自动学习图像像素特征,并根据感知任务对感兴趣目标进行识别、检测、分割等。目前，基于视觉的感知算法研究相对成熟，代表性方法包括 RCNN(region convolutional neural network)[2]、SSD(single-shot detector)[3]、YOLO(you only look once)[4-6]算法等。

②基于点云的算法：点云感知算法主要依靠激光雷达所采集的目标三维数据，分析点的密度、几何形状、结构等特性，并直接感知点云目标。当前，该类算法是自动驾驶感知领域的一大研究热点，代表性研究如 Complex-YOLO[7]、PointPillars[8]、STD(sparse-to-dense)[9]算法等。

③视觉-点云融合感知算法：融合感知技术旨在通过融合多源数据信息，形成目标多样性和鲁棒性表征，以提高感知的准确性。这是当前感知领域最热门、最具发展潜力的研究方向之一，以视觉-点云融合感知技术为代表，包括 PointFusion[10]、Frustum PointNets[11]、MLOD(multi-view object detection)[12]算法等。

总体而言，感知模块是自动驾驶的重要组成。以多传感器数据为基础，针对不同任务需求设计相应的深度学习算法(识别、检测、分割等)以实现准确、鲁棒的目标感知，是未来自动驾驶的重要发展趋势。

2.1.2 Autoware 感知模块概述

Autoware 是一个完整、系统的自动驾驶操作平台，其中，Core Perception 模块包含了视觉和点云感知算法的实现过程。本章将以视觉感知算法为基础，解析 Autoware 平台感知算法原理及代码实现过程，旨在为读者梳理整体感知框架及相关方法逻辑。这里以 Autoware1.12.0[13]为例，以下章节将从目标识别、检测、分割三个方面展开，主体内容安排及代码节点关系如图 2-1 所示。

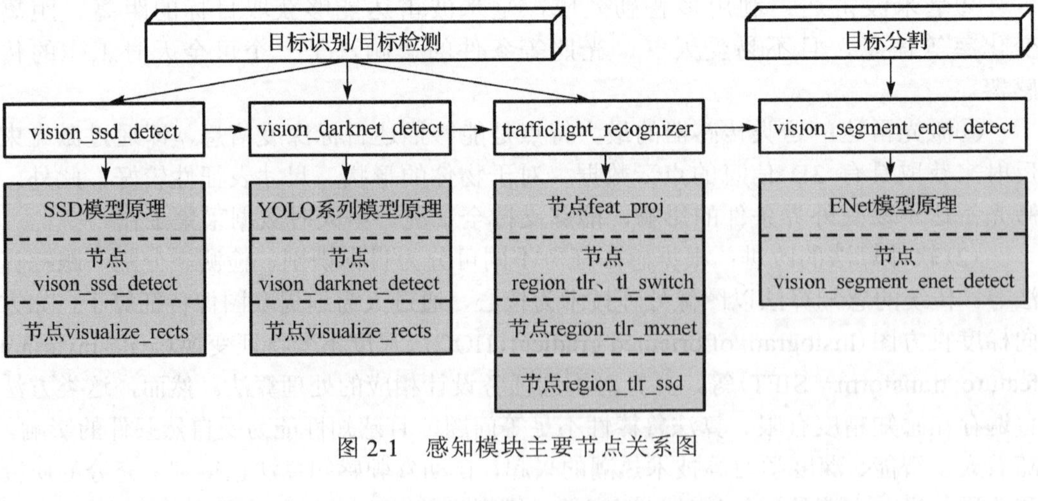

图 2-1　感知模块主要节点关系图

2.2　vision_ssd_detect

本节将围绕自动驾驶中图像目标检测问题，介绍在 Autoware 中如何使用 SSD 模型实现目标检测，主要内容包括 SSD 模型原理解析和 vision_ssd_detect 代码解读。

2.2.1　SSD 模型原理解析

SSD(single-shot detector)算法[3]，是一种单阶段(one-stage)，且能够较好地兼顾精度与速度的目标检测模型，其结构图如图 2-2 所示。

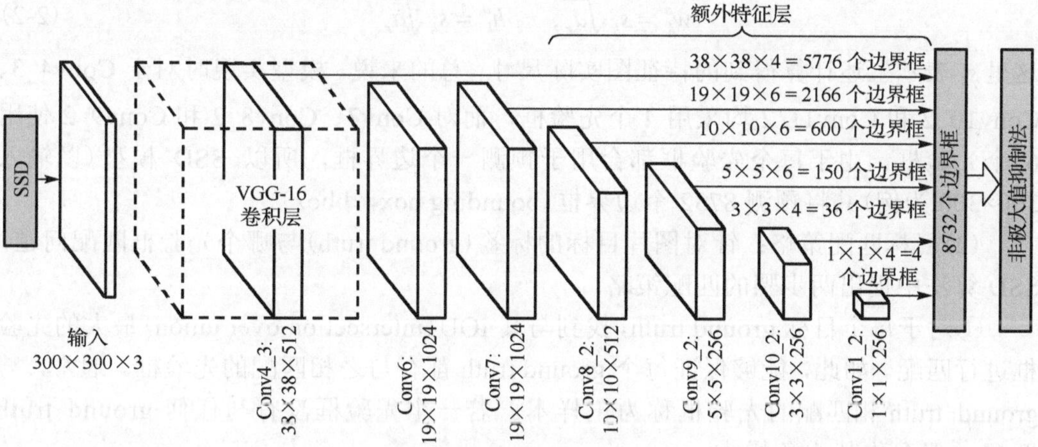

图 2-2　SSD 模型结构图

首先采用 VGG-16[14]作为基础特征提取模型(backbone)，并将 VGG16 的全连接层 fc6 和 fc7 转换成 3×3 卷积层 Conv6 和 1×1 卷积层 Conv7；同时，移除随机失活(dropout)层和 fc8 层，并引入额外卷积特征层(extracted feature layers)，用于后续融合不同分辨率特征信息。具体而言，将 VGG-16 的 Conv4_3 层以及新增的卷积层 Conv7、Conv8_2、Conv9_2、Conv10_2、Conv11_2 共 6 个特征图，大小分别(38,38)、(19,19)、(10,10)、(5,5)、(3,3)、(1,1)，按预设的先验框获取相应特征图并进一步融合，以便缓解高层语义特征信息丢失及小目标检测无力等问题。

除了结构上的创新，SSD 模型还设计了一系列新颖的检测方法，如先验框的设计、目标匹配策略、目标损失函数的选择等。

(1)先验框设计：随着特征图尺寸的减小，先验框的大小呈线性增加。其数学表达式为

$$s_k = s_{\min} + \frac{s_{\max} - s_{\min}}{m-1}(k-1) \tag{2-1}$$

其中，s_k 表示先验框大小占整体图片的比例，$s_{\max}$ 和 $s_{\min}$ 分别代表比例的最大值和最小值。例如，对于第一个特征图，先验框的比例一般设置为 $s_{\min}/2=0.1$，那么特征图尺度为 $300\times0.1=30$。同理，对于其他的特征图计算，先验框尺度按照上面公式线性增加，但需将尺度比例先扩大 100 倍，此时步长增量为 $[(s_{\max}\times100)-(s_{\min}\times100)]/(m-1)=17$。如此，得到各个特征图的 s_k 分别为 20/100、37/100、54/100、71/100、88/100，然后再乘上图片大小就可计算特征图的尺度分别为 60、111、162、213、264。

对于先验框的长宽比，这里选取{1, 2, 3, 1/2, 1/3}。根据特定的长宽比，按式(2-2)计算先验框的宽高值：

$$w_k^a=s_k\sqrt{a_r},\qquad h_k^a=s_k\sqrt{a_r} \tag{2-2}$$

这里 s_k 表示上述计算得到的特征图实际尺寸。总的来说，模型实现时对于 Conv4_3、Conv10_2 和 Conv11_2 均采用 4 个先验框，而对 Conv7、Conv8_2 和 Conv9_2 使用 6 个先验框。由于每个先验框都会用于预测一个边界框，所以 SSD 模型(以输入 300×300 为例)共将预测 8732 个边界框(bounding box，bbox)。

(2) 目标匹配策略：针对图片目标的标签(ground truth)与哪个先验框匹配问题，SSD 算法中提出两步骤的匹配策略。

①对于每个目标 ground truth，找到与其 IOU(intersection over union)最大的先验框进行匹配。如此，能够保证每个 ground truth 都有与之相匹配的先验框。通常，与 ground truth 相匹配的先验框称为正样本。若一个先验框没有与任何 ground truth 匹配，那么称其为负样本。

②为了缓解目标匹配过程中正负样本严重失衡问题，当某个 ground truth 的 IOU 大于某个阈值时(一般是 0.5)，将未匹配的先验框与该 ground truth 匹配，这意味着某个 ground truth 可能会与多个先验框匹配；但是，反之则不成立，即一个先验框只能匹配一个 ground truth。如果多个 ground truth 与某个先验框的 IOU 大于阈值，那么先验框只会与 IOU 最大的那个 ground truth 匹配。

(3) 目标损失函数：借鉴 MultiBox[15]中提出的目标函数，这里 SSD 将其扩展为多目标检测问题，如式(2-3)所示：

$$L(x,c,l,g)=\frac{1}{N}(L_{\mathrm{conf}}(x,c)+\alpha L_{\mathrm{loc}}(x,l,g)) \tag{2-3}$$

其中，N 表示所匹配的先验框总数，L_{conf} 和 L_{loc} 分别代表目标置信度和定位损失。具体而言，置信度损失是一个多类别的 Softmax 函数，其数学表达式如式(2-4)所示：

$$L_{\mathrm{conf}}=-\sum\nolimits_{i\in\mathrm{Pos}}^{N}x_{ij}^{p}\log(\hat{c}_i^p)-\sum\nolimits_{i\in\mathrm{Neg}}\hat{c}_i^0,\ \hat{c}_i^p=\frac{\exp(c_i^p)}{\sum_p\exp(c_i^p)} \tag{2-4}$$

其中，c 表示目标置信度值。而定位损失是预测框和目标 ground truth 间的 Smooth_{L1} 损失，具体如式(2-5)～式(2-9)所示：

$$L_{\text{loc}} = \sum_{i \in \text{Pos}}^{N} \sum_{m \in (cx,cy,w,h)} x_{ij}^{k} \text{smooth}_{L1}(l_i^m - \hat{g}_j^m) \tag{2-5}$$

$$\hat{g}_j^{cx} = (g_j^{cx} - d_i^{cx}) / d_i^{w} \tag{2-6}$$

$$\hat{g}_j^{cy} = (g_j^{cy} - d_i^{cy}) / d_i^{h} \tag{2-7}$$

$$\hat{g}_j^{w} = \log(g_j^{w} / d_i^{w}) \tag{2-8}$$

$$\hat{g}_j^{h} = \log(g_j^{h} / d_i^{h}) \tag{2-9}$$

这里 (cx, cy, w, h) 分别代表先验框的中心点坐标及宽高值。此外，SSD 模型还在训练阶段采用多种数据增强策略以提高算法鲁棒性，包括水平翻转、随机裁剪、颜色扭曲等；并在测试阶段引入非极大值抑制(non-maximum suppression, NMS)算法进一步缓解样本不均衡问题。

总体而言，作为一个单阶段检测器，SSD 模型具有不错的检测性能，能够快速、准确地获取目标信息，在目标检测基准(如 VOC、COCO 数据集等)上取得了非常先进的检测表现。

2.2.2　vision_ssd_detect 代码解读

在 Autoware 平台的 Core Perception 模块中给出了 SSD 算法的实现过程。首先需启动 vision_ssd_detect 有关节点，主要步骤如下。

(1) 启动 Autoware，在终端键入：

```
cd ～/autoware.ai
$ source install/setup.bash
$ roslaunch runtime_manager runtime_manager.launch
```

(2) 在 Runtime Manager 界面切换到 Computing 分页；

(3) 勾选 Detection→vision_detector 下的 vision_ssd_detect；

(4) 查找 src/autoware/utilities/runtime_manager/scripts/computing.yaml 中所勾选的 vision_ssd_detect，并在终端输入命令启动 vision_ssd_detect.launch 文件：

```
name : Detection
    desc : Detection desc sample
    subs :
    - name : vision_detector
      desc : vision_detector desc sample
      subs :
```

```
    - name : vision_ssd_detect
      desc : vision_ssd_detect desc sample
      cmd  : roslaunch vision_ssd_detect vision_ssd_detect.launch
      param: ssd
```

如下所示，vision_ssd_detect.launch 文件包含了主要参数、节点 vision_ssd_detect 和节点 visualize_rects 信息。值得注意的是，参数列表中定义的网络配置文件(network_definition_file)和预训练模型文件(pretrained_model_file)路径，可以根据实际需要进行自定义。

```
<launch>
   // 参数列表：网络定义文件和预训练模型文件路径，可自定义
    <arg name="use_gpu" default="true"/>
    <arg name="gpu_device_id" default="0"/>
    <arg name="score_threshold" default="0.5"/>
    <arg name="network_definition_file" default="$(env HOME)/
ssdcaffe/models/VGGNet/VOC0712/SSD_512x512/deploy.prototxt"/>
    <arg name="pretrained_model_file" default="$(env HOME)/ssdcaffe/
models/VGGNet/VOC0712/SSD_512x512/VGG_VOC0712_SSD_512x512_iter
_120000.caffemodel"/>
    <arg name="camera_id" default="/" />
    <arg name="image_src" default="/image_raw"/>

    // 节点 vision_ssd_detect 及主要参数情况
    <node pkg="vision_ssd_detect" name="vision_ssd_detect" type=
"vision_ssd_detect">
    ......
   </node>

   // 节点 visualize_rects 及主要参数情况
   <node pkg="detected_objects_visualizer" type="visualize_
rects" name="ssd_rects" output="screen">
   ......
   </node>
</launch>
```

1. SSD Caffe 环境配置

这里所采用的是 SSD Caffe 环境，因此需先配置相关运行环境。SSD Caffe 环境配置主要包含以下步骤。

(1)进入 Caffe[16]官网，配置 Caffe 有关环境；

(2)将 SSD Caffe 项目克隆到本地，并参考安装说明配置有关运行环境(项目地

址及安装说明链接如下)：

①项目克隆：git clone https://github.com/weiliu89/caffe；

②安装说明网址：https://github.com/weiliu89/caffe/tree/ssd#installation。

(3)编译 Caffe：

```
make && make distribute
```

(4)下载网络配置文件及预训练模型文件(项目地址链接如下)：

https://github.com/weiliu89/caffe/tree/ssd；

(5)编译完成后，在终端运行：

```
roslaunch vision_ssd_detect vision_ssd_detect network_definition_file:=/PATH/TO/deploy.prototxt pretrained_model_file:=/PATH/TO/model.caffemodel
```

不报错则说明环境配置成功。这里的 network_definition_file 和 pretrained_model_file 是本地存放配置文件和预训练文件的路径。

2. 节点 vision_ssd_detect

由 CmakeLists.txt 文件可知节点 vision_ssd_detect 的源文件对应是/src/vision_ssd_detect.cpp 和/src/vision_ssd_detect_node.cpp，如下所示。

```
add_executable(vision_ssd_detect
            src/vision_ssd_detect.cpp
            src/vision_ssd_detect_node.cpp
)
```

进入/src/vision_ssd_detect_node.cpp 文件，main 函数中包含初始化 ROS 节点、调用类方法 ROSSSDApp 并执行 Run 等操作，如下所示。

```
int main(int argc, char **argv)
{
    // 初始化 ROS 节点参数
    ros::init(argc, argv, "ssd_unc");
    // 调用类方法 ROSSSDApp
    ROSSSDApp app;
    // 执行 Run()
    app.Run();
    return 0;
}
```

跳转到类方法 ROSSSDApp，如下所示，该部分首先申明 ROS 信息收发节点、置信度阈值、GPU id 等参数；然后定义 convert_rect_to_detected_object 和 image_ callback 函数用于处理输入图片，并预测目标矩形框位置；最后通过指定参数命名空间，利用 ROS 节点进行信息接收和发布。

```
// 定义类方法 ROSSSDApp
class ROSSSDApp
{
    // 声明 ROS 节点参数
    ros::Subscriber subscriber_image_raw_;
    ros::Subscriber subscriber_ssd_config_;
    ros::Publisher publisher_detected_objects_;
    ros::NodeHandle node_handle_;
    cv::Scalar pixel_mean_;
    std::vector<cv::Scalar> colors_;
    SSDDetector* ssd_detector_;

    // 置信度得分阈值，用于过滤矩形框预测结果
    float score_threshold_;
    // GPU id 号
    unsigned int gpu_device_id_;
    // 判断是否使用 GPU，返回布尔值。
    bool use_gpu_;
    // 声明目标类别的命名空间
    std::vector<unsigned int> detect_classes_;
```

(1) image_callback 函数。

如下所示，image_callback 函数用于对图片输入进行预处理，并调用 SSD 模型进行目标检测；然后，将检测结果通过 convert_rect_to_detected_object 函数转换为对应的类别标签并发布。

```
// image_callback 函数用于对图片进行处理
void image_callback(const sensor_msgs::Image &image_source)
{
    // 创建 opencv 格式的图片输入
    cv_bridge::CvImagePtr cv_image = cv_bridge::toCvCopy(image_source,"bgr8");
    cv::Mat image = cv_image->image;
    // 定义一个标准变量 detections，用于接收检测的结果
    std::vector<RectClassScore <float> > detections;
    // 调用 ssd_detector 处理输入图片
    detections = ssd_detector_->Detect(image);
    autoware_msgs::DetectedObjectArray output_detected_message;
    output_detected_message.header = image_source.header;
```

```
    // 调用 convert_rect_to_detected_object()方法
    // 将检测结果转换为类别标签
    convert_rect_to_detected_object(detections, output_detected_message, image);
    // 发布检测结果
    publisher_detected_objects_.publish(output_detected_message);
}
```

(2) convert_rect_to_detected_object 函数。

函数 convert__rect_to_detected_object 主要对检测结果进行转换：当目标置信度得分大于阈值时，获取目标类别标签、置信度得分、颜色通道值、矩形框坐标值等信息，并利用标签-序号关系获取对应的目标类别，最后检测结果发布，如下所示。

```
// 定义 convert_rect_to_detected_object 函数
// 用于将检测结果转为相应的目标类别
void convert_rect_to_detected_object(std::vector<RectClassScore<float>>& in_objects, autoware_msgs::DetectedObjectArray &out_message,  cv::Mat& in_image)
 {
   for (unsigned int i = 0; i < in_objects.size(); ++i)
   {
     // 当大于置信度分数阈值做如下处理
     if (in_objects[i].score >= score_threshold_)
     {
       autoware_msgs::DetectedObject obj;
       obj.header = out_message.header;
       // 利用 RectClassScore 方法中 GetClassString 定义标签与序号关系
       // 获取目标类别
       obj.label = in_objects[i].GetClassString();
       // 目标置信度得分
       obj.score = in_objects[i].score;
       // 目标颜色通道值
       obj.color.r = colors_[in_objects[i].class_type].val[0];
       obj.color.g = colors_[in_objects[i].class_type].val[1];
       obj.color.b = colors_[in_objects[i].class_type].val[2];
       obj.color.a = 1.0f;
       // 图片帧 id
       obj.image_frame = out_message.header.frame_id;
       // 矩形框中心点横纵坐标 x 和 y
       obj.x = in_objects[i].x;
       obj.y = in_objects[i].y;
       // 矩形框宽高值 w 和 h
```

```
      obj.width = in_objects[i].w;
      obj.height = in_objects[i].h;
      obj.valid = true;
      // 发布检测结果
      out_message.objects.push_back(obj);
    }
  }
}
```

(3) Run 函数。

Run 函数首先声明 ROS 参数命名空间，并通过节点名来确定所接收的参数信息。然后，调用 SSDDetector 检测器，通过配置文件、预训练模型文件等参数初始化 SSD 模型并进行目标检测，如下所示。

```
// 定义公有化参数域
public:
  void Run()
  {
    // 声明 ROS 参数命名空间
    ros::NodeHandle private_node_handle("~");
    // 声明一个标准的字符变量，用于接收图片
    std::string image_raw_topic_str;
    if (private_node_handle.getParam("image_raw_node", image_raw_topic_str))
    {
      ROS_INFO("Setting image node to %s", image_raw_topic_str.c_str());
    }
    else
    {
      ROS_INFO("No image node received, defaulting to /image_raw, you can use _image_raw_node:=YOUR_TOPIC");
      image_raw_topic_str = "/image_raw";
    }
    // 声明网络配置文件和预训练模型文件参数
    std::string network_definition_file;
    std::string pretrained_model_file;
    // 判断是否有网络配置文件这个节点名
    if (private_node_handle.getParam("network_definition_file", network_definition_file))
    {
      ROS_INFO("Network Definition File: %s", network_definition_
```

```
file.c_str());
    }
    else
    {
      ROS_INFO("No Network Definition File was received. Finishing execution.");
    return;
    }
    // 判断是否有预训练模型文件这个节点名
    if (private_node_handle.getParam("pretrained_model_file", pretrained_model_file))
    {
      ROS_INFO("Pretrained Model File: %s", pretrained_model_file.c_str());
    }
    else
    {
      ROS_INFO("No Pretrained Model File was received. Finishing execution.");
    return;
    }
   // 调用 SSDDetector()函数，并通过配置文件等参数来初始化模型
   ssd_detector_ = new SSDDetector(network_definition_file, pretrained_model_file, pixel_mean_, use_gpu_, gpu_device_id_);
```

在 src/vision_ssd_detec.cpp 文件中定义了 ROSSSDDetector 函数的具体操作，如下所示。首先，加载 SSD 网络并从 caffe 文件中获取输入信息。

```
// 定义 SSDDetector()函数，调用 SSD 模型进行目标检测
SSDDetector::SSDDetector(const std::string& in_network_definition_file,
                         const std::string& in_pre_trained_model_file,
                         const cv::Scalar& in_mean_value,
                         bool in_use_gpu, unsigned int in_gpu_id)
{
  // 判断是否使用 gpu
  if (in_use_gpu)
  {
      caffe::Caffe::set_mode(caffe::Caffe::GPU);
      caffe::Caffe::SetDevice(in_gpu_id);
  }
  else
    caffe::Caffe::set_mode(caffe::Caffe::CPU);
// 加载 SSD 网络
```

```
net_.reset(new caffe::Net<float>(in_network_definition_file, caffe::TEST));
net_->CopyTrainedLayersFrom(in_pre_trained_model_file);
CHECK_EQ(net_->num_inputs(), 1) << "Network should have exactly one input.";
CHECK_EQ(net_->num_outputs(), 1) << "Network should have exactly one output.";
// 从 caffe Blob 文件中获取输入信息并转换输入格式以适应网络输入
caffe::Blob<float> *input_layer = net_->input_blobs()[0];
num_channels_ = input_layer->channels();
CHECK(num_channels_ == 3 || num_channels_ == 1)
<< "Input layer should have 1 or 3 channels.";
input_geometry_ = cv::Size(input_layer->width(), input_layer->height());
```

然后，调用函数 WrapInputLayer 和 Preprocess 对图片进行处理，以便适应网络的输入格式；最后对检测结果进行转换并定义结果输出的格式。

```
// 调用 WrapInputLayer 和 Preprocess 对输入进行处理
std::vector <cv::Mat> input_channels;
WrapInputLayer(&input_channels);
Preprocess(img, &input_channels);

for (int k = 0; k < num_det; ++k)
 {
   if (result[0] == -1)
   {
     result += 7;
     continue;
   }
   // 检测结果返回格式:
   // [image_id(0),label(1),score(2),xmin(3),ymin(4),xmax(5),ymax(6)]
   RectClassScore<float> detection;
   detection.class_type = static_cast<int>(result[1]);
   detection.score = result[2];
   detection.x = result[3] * img.cols;
   detection.y = result[4] * img.rows;
   detection.w = result[5] * img.cols - detection.x;
   detection.h = result[6] * img.rows - detection.y;
   detection.enabled = true;
   detections.push_back(detection);
   result += 7;
 }
```

```
    return detections;
```

①WarpInputLayer()函数。

为降低计算内存消耗，这里定义 WrapInputLayer 函数将输入层封装并进行通道变换，如下所示。

```
// WrapInputLayer 函数，用于封装输入层并进行格式变换
void SSDDetector::WrapInputLayer(std::vector<cv::Mat>*input_channels)
{
  // 从 Blob 文件获取输入信息
  caffe::Blob<float> *input_layer = net_->input_blobs()[0];
  int width = input_layer->width();
  int height = input_layer->height();
  float *input_data = input_layer->mutable_cpu_data();
  for (int i = 0; i < input_layer->channels(); ++i)
  {
    cv::Mat channel(height, width, CV_32FC1, input_data);
    input_channels->push_back(channel);
    input_data += width * height;
  }
}
```

②Preprocess 函数。

如下所示，函数 Preprocess 主要用于对图片进行预处理，以获取网络指定的输入格式。

```
// Preprocess 函数用于对输入图片进行预处理
void SSDDetector::Preprocess(const cv::Mat& img,
std::vector<cv::Mat>* input_channels)
{
  // 转换输入通道格式以适应网络输入
  cv::Mat sample;
  if (img.channels() == 3 && num_channels_ == 1)
    cv::cvtColor(img, sample, cv::COLOR_BGR2GRAY);
  else if (img.channels() == 4 && num_channels_ == 1)
    cv::cvtColor(img, sample, cv::COLOR_BGRA2GRAY);
  else if (img.channels() == 4 && num_channels_ == 3)
    cv::cvtColor(img, sample, cv::COLOR_BGRA2BGR);
  else if (img.channels() == 1 && num_channels_ == 3)
    cv::cvtColor(img, sample, cv::COLOR_GRAY2BGR);
  else
    sample = img;
  // 变换输入的尺寸
```

```
cv::Mat sample_resized;
if (sample.size() != input_geometry_)
  cv::resize(sample, sample_resized, input_geometry_);
else
  sample_resized = sample;
cv::Mat sample_float;
cv::Mat mean_img;
// 转换输入的颜色编码格式
if (num_channels_ == 3)
{
  sample_resized.convertTo(sample_float, CV_32FC3);
  mean_img = cv::Mat(input_geometry_, CV_32FC3, mean_);
}
else
{
  sample_resized.convertTo(sample_float, CV_32FC1);
  mean_img = cv::Mat(input_geometry_, CV_32FC1, mean_);
}
// 对输入图片进行归一化
cv::Mat sample_normalized;
cv::subtract(sample_float, mean_img, sample_normalized);
}
```

3. 节点 visualize_rects

由 CmakeLists.txt 文件可知节点 visualize_rects 的源文件对应是/include/visualize_rects.h、/src/visualize_rects_main.cpp 和/src/visualize_rects.cpp，如下所示。

```
add_executable(visualize_rects
      include/visualize_rects.h
      src/visualize_rects_main.cpp
      src/visualize_rects.cpp
      )
```

进入/src/visualize_rects.main.cpp 文件，main 函数中先对 ROS 节点参数进行初始化，然后调用类方法 VisualizeRects 对检测结果进行可视化，如下所示。

```
int main(int argc, char** argv)
{
   // 初始化 ROS 节点
   ros::init(argc, argv, "visualize_rects");
   // 调用类方法 VisualizeRects
   VisualizeRects app;
   ros::spin();
   return 0;
```

```
}
```

下面分析类方法 VisualizeRects。

跳转到/include/visualize_rects.h 文件，在私有化参数域中定义了 SyncedDetectionsCallback、IsObjectValid 和 ObjectsToRects 三种函数来可视化检测结果，如下所示。

```
// 定义类方法 VisualizeRects
class VisualizeRects
{
// 私有化参数域
private:
  // 输入图片
  std::string input_topic_;
  // ROS 信息收发节点
  ros::NodeHandle node_handle_;
  ros::Subscriber subscriber_detected_objects_;
  image_transport::Subscriber subscriber_image_;
  message_filters::Subscriber<autoware_msgs::DetectedObject
Array> *detection_filter_subscriber_;
  message_filters::Subscriber<sensor_msgs::Image>
*image_filter_subscriber_;
 ros::Publisher publisher_image_;
  // 定义以下三种函数对结果进行可视化
  void SyncedDetectionsCallback(const
sensor_msgs::Image::ConstPtr &in_image_msg, const autoware_msgs::
DetectedObjectArray::ConstPtr &in_range_detections);
  bool IsObjectValid(const autoware_msgs::DetectedObject &in_object);
  cv::Mat ObjectsToRects(cv::Mat in_image, const autoware_msgs::
DetectedObjectArray::ConstPtr &in_objects);
```

(1) SyncedDetectionsCallback 函数。

进入/src/visualize_rects.cpp 文件，函数 SyncedDetectionsCallback 通过调用 ObjectsToRects 实现对图片的目标区域进行处理，并获取检测结果，如下所示。

```
// 定义 SyncedDetectionsCallback 函数获取目标检测结果
void VisualizeRects::SyncedDetectionsCallback(
  const sensor_msgs::Image::ConstPtr &in_image_msg,
  const autoware_msgs::DetectedObjectArray::ConstPtr &in_objects)
 {
  try
  {
    // 图片格式转换
    image_ = cv_bridge::toCvShare(in_image_msg, "bgr8")->image;
```

```
    cv::Mat drawn_image;
    // 利用 ObjectsToRects 函数对图片上目标区域进行处理
    drawn_image = ObjectsToRects(image_, in_objects);
    sensor_msgs::ImagePtr drawn_msg = cv_bridge::CvImage(in_image_msg->header, "bgr8", drawn_image).toImageMsg();
    // 将图片处理结果发布，这里发布的是检测结果信息
    publisher_image_.publish(drawn_msg);
  }
}
```

(2) ObjectToRects 函数。

如下所示，该部分首先通过 IsObjectValid 函数对检测结果进行判断，再利用函数 ObjectToRects 进一步将目标类别标签和矩形框信息绘制在图片上。

```
// 定义 ObjectToRects 函数用于获取并展示目标检测结果
VisualizeRects::ObjectsToRects(cv::Mat in_image, const autoware_msgs::DetectedObjectArray::ConstPtr &in_objects)
{
  // 复制图片
  cv::Mat final_image = in_image.clone();
  for (auto const &object: in_objects->objects)
  {
    // 调用 IsObjectValid 判断目标的有效性
    if (IsObjectValid(object))
    {
      cv::Rect rect;
      // 矩形框中心点坐标 x 和 y
      rect.x = object.x;
      rect.y = object.y;
      // 矩形框的宽高值
      rect.width = object.width;
      rect.height = object.height;
      // 修正矩形框宽度和高度
      if (rect.x+rect.width >= in_image.cols)
        rect.width = in_image.cols -rect.x - 1;
      if (rect.y+rect.height >= in_image.rows)
        rect.height = in_image.rows -rect.y - 1;
      // 在图片上预绘制目标矩形框结果
      cv::rectangle(final_image,
                    rect,
                    cv::Scalar(244,134,66),
                    4,
```

```
                        CV_AA);
            // 矩形框上所要添加的目标类别标签
            std::string label = "";
            if (!object.label.empty() && object.label != "unknown")
            {
              label = object.label;
            }
            // 设置文字的字体、大小、厚度等参数
            int font_face = cv::FONT_HERSHEY_DUPLEX;
            double font_scale = 1.5;
            int thickness = 1;
            int baseline=0;
            cv::Size text_size = cv::getTextSize(label,
                                                 font_face,
                                                 font_scale,
                                                 thickness,
                                                 &baseline);
            baseline += thickness;
            cv::Point text_origin(object.x - text_size.height,object.y);
            // 在图片上绘制矩形框
            cv::rectangle(final_image,
                          text_origin + cv::Point(0, baseline),
                          text_origin + cv::Point(text_size.width,
                            -text_size.height),
                          cv::Scalar(0,0,0),
                          CV_FILLED,
                          CV_AA,
                          0);
            // 在矩形框上添加文字信息
            cv::putText(final_image,
                        label,
                        text_origin,
                        font_face,
                        font_scale,
                        cv::Scalar::all(255),
                        thickness,
                        CV_AA,
                        false);
          }
        }
    return final_image;
}
```

(3) IsObjectValid 函数。

IsObjectValid 函数用于判断检测结果的数值大小并返回一个布尔型结果，以确定目标检测的有效性，如下所示。

```
// 函数 IsObjectValid 的定义，用于判断检测结果的有效性
bool VisualizeRects::IsObjectValid(const autoware_msgs::DetectedObject &in_object)
{
  if (!in_object.valid || in_object.width < 0 || in_object.height < 0 ||
      in_object.x < 0 || in_object.y < 0)
  {
    return false;
  }
  return true;
}
```

2.2.3 小结

本节主要分析如何在 Autoware 平台调用 SSD 模型实现目标检测：首先，对 SSD 模型的核心原理进行简单介绍；然后，配置 SSD Caffe 环境并下载网络配置文件和预训练模型文件；最后，在 Core Perception 模块的 vision_ssd_detect 项目中通过节点 vision_ssd_detect 和节点 visualize_rects 实现模型调用、目标检测及结果可视化。

2.3 vision_darknet_detect

继上节分析了如何使用 SSD 算法实现目标检测，本节将继续介绍 Autoware 平台中 YOLO 系列[4-6]模型的应用，主要内容包括 YOLO 系列模型原理解析和 vision_darknet_detect 代码解读。

2.3.1 YOLO 系列模型原理解析

YOLO 算法是一种单阶段(one-stage)、高效的目标检测模型，其核心思想是将目标检测问题视为一个回归问题处理：以整张图作为网络的输入，直接在输出层回归目标矩形框(bounding box，bbox)位置及类别标签。该系列模型共有三个版本：YOLOv1、YOLOv2 和 YOLOv3。

1. YOLOv1

YOLOv1[4]是该系列模型的开山之作，也是首次应用卷积神经网络(convolutional neural network，CNN)处理一个回归检测问题。YOLOv1 模型结构图如图 2-3 所示：

网络整体上借鉴了 GoogleNet[17]网络结构，不同的是在卷积层(Conv Layer)使用大量的 1×1 和 3×3 卷积结构代替 GoogleNet 中 Inception 模块。整个检测网络共有 24 个卷积层和 2 个全连接层，其中，卷积层用于提取图像特征，全连接层用来预测目标位置及类别标签概率。此外，卷积层后采用最大池化操作，强调图像最显著的特征区域，以减少冗余特征信息并降低网络的计算量。

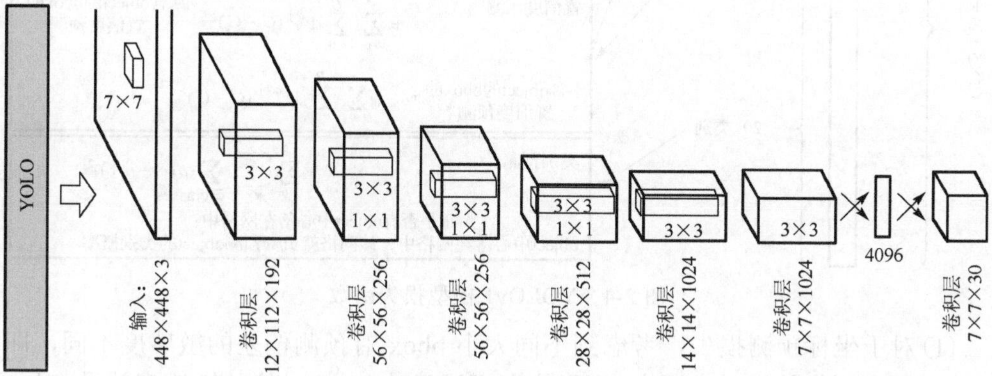

图 2-3　YOLOv1 模型结构图

在检测算法方面，YOLOv1 模型主要包含以下几大创新点。

(1) 网络输入为固定尺寸(如 448×448)，并划分为 S×S 个网格(grid)，这里采用 7×7 大小，而每个网格负责预测中心点落在该 grid 中的目标。

(2) 每个网格为目标预测 *B* 个 bounding box(bbox)，这里 *B*=2，其中，每个 bbox 预测 5 个值，分别是中心坐标 *x*、*y*，宽高 *w*、*h* 以及 bbox 的置信度得分，即 bbox 与对应目标 ground truth 之间的 IoU 值。

(3) 每个网格还需要预测 *c* 个类别概率值(取决于所使用的数据集，使用 VOC 数据集时这里 *c*=20)，表示该网格中目标属于各个类别的概率值。因此，每个网格将预测 *B*×5+*c* 个值(这里是 2×5+20=30)。

(4) YOLOv1 采用非极大值抑制算法(non-maximum suppression，NMS)来对检测结果进行后处理，以筛选出可能性的目标预测框(bbox)。NMS 算法的大致流程如下。

①设置一个类别分数(score)阈值，一个 IoU 阈值。

②对于每个类别，遍历所有的候选结果并过滤低于分数阈值的候选框。

③将剩下候选框中分数最高所对应的候选框取出并添加到输出列表，然后计算其他候选框与该候选框的 IoU。若 IoU 大于 IoU 阈值，则将该候选框过滤掉(重叠度高)，否则将其加入到输出列表。

④重复上述步骤，最后输出列表中的候选框即为该类别所预测的 bbox。

此外，YOLOv1 模型的损失函数包含三个部分：坐标预测损失、置信度预测损失及类别预测损失，如下图 2-4 所示。

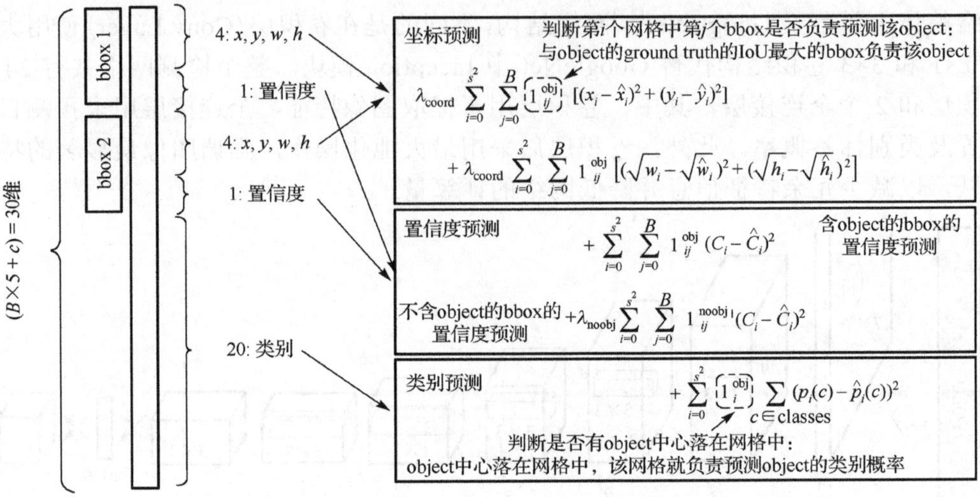

$$\lambda_{\text{coord}}\sum_{i=0}^{s^2}\sum_{j=0}^{B}1_{ij}^{\text{obj}}[(x_i-\hat{x}_i)^2+(y_i-\hat{y}_i)^2]$$
$$+\lambda_{\text{coord}}\sum_{i=0}^{s^2}\sum_{j=0}^{B}1_{ij}^{\text{obj}}[(\sqrt{w_i}-\sqrt{\hat{w}_i})^2+(\sqrt{h_i}-\sqrt{\hat{h}_i})^2]$$
$$+\sum_{i=0}^{s^2}\sum_{j=0}^{B}1_{ij}^{\text{obj}}(C_i-\hat{C}_i)^2$$
$$+\lambda_{\text{noobj}}\sum_{i=0}^{s^2}\sum_{j=0}^{B}1_{ij}^{\text{noobj}}(C_i-\hat{C}_i)^2$$
$$+\sum_{i=0}^{s^2}1_{i}^{\text{obj}}\sum_{c\in\text{classes}}(p_i(c)-\hat{p}_i(c))^2$$

图 2-4　YOLOv1 模型损失函数

(1) 对于坐标预测损失，考虑到不同大小 bbox 对预测偏差的敏感度不同，即小的 bbox 对预测偏差敏感度更大。为了均衡不同尺寸 bbox 对偏差敏感度差异，对 w 和 h 取开方值再求 L2 损失。当采用 VOC 数据集时，这里取参数 coord = 5 。

(2) 对于置信度预测损失，分别考虑含目标(obj)和不含目标(noobj)的情况。这里，bbox 的置信度(confidence)定义为

$$\text{confidence} = p(\text{object}) * \text{IOU}(\text{bbox}, \text{ground truth})$$

当 bbox 存在目标时，$p(\text{object})=1$ ，否则 $p(\text{object})=0$ 。对于一张图片，大部分区域是不存在目标的，即相应的 bbox 置信度为 0，这些负样本在梯度更新时的贡献更大，将导致网络训练不稳定。为了平衡该问题，YOLOv1 对不含目标(noobj)的 bbox 置信度赋予较小的权重，即采用 VOC 数据集训练时取参数 noobj = 0.5 。

(3) 对于类别预测损失，只考虑存在目标的情况，即当 bbox 的置信度不为 0 时计算目标的类别预测损失。因此，这里需要先判断目标中心是否落在网格中，若存在则由该网格负责预测并计算目标的类别概率损失。

总的来说，作为一个单阶段目标检测器，YOLOv1 模型无须复杂的检测流程，只需要将图片输入到模型就能回归得到目标检测结果。因此，该算法具有非常快的检测速度，但在目标定位准确度方面还有待进一步改善。

2. YOLOv2

在 YOLOv1 的基础上，YOLOv2[5]提出如下改进策略，在保持高效推断速度的同时，大大提升目标定位的准确性及召回率。

(1) DarkNet-19 Backbone。

YOLOv2 采用新的特征提取网络 DarkNet-19，其网络结构如图 2-5 所示：包括

19 层卷积层(Convolutional)和 5 个最大池化层(Maxpool)。卷积层主要采用 1×1 卷积和 3×3 卷积，其中，1×1 卷积能够有效地压缩特征图通道数并降低模型计算量和参数量。此外，每层卷积后还使用 BN(batch normalization)操作，代替 YOLOv1 中的 Dropout 层。BN 层的引入可以起到正则化的效果，在提升模型收敛速度的同时，防止模型过拟合并提高检测精度。最后，YOLOv2 采用全局平均池化层(Avgpool)代替全连接层，用于输出预测结果。

类型	卷积核	核大小/步长	输出大小
Convolutional	32	3×3	224×224
Maxpool		2×2/2	112×112
Convolutional	64	3×3	112×112
Maxpool		2×2/2	56×56
Convolutional	128	3×3	56×56
Convolutional	64	1×1	56×56
Convolutional	128	3×3	56×56
Maxpool		2×2/2	28×28
Convolutional	256	3×3	28×28
Convolutional	128	1×1	28×28
Convolutional	256	3×3	28×28
Maxpool		2×2/2	14×14
Convolutional	512	3×3	14×14
Convolutional	256	1×1	14×14
Convolutional	512	3×3	14×14
Convolutional	256	1×1	14×14
Convolutional	512	3×3	14×14
Maxpool		2×2/2	7×7
Convolutional	1024	3×3	7×7
Convolutional	512	1×1	7×7
Convolutional	1024	3×3	7×7
Convolutional	512	1×1	7×7
Convolutional	1024	3×3	7×7
Convolutional	1000	1×1	
Avgpool		Global	1000
Softmax			
Convolutional: 卷积层 Avgpool: 全局平均池化		Maxpool: 最大池化层 Softmax: 激活函数	

图 2-5　YOLOv2 网络结构图

(2) 高分辨率分类器(high-resolution classifier)。

YOLOv2 采用高分辨率的图片输入：首先在 ImageNet 数据集上以大尺寸输入(如 448×448)对网络进行训练，以适应高分辨率输入；再将训练好的分类器作为 YOLOv2 的特征提取层，用于学习不同尺度的目标特征。引入高分辨率分类器作为特征提取网络，能够大大提升 YOLOv2 的检测性能。

(3) 维度聚类(dimension clusters)。

由于 YOLOv1 是直接在特征图上利用全连接层回归目标位置和类别信息，不依赖任何的先验知识，这将导致空间位置信息丢失、定位不准确等问题。因此，YOLOv2 算法提出维度聚类方式来解决此问题：采用 K-means 算法对训练集数据的 ground truth 做聚类分析，并以 IoU 值作为聚类指标，综合考虑模型复杂度和检测召回率，最终选取 5 个聚类中心，以确定 5 种不同尺寸的先验框(anchor box)，用于辅助目标检测过程。经网格化处理，YOLOv2 对每个特征网格预测 5 种 anchor box 的检测结果，包含目标位置、置信度及类别概率等信息。引入先验框知识，能够帮助模型更好地定位目标区域，并显著提高目标召回率。

(4) 细粒度特征 (fine-grained feature)。

YOLOv2 模型提出跳跃结构 (pass through)，用于融合不同分辨率下的特征信息，以实现多尺度的目标检测。具体做法如下：提取 DarkNet-19 最后一层 Maxpool 的输入得到 26×26×512 大小的特征图，再经过 1×1×64 卷积获得 26×26×512 大小的特征图。然后，经过 pass through 层得到 13×13×256 大小的特征图 (由于 pass through 层抽取原特征图每个 2×2 局部区域组成新的通道，因此原特征图大小降低 4 倍，而通道数增加 4 倍)，再与 13×13×2014 大小的特征图融合得到 13×13×1280 大小的特征图。最后，在这些特征图上做预测。多粒度特征信息的引入有助于提升 YOLOv2 的检测精度。

(5) 多尺度训练 (multi-scale training)。

YOLOv2 采用的 DarkNet-19 网络只包含卷积层和池化层结构，对输入大小没有限制。因此，这里提出一种多尺度训练策略，即模型训练过程每隔 10 批次 (batch)，随机选取一个输入的尺寸。考虑到 DarkNet-19 网络下采样总步长为 32，因此输入尺寸一般选择 32 的倍数 (如 320, 352, 384, …, 608)。采用多尺度输入的训练策略，将有效提升模型对不同尺度目标检测的鲁棒性。

总的来说，针对 YOLOv1 模型存在的问题，YOLOv2 在模型结构和算法上提出一系列创新性策略，大大提升了模型的检测精度，同时保持了高效的推断速度。

3. YOLOv3

YOLOv3[6]在 YOLOv2 的基础上进一步对网络结构进行优化和改进，主要可概括为以下两点。

(1) DarkNet-53 Backbone。

YOLOv3 提出性能更强大的特征提取网络 DarkNet-53：考虑到 DarkNet-19 网络中下采样 (最大池化) 层操作将导致目标细粒度特征丢失，损害模型的检测性能，在 DarkNet-53 中去掉所有下采样结构。如图 2-6 所示，这是一个引入残差 (residual) 结构的特征提取网络，最左侧一列的数字代表残差单元的个数，最右侧的一列代表特征图的尺寸。DarkNet-53 共有 53 层卷积结构，每个残差单元中都包含一个 1×1 卷积和一个 3×3 卷积，且卷积通道数成倍数关系以降低网络的计算量。此外，DarkNet-53 网络中不采用下采样或最大池化操作，而中间特征图尺寸变化全部通过步长为 2 的卷积来实现。总体而言，在识别准确率和效率方面，DarkNet-53 的性能都明显更优于 DarkNet-19 和 ResNet-101 模型[18]。YOLOv3 以其作为特征提取网络，能够更好地学习目标特征信息，这将有助于提升模型的检测性能。

	类型	卷积核	核大小/步长	输出大小
	Convolutional	32	3×3	256×256
	Convolutional	64	3×3/2	128×128
	Convolutional	32	1×1	
1×	Convolutional	64	3×3	
	Residual			128×128
	Convolutional	128	3×3/2	64×64
	Convolutional	64	1×1	
2×	Convolutional	128	3×3	
	Residual			64×64
	Convolutional	256	3×3/2	32×32
	Convolutional	128	1×1	
8×	Convolutional	256	3×3	
	Residual			32×32
	Convolutional	512	3×3/2	16×16
	Convolutional	256	1×1	
8×	Convolutional	512	3×3	
	Residual			16×16
	Convolutional	1024	3×3/2	8×8
	Convolutional	512	1×1	
4×	Convolutional	1024	3×3	
	Residual			8×8
	Avgpool		Global	
	Connected		1000	
	Softmax			

Convolutional: 卷积层　Residual: 残差连接　Avgpool: 全局平均池化
Connected: 全连接层　Softmax: 激活函数

图 2-6　YOLOv3 网络结构图

(2)多尺度预测分支。

YOLOv3 模型的另一大改进是借鉴特征金字塔网络(feature pyramid network，FPN)[19]思想，融合不同层特征并采用多尺度预测分支分别针对大、中、小目标进行检测。模型整体结构如图 2-7 所示。其中，Res 代表残差单元的个数，ConvBL 表示卷积层+BN 层+Leaky ReLU 激活函数结构。YOLOv3 有三种尺度的预测分支，分别是 DarkNet-53 中第三、第四及最后残差单元的卷积输出。当采用 416×416 输入时，最后输出的特征图尺寸分别为 52×52、26×26 和 13×13，对应于大、中和小目标检测。同时，YOLOv3 模型还借鉴特征金字塔网络的思想，将不同分辨率的特征图进行融合。例如，对于 26×26 的预测分支，先将 DarkNet-53 最后输出卷积特征进行上采样，再将其与第四个残差单元的卷积特征融合用于中等目标检测分支。

除此之外，YOLOv3 还提出一些改进策略，如采用 k-means 聚类得到 9 个 anchor box，每个预测分支分配 3 种不同尺度的先验框；采用多尺度输入的训练策略；采用 sigmoid 函数代替 softmax 函数作为目标分类器等。更多细节请参考文献[6]。总的来说，随着模型结构和检测算法的不断优化改进，YOLOv3 已成为目前最先进的单阶段检测器之一，能够取得高效而准确的目标检测表现，并在自动驾驶等实时性应用中广泛使用。

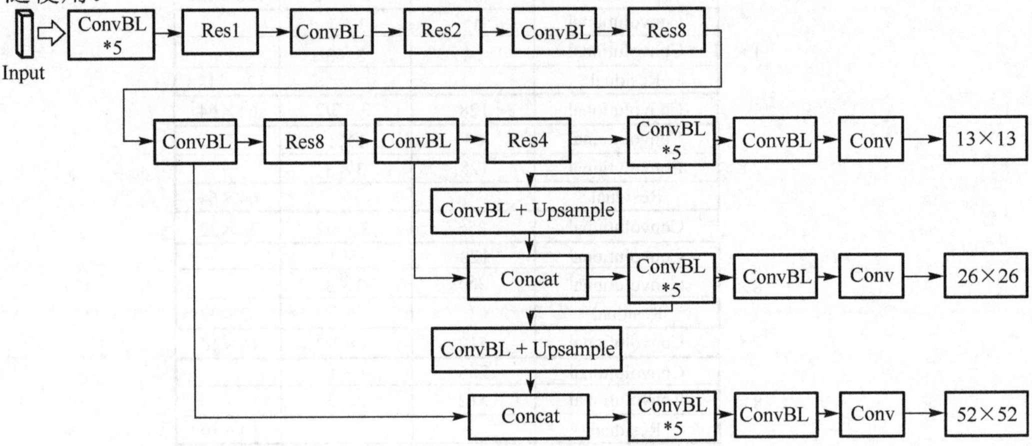

图 2-7　YOLOv3 多尺度预测分支结构图

2.3.2　vision_darknet_detect 代码解读

在 Autoware 平台的 Core Perception 模块中，vision_darknet_detect 项目包含如何调用 YOLOv2 和 YOLOv3 进行目标检测的详细内容，这里以 YOLOv3 模型为例，对所需环境配置及有关代码进行解读。

首先，需启动 vision_darknet_detect 有关节点，主要步骤如下。

(1) 启动 Autoware，在终端键入：

```
cd ~/autoware.ai
$ source install/setup.bash
$ roslaunch runtime_manager runtime_manager.launch
```

(2) 在 Runtime Manager 界面切换到 Computing 分页；

(3) 勾选 Detection→vision_detector 下的 vision_darknet_yolo3；

(4) 查找 src/autoware/utilities/runtime_manager/scripts/computing.yaml 中所勾选的 vision_darknet_yolo3，并在终端输入命令启动 vision_yolo3_detect.launch 文件：

```
- name : Detection
  desc : Detection desc sample
  subs :
  - name : vision_detector
    desc : vision_detector desc sample
    subs :
    - name : vision_darknet_yolo3
```

```
        desc : Darknet Yolo3 Image based detector
        cmd :roslaunch vision_darknet_detect vision_yolo3_detect.launch
        param: darknet_yolo3
```

如下所示，vision _yolo3_detect.launch 文件包含了主要的参数列表信息、节点 vision_darknet_detect 和节点 visualize_rects 信息等内容。值得注意的是，参数列表中定义了网络配置文件(network_definition_file)和预训练模型文件(pretrained_model_file)路径，这里可以根据实际需要导入相应的文件路径。

```
<launch>
    // 参数列表，其中，yolov3 网络定义文件和预训练模型文件
    // 这里可根据需要进行自定义。
    <arg name="gpu_device_id" default="0"/>
    <arg name="score_threshold" default="0.30"/>
    <arg name="nms_threshold" default="0.30"/>
    <arg name="network_definition_file" default="$(find vision_darknet_detect)/darknet/cfg/yolov3.cfg"/>
    <arg name="pretrained_model_file" default="$(find vision_darknet_detect)/darknet/data/yolov3.weights"/>
    <arg name="names_file" default="$(find vision_darknet_detect)/darknet/cfg/coco.names"/>
    <arg name="camera_id" default="/"/>
    <arg name="image_src" default="/image_raw"/>

    // 节点 vision_darknet_detect 以及主要参数情况
    <node pkg="vision_darknet_detect" name="vision_darknet_detect" type="vision_darknet_detect" output="screen">
    ......
    </node>

    // 节点 visualize_rects 以及主要参数情况
    <node pkg="detected_objects_visualizer" type="visualize_rects" name="yolo3_rects" output="screen">
    ......
    </node>
</launch>
```

1. YOLOv3 DarkNet 环境配置

在运行项目代码前，需要配置 DarkNet 环境。DarkNet 是一个由 C 语言和 CUDA 编写的开源神经网络框架，支持 CPU 和 GPU 计算。有关环境配置的具体过程请参考 DarkNet 项目官网(https://pjreddie.com/darknet/)或 Github 地址(https://github.com/

pjreddie/darknet）。一旦环境配置完成，在终端输入：

```
roslaunch vision_darknet_detect vision_yolo3_detect.launch
```

无报错信息则说明环境配置成功。

2. 节点 vision_darknet_detect

由相应的 CmakeLists.txt 文件可知节点 vision_darknet_detect 的源文件包括/src/vision_darknet_detect_node.cpp、/src/vision_darknet_detect.cpp 以及 src/vision_darknet_detect.h，如下所示。

```
add_executable(vision_darknet_detect
                  src/vision_darknet_detect_node.cpp
                  src/vision_darknet_detect.cpp
                  src/vision_darknet_detect.h
                  )
```

进入/src/vision_darknet_detect_node.cpp 文件找到 main 函数，其中包括 ROS 节点参数初始化，调用类方法 Yolo3DetectorNode 并执行 Run 等内容，如下所示。

```
int main(int argc, char **argv)
{
    // 初始化 ROS 节点
    ros::init(argc, argv, "vision_darknet_detect");
    // 调用类方法 Yolo3DetectorNode
    Yolo3DetectorNode app;
    app.Run();
    return 0;
}
```

下面分析类方法 Yolo3DetectorNode。

进入/src/vision_darknet_detect.h 文件找到类方法 Yolo3DetectorNode 的定义：该部分首先声明了 ROS 相关节点及参数类型；然后，定义目标检测所需关键方法，包括 convert_rect_to_image_obj、rgbgr_image、convert_ipl_to_image 等函数；最后，公有参数域下执行 Run。

```
class Yolo3DetectorNode {
    // 定义 ROS 中相应节点
    ros::Subscriber                 subscriber_image_raw_;
    ros::Subscriber                 subscriber_yolo_config_;
    ros::Publisher                  publisher_objects_;
    ros::NodeHandle                 node_handle_;
    // 定义类方法 Yolo3Detector
```

```
    darknet::Yolo3Detector          yolo_detector_;
    image darknet_image_ = {};
    // 定义一些参数的类型
    float                           score_threshold_;
    float                           nms_threshold_;
    double                          image_ratio_;
    uint32_t                        image_top_bottom_border_;
    uint32_t                        image_left_right_border_;
    std::vector<cv::Scalar>         colors_;
    std::vector<std::string>        custom_names_;
    bool                            use_coco_names_;
    // 定义目标检测中所使用的方法，具体操作在 cpp 文件中说明
    void convert_rect_to_image_obj(std::vector< RectClassScore<float> >& in_objects, autoware_msgs::DetectedObjectArray& out_message);
    void rgbgr_image(image& im);
    image convert_ipl_to_image(const sensor_msgs::ImageConstPtr& msg);
    void image_callback(const sensor_msgs::ImageConstPtr& in_image_message);
    void config_cb(const autoware_config_msgs::ConfigSSD::ConstPtr& param);
    std::vector<std::string>
    read_custom_names_file(const std::string& in_path);
// 公有化参数域
public:
    void Run();
};
```

(1) convert_rect_to_image_obj 函数。

在/src/vision_darknet_detect.cpp 文件定义了 convert_rect_to_image_obj 函数的具体操作。如下所示，该方法主要是对矩形框预测结果进行处理，包括坐标值转换、目标类别标签获取等；然后，将检测结果发布。

```
// 定义 convert_rect_to_obj 函数将预测的矩形框转换为具体的目标信息
void Yolo3DetectorNode::convert_rect_to_image_obj(std::vector< RectClassScore<float> >& in_objects, autoware_msgs::DetectedObjectArray& out_message)
{
    for (unsigned int i = 0; i < in_objects.size(); ++i)
    {
        {
            autoware_msgs::DetectedObject obj;
```

```
            // yolov3 检测算法中对目标矩形框四个坐标值的处理
            obj.x = (in_objects[i].x /image_ratio_) - image_left_right_border_/image_ratio_;
            obj.y = (in_objects[i].y /image_ratio_) - image_top_bottom_border_/image_ratio_;
            obj.width = in_objects[i].w /image_ratio_;
            obj.height = in_objects[i].h /image_ratio_;
            if (in_objects[i].x < 0)
                obj.x = 0;
            if (in_objects[i].y < 0)
                obj.y = 0;
            if (in_objects[i].w < 0)
                obj.width = 0;
            if (in_objects[i].h < 0)
                obj.height = 0;
            // 目标类别分数
            obj.score = in_objects[i].score;
            // 使用 COCO 数据集时，将检测结果与相应的类别标签对应
            // GetClassString()方法用于映射目标类别标签方法
            if (use_coco_names_)
            {
                obj.label = in_objects[i].GetClassString();
            }
            else
            {
                if (in_objects[i].class_type < custom_names_.size())
                    obj.label = custom_names_[in_objects[i].class_type];
                else
                    obj.label = "unknown";
            }
            obj.valid = true;
            // 将检测结果发送出去
            out_message.objects.push_back(obj);
        }
    }
}
```

(2) rgbgr_image 函数。

rgbgr_image 函数主要用于对输入图片进行通道变换处理，以适应网络的输入类型，如下所示。

```
// 定义 rgbgr 函数对图片通道进行变换处理
```

```
void Yolo3DetectorNode::rgbgr_image(image& im)
{
    int i;
    for(i = 0; i < im.w*im.h; ++i)
    {
        float swap = im.data[i];
        im.data[i] = im.data[i+im.w*im.h*2];
        im.data[i+im.w*im.h*2] = swap;
    }
}
```

(3) convert_ipl_to_image 函数。

如下所示，convert_ipl_to_image 函数主要用于对输入图片的尺寸进行处理以适应网络输入大小。当图片尺寸与输入大小不符时，计算二者比值，并将其作为缩放因子对图片进行裁剪(resize)和填充处理。最后，对填充后的图片进行归一化，以提高网络训练的数值稳定性。

```
// 定义 convert_ipl_to_image 函数进行图像处理
image Yolo3DetectorNode::convert_ipl_to_image(const sensor_msgs::ImageConstPtr& msg)
{
    // cv_bridge 定义一个 opencv 图像类型的 CVImage
    cv_bridge::CvImagePtr cv_image = cv_bridge::toCvCopy(msg, "bgr8");
    cv::Mat mat_image = cv_image->image;

    if (network_input_width!=image_width || network_input_height != image_height)
    {
        // 当网络输入和图像尺寸不相符时，计算二者比值
        image_ratio_ = (double) network_input_width / (double)mat_image.cols;
        // 对图像进行 resize，缩放因子为网络输入与图像的比值
        cv::resize(mat_image, final_mat, cv::Size(), image_ratio_, image_ratio_);
        // 对 resize 后的图像进行区域填充
        image_top_bottom_border_ = abs(final_mat.rows-network_input_height)/2;
        image_left_right_border_ = abs(final_mat.cols-network_input_width)/2;
        cv::copyMakeBorder(final_mat, final_mat,
                image_top_bottom_border_, image_top_bottom_border_,
                image_left_right_border_, image_left_right_border_,
```

```
                cv::BORDER_CONSTANT, cv::Scalar(0,0,0));
    }
    else
        final_mat = mat_image;

    ipl_image = final_mat;
    unsigned char *data = (unsigned char *)ipl_image.imageData;
    int h = ipl_image.height;
    int w = ipl_image.width;
    int c = ipl_image.nChannels;
    int step = ipl_image.widthStep;
    int i, j, k;
    image darknet_image = make_image(w, h, c);

    // 对填充后的图像进行归一化处理
    for(i = 0; i < h; ++i){
        for(k= 0; k < c; ++k){
            for(j = 0; j < w; ++j){
                darknet_image.data[k*w*h + i*w + j] = data[i*step + j*c + k]/255.;
            }
        }
    }
    rgbgr_image(darknet_image);
    return darknet_image;
}
```

(4) image_callback 函数。

image_callback 函数首先通过 convert_ipl_to_image 函数进行图片预处理，以获取适合网络输入的图片格式；然后利用 convert_rect_to_image_obj 将检测结果进一步转换为具体的目标信息并发布。

```
// 定义 image_callback 函数用于处理回调图片
void Yolo3DetectorNode::image_callback(const sensor_msgs::ImageConstPtr& in_image_message)
{
    std::vector< RectClassScore<float> > detections;
   // 调用 convert_ipl_to_image 对图像进行 resize 处理
    darknet_image_ = convert_ipl_to_image(in_image_message);
    // 以 resize 后的图像作为 yolov3 检测器的输入
    detections = yolo_detector_.detect(darknet_image_);
    autoware_msgs::DetectedObjectArray output_message;
    output_message.header = in_image_message->header;
```

```
    // 调用 convert_rect_to_image_obj()方法
    // 将检测结果转换为相应的目标信息
    convert_rect_to_image_obj(detections, output_message);
    // 将检测结果发布出去
    publisher_objects_.publish(output_message);
    free(darknet_image_.data);
}
```

(5) read_custom_names_file 函数。

read_custom_names_file 函数主要用于获取文件路径、文件名等信息，如下所示。

```
// 定义 read_custom_names_file 函数来获取文件名、路径等信息
std::vector<std::string> Yolo3DetectorNode::read_custom_names_file(const std::string& in_names_path)
{
    // 文件路径
    std::ifstream file(in_names_path);
    std::string str;
    // 文件名
    std::vector<std::string> names;
    while (std::getline(file, str))
    {
        names.push_back(str);
        std::cout << str <<  std::endl;
    }
    return names;
}
```

(6) Run 函数。

Run 中首先声明了 ROS 参数命名空间，并通过节点名判断来接收相应的参数信息；然后，调用 yolo_detector 检测器，通过配置文件、预训练模型文件、像素均值等参数来初始化 YOLOv3 模型并进行目标检测。

```
void Yolo3DetectorNode::Run()
{
    // ROS 中的构造函数，用于指定参数命名空间
    ros::NodeHandle private_node_handle("~");
    // 声明一个标准的字符变量，用于接收图片
    std::string image_raw_topic_str;
    if (private_node_handle.getParam("image_raw_node", image_raw_topic_str))
    {
        ROS_INFO("Setting image node to %s", image_raw_topic_str.c_str());
```

```
  }
else
  {
    ROS_INFO("No image node received, defaulting to /image_raw, you can use _image_raw_node:=YOUR_TOPIC");
    image_raw_topic_str = "/image_raw";
  }
  // 声明一个标准的字符变量，用于接收网络配置文件
  std::string network_definition_file;
  // 声明一个标准的字符变量，用于接收预训练模型文件
  std::string pretrained_model_file, names_file;
  // 判断是否有网络配置文件这个节点名
  if (private_node_handle.getParam("network_definition_file", network_definition_file))
  {
      ROS_INFO("Network Definition File (Config): %s", network_definition_file.c_str());
  }
  else
  {
      ROS_INFO("No Network Definition File was received. Finishing execution.");
      return;
  }
  // 判断是否有预训练文件这个节点名
  if (private_node_handle.getParam("pretrained_model_file", pretrained_model_file))
  {
      ROS_INFO("Pretrained Model File (Weights): %s", pretrained_model_file.c_str());
  }
  else
  {
      ROS_INFO("No Pretrained Model File was received. Finishing execution.");
      return;
  }
  // 定义私有节点参数 score_threshold，阈值为 0.5
  private_node_handle.param<float>("score_threshold", score_threshold_, 0.5);
  ROS_INFO("[%s] score_threshold: %f",__APP_NAME__, score_threshold_);
  // 定义私有节点参数 nms_threshold，阈值为 0.45
```

```
    private_node_handle.param<float>("nms_threshold", nms_threshold_, 0.45);
    ROS_INFO("[%s] nms_threshold: %f",__APP_NAME__, nms_threshold_);
    // 调用 yolo_detector 函数，并以网络配置文件等参数初始化模型
    ROS_INFO("Initializing Yolo on Darknet...");
    yolo_detector_.load(network_definition_file, pretrained_model_file, score_threshold_, nms_threshold_);
    ROS_INFO("Initialization complete.");
    publisher_objects_ = node_handle_.advertise<autoware_msgs::DetectedObjectArray>("/detection/image_detector/objects", 1);

}
```

3. 节点 visualize_rects

有关 visualize_rects 节点的源文件、方法定义及具体参数情况请参考 2.2.2 节中的详细介绍，这里不再赘述。

2.3.3 小结

本节主要解析如何在 Autoware 平台使用 YOLO 系列模型进行目标检测：首先，简单介绍 YOLO 系列模型的基本原理及有关 DarkNet 环境配置；然后，以 YOLOv3 模型为例，在 vision_darknet_detect 项目中通过节点 vision_darknet_detect 和节点 visualize_rects 进行模型调用、目标检测等操作，并最终将检测结果进行可视化。

2.4 trafficlight_recognizer

本节将针对自动驾驶实际感知应用，介绍如何在 Autoware 中实现交通信号灯识别(traffic light recognition)。首先，启动 trafficlight_recognizer 有关节点，其主要步骤如下。

(1) 启动 Autoware，在终端键入：

```
cd ~/autoware.ai
$ source install/setup.bash
$ roslaunch runtime_manager runtime_manager.launch
```

(2) 在 Runtime Manager 界面切换到 Computing 分页；

(3) 勾选 Detection→trafficlight_recognizer 下功能选项，包括 feat_proj、region_tlr、region_tlr_mxnet 以及 region_tlr_ssd；

(4) 查找 src/autoware/utilities/runtime_manager/scripts/computing.yaml 中所勾选的功能选项，如下所示：

```
- name : trafficlight_recognizer
    desc : trafficlight_recognizer desc sample
    subs :
    - name : feat_proj
      desc : feat_proj desc sample
      cmd  : roslaunch trafficlight_recognizer feat_proj.launch
      param: feat_proj
      gui  :
        flags : [ need_camera_info ]
        sel_cam_dialog_only : [ camera_id ]
        sel_cam_dialog_allow: [ camera_id ]
        camera_id :
          border : 16
          flags : [ all ]

    - name : region_tlr
      desc : region_tlr desc sample
      cmd  : roslaunch trafficlight_recognizer traffic_light_recognition.launch
      param: region_tlr
      gui  :
        flags : [ need_camera_info ]
        sel_cam_dialog_only : [ camera_id ]
        sel_cam_dialog_allow: [ camera_id ]
        camera_id :
          border : 16
          flags : [ all ]

    - name : region_tlr_mxnet
      desc : region_tlr_mxnet desc sample
      cmd  : roslaunch trafficlight_recognizer traffic_light_recognition_mxnet.launch
      param: region_tlr_mxnet
      gui  :
        flags : [ need_camera_info ]
        sel_cam_dialog_only : [ camera_id ]
        sel_cam_dialog_allow: [ camera_id ]
        camera_id :
          border : 16
          flags : [ all ]

    - name : region_tlr_ssd
```

```
      desc : region_tlr_ssd desc sample
      cmd  : roslaunch trafficlight_recognizer traffic_light_recognition_ssd.launch
      param : region_tlr_ssd
      gui  :
        flags : [ no_link, need_camera_info ]
        sel_cam_dialog_only : [ camera_id ]
        sel_cam_dialog_allow: [ camera_id ]
        camera_id :
          border : 16
          flags : [ all ]
```

其中包括 feat_proj.launch、traffic_light_recognition.launch、traffic_light_recognition_mxnet.launch 和 traffic_light_recognition_ssd.launch 等四个文件，下面将逐个进行分析。

2.4.1 feat_proj 代码解读

feat_proj 部分的功能主要是通过相机-世界坐标系的投影变换，来获取信号灯的位置信息。首先，在终端输入命令启动 feat_proj.launch 文件。如下所示，该文件包含了主要参数及节点 feat_proj 信息。

```
<launch>
  // 主要参数信息
  <arg name="camera_id" default="/"/>
  <arg name="camera_info_src" default="/camera_info"/>
  <arg name="use_path_info" default="false"/>

  // 节点 feat_proj 以及主要参数情况
  <node pkg="trafficlight_recognizer" type="feat_proj" name="feature_projection" output="log">
  ......
  </node>
</launch>
```

由 CmakeLists.txt 文件可知节点 feat_proj 的源文件对应是/nodes/feat_proj/feat_proj.cpp，如下所示。

```
add_executable(feat_proj
        nodes/feat_proj/feat_proj.cpp
 )
```

进入/nodes/feat_proj/feat_proj.cpp 文件，main 函数中首先对 ROS 节点进行初始化，并加载类方法 VectorMap 以获取道路相关信息，如下所示。

```
int main(int argc, char *argv[])
{
    // 初始化 ROS 节点参数
    ros::init(argc, argv, "feat_proj", ros::init_options::NoSigintHandler);
    ros::NodeHandle rosnode;
    ros::NodeHandle private_nh("~");
    std::string cameraInfo_topic_name;
    private_nh.param<std::string>("camera_info_topic", cameraInfo_topic_name, "/camera_info");
    // 获取 camera id
    camera_id_str = cameraInfo_topic_name;
    camera_id_str.erase(camera_id_str.find("/camera_info"));
    if (camera_id_str == "/")
    {
      camera_id_str = "camera";
    }
    // 判断是否使用 vector_map_server 函数
    private_nh.param<bool>("use_path_info", g_use_vector_map_server, false);
    ROS_INFO("[feat_proj] Use VectorMapServer: %d", g_use_vector_map_server);
    // 加载 vector_map 方法获取道路相关信息
    // 可跳转到相关方法下查看具体定义
    ros::Subscriber sub_point = rosnode.subscribe("vector_map_info/point",
                                                  SUBSCRIBE_QUEUE_SIZE,
                                                  &VectorMap::load_points,
                                                 &vmap);
    ros::Subscriber sub_line = rosnode.subscribe("vector_map_info/line",
                                                 SUBSCRIBE_QUEUE_SIZE,
                                                 &VectorMap::load_lines,
                                                 &vmap);
    ros::Subscriber sub_lane = rosnode.subscribe("vector_map_info/lane",
                                                SUBSCRIBE_QUEUE_SIZE,
                                                &VectorMap::load_lanes,
                                                &vmap);
    // 等待直至所有 vector_map 方法加载完成
    ros::Rate wait_rate(100);
    std::cout << "Loading Vector Map. Please wait";
```

然后，通过 ROS 节点接收 cameraInfoCallback、adjustxyCallback 等函数处理后的信息，并调用 getTransform 和 echoSignals2 进一步获取信号灯不同角度信息，如下所示。

```
// 接收 cameraInfo_topic_name、adjust_xy 等参数信息
// 可跳转到相应方法下查看具体的定义
ros::Subscriber cameraInfoSubscriber = rosnode.subscribe(cameraInfo_topic_name, 100, cameraInfoCallback);
ros::Subscriber cameraImage = rosnode.subscribe(cameraInfo_topic_name, 100, cameraInfoCallback);
ros::Subscriber adjust_xySubscriber = rosnode.subscribe("/config/adjust_xy", 100, adjust_xyCallback);
ros::Subscriber current_pose_subscriber;
ros::Subscriber waypoint_subscriber;
if (g_use_vector_map_server)
{
    // 接收由 VectorMapClient 发布的信息
    current_pose_subscriber = rosnode.subscribe("/current_pose", 1, &VectorMapClient::set_pose, &g_vector_map_client);
    waypoint_subscriber = rosnode.subscribe("/final_waypoints", 1, &VectorMapClient::set_waypoints, &g_vector_map_client);
    // 创建 ros_client 对象用于服务器-客户端通信
    g_ros_client = rosnode.serviceClient<vector_map_server::GetSignal>("vector_map_server/get_signal");
}
while (true)
{
    ros::spinOnce();
    try
    {
        // 调用 getTransform 函数进行方向和位置转换
        getTransform(orientation, position);
    }
    catch (tf::TransformException &exc)
    {
    }
    if (prev_orientation.vec() != orientation.vec() &&
        prev_position != position)
    {
        // 调用 echoSignals2 函数获取信号灯不同角度信息
        echoSignals2(signalPublisher, false);
    }
```

```
}
```

1. 类方法 VectorMap

类方法 VectorMap 主要是用于获取道路地图信息（关键点、线、车道等元素），包含 load_points、load_lines、load_lanes 等函数操作如下所示。

```
// 定义类方法 VectorMap()，包含 load_points()等方法
class VectorMap
{
 public:
   bool loaded;
   std::map<int, Point > points;
   std::map<int, Line > lines;
   std::map<int, WhiteLine > whitelines;
   std::map<int, Lane > lanes;
   std::map<int, DTLane > dtlanes;
   std::map<int, Vector > vectors;
   std::map<int, Signal > signals;

   void load_points(const vector_map::PointArray& msg);
   void load_lines(const vector_map::LineArray& msg);
   void load_lanes(const vector_map::LaneArray& msg);
   ......
```

以 load_point 为例，该函数主要用于获取一些关键点信息，以便后续投影变换的需要，如下所示。

```
// 定义 load_points 函数获取关键点信息
void VectorMap::load_points(const vector_map::PointArray& msg)
{
  for (const auto& point : msg.data)
  {
      Point tmp;
      tmp.pid = point.pid;
      tmp.b = point.b;
      tmp.l = point.l;
      ......
  }
  std::cout << "load points complete. element num: " << points.size()
<< std::endl;
}
```

2. cameraInfoCallback 函数

cameraInfoCallback 函数将获取相机参数信息，用于后续的投影变换操作，如下所示。

```
// 定义 cameraInfoCallback 函数用于获取 camera info 相关参数
void cameraInfoCallback(const sensor_msgs::CameraInfo::ConstPtr camInfoMsg)
{
    fx = static_cast<float>(camInfoMsg->P[0]);
    fy = static_cast<float>(camInfoMsg->P[5]);
    imageWidth = camInfoMsg->width;
    imageHeight = camInfoMsg->height;
    cx = static_cast<float>(camInfoMsg->P[2]);
    cy = static_cast<float>(camInfoMsg->P[6]);
}
```

3. adjustxyCallback 函数

函数 adjustxyCallback 主要是对投影变换的结果进行调整，如下所示。

```
// 定义 adjust_xyCallback 函数用于调整投影变换结果
void adjust_xyCallback(const autoware_msgs::AdjustXY::ConstPtr &config_msg)
{
    adjust_proj_x = config_msg->x;
    adjust_proj_y = config_msg->y;
}
```

4. getTransform 函数

getTransform 函数用于对目标位置和方向参数进行转换，如下所示。

```
// 定义 getTransform 函数用于进行图像帧间变换
void getTransform(Eigen::Quaternionf &ori, Point3 &pos)
{
    static tf::TransformListener listener;
    ros::Time now = ros::Time();
    listener.waitForTransform(camera_id_str, "map", now, ros::Duration(10.0));
    listener.lookupTransform(camera_id_str, "map", now, trf);
    // 对位置和方向参数进行处理
    tf::Vector3 &p = trf.getOrigin();
    tf::Quaternion o = trf.getRotation();
    pos.x() = p.x();
    pos.y() = p.y();
```

```
    ......
}
```

5. echoSignals2 函数

如下所示，echoSignals2 函数用于响应信号灯数据，通过投影变换操作，并调用 GetSignalAngleInCameraSystem 获取不同角度信号灯位置信息。

```
// 定义 echoSignals2 函数用于投射变换以获取信号灯不同角度信息
void echoSignals2(ros::Publisher &pub, bool useOpenGLCoord = false)
{
    // 利用 vector_map_server 获取信号灯信号
    if (g_use_vector_map_server)
    {
        vector_map_server::GetSignal service;
        // 设置服务器请求
        service.request.pose = g_vector_map_client.pose();
        service.request.waypoints = g_vector_map_client.waypoints();
        // 获取服务器响应
        if (g_ros_client.call(service))
        {
            // 重置信号灯数据
            vmap.signals.clear();
            // 插入信号灯数据，包括响应 id、响应类型(response type)等
            for (const auto &response: service.response.objects.data)
            {
                if (response.id == 0)
                    continue;
                Signal signal;
                signal.id = response.id;
                ......
                signal.type = response.type;
                vmap.signals.insert(std::map<int, Signal>::value_type(signal.id, signal));
            }
            ROS_INFO("[feat_proj] VectorMapServer available. Publishing only TrafficSignals on the current lane");
        }
    }
    for (const auto& signal_map : vmap.signals)
    {
        // 定义信号秒数参数
        const Signal signal = signal_map.second;
```

```
// 定义信号端口协议(由信号数据流获取)
    int pid = vmap.vectors[signal.vid].pid;
    // 调用 project2()方法进行点坐标转换
    if (project2(signalcenter, u, v, useOpenGLCoord) == true)
    {
        autoware_msgs::ExtractedPosition sign;
        sign.signalId = signal.id;
        // 从 runtime manager 获取的配置值来变换投射坐标
        sign.u = u + adjust_proj_x;
        sign.v = v + adjust_proj_y;
        sign.radius = radius;
   ……
        // 调用 GetSignalAngleInCameraSystem
        // 获取相机坐标系下信号灯水平角度信息
        double signal_angle = GetSignalAngleInCameraSystem(vmap.vectors[signal.vid].hang + 180.0f, vmap.vectors[signal.vid].vang + 180.0f);
        // 当信号灯朝向 x 轴时，信号灯的角度将为 0
        // 目标：让信号灯朝向 -50 <= z 轴(= 90 degree) <= +50
        if (isRange(-50, 50, signal_angle - 90))
        {
            signalsInFrame.Signals.push_back(sign);
        }
    }
}
```

GetSignalAngleInCameraSystem 函数主要用于获取相机坐标系下信号灯的位置信息，返回一个双精度型结果。

```
// GetSignalAngleInCameraSystem 函数用于获取相机系统下信号灯角度信息
double GetSignalAngleInCameraSystem(double hang, double vang)
{
    // 通过 ConvertDegreeToRadian()方法进行角度-弧度信息转换
    double signal_pitch_in_map = ConvertDegreeToRadian(vang - 90);
    double signal_yaw_in_map = ConvertDegreeToRadian(-hang + 90);
    tf::Quaternion signal_orientation_in_map_system;
    signal_orientation_in_map_system.setRPY(0, signal_pitch_in_map, signal_yaw_in_map);
    tf::Quaternion signal_orientation_in_cam_system = trf * signal_orientation_in_map_system;
    double signal_roll_in_cam;
    double signal_pitch_in_cam;
    double signal_yaw_in_cam;
```

```
    tf::Matrix3x3(signal_orientation_in_cam_system).getRPY(signal_roll_in_cam, signal_pitch_in_cam, signal_yaw_in_cam);
    // 利用 ConvertRadianToDegree 函数获取相机水平角度信息
    return ConvertRadianToDegree(signal_pitch_in_cam);
}
```

这里，采用 ConvertDegreeToRadian 和 ConvertRadianToDegree 函数分别进行角度-弧度和弧度-角度的数值转化，如下所示。

```
// 定义 ConvertDegreeToRadian 函数实现角度-弧度制转换
double ConvertDegreeToRadian(double degree)
{
   return degree * M_PI / 180.0f;
}
// 定义 ConvertRadianToDegree 函数实现弧度-角度制转换
double ConvertRadianToDegree(double radian)
{
   return radian * 180.0f / M_PI;
}
```

2.4.2 region_tlr 代码解读

region_tlr 部分将实现交通信号灯的识别过程。首先，在终端中输入命令启动 traffic_light_recognition.launch 文件。如下所示，该文件包含了主要参数、节点 region_tlr 和节点 tl_switch 信息。

```
<launch>
    // 主要参数信息
    <arg name="camera_id" default="/"/>
    <arg name="image_src" default="/image_raw"/>
    <arg name="light_src" default="/light_color" />
    <arg name="camera_light_src" default="/camera_light_color" />
    <arg name="ams_light_src" default="/ams_light_color" />

    // 节点 region_tlr 以及主要参数情况
   <node pkg="trafficlight_recognizer" type="region_tlr" name="traffic_light_recognition" output="log">
   ......
   </node>

    // 节点 tl_switch 以及主要参数情况
    <node pkg="trafficlight_recognizer" type="tl_switch" name="tl_switch" output="log">
```

```
......
    </node>
</launch>
```

1. 节点 region_tlr

由 CmakeLists.txt 文件可知节点 region_tlr 的源文件对应有/nodes/region_tlr/region_tlr.cpp 和/nodes/region_tlr/TrafficLightDetector.cpp，如下所示。

```
add_executable(region_tlr
    nodes/region_tlr/region_tlr.cpp
    nodes/region_tlr/TrafficLightDetector.cpp
  )
```

进入/nodes/region_tlr/region_tlr.cpp 文件，如下所示，main 函数主要包含初始化 ROS 节点、定义颜色空间阈值、调用 image_raw_cb、extractedPos_cb、tunedResult_cb 函数对信号灯进行处理等内容。

```
int main(int argc, char *argv[])
{
    // 红色 H、S、V 颜色空间阈值
    thSet.Red.Hue.upper = (double) DAYTIME_RED_UPPER;
    ......
    // 黄色 H、S、V 颜色空间阈值
    thSet.Yellow.Hue.upper = (double) DAYTIME_YELLOW_UPPER;
    ......
    // 绿色 H、S、V 颜色空间阈值
    thSet.Green.Hue.upper = (double) DAYTIME_GREEN_UPPER;
    ......
    // 初始化 ROS 节点
    ros::init(argc, argv, "region_tlr");
    // 从 ROS 私有参数中获取图片名、相机颜色名等参数
    ros::NodeHandle n;
    ros::NodeHandle private_nh("~");
    std::string image_topic_name;
    std::string camera_light_color_topic_name;
    // 调用 image_raw_cb、extractedPos_cb、tunedResult_cb 等函数
    // 通过 ROS 节点接收图片名、信号灯位置等信息
    ros::Subscriber image_sub = n.subscribe(image_topic_name, 1,
image_raw_cb);
    ros::Subscriber position_sub = n.subscribe("/roi_signal", 1,
extractedPos_cb);
    ros::Subscriber tunedResult_sub = n.subscribe("/tuned_result",
1, tunedResult_cb);
```

```
    ros::Subscriber superimpose_sub = n.subscribe("/config/superimpose", 1, superimpose_cb);
    // ROS 节点发布相机颜色名、信号灯识别结果、叠加图片等信息
    signalState_pub = n.advertise<autoware_msgs::TrafficLight>(camera_light_color_topic_name, ADVERTISE_QUEUE_SIZE, ADVERTISE_LATCH);
    signalStateString_pub = n.advertise<std_msgs::String>("/sound_player", ADVERTISE_QUEUE_SIZE);
    marker_pub = n.advertise<visualization_msgs::MarkerArray>("tlr_result", ADVERTISE_QUEUE_SIZE);
    superimpose_image_pub = n.advertise<sensor_msgs::Image>("tlr_superimpose_image", ADVERTISE_QUEUE_SIZE);
    signal_state_array_publisher_ = n.advertise<autoware_msgs::TrafficLightResultArray>("tlr_result_array",ADVERTISE_QUEUE_SIZE);
}
```

1) image_raw_cb 函数

如下所示，image_raw_cb 函数主要用于对输入图片进行预处理，并调用 putResult_inText 将识别结果显示在图片上。

```
// 定义 image_raw_cb 函数对输入图片进行处理并展示结果图片信息
static void image_raw_cb(const sensor_msgs::Image &image_source)
{
    // 创建并复制 opencv 类型图像
    cv_bridge::CvImagePtr cv_image = cv_bridge::toCvCopy(image_source, sensor_msgs::image_encodings::BGR8);
    frame = cv_image->image.clone();
    cv::Mat targetScope = frame.clone();
    for (unsigned int i = 0; i < detector.contexts.size(); i++)
    {
        // 将识别结果叠加在图片上
        circle(targetScope, detector.contexts.at(i).redCenter, detector.contexts.at(i).lampRadius, CV_RGB(255, 0, 0), 1, 0);
        ……
    }
    // 调用 putResult_inText 将识别结果添加到图片上
    putResult_inText(&targetScope, detector.contexts);
    // 将信息叠加后的结果图片发布
    cv_bridge::CvImage msg_converter;
    msg_converter.header = image_source.header;
    msg_converter.encoding = sensor_msgs::image_encodings::BGR8;
    msg_converter.image = targetScope;
    superimpose_image_pub.publish(msg_converter.toImageMsg());
```

```
    // 在独立的窗口展示叠加后的结果图片
    if (show_superimpose_result)
    {
        if (cvGetWindowHandle(window_name.c_str()) !=
        NULL)
        {
            imshow(window_name, targetScope);
            cv::waitKey(5);
        }
    }
}
```

putResult_inText 函数功能主要是将识别结果显示在图片上，包括信号灯状态（颜色）、车道标签等信息，如下所示。

```
// 定义 putResult_inText 函数用于将结果文本展示在图片上
static void putResult_inText(cv::Mat *image, const std::vector
<Context> &contexts)
{
    for (unsigned int i = 0; i < contexts.size(); i++)
    {
        Context ctx = contexts.at(i);
        // 根据信号灯状态信息来确定相对应的颜色标签及文本颜色
        switch (ctx.lightState)
        {
            case GREEN:
                label = "GREEN";
                textColor = CV_RGB(0, 255, 0);
                break;
   ……
        }
        // 由信号灯状态确定车道类别标签
        if (ctx.leftTurnSignal)
        {
            label += "LEFT";
        }
        if (ctx.rightTurnSignal)
        {
            label += "RIGHT";
        }
        // 添加车道信息
        label +=" " + std::to_string(ctx.closestLaneId);
        cv::getTextSize(label,
```

```
                              fontFace,
                              fontScale,
                              fontThickness,
                              &baseline);
        textOrg = cv::Point(ctx.topLeft.x, ctx.botRight.y + baseline);
        // 将标签信息展示在图片上
        putText(*image,
                label,
                textOrg,
                fontFace,
                fontScale,
                textColor,
                fontThickness,
                CV_AA);
    }
}
```

2) extractedPos_cb 函数

extractedPos_cb 函数主要用于提取信号灯位置信息，并对应具体的内容以确定信号灯状态。如下所示，首先利用 SetContexts 和 brightnessDetect 函数确定信号灯位置并与具体状态对应起来。

```
// 定义 extractedPos_cb 函数用于获取信号灯位置信息
static void extractedPos_cb(const autoware_msgs::Signals::ConstPtr &extractedPos)
{
    if (frame.empty())
        return;
    // 调用 SetContexts 将信号灯位置与相应内容对应起来
    Context::SetContexts(detector.contexts, extractedPos, frame.rows, frame.cols);
    // 调用 brightnessDetect 检测每帧图片的亮度信息
    detector.brightnessDetect(frame);
    // 发布信号灯识别结果及箭头信息
    autoware_msgs::TrafficLight state_msg;
    autoware_msgs::TrafficLightResultArray tlr_result_array_msg;
    tlr_result_array_msg.header = extractedPos->header;
    std_msgs::String state_string_msg;
    static int32_t prev_state = TRAFFIC_LIGHT_UNKNOWN;
    state_msg.traffic_light = TRAFFIC_LIGHT_UNKNOWN;
    for (unsigned int i = 0; i < detector.contexts.size(); i++)
    {
```

```
        Context current_context = detector.contexts.at(i);
        switch (current_context.lightState)
        {
            // 根据颜色来确定信号灯的状态
            case GREEN:
                state_msg.traffic_light = TRAFFIC_LIGHT_GREEN;
                state_string_msg.data = TLR_GREEN_SIGNAL_STR;
                break;
            ……
        }
        if (state_msg.traffic_light != TRAFFIC_LIGHT_UNKNOWN)
            break;
}
```

然后，定义相应的颜色常量，将信号灯状态转为 MarkerArray 格式并设置所需的参数，包括 marker 类型、位置、范围等，最后合成每个信号灯的 marker 分量并发布，如下所示。

```
// 定义颜色常量
std_msgs::ColorRGBA color_black;
color_black.r = 0.0f;
……

// 以 MarkerArray 格式发布识别结果
for (unsigned int i = 0; i < detector.contexts.size(); i++)
{
    switch (ctx.lightState)
    {
        // 根据颜色确定信号灯状态识别结果
        case GREEN:
            tlr_result_msg.recognition_result = TRAFFIC_LIGHT_GREEN;
            tlr_result_msg.recognition_result_str = TLR_GREEN_SIGNAL_STR;
            break;
        ……
    }
    // 设置帧 id
    mk_red.header.frame_id = "map";
    ……

    // 为 marker 设置命名空间和 id 值
```

```
    mk_red.ns = "tlr_result_red";
    ……
    mk_red.id = ctx.signalID;
    ……

    // 设置marker类型
    mk_red.type = shape;
    ……

    // 设置不同颜色marker的位置(姿态、朝向)
    mk_red.pose.position.x = ctx.redCenter3d.x;
    mk_red.pose.position.y = ctx.redCenter3d.y;
    mk_red.pose.position.z = ctx.redCenter3d.z;
    ……
    mk_red.pose.orientation.x = 0.0;
    mk_red.pose.orientation.y = 0.0;
    mk_red.pose.orientation.w = 0.0;
    ……
    // 设置不同颜色marker的范围，这里假定现实世界的弧度值为30cm
    mk_red.scale.x = (double) 0.3;
    mk_red.scale.y = (double) 0.3;
    mk_red.scale.z = (double) 0.3;
    ……
    // 设置marker的颜色
    switch (ctx.lightState)
    {
        // 信号灯为GREEN时，此时红黄信号灯的颜色均为black
        // 绿色信号灯颜色显示为color_green，其他同理
        case GREEN:
            mk_red.color = color_black;
            mk_yellow.color = color_black;
            mk_green.color = color_green;
            break;
        ……
      }
    // 将每个信号灯的marker合成
    signalSet.markers.push_back(mk_red);
    signalSet.markers.push_back(mk_yellow);
    signalSet.markers.push_back(mk_green);
    // 发布信号灯marker结果
    marker_pub.publish(signalSet);
}
```

```
}
```

3) tunedResult_cb 函数

tunedResult_cb 函数通过设置 HSV 颜色空间阈值，对信号灯状态识别结果进行微调，如下所示。

```
// 定义 tunedResult_cb 函数对信号灯状态(颜色)识别结果进行调整
static void tunedResult_cb(const autoware_msgs::TunedResult &msg)
{
    // 对红色 H、S、V 三个颜色空间的取值上下限进行调整
    thSet.Red.Hue.upper = cvtInt2Double_hue(msg.Red.Hue.center,
msg.Red.Hue.range);
    ……

    // 对黄色 H、S、V 三个颜色空间的取值上下限进行调整
    thSet.Yellow.Hue.upper = cvtInt2Double_hue(msg.Yellow.Hue.center,
msg.Yellow.Hue.range);
    ……

    // 对绿色 H、S、V 三个颜色空间的取值上下限进行调整
    thSet.Green.Hue.upper = cvtInt2Double_hue(msg.Green.Hue.center,
msg.Green.Hue.range);
    ……
}
```

4) superimpose_cb 函数

如下所示，superimpose_cb 函数用于将信号灯识别结果展示在图片上。

```
// 定义 superimpose_cb 函数用于展示信号灯识别的图片结果
static void superimpose_cb(const std_msgs::Bool::ConstPtr &config_msg)
{
   show_superimpose_result = config_msg->data;
   if (show_superimpose_result)
   {
      cv::namedWindow(window_name, cv::WINDOW_NORMAL);
      cv::startWindowThread();
   }
   if (!show_superimpose_result)
   {
     if (cvGetWindowHandle(window_name.c_str()) != NULL)
     {
          cv::destroyWindow(window_name);
          cv::waitKey(1);
```

```
            }
        }
    }
```

2. 节点 tl_switch

由 CmakeLists.txt 文件可知节点 tl_switch 的源文件对应是/nodes/tl_switch/tl_switch.cpp，如下所示。

```
add_executable(tl_switch
        nodes/tl_switch/tl_switch.cpp
    )
```

进入/nodes/tl_switch/tl_switch.cpp 文件找到 main 函数，如下所示，其中包含初始化 ROS 节点、调用并初始化类方法 TLSwitch 等内容。

```
int main(int argc, char **argv) {
    // 初始化 ROS 节点
    ros::init(argc, argv, "light_color_switch");
    ros::NodeHandle nh;
    ros::NodeHandle private_nh("~");
    // 调用并初始化类方法 TLSwitch
    TLSwitch light_color_switch(nh, private_nh);
    ros::spin();
    return 0;
}
```

在类方法 TLSwitch 部分，通过私有参数域接收信号灯状态颜色、相机颜色参数等信息，并调用 camera_light_color_callback、ams_light_color_callback、reset_light_msg、watchdog_timer 等函数，对信号灯状态识别结果进行调整，如下所示。

```
// 定义 TLSwitch 函数并根据识别结果和外部系统参数调整信号灯状态
TLSwitch::TLSwitch(const ros::NodeHandle &nh, const ros::
NodeHandle &private_nh) : nh_(nh), private_nh_(private_nh),
ams_timeout_period_(2.0)
{
    private_nh_.param<std::string>("light_color_topic", light_
color_topic_name_, "/light_color");
    private_nh_.param<std::string>("camera_light_color_topic",
camera_light_color_topic_name_, "/camera_light_color");
    private_nh_.param<std::string>("ams_light_color_topic", ams_
light_color_topic_name_, "/ams_light_color");
    traffic_light_pub_ = nh.advertise<autoware_msgs::TrafficLight>
( light_color_topic_name_, 1, ADVERTISE_LATCH);
```

```
    // 调用 camera_light_color_callback 并接收相机颜色名信息
    camera_sub_ = nh.subscribe(camera_light_color_topic_name_, 1, &TLSwitch::camera_light_color_callback, this);
    // 调用 ams_light_color_callback 并接收外部系统(ams)信息
    ams_sub_ = nh.subscribe(ams_light_color_topic_name_, 1, &TLSwitch::ams_light_color_callback, this);
    // 调用 reset_light_msg 用于重置信号灯状态信息
   reset_light_msg();
    // 调用 watchdog_timer 用于监测系统时间线程信息
    watchdog_timer_thread_ = std::thread(&TLSwitch::watchdog_timer, this);
    watchdog_timer_thread_.detach();
}
```

(1) camera_light_color_callback 函数。

camera_light_color_callback 函数用于获取相机颜色参数，并通过 switch_color 更改颜色状态，如下所示。

```
// 定义 camera_light_color_callback 函数用于获取相机颜色参数
void TLSwitch::camera_light_color_callback(
     const autoware_msgs::TrafficLight::ConstPtr &msg) {
    camera_msg_.traffic_light = msg->traffic_light;
    // 调用 switch_color 函数更改信号灯
    switch_color();
}
```

这里，switch_color 函数将根据外部系统信息来更改颜色状态，并将最终颜色信息发布，如下所示。

```
// 定义 switch_color 函数用于变化颜色状态
void TLSwitch::switch_color() {
  // 当外部系统未超时，相机颜色即为当前信号灯状态
  if (is_ams_timeout_) {
      state_msg_.traffic_light = camera_msg_.traffic_light;
  }
  else {
     // 当外部系统超时，进行如下处理
     if (ams_msg_.traffic_light == TRAFFIC_LIGHT_RED ||
        camera_msg_.traffic_light == TRAFFIC_LIGHT_RED) {
      state_msg_.traffic_light = TRAFFIC_LIGHT_RED;
     }
   ......
  }
```

```
// 将信号灯状态信息发布
traffic_light_pub_.publish(state_msg_);
}
```

(2) ams_light_color_callback 函数。

如下所示，ams_light_color_callback 函数能够获取外部系统信息，并根据相应状态判断是否变更颜色状态。

```
// 定义 ams_light_color_callback 函数用于获取外部系统信息
void TLSwitch::ams_light_color_callback(
    const autoware_msgs::TrafficLight::ConstPtr &msg) {
  ams_msg_time_ = ros::Time::now();
  // 外部系统未超时
  is_ams_timeout_ = false;
  ams_msg_.traffic_light = msg->traffic_light;
  // 调用 switch_color 更改信号灯颜色
  switch_color();
}
```

(3) reset_light_msg 函数。

reset_light_msg 函数主要用于重置信号灯状态，如下所示。

```
// 定义 reset_light_msg 函数用于重置信号灯状态
void TLSwitch::reset_light_msg() {
  camera_msg_.traffic_light = TRAFFIC_LIGHT_UNKNOWN;
  ams_msg_.traffic_light = TRAFFIC_LIGHT_UNKNOWN;
  state_msg_.traffic_light = TRAFFIC_LIGHT_UNKNOWN;
  is_ams_timeout_ = true;
}
```

(4) watchdog_timer 函数。

这里，watchdog_timer 函数主要用于监测系统时间线程信息，通过判断当前是否处于超时状态来决定颜色变更情况，如下所示。

```
// 定义 watchdog_timer 函数用于监测系统时间线程情况
void TLSwitch::watchdog_timer() {
  while (1) {
    ros::Time now_time = ros::Time::now();
    // 失去通信的情况，发出超时警告
    if (now_time - ams_msg_time_ >ams_timeout_period_ && !is_ams_timeout_) {
        ROS_WARN("Lost Communication! Timeout ams: %f sec", (now_time - ams_msg_time_).toSec());
        // 此时 is_ams_timeout 参数为 True
```

```
            is_ams_timeout_ = true;
            // 调用 switch_color()更改颜色状态
            switch_color();
        }
    std::this_thread::sleep_for(std::chrono::milliseconds(500));
  }
}
```

2.4.3　region_tlr_mxnet 代码解读

region_tlr_mxnet 部分通过调用 MXNet[20]框架，利用深度学习模型识别交通信号灯。有关 MXNet 框架的详细介绍及安装过程请参考官网说明，这里将直接分析该部分对应的代码。首先，在终端输入命令启动 traffic_light_recognition_mxnet.launch 文件。如下所示，该文件中包含了主要参数和节点 region_tlr_mxnet 等信息。值得注意的是，这里网络配置文件(network_definition_file)和预训练模型文件(pretrained_model_file)参数可根据需要进行自定义。

```
<launch>
    // 参数列表，包括相机 id、网络配置文件、预训练模型文件等
    <arg name="camera_id" default="/"/>
    <arg name="image_src" default="/image_raw" />
    <arg name="network_definition_file" default="/tmp/mxnet-network.json" />
    <arg name="pretrained_model_file" default="/tmp/mxnet-network.params" />
    <arg name="use_gpu" default="true" />
    <arg name="gpu_device_id" default="0" />
    <arg name="score_threshold" default="0.8" />
    <arg name="change_state_threshold" default="2" />

    // 节点 region_tlr_mxnet 以及主要参数情况
    <node pkg="trafficlight_recognizer" name="region_tlr_mxnet" type="region_tlr_mxnet" output="screen">
    ......
    </node>
</launch>
```

由 CmakeLists.txt 文件可知节点 region_tlr_mxnet 对应的源文件包括/nodes/region_tlr_mxnet/region_tlr_mxnet.cpp、/nodes/region_tlr_mxnet/mxnet_traffic_light_recognizer.cpp、/nodes/region_tlr_mxnet/region_tlr_mxnet.h 和 /nodes/region_tlr_mxnet/mxnet_traffic_light_recognizer.h，如下所示。

```
add_executable(region_tlr_mxnet
        nodes/region_tlr_mxnet/region_tlr_mxnet.cpp
        nodes/region_tlr_mxnet/mxnet_traffic_light_recognizer.cpp
        nodes/region_tlr_mxnet/region_tlr_mxnet.h
        nodes/region_tlr_mxnet/mxnet_traffic_light_recognizer.h
        )
```

进入/nodes/region_tlr_mxnet/region_tlr_mxnet.cpp 文件，main 函数主要包含初始化 ROS 节点、调用类方法 RegionTLRMxNetROSNode 和 RunRecognition 来识别交通信号灯等内容，如下所示。

```
int main(int argc, char *argv[])
{
    // 初始化 ROS 节点
    ros::init(argc, argv, "region_tlr_mxnet");
    // 调用并初始化类方法 RegionTLRMxNetROSNode
    RegionTLRMxNetROSNode region_tlr_mxnet_ros_node;
    // 调用 RunRecognition 进行识别
    region_tlr_mxnet_ros_node.RunRecognition();
   return 0;
}
```

跳转到/nodes/region_tlr_mxnet/region_tlr_mxnet.h 文件，类方法 RegionTLRMxNetROSNode 中在公有参数域包含了 RunReccognition、ImageRawCallback 和 ROISignalCallback 等函数定义，在私有参数域定义了状态过渡矩阵、GetROSParam、StartSubscriberAndPublishers 函数用于信号灯识别，如下所示。

```
// 定义类方法 RegionTLRMxNetROSNode 进行交通信号灯识别
class RegionTLRMxNetROSNode
{
// 公有化参数域
// 调用 RunRecognition、ImageRawCallback 和 ROISignalCallback 等函数
public:
     RegionTLRMxNetROSNode();
     ~RegionTLRMxNetROSNode();
    void RunRecognition();
    void ImageRawCallback(const sensor_msgs::Image &image);
    void ROISignalCallback(const autoware_msgs::Signals::ConstPtr
&extracted_pos);
    std::vector<Context> contexts_;
// 私有化参数域
// 有状态过渡矩阵、GetROSParam、StartSubscriberAndPublishers 等函数
private:
```

```
    const LightState kStateTransitionMatrix[4][4] = {
        {GREEN, YELLOW, YELLOW, GREEN},
        {UNDEFINED, YELLOW, RED, YELLOW},
        {GREEN, RED, RED, RED},
        {GREEN, YELLOW, RED, UNDEFINED}};
    void GetROSParam();
    void StartSubscribersAndPublishers();
    void DetermineState(LightState in_current_state, Context& in_out_signal_context);
    void PublishTrafficLight(std::vector<Context> contexts);
    void PublishString(std::vector<Context> contexts);
    void PublishMarkerArray(std::vector<Context> contexts);
    void PublishImage(std::vector<Context> contexts);
    void SuperimposeCb(const std_msgs::Bool::ConstPtr &config_msg);
```

在/nodes/region_tlr_mxnet/region_tlr_mxnet.cpp 文件中定义了 RunRecognition 函数的具体操作。如下所示，该部分先调用 GetROSParam()从 ROS 服务端获取参数信息；然后，利用 Init()函数初始化目标识别模型参数；最后通过 StartSubscribers-AndPublishers 开启 ROS 节点，用于接收和发布信息。

```
// 定义 RunRecognition 函数进行信号灯识别过程
void RegionTLRMxNetROSNode::RunRecognition()
{
    // 调用 GetROSParam 从 ROS 服务端获取执行参数信息
    GetROSParam();
    BufferFile json_data(network_definition_file_name_);
    BufferFile param_data(pretrained_model_file_name_);
     if(json_data.GetLength() <= 0 || param_data.GetLength() <= 0)
    {
        ROS_FATAL("Network definition JSON and/or Pre-trained model are empty.");
        return;
    }
    // 调用 Init 初始化识别器
    recognizer.Init((const char*)json_data.GetBuffer(), (const char*)param_data.GetBuffer(), param_data.GetLength(), use_gpu_, gpu_id_);
    // 调用 StartSubscriberAndPublishers 开启信息接收和发送节点
    StartSubscribersAndPublishers();
    ROS_INFO("Node initialized, waiting for signals from feat_proj...");
    ros::spin();
}
```

(1) GetROSParam 函数。

GetROSParam 函数主要用于获取 ROS 节点参数信息，如下所示，包括图片名(image_topic_name)、网络配置文件(network_definition_file)、预训练模型文件(pretrained_model_file)等。

```
// 定义 GetROSParam 函数获取 ROS 参数信息
void RegionTLRMxNetROSNode::GetROSParam()
{
    // 从 ROS 私有参数空间获取参数信息
    ros::NodeHandle private_node_handle("~");
    private_node_handle.param<std::string>("image_raw_topic", image_topic_name_, "/image_raw");
    ROS_INFO("image_raw_topic: %s", image_topic_name_.c_str());
    private_node_handle.param<std::string>("network_definition_file", network_definition_file_name_, "");
    ROS_INFO("network_definition_file: %s", network_definition_file_name_.c_str());
    private_node_handle.param<std::string>("pretrained_model_file", pretrained_model_file_name_, "");
    ROS_INFO("pretrained_model_file: %s", pretrained_model_file_name_.c_str());
    ......
```

(2) Init 函数。

在/nodes/region_tlr_mxnet/mxnet_traffic_light_recognizer.cpp 文件中定义了 Init 函数的具体操作。如下所示，首先定义 gpu 参数并声明网络输入尺寸；然后，该部分进一步创建 MXNet 预测层，并加载相关参数进行网络初始化，以实现交通信号灯识别。

```
// 定义 Init 函数初始化网络并进行信号灯识别
void MxNetTrafficLightRecognizer::Init(const char* in_network_definition_buffer, const char* in_pretrained_model_buffer, int in_pretrained_model_length, const bool in_use_gpu, const unsigned int in_gpu_id)
{
    // 定义必要参数
    // 判断是否使用 gpu，其中，1 代表使用 cpu，2 表示使用 gpu
    int dev_type = (in_use_gpu) ? 2 : 1;
    int dev_id = in_gpu_id;
    // 1 表示向前传播过程
    mx_uint num_input_nodes = 1;
    // 输入层名
    const char* input_key[1] = {"data"};
```

```
    const char** input_keys = input_key;
    // 预训练模型的输入尺寸大小
    width_ = 32;
    height_ = 32;
    num_channels_ = 3;
    const mx_uint input_shape_indptr[2] = { 0, 4 };
    // 输入格式为(1, n, h, w)
    const mx_uint input_shape_data[4] = { 1,
                    static_cast<mx_uint>(num_channels_),
                    static_cast<mx_uint>(height_),
                    static_cast<mx_uint>(width_)};
    prediction_handle_ = 0;
    // 利用 MXNet 框架创建预测层进行识别
    MXPredCreate(in_network_definition_buffer,
                 in_pretrained_model_buffer,
                 in_pretrained_model_length,
                 dev_type,
                 dev_id,
                 num_input_nodes,
                 input_keys,
                 input_shape_indptr,
                 input_shape_data,
                 &prediction_handle_);
    assert(prediction_handle_);
}
```

(3) StartSubscribersAndPublishers 函数。

在/nodes/region_tlr_mxnet/mxnet_traffic_light_recognizer.cpp 文件中，StartSubscribers-AndPublishers 函数主要用于启动 ROS 信息收发节点。如下所示，其中，信息接收节点分别接收 ImageRawCallback、ROISignalCallback 等函数的处理结果，而信息发布节点主要用于发布信号灯颜色、识别结果等信息。

```
// 定义 StartSubcriberAndPublishers 函数启动信息接收节点
void RegionTLRMxNetROSNode::StartSubscribersAndPublishers()
{
    ros::NodeHandle node_handle;
    // 启动信息接收节点
    // ImageRawCallback、ROISignalCallback 等函数的返回结果
    image_subscriber = node_handle.subscribe(image_topic_name_,
                    1,
                    &RegionTLRMxNetROSNode::ImageRawCallback,
                    this);
```

```
    roi_signal_subscriber = node_handle.subscribe("/roi_signal",
                    1,
                    &RegionTLRMxNetROSNode::ROISignalCallback,
                    this);
    superimpose_sub = node_handle.subscribe("/config/superimpose",
                    1,
                    &RegionTLRMxNetROSNode::SuperimposeCb,
                    this);
    // 启动信息发布节点，发布信号灯颜色、信号灯识别结果等信息
    signal_state_publisher = node_handle.advertise<autoware_msgs::
TrafficLight>("light_color", 1);
    signal_state_string_publisher = node_handle.advertise<std_msgs::
String>("/sound_player", 1);
    marker_publisher = node_handle.advertise<visualization_msgs::
MarkerArray>("tlr_result", 1, kAdvertiseInLatch_);
    superimpose_image_publisher = node_handle.advertise<sensor_msgs::
Image>("tlr_superimpose_image", 1);
}
```

①ImageRawCallback 函数。

ImageRawCallback 函数主要用于对图片进行预处理，如下所示。

```
// 定义 ImageCallback 函数对图片进行处理
void RegionTLRMxNetROSNode::ImageRawCallback(const
sensor_msgs::Image &image)
{
    // 创建 opencv 类型图像
    cv_bridge::CvImagePtr cv_image = cv_bridge::toCvCopy(image,
sensor_msgs::image_encodings::BGR8);
    frame_ = cv_image->image.clone();
   frame_header_ = image.header;
}
```

②ROISignalCallback 函数。

ROISignalCallback 函数主要用于获取信号灯状态、位置信息。如下所示，调用 RecognizeLightState 和 DetermineState 函数来确定信号灯状态，并通过 PublishImage 以特定格式发布识别结果。

```
// 定义 ROISignalCallback 函数用于获取信号灯位置信息
void RegionTLRMxNetROSNode::ROISignalCallback(const autoware_msgs::
Signals::ConstPtr &extracted_pos)
{
    // 识别信号灯的颜色
```

```
    for (Context &context: contexts_)
    {
        if (context.topLeft.x > context.botRight.x)
        {
            continue;
        }
        cv::Mat roi = frame_(cv::Rect(context.topLeft, context.botRight)).clone();
        // 调用 RecognizeLightState 获取当前帧中交通信号灯的状态
        LightState current_state = recognizer.RecognizeLightState(roi, score_threshold_);
        // 调用 DetermineState 判断信号灯的状态是否会发生改变
        DetermineState(current_state, context);
    }
    // 调用以下方法，以特定的格式发布识别结果
    PublishTrafficLight(contexts_);
    PublishString(contexts_);
    PublishMarkerArray(contexts_);
    PublishImage(contexts_);
    // 将当前时间戳数据保存，以便后续相同帧数据不会被重复处理
    previous_timestamp = frame_header_.stamp;
}
```

③RecognizeLightState 函数。

在/nodes/region_tlr_mxnet/mxnet_traffic_light_recognizer.cpp 文件中，RecognizeLightState 函数主要用于识别交通信号灯状态。如下所示，该方法接收信号灯图片并调用 PreProccessImage 对图片进行预处理；然后调用 MXNet 框架中预测层方法进行信号灯识别，并根据识别结果将其转为对应的信号灯状态。

```
// 定义 RecognizeLightState 函数用于识别信号灯的状态
LightState MxNetTrafficLightRecognizer::RecognizeLightState(const cv::Mat &in_image, double in_score_threshold)
{
    // 调用 PreProcessImage 对输入图片进行预处理
    PreProcessImage(in_image, mx_image_data.data(), num_channels_, cv::Size(width_, height_));
    // 调用 MXNet 框架中的预测方法进行信号灯识别
    MXPredSetInput(prediction_handle_, "data", mx_image_data.data(), image_size);
    MXPredForward(prediction_handle_);
    // 获取输出结果
    MXPredGetOutputShape(prediction_handle_, output_index, &shape,
```

```
&shape_len);
    // 根据网络输出确定所对应的信号灯颜色
    switch(highest_score_index)
    {
        case NetworkResults::Green:
            result = LightState::GREEN;
            break;
        ......
    }
    return result;
}
```

如下所示，PreProccessImage 函数主要是对输入图片的尺寸、通道进行处理，以适应网络的输入类型。

```
// 定义 PreProcessImage 函数对图片进行预处理
void MxNetTrafficLightRecognizer::PreProcessImage(const cv::Mat& in_image,  mx_float* out_image_data, const int in_channels, const cv::Size in_resize_size)
{
    cv::Mat im;
    // 对图片进行 resize 处理
    cv::resize(in_image, im, in_resize_size);
    int size = im.rows * im.cols * in_channels;
    // 对图片通道进行处理
    mx_float* ptr_image_r = out_image_data;
    mx_float* ptr_image_g = out_image_data + size / 3;
    mx_float* ptr_image_b = out_image_data + size / 3 * 2;
    for (int i = 0; i < im.rows; i++)
    {
        uchar* data = im.ptr<uchar>(i);
        for (int j = 0; j < im.cols; j++)
        {
            if (in_channels > 1)
            {
                *ptr_image_b++ = static_cast<mx_float>(*data++);
                *ptr_image_g++ = static_cast<mx_float>(*data++);
            }
            *ptr_image_r++ = static_cast<mx_float>(*data++);
        }
    }
}
```

④DetermineState 函数。

在/nodes/region_tlr_mxnet/region_tlr_mxnet.cpp 文件中，DetermineState 函数通过对比信号灯状态候选结果的差异性，来确定最终的信号灯状态信息，如下所示。

```
// 定义 DetermineState 函数来确定信号灯状态
void RegionTLRMxNetROSNode::DetermineState(LightState in_current_state,
 Context& in_out_signal_context)
{
    // 当识别结果与所储存的结果不相同时，进行如下处理
    if (in_current_state != in_out_signal_context.lightState)
    {
        if (in_current_state != in_out_signal_context.newCandidateLightState)
        {
            // 将识别结果作为候选
            in_out_signal_context.newCandidateLightState=in_current_state;
            in_out_signal_context.stateJudgeCount = 0;
        }
        else
        {
            // 当识别结果与之前结果一致时，增加识别置信度
            in_out_signal_context.stateJudgeCount++;
        }
     }
     // 当一个新的候选结果多次出现时将信号灯状态更改为候选结果
    if (in_out_signal_context.stateJudgeCount >= change_state_threshold_)
    {
        in_out_signal_context.lightState = in_current_state;
    }
}
```

⑤PublishImage 函数。

对于信号灯识别结果，这里通过 ROS 节点，调用包括 PublishTrafficLight、PublishString、PublishMarkerArray 和 PublishImage 等函数，将状态标签、箭头标志结果展示在图片上并发布相应信息。如下所示，以 PublishImage 为例，该部分首先声明了一些必要的参数，然后将识别结果与相应标签对应起来并获取信号状态，最后将这些标签信息展示在图片上并发布。

```
// 定义 PublishImage 函数用于发布相应的信号灯图片结果
void RegionTLRMxNetROSNode::PublishImage(std::vector<Context> contexts)
{
    // 参数信息，如用于存放颜色结果的 label、字体的大小等
    std::string label;
    const int kFontFace = cv::FONT_HERSHEY_COMPLEX_SMALL;
    const double kFontScale = 0.8;
    int font_baseline = 0;
    CvScalar label_color;
    for (const auto ctx: contexts_)
    {
        // 将叠加结果画在图片上
        circle(result_image, ctx.redCenter, ctx.lampRadius, CV_RGB(255, 0, 0), 1, 0);
        ……

        // 将识别结果(信号灯状态)画在图片上
        switch (ctx.lightState)
        {
            case GREEN:
                label = "GREEN";
                label_color = CV_RGB(0, 255, 0);
                break;
            ……
        }
        // 信号内容为左转信号时，标签中添加'LEFT'
        if (ctx.leftTurnSignal)
        {
            label += "LEFT";
        }
        // 信号内容为右转信号时，标签中添加'RIGHT'
        if (ctx.rightTurnSignal)
        {
            label += "RIGHT";
        }
        // 添加车道信息
        label += " " + std::to_string(ctx.closestLaneId);
        cv::Point label_origin = cv::Point(ctx.topLeft.x, ctx.botRight.y + font_baseline);
        // 在图片上添加结果文本信息
        cv::putText(result_image, label, label_origin, kFontFace,
```

```
kFontScale, label_color);
    }
    // 将信息叠加后的结果图片发布
    cv_bridge::CvImage converter;
    converter.header = frame_header_;
    converter.encoding = sensor_msgs::image_encodings::BGR8;
    converter.image = result_image;
    superimpose_image_publisher.publish(converter.toImageMsg());
}
```

⑥SuperImposeCb 函数。

如下所示，SuperImposeCb 函数主要用于控制信号灯识别结果在图片上的展示。

```
// 定义 SuperImposeCb 函数用于将文本结果叠加在图片上
void RegionTLRMxNetROSNode::SuperimposeCb(const std_msgs::Bool::
ConstPtr &config_msg)
{
    show_superimpose_result = config_msg->data;
    // 当在图片上显示叠加结果时，进行如下处理
    if (show_superimpose_result)
    {
        cv::namedWindow(window_name, cv::WINDOW_NORMAL);
        cv::startWindowThread();
    }
    // 当不在图片上显示叠加结果时，进行如下处理
    if (!show_superimpose_result)
    {
        if (cvGetWindowHandle(window_name.c_str()) != NULL)
        {
            cv::destroyWindow(window_name);
            cv::waitKey(1);
        }
    }
}
```

2.4.4　region_tlr_ssd 代码解读

region_tlr_ssd 部分主要是通过 SSD 模型实现交通信号灯识别，有关 SSD 模型原理及相关环境配置请参考前文的内容介绍，这里不再赘述。为了分析该部分代码，首先在终端输入命令以启动 traffic_light_recognition_ssd.launch 文件。如下所示，该文件中包含了主要参数和节点 region_tlr_ssd 信息等内容。同样地，参数列表中的网络配置文件(network_definition_file)和预训练模型文件(pretrained_model_file)参数，

可根据需要进行自定义。

```
<launch>
    // 参数列表，包括相机 id、网络配置文件、预训练模型文件等
    <arg name="camera_id" default="/" />
    <arg name="image_src" default="/image_raw" />
    <arg name="network_definition_file" default="$(find trafficlight_recognizer)/data/deploy.prototxt" />
    <arg name="pretrained_model_file" default="$(find trafficlight_recognizer)/data/Autoware_tlr_SSD_300x300_iter_60000.caffemodel" />
    <arg name="use_gpu" default="true" />
    <arg name="gpu_device_id" default="0" />

    // 节点 region_trl_ssd 以及主要参数情况
    <node pkg="trafficlight_recognizer" name="region_tlr_ssd" type="region_tlr_ssd" output="log">
    ……
    </node>
</launch>
```

由 CmakeLists.txt 文件可知节点 region_tlr_ssd 对应的源文件有/nodes/region_tlr_ssd/region_tlr_ssd.cpp 和/nodes/region_tlr_ssd/traffic_light_recognizer.cpp，如下所示。

```
add_executable(region_tlr_ssd
            nodes/region_tlr_ssd/region_tlr_ssd.cpp
            nodes/region_tlr_ssd/traffic_light_recognizer.cpp
            )
```

同样地，进入/nodes/region_tlr_ssd/region_tlr_ssd.cpp 文件，可以看到 main 函数中包含初始化 ROS 节点、调用类方法 RegionTLRSSDROSNode 和 RunRecognition 来识别交通信号灯等操作，如下所示。

```
int main (int argc, char *argv[])
{
    // 初始化 ROS 节点
    ros::init(argc, argv, "region_tlr_ssd");
    // 调用并初始化类方法 RegionTLRSSDROSNode
    RegionTLRSSDROSNode region_tlr_ssd_ros_node;
    // 调用 RunRecognition 进行识别
    region_tlr_ssd_ros_node.RunRecognition();
   return 0;
}
```

跳转到/nodes/region_tlr_mxnet/region_tlr_ssd.h 文件，类方法 RegionTLRSS-DROSNode 中在公有参数域包含了 RunReccognition、ImageRawCallback 和 ROISignal- Callback 函数定义，在私有参数域定义了状态过渡矩阵、GetROSParam、StartSubscriber- AndPublishers 等函数用于信号灯识别，如下所示。

```
// 定义类方法 RegionTLRSSDROSNode 进行交通信号灯识别
class RegionTLRSSDROSNode {
 // 公有化参数域
 public:
    RegionTLRSSDROSNode();
    ~RegionTLRSSDROSNode();
    void RunRecognition();
    void ImageRawCallback(const sensor_msgs::Image &image);
    void ROISignalCallback(const autoware_msgs::Signals::ConstPtr &extracted_pos);
std::vector<Context> contexts_;
// 私有化参数域
private:
   // 信号灯状态信息过渡矩阵
    const LightState kStateTransitionMatrix[4][4] = {
     {GREEN, YELLOW, YELLOW, GREEN},
     {UNDEFINED, YELLOW, RED, YELLOW},
     {GREEN, RED, RED, RED},
     {GREEN, YELLOW, RED, UNDEFINED}};
    void GetROSParam();
    void StartSubscribersAndPublishers();
    LightState DetermineState(LightState previous_state, LightState current_state, int* state_judge_count);
    void PublishTrafficLight(std::vector<Context> contexts);
    void PublishString(std::vector<Context> contexts);
    void PublishMarkerArray(std::vector<Context> contexts);
    void PublishImage(std::vector<Context> contexts);
```

值得注意的是，该部分所涉及的方法与节点 region_tlr_mxnet(上述 2.4.3 节)对应部分基本一致。进入 RunRecognition 函数，其主要识别流程如下。

(1) 调用 GetROSParam 函数从 ROS 服务端获取参数信息。

(2) 调用 Init 函数初始化 SSD 模型参数。

(3) 调用 StartSubscribersAndPublishers 函数开启 ROS 信息收发节点。

①信息接收节点：通过 ImageRawCallback 和 ROISignalCallback 函数接收信号灯图片并获取位置信息；其中，ROISignalCallback 函数使用 RecognizeLightState、DetermineState 方法确定信号灯状态：而 RecognizeLightState 进一步调用 WrapInput-

Layer、Preprocess 等操作对图片进行处理；此外，ROISignalCallback 函数还调用 PublishTrafficLight、PublishString、PublishMarkerArray、PublishImage 等方法以特定格式发布识别结果。

②信息发布节点：发布信号灯状态(颜色)、识别结果等信息。

相关方法可参考 2.4.3 节部分解析，这里不再赘述。

2.4.5　小结

本节内容围绕自动驾驶实际感知问题，分析如何在 Autoware 平台开展交通信号灯识别项目。这里，包含 feat_proj、region_tlr、region_tlr_mxnet 和 region_tlr_ssd 等四部分内容，整体的实现流程为：通过相机-世界坐标系下信号灯位置转换，然后利用图像处理方法或深度学习模型来识别交通信号灯位置及状态信息。

2.5　vision_segment_enet_detect

继 2.4 节介绍如何实现一个交通信号灯识别项目，本节将继续围绕自动驾驶实际感知应用，在 Autoware 平台开展场景目标分割研究。目标分割旨在识别目标的每个像素信息以理解图像内容并查找场景目标，这是一种高层次、像素级的图像感知任务。这部分内容将以 ENet 为例，分析目标分割模型的基本原理并解读 vision_segment_enet_detect 相关代码。

2.5.1　ENet 模型原理解析

ENet 模型[21]是一种高效、准确的语义分割网络，其整体结构如图 2-8 所示。

首先，在 initial 部分只包含单个基础的卷积-池化模块，分别对输入图片进行卷积和最大池化处理，并将结果进行融合(concat)，如图 2-9(a)所示。然后，模型引入残差连接思想，并构建五个编-解码器结构(bottleneck1.0～bottleneck5.0)。其中，前三部分为编码器结构，而后两部分为解码器结构：

(1) bottleneck1 包含 5 个 bottleneck 模块，每个 bottleneck 结构如图 2-9(b)所示：主路径通过 MaxPooling 进行下采样，同时在短路(shortcut)路径上两个 1×1 卷积进行通道降维，以降低模型参数量。而中间卷积(conv)采用步长为 2 的普通卷积；

(2) bottleneck2 有 9 个 bottleneck 模块，其中，shortcut 路径上的 conv 分别采用步长为 2 的普通卷积、扩张卷积(dilated)、不对称卷积(asymmetric)；

(3) bottleneck3 与 bottleneck2 结构基本一致，仅少了 bottleneck2.0 模块；

名称	类型	输出大小
initial		16×256×256
bottleneck 1.0	downsampling	64×128×128
4×bottleneck 1.x		64×128×128
bottleneck 2.0	downsampling	128×64×64
bottleneck 2.1		128×64×64
bottleneck 2.2	dilated 2	128×64×64
bottleneck 2.3	asymmetric 5	128×64×64
bottleneck 2.4	dilated 4	128×64×64
bottleneck 2.5		128×64×64
bottleneck 2.6	dilated 8	128×64×64
bottleneck 2.7	asymmetric 5	128×64×64
bottleneck 2.8	dilated 16	128×64×64
bottleneck 3.x(重复bottleneck 2.1至bottleneck 2.8结构)		
bottleneck 4.0	upsampling	64×128×128
bottleneck 4.1		64×128×128
bottleneck 4.2		64×128×128
bottleneck 5.0	upsampling	64×256×256
bottleneck 5.1		16×256×256
fullconv		C×512×512
bottleneck: 瓶颈层 fullconv: 全卷积结构 downsampling: 下采样层 dilated: 膨胀卷积 asymmetric: 不对称卷积 upsampling: 上采样层		

图 2-8　ENet 网络结构图

(4) bottleneck4 包含 3 个 bottleneck 模块，由于该部分属于解码器，因此在 shortcut 路径中 conv 采用反卷积结构(upsampling)；

(5) bottleneck5 包含 2 个 bottleneck 模块，其模块结构与 bottleneck4 保持一致。

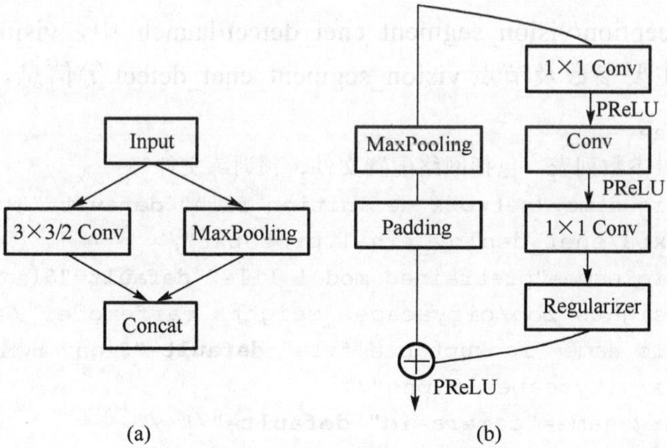

图 2-9　ENet 网络模块结构图

除了模型结构上的创新，ENet 还针对语义分割算法所存在的精度不高、速度不快问题，提出了如下解决方法。

(1) 特征图分辨率 (feature map resolution)。

语义分割模型中采用图像下采样会导致：特征图分辨率下降，部分特征空间信息丢失；由于语义分割任务需要输入与输出分辨率相同，因此下采样会影响目标分割的精度。针对这个问题，ENet通过扩张卷积 (dilated convolution)[22]来解决这个问题，不仅能够获得更大的感受野，还避免因下采样操作而导致目标特征信息丢失问题。

(2) 解码器大小 (decoder size)。

主流的语义分割模型所采用的编-解码结构通常是对称的，即解码器是编码器的镜像。然而，这种结构存在冗余性，导致模型推理速度变慢。针对这个问题，ENet采用大编码器-小解码器的结构，即通过复杂的编码器结构能够对不同分辨率特征进行处理，而解码器的作用相当于上采样编码器，用于完善目标细节。

(3) 分解卷积 (factorizing filters)。

已有的研究表明[17]：卷积权重有相当的冗余性，即将一个 $n\times n$ 卷积分解为两个串行卷积 $1\times n$ 和 $n\times 1$，二者的感受野几乎相同，但后者的计算量大大降低。因此，借鉴分解卷积的思想，ENet 在 bottleneck 模块中大量采用这种不对称卷积结构，以减少网络参数，加快模型推理速度。

此外，ENet 模型还引入性能更好的激活函数 PReLU[23]、采用 Spatial Dropout[24] 方法来防止过拟合等策略，具体方法细节可以参考文献[23,24]的介绍。总体而言，ENet 是一个实时性好、准确度高的语义分割模型，广泛应用于诸如自动驾驶等领域。

2.5.2 vision_segment_enet_detect 代码解读

在 core_perception/vision_segment_enet_detect/launch 中，vision_segment_enet_detect 文件包含主要参数及节点 vision_segment_enet_detect 等信息，如下所示。

```
<launch>
    // 参数列表，包括网络配置文件、预训练文件等
    <arg name="network_definition_file" default="$(env HOME)/ENet/
prototxts/enet_deploy_final.prototxt"/>
    <arg name="pretrained_model_file" default="$(env HOME)/ENet/
enet_weights_zoo/cityscapes_weights.caffemodel"/>
    <arg name="lookuptable_file" default="$(env HOME)/ENet/
scripts/cityscapes19.png"/>
    <arg name="camera_id" default="/" />
    <arg name="image_src" default="/image_raw"/>

    // 节点 vision_segment_enet_detect 以及主要参数情况
   <node pkg="vision_segment_enet_detect" type="vision_segment_
enet_detect" name="vision_segment_enet_detect" output="screen">
```

```
    ......
    </node>
</launch>
```

这里的网络配置文件(network_definition_file)和预训练模型文件(pretrained_model_file)可根据具体情况进行自定义。

1. ENet Caffe 环境配置

在开始相关代码解析前，需要先配置 ENet Caffe 环境。其主要包含以下步骤：

(1)进入 Caffe[16]官网，配置 Caffe 有关环境；

(2)将 ENet Caffe 项目克隆到本地，并根据项目要求配置有关环境：

```
cd ~
git clone --recursive https://github.com/TimoSaemann/ENet.git
cd ENet/caffe-enet
```

(3)编译 ENet Caffe 环境：

```
make && make distribute
```

(4)下载网络配置文件及预训练模型文件(项目地址链接如下)：

https://github.com/TimoSaemann/ENet/tree/master/Tutorial#kick-start;

(5)编译完成后，在终端运行：

```
roslaunch image_segmenter image_segmenter_enet.launch
```

没有报错则说明环境配置成功。

2. 节点 vision_segment_enet_detect

由 CmakeLists.txt 文件可知节点 vision_segment_enet_detect 对应的源文件包括/nodes/vision_segment_enet_detect/vision_segment_enet_detect_node.cpp 和/nodes/vision_segment_enet_detect/vision_segment_enet_detect.cpp，如下所示。

```
ADD_EXECUTABLE(vision_segment_enet_detect
  nodes/vision_segment_enet_detect/vision_segment_enet_detect_node.cpp
  nodes/vision_segment_enet_detect/vision_segment_enet_detect.cpp
          )
```

进入/nodes/vision_segment_enet_detect/vision_segment_enet_detect_node.cpp 文件，main 函数中定义了 ROS 节点初始化、调用类方法 ROSENetSegmenterApp 并执行 Run 方法等过程，如下所示。

```
int main(int argc, char **argv)
```

```
{
    // 初始化 ROS 节点
    ros::init(argc, argv, "image_segmenter_enet");
    // 调用类方法 ROSENetSegmenterApp
    ROSENetSegmenterApp app;
    // 执行 Run
    app.Run();
    return 0;
}
```

如下所示，类方法 ROSENetSegmenterApp 部分定义了如何调用 ENet 模型进行目标分割的具体过程。首先，声明 ROS 信息收发节点，定义 image_callback 函数用于对图片进行处理，并调用 Predict 预测分割结果并将其发布。

```
// 定义 ROSENetSegmenterApp 用于目标分割
class ROSENetSegmenterApp
{
    // 声明 ROS 信息接收和发布节点
    ros::Subscriber subscriber_image_raw_;
    ros::NodeHandle node_handle_;
    ros::Publisher publisher_image_segmented_;
    ros::Publisher publisher_image_segmented_blended_;
    // 定义 image_callback 对图片进行处理
    void image_callback(const sensor_msgs::Image& in_image_sensor)
    {
        // 接收输入图片并转为 opencv 格式
        cv_bridge::CvImagePtr cv_image = cv_bridge::toCvCopy(in_image_sensor, "bgr8");
        cv::Mat image = cv_image->image;
        cv::Mat segmented_mat;
        cv::Mat blended_mat;
        // 调用 Predict 预测图片分割结果
        enet_segmenter_->Predict(image, segmented_mat);
        // 当分割结果不为空时，进行如下处理
        if (!segmented_mat.empty())
        {
            // 按比例将分割结果展示在原图上
            addWeighted(image, 0.4, segmented_mat, 0.6, 0.0, blended_mat);
            cv_bridge::CvImage segmented_rosimage;
            segmented_rosimage.header = in_image_sensor.header; segmented_rosimage.encoding = "bgr8";
```

```
            segmented_rosimage.image = segmented_mat;
            cv_bridge::CvImage blended_rosimage;
            blended_rosimage.header = in_image_sensor.header; blended_rosimage.encoding = "bgr8";
            blended_rosimage.image = blended_mat;
            // 将分割结果图片发布
            publisher_image_segmented_.publish(segmented_rosimage.toImageMsg());
            publisher_image_segmented_blended_.publish(blended_rosimage.toImageMsg());
        }
    }
```

然后，在 Run 方法中进一步声明网络配置文件、预训练模型文件等参数，并通过节点名判断是否接收相应的参数信息。最后以网络参数初始化 ENetSegmenter，并通过 ROS 节点将图片分割结果发布，如下所示。

```
// 公有化参数
public:
    void Run()
    {
        // 定义 ROS 节点命名空间，用于接收参数
        ros::NodeHandle private_node_handle("~");
        std::string image_raw_topic_str;
        // 声明网络配置文件、预训练模型文件等参数
        std::string network_definition_file;
        std::string pretrained_model_file;
        std::string lookuptable_file;
        // 根据节点名判断是否接收到相关参数
        if (private_node_handle.getParam("network_definition_file", network_definition_file))
        {
            ROS_INFO("Network Definition File: %s", network_definition_file.c_str());
        }
        else
        {
            ROS_INFO("No Network Definition File was received. Finishing execution.");
            return;
        }
        ……
```

```
        
        // 声明 ENetSegmenter 对象
        enet_segmenter_ = new ENetSegmenter(network_definition_file,
                                            pretrained_model_file,
                                            lookuptable_file);
        // 初始化 ENetSegmenter
        ROS_INFO("ENetSegmenter initialized.");
        ROS_INFO("Subscribing to... %s", image_raw_topic_str.c_str());
        subscriber_image_raw_ = node_handle_.subscribe(image_raw_topic_str, 1, &ROSENetSegmenterApp::image_callback, this);
        // 将图片分割结果发布
        publisher_image_segmented_ = node_handle_.advertise<sensor_msgs::Image>("/image_segmented", 1);
        ROS_INFO("Publishing /image_segmented");
        publisher_image_segmented_blended_ = node_handle_.advertise<sensor_msgs::Image>("/image_segmented_blended", 1);
        ROS_INFO("Publishing /image_segmented_blended");
        ROS_INFO("Waiting for data...");
        ros::spin();
        ROS_INFO("END ENetSegmenter");
    }
```

跳转到/nodes/vision_segment_enet_detect/vision_segment_enet_detect.cpp 文件，函数 Predict 主要用于预测图片分割结果。如下所示，该方法首先从 caffe Blob 文件获取网络输入；然后，调用 WrapInputLayer 和 Preprocess 方法对输入图片进行处理；最后，将预测结果转换为相应的标签信息，并利用 Visualization 对结果进行可视化。

```
// 定义 Predic 函数用于预测图片分割结果
void ENetSegmenter::Predict(const cv::Mat& in_image_mat, cv::Mat& out_segmented)
{
    // 从 caffe Blob 文件中获取网络输入层信息并对输入进行处理
    caffe::Blob<float>* input_layer = net_->input_blobs()[0];
    input_layer->Reshape(1, num_channels_, input_geometry_.height,
                         input_geometry_.width);
    net_->Reshape();
    std::vector<cv::Mat> input_channels;
    // 调用 WrapInputLayer 对输入通道进行处理
    WrapInputLayer(&input_channels);
    // 调用 Preprocess 对输入图片进行预处理
    Preprocess(in_image_mat, &input_channels);
    // 定义网络前向传播过程
```

```
    net_->Forward();
    // 从 caffer Blob 文件中获取网络输出层信息
    caffe::Blob<float>* output_layer = net_->output_blobs()[0];
    int width = output_layer->width();
    int height = output_layer->height();
    int channels = output_layer->channels();
    // 计算最大值所对应的索引值
    cv::Mat class_each_row(channels, width * height, CV_32FC1, const_cast<float *>(output_layer->cpu_data()));
    // 转置类别标签矩阵，以便矩阵每行有相同的可能性
    class_each_row = class_each_row.t();
    // point 即为最大值所对应的索引
    cv::Point maxId;
    double maxValue;
    // 定义所预测的 map 的编码格式
    cv::Mat prediction_map(height, width, CV_8UC1);
    // 将预测结果可视化
    for (int i = 0; i < class_each_row.rows; i++)
    {
        minMaxLoc(class_each_row.row(i), 0, &maxValue, 0, &maxId);
        prediction_map.at<uchar>(i) = maxId.x;
    }
    // 调用 Visualization
    out_segmented = Visualization(prediction_map, lookuptable_file_);
    cv::resize(out_segmented, out_segmented, cv::Size(in_image_mat.cols, in_image_mat.rows));
}
```

(1) WrapInputLayer 函数。

如下所示，WrapInputLayer 函数将网络输入层封装，并对输入的尺寸信息进行处理。

```
// 定义 WrapInputLayer 函数封装网络输入层，以便对输入进行处理
void ENetSegmenter::WrapInputLayer(std::vector<cv::Mat>* in_input_channels)
{
    // 从 Blob 文件获取输入信息
    caffe::Blob<float>* input_layer = net_->input_blobs()[0];
    // 对输入图片进行处理
    int width = input_layer->width();
    int height = input_layer->height();
    float* input_data = input_layer->mutable_cpu_data();
    for (int i = 0; i < input_layer->channels(); ++i)
```

```
    {
        cv::Mat channel(height, width, CV_32FC1, input_data);
        in_input_channels->push_back(channel);
        input_data += width * height;
    }
}
```

(2) Preprocess 函数。

Preprocess 函数主要用于对输入图片进行预处理，包括颜色空间、尺寸大小、编码格式等，以适应网络的输入类型，如下所示。

```
// 定义 Preprocess 函数对输入图片进行预处理
void ENetSegmenter::Preprocess(const cv::Mat& in_image_mat,
std::vector<cv::Mat>* in_input_channels)
{
    // 将输入图片转换为适合网络输入的类型
    // 根据通道数变换输入图片的颜色空间
    cv::Mat sample;
    if (in_image_mat.channels() == 3 && num_channels_ == 1){
        cv::cvtColor(in_image_mat, sample, cv::COLOR_BGR2GRAY);}
    else if
    ......
    }

    // 对输入尺寸进行 resize
    cv::Mat sample_resized;
    if (sample.size() != input_geometry_){
        cv::resize(sample, sample_resized, input_geometry_);}
    else{
        sample_resized = sample;
    }
    // 根据通道数变换图片的编码格式
    cv::Mat sample_float;
    if (num_channels_ == 3)
    {
       sample_resized.convertTo(sample_float, CV_32FC3);
    }
    else
    {
       sample_resized.convertTo(sample_float, CV_32FC1);
    }
}
```

(3) Visualization 函数。

Visualization 函数的功能主要是对图片分割结果进行可视化，如下所示。

```
// 定义Visualization函数对分割结果进行可视化
cv::Mat ENetSegmenter::Visualization(cv::Mat in_prediction_map,
std::string in_lookuptable_file)
{
    // 对预测分割结果图进行颜色空间转换
    cv::cvtColor(in_prediction_map.clone(), in_prediction_map,
CV_GRAY2BGR);
    // 读取目标标签文件
    cv::Mat label_colours = cv::imread(in_lookuptable_file, 1);
    cv::cvtColor(label_colours, label_colours, CV_RGB2BGR);
    cv::Mat output_image;
    LUT(in_prediction_map, label_colours, output_image);
    return output_image;
}
```

2.5.3 小结

本节内容围绕自动驾驶实际感知应用，解析如何在 Autoware 平台实现图像目标分割。这里以实时性好、准确性高的 ENet 分割模型为例，在 vision_segment_enet_detect 节点中，通过设置网络配置文件、预训练模型文件等参数初始化 ENet 模型，并调用 Predict()函数进行目标分割，最后利用 Visualization()等方法对结果进行可视化。

2.6 本 章 小 结

本章对感知模块内 8 个基础 ROS 节点 vision_ssd_detect，visualize_rects，vision_darknet_detect，region_tlr，tl_switch，region_tlr_mxnet，region_tlr_ssd，vision_segment_enet_detect 中的关键源码进行了详细的解读和分析，并辅以相应的模型解析、算法流程及应用示例帮助读者理解。

参 考 文 献

[1] Grigorescu S, Trasnea B, Cocias T, et al. A survey of deep learning techniques for autonomous driving[J]. Journal of Field Robotics, 2019.

[2] Ren S, He K, Girshick R, et al. Faster R-CNN: Towards real-time object detection with region proposal networks[J]. IEEE Transactions on Pattern Analysis and Machine Intelligence, 2017, 39(6): 1137-1149.

[3] Liu W, Anguelov D, Erhan D, et al. SSD: Single shot multiBox detector[C]. European Conference on Computer Vision, 2016: 21-37.

[4] Redmon J, Divvala S, Girshick R, et al. You only look once: Unified, real-time object detection[C]. Computer Vision and Pattern Recognition, 2016: 779-788.

[5] Redmon J, Farhadi A. YOLO9000: Better, faster and stronger[C]. Computer Vision and Pattern Recognition, 2017: 6517-6525.

[6] Redmon J, Farhadi A. YOLOv3: An incremental improvement[J]. arXiv: Computer Vision and Pattern Recognition, 2018.

[7] Simon M, Milz S, Amende K, et al. Complex-YOLO: Real-time 3D object detection on point clouds[J]. arXiv: Computer Vision and Pattern Recognition, 2018.

[8] Lang A H, Vora S, Caesar H, et al. PointPillars: Fast encoders for object detection from point clouds[C]. Computer Vision and Pattern Recognition, 2019: 12697-12705.

[9] Yang Z, Sun Y, Liu S, et al. STD: Sparse-to-dense 3D object detector for point cloud[J]. arXiv: Computer Vision and Pattern Recognition, 2019.

[10] Xu D, Anguelov D, Jain A, et al. PointFusion: Deep sensor fusion for 3D bounding box estimation[C]. Computer Vision and Pattern Recognition, 2018: 244-253.

[11] Qi C R, Liu W, Wu C, et al. Frustum PointNets for 3D object detection from RGB-D data[C]. Computer Vision and Pattern Recognition, 2018: 918-927.

[12] Deng J, Czarnecki K. MLOD: A multi-view 3D object detection based on robust feature fusion method[C]. International Conference on Intelligent Transportation Systems, 2019: 279-284.

[13] Autoware[OB/OL].[2020-04-01].https://gitlab.com/autowarefoundation/autoware.ai/core_perception/-/tree/1.12.0/.

[14] Karen S, Andrew Z. Very deep convolutional network for large-scale image recognition[J]. Computer Science, 2014.

[15] Erhan D, Szegedy C, Toshev A, et al. Scalable object detection using deep neural networks[C]. Computer Vision and Pattern Recognition, 2014: 2155-2162.

[16] Caffe[OB/OL].[2020-04-01]. http://caffe.berkeleyvision.org/install_apt.html.

[17] Szegedy C, Liu W, Jia Y, et al. Going deeper with convolutions[C]. Computer Vision and Pattern Recognition, 2015: 1-9.

[18] He K, Zhang X, Ren S, et al. Deep residual learning for image recognition[C]. Computer Vision and Pattern Recognition, 2016: 770-778.

[19] Lin T, Dollar P, Girshick R, et al. Feature pyramid networks for object detection[C]. Computer Vision and Pattern Recognition, 2017: 936-944.

[20] MXNet[OB/OL].[2020-04-01]. http://mxnet.incubator.apache.org/.

[21] Paszke A, Chaurasia A, Kim S, et al. ENet: A deep neural network architecture for real-time semantic segmentation[J]. arXiv: Computer Vision and Pattern Recognition, 2017.

[22] Yu F, Koltun V. Multi-scale context aggregation by dilated convolutions[J]. arXiv: Computer Vision and Pattern Recognition, 2015.

[23] He K, Zhang X, Ren S, et al. Delving deep into rectifiers: Surpassing human-level performance on ImageNet classification[C]. International Conference on Computer Vision, 2015: 1026-1034.

[24] Tompson J, Goroshin R, Jain A, et al. Efficient object localization using convolutional networks[C]. Computer Vision and Pattern Recognition, 2015: 648-656.

第 3 章　Autoware 定位模块解析

3.1　自动驾驶定位模块概述

3.1.1　自动驾驶定位背景

自动驾驶车辆在行驶过程中需要为决策规划模块提供自身在车道上的精确位置，其定位模块通过全球导航卫星系统（global navigation satellite system，GNSS）、惯性测量单元（inertial measurement unit，IMU）、车载摄像头、超声波雷达、毫米波雷达以及激光雷达等各种传感器精确地获取自身在当前所处空间的位姿，并且精度需要达到厘米级。目前主流自动驾驶定位技术有三种，分别是基于 GNSS 定位、基于航迹推算的定位方法，以及基于环境特征匹配的定位方法。其中，基于 GNSS 的定位方法以一组卫星的伪距、星历等观测量，以及用户钟差，实现车辆定位；基于航迹推算的定位方法依靠 IMU，根据上一时刻的位置和方位推断得到现在的位置和方位，IMU 刷新频率高，但存在积分累计误差；基于环境特征匹配的方法采用车载摄像头和激光雷达获取 RGB 图像与激光点云数据，然后与高精度地图中储存的数据进行特征匹配，实现精确定位[1]。高精地图在高精度定位的实现中扮演着重要角色，其作为自动驾驶技术成熟化的重要支撑，在横向/纵向精确定位、障碍物检测与避撞、转向与引导等方面发挥着重要作用，是自动驾驶的核心技术之一。高精度地图由含有语义信息的车道模型、道路部件、道路属性三类矢量信息，以及用于多传感器定位的特征图层构成，也称为高分辨率地图（high definition map）或高度自动驾驶地图（highly automated driving map）。

下面介绍自动驾驶车辆定位涉及的基础知识。

1. 三维空间描述与坐标变换

无人驾驶汽车本质上属于机器人的范畴。无人驾驶汽车在三维空间中运动与工作，车辆在运动过程中需要描述其本身以及相关零件的位置与姿态，为了准确描述车辆在三维空间中的位置以及车辆本身与各种传感器（车载摄像头，激光雷达，GNSS 以及 IMU 等）之间的相对位姿关系，我们需要建立起各个元件（包括车身本身）所对应的三维坐标系之间的关系。

1) 位置描述

无人驾驶汽车在三维空间中运动时，我们可以对该三维空间建立一个三维坐标系，即世界坐标系(world 坐标系)。建立好 world 坐标系之后，我们可以用一个向量表示车辆在 world 坐标系中的位置。车辆本身也可以建立一个固连在车体上的三维坐标系(base_link 坐标系)，一般坐标原点在车辆后轴中心，x 轴正方向为车头方向，y 轴正方向位于车身底盘平面且垂直于车头指向车身右侧的方向，z 轴正向为垂直于车身底盘平面且指向天的方向，该坐标系符合右手坐标系规则。

2) 姿态描述[2]

车辆在 world 坐标系中的位置确定之后，车辆与 world 坐标系的原点之间的距离随之确定。车辆属于刚体，刚体在运动过程中会存在转向、旋转、翻滚的姿态变换，虽然位置没有变化，但是姿态上的变化对车辆运动来说也相当重要。为了确定车辆的运动姿态，我们需要一个固定参考坐标系，如 world 坐标系，然后求出 base_link 坐标系相对于 world 坐标系的关系，这个关系可以用旋转矩阵来表示。

假设 world 坐标系的单位正交基底为 $\boldsymbol{e}_1,\boldsymbol{e}_2,\boldsymbol{e}_3$，base_link 坐标系的单位正交基底基为 $\boldsymbol{\gamma}_1,\boldsymbol{\gamma}_2,\boldsymbol{\gamma}_3$，车体与 world 坐标系之间存在旋转关系。那么，对于同一个向量 $\boldsymbol{\alpha}$ 在 world 坐标系与 base_link 坐标系下的坐标分别为 $(\alpha_1,\alpha_2,\alpha_3)$ 和 $(\beta_1,\beta_2,\beta_3)$ 此时有关系式(3-1)，然后等式两端同乘以 $\begin{bmatrix}\boldsymbol{e}_1^{\mathrm{T}}\\ \boldsymbol{e}_2^{\mathrm{T}}\\ \boldsymbol{e}_3^{\mathrm{T}}\end{bmatrix}$ 得到式(3-2)：

$$[\boldsymbol{e}_1,\boldsymbol{e}_2,\boldsymbol{e}_3]\begin{bmatrix}\alpha_1\\ \alpha_2\\ \alpha_3\end{bmatrix}=[\boldsymbol{\gamma}_1,\boldsymbol{\gamma}_2,\boldsymbol{\gamma}_3]\begin{bmatrix}\beta_1\\ \beta_2\\ \beta_3\end{bmatrix} \tag{3-1}$$

$$\begin{bmatrix}\alpha_1\\ \alpha_2\\ \alpha_3\end{bmatrix}=\begin{bmatrix}\boldsymbol{e}_1^{\mathrm{T}}\boldsymbol{\gamma}_1 & \boldsymbol{e}_1^{\mathrm{T}}\boldsymbol{\gamma}_2 & \boldsymbol{e}_1^{\mathrm{T}}\boldsymbol{\gamma}_3\\ \boldsymbol{e}_2^{\mathrm{T}}\boldsymbol{\gamma}_1 & \boldsymbol{e}_2^{\mathrm{T}}\boldsymbol{\gamma}_2 & \boldsymbol{e}_2^{\mathrm{T}}\boldsymbol{\gamma}_3\\ \boldsymbol{e}_3^{\mathrm{T}}\boldsymbol{\gamma}_1 & \boldsymbol{e}_3^{\mathrm{T}}\boldsymbol{\gamma}_2 & \boldsymbol{e}_3^{\mathrm{T}}\boldsymbol{\gamma}_3\end{bmatrix}\begin{bmatrix}\beta_1\\ \beta_2\\ \beta_3\end{bmatrix} \tag{3-2}$$

式(3-2)表明，向量 $\boldsymbol{\alpha}$ 在 base_link 坐标系下的坐标 $(\beta_1,\beta_2,\beta_3)$，通过左乘矩阵 $\boldsymbol{R}=\begin{bmatrix}\boldsymbol{e}_1^{\mathrm{T}}\boldsymbol{\gamma}_1 & \boldsymbol{e}_1^{\mathrm{T}}\boldsymbol{\gamma}_2 & \boldsymbol{e}_1^{\mathrm{T}}\boldsymbol{\gamma}_3\\ \boldsymbol{e}_2^{\mathrm{T}}\boldsymbol{\gamma}_1 & \boldsymbol{e}_2^{\mathrm{T}}\boldsymbol{\gamma}_2 & \boldsymbol{e}_2^{\mathrm{T}}\boldsymbol{\gamma}_3\\ \boldsymbol{e}_3^{\mathrm{T}}\boldsymbol{\gamma}_1 & \boldsymbol{e}_3^{\mathrm{T}}\boldsymbol{\gamma}_2 & \boldsymbol{e}_3^{\mathrm{T}}\boldsymbol{\gamma}_3\end{bmatrix}$ 得到了向量 $\boldsymbol{\alpha}$ 在 world 坐标系下的坐标 $(\alpha_1,\alpha_2,\alpha_3)$，我们称 $\boldsymbol{R}$ 为旋转矩阵。$\boldsymbol{R}$ 矩阵描述了向量从 base_link 坐标系到 world 坐标系的旋转变换关系。同时由于 $\boldsymbol{R}$ 矩阵是正交矩阵，其逆矩阵为其转置，所以等式(3-2)两端同左乘以 $\boldsymbol{R}$ 矩阵的逆矩阵，可以得到向量从 world 坐标系到 base_link 坐标系的旋转关系[2]。

3) 运动描述

我们一般用位姿来描述刚体的运动，位姿包括旋转和平移。此时我们通过一个变换矩阵 $\boldsymbol{T}$ 来表示位姿在坐标系之间的变换关系。$\boldsymbol{R}$ 表示旋转矩阵，$\boldsymbol{t}$ 表示平移向量，所以向量 $\boldsymbol{\alpha}$ 从 base_link 坐标系下的坐标到 world 坐标系下的转换关系可由式(3-4)表示：

$$\boldsymbol{T}=\begin{bmatrix} \boldsymbol{R} & \boldsymbol{t} \\ 0 & 1 \end{bmatrix} \tag{3-3}$$

$$\begin{bmatrix} \alpha_1 \\ \alpha_2 \\ \alpha_3 \end{bmatrix}=\boldsymbol{T}\begin{bmatrix} \beta_1 \\ \beta_2 \\ \beta_3 \end{bmatrix} \tag{3-4}$$

4) 旋转向量与欧拉角

旋转可以由一个旋转轴与旋转角度来描述，这也是旋转所必需的要素。因此我们可以使用旋转向量表示旋转，向量方向与旋转轴一致，长度等于旋转角。为方便后续计算，我们可以将旋转分解到三个相互垂直的轴上(x、y 和 z 轴)，对应的旋转角度分别被称为横滚角(roll)、俯仰角(pitch)和航向角(yaw)，它们被统称为欧拉角。Autoware 使用旋转顺序为 zyx 的欧拉角表示旋转。我们依次构建表示沿着 zyx 轴旋转的旋转向量，将某一次旋转分解为三个由 zyx 欧拉角表示的旋转向量 $\vec{z}$、$\vec{y}$ 和 $\vec{x}$，由式(3-5)可以计算得到旋转矩阵 $\boldsymbol{R}$[3]。

$$\boldsymbol{R}=\vec{z}*\vec{y}*\vec{x} \tag{3-5}$$

2. 基于正态分布变换的点云配准算法

1) 点云配准

在激光点云地图建图过程中由于激光雷达扫描距离存在限制，所以一次扫描不能获取整个目标环境，并且距离激光雷达越远，点云就会变得越稀疏，所以需要经过连续多次扫描，然后将每一次扫描的点云数据进行配准拼接，最终才能形成连续完整的激光点云地图。从不同角度扫描同一场景所得到的点云数据统一转换到同一坐标系的过程叫作点云配准。简单地说就是将离散的点云数据在统一的坐标系下拼接成一整个完整的点云数据。通常点云配准算法能够利用两个点集之间的最小距离或者利用统计学方法，得到两个点集之间的变换关系，使得点云达到变换配准的效果。问题的关键在于如何得到激光点云之间的坐标变换矩阵 $\boldsymbol{T}$，也就是得到旋转矩阵 $\boldsymbol{R}$ 以及平移向量 $\boldsymbol{t}$。通常我们可以利用 PCL(point cloud library)开源点云库来对相关点云数据进行处理，PCL 含有基于正态分布变换(normal distributions transform，NDT)等多种配准算法[4]。

2) 正态分布变换算法

正态分布变换，是一种统计学模型。如果一组随机向量满足正态分布，那么它的概率密度函数如式(3-6)，其中，参数 D 表示维数，$\vec{\mu}$ 表示均值向量，$\boldsymbol{\Sigma}$ 表示随机向量的协方差矩阵。由于自动驾驶车辆扫描得到的激光点云数据点是三维坐标，所以需要三维正态分布。具体的三维 NDT 点云配准算法原理可以参考文献[5]。NDT 能够通过概率的形式描述点云的分布情况，这有利于减少配准所需要的时间。

$$p(\boldsymbol{x})=\frac{1}{(2\pi)^{\frac{D}{2}}\sqrt{|\boldsymbol{\Sigma}|}}\mathrm{e}^{-\frac{(x-\vec{\mu})^{\mathrm{T}}\boldsymbol{\Sigma}^{-1}(x-\vec{\mu})}{2\sigma^2}} \tag{3-6}$$

3) 正态分布变换算法流程[6]

(1) 网格化目标点云。

首先需要将目标点云网格化。点云配准一般是对两个点云数据进行两两配准，需要先固定一个点云数据，另外一个点云数据再通过平移旋转来和固定点云进行匹配拼接。这里的固定点云就是目标点云，平移旋转的点云是源点云。网格化目标点云主要是利用立方体将激光点云所在空间进行均匀划分，使得激光点处于相应的立方体中，这一步作为 NDT 算法的第一步非常重要。

(2) 注册激光点云数据。

目标点云划分好网格之后，将点云加载到网格内，首先由式(3-7)计算均值向量。然后由式(3-8)计算协方差矩阵，最后由式(3-9)求出每一个网格内的正态分布概率密度函数。由于需要用到协方差矩阵的逆矩阵，所以格子内应不少于三个点，一般至少要保证有 5 个点。

$$\vec{u}=\frac{1}{m}\sum_{k=1}^{m}\vec{y}_k \tag{3-7}$$

其中，$\vec{y}_{k=1,2,3,\cdots,m}$ 表示网格内所有扫描点的坐标。

$$\boldsymbol{\Sigma}=\frac{1}{m}\sum_{k=1}^{m}(\overrightarrow{y_k}-\vec{u})(\overrightarrow{y_k}-\vec{u})^{\mathrm{T}} \tag{3-8}$$

$$p(\vec{x})=\frac{1}{2^{\frac{3}{2}}\sqrt{|\boldsymbol{\Sigma}|}}\mathrm{e}^{-\frac{(\vec{x}-\vec{u})^{\mathrm{T}}\boldsymbol{\Sigma}^{-1}(\vec{x}-\vec{u})}{2}} \tag{3-9}$$

(3) 求出源点云相对于目标点云的初始坐标变换参数。

坐标变换通常涉及平移与旋转，平移通过平移向量表示，旋转通过旋转矩阵表示，旋转可以是关于自身 zyx 三个固定轴的旋转，转角分别由 α、β、γ 表示，与 yaw，pitch，roll 对应。旋转矩阵 $\boldsymbol{R}$ 如式(3-10)所示：

$$\boldsymbol{R}_{3\times3}=[\boldsymbol{\delta}\quad\boldsymbol{\varepsilon}\quad\boldsymbol{\eta}] \tag{3-10}$$

其中，$\boldsymbol{\delta}$，$\boldsymbol{\varepsilon}$ 与 $\boldsymbol{\eta}$ 具体如下：

$$\boldsymbol{\delta}=\begin{bmatrix}\cos\beta\cos\alpha\\ \sin\alpha\cos\beta\\ -\sin\beta\end{bmatrix} \tag{3-11}$$

$$\boldsymbol{\varepsilon}=\begin{bmatrix}\cos\alpha\sin\beta\sin\gamma-\sin\alpha\cos\gamma\\ \cos\alpha\cos\gamma+\sin\alpha\sin\beta\sin\gamma\\ \cos\beta\sin\gamma\end{bmatrix} \tag{3-12}$$

$$\boldsymbol{\eta}=\begin{bmatrix}\cos\alpha\sin\beta\cos\gamma+\sin\alpha\sin\gamma\\ \sin\alpha\sin\beta\cos\gamma-\cos\alpha\sin\gamma\\ \cos\gamma\cos\beta\end{bmatrix} \tag{3-13}$$

平移向量 $\boldsymbol{t}$ 如式(3-14)所示：

$$\boldsymbol{t}=[t_x,t_y,t_z]^{\mathrm{T}} \tag{3-14}$$

假设某一激光点在两个点云下的位置坐标分别如式(3-15)和式(3-16)所示，由式(3-17)坐标变换公式可以得到同一激光点在两个点云下的位置坐标之间的关系如式(3-18)所示，T 为坐标变换参数变换。

$$\boldsymbol{X}'=\begin{bmatrix}x_i'\\ y_i'\\ z_i'\end{bmatrix} \tag{3-15}$$

$$\boldsymbol{X}=\begin{bmatrix}x_i\\ y_i\\ z_i\end{bmatrix} \tag{3-16}$$

$$\boldsymbol{X}'=\boldsymbol{R}_{3\times3}\boldsymbol{X}+\boldsymbol{t}_{3\times1}=T\boldsymbol{X} \tag{3-17}$$

$$\boldsymbol{X}'=\begin{bmatrix}x_i'\\ y_i'\\ z_i'\end{bmatrix}=[\boldsymbol{\delta}\quad\boldsymbol{\varepsilon}\quad\boldsymbol{\eta}]\begin{bmatrix}x_i\\ y_i\\ z_i\end{bmatrix}+\begin{bmatrix}t_x\\ t_y\\ t_z\end{bmatrix} \tag{3-18}$$

这一步寻找一个合适的初始坐标变换使得源点云大致处于目标点云的坐标平面当中。这一步提供变换参数的初值，为下一步变换参数的迭代提供距离最优点较近的初值。在自动驾驶里初始值的提供可以依靠 GNSS、里程计(odom)或者 IMU 惯性导航，利用这些传感器获取车辆的当前位姿，通过坐标变换得到相对于目标点云的坐标变换参数，也就是位移 t 与旋转 $\boldsymbol{R}$。单纯依靠里程计或者 IMU 会产生累计误差，Autoware 利用里程计计算速度确定位置，利用 IMU 确定姿态变化。

(4)源点云进行初始坐标变换，并计算在目标点云网格中的概率。

源点云根据初始变换参数将坐标转换到目标点云，此时源点云会分布在目标点云网格中，然后转换后的源点云的坐标 X'，由对应所在网格的正态分布概率密度函数(3-9)，求出激光点坐标为 X' 的概率。

(5) 求出最大目标似然函数。

将每一个点的概率乘积起来作为目标似然函数。通过似然函数找到概率乘积最大时的坐标转换关系。简单来说就是由最大的概率找到最优的坐标转换。

$$\psi = \prod_{k=1}^{n} p(X') \tag{3-19}$$

这时候需要将最大似然函数做一下转变，最优化问题涉及求一阶导数和二阶导数，连乘积的形式不易求导，所以将它转化为负对数形式。

$$-\log\psi = -\sum_{k=1}^{n} \log(p(X')) \tag{3-20}$$

(6) 利用牛顿迭代法进行优化，找出最佳变换参数 p 完成点云配准。

利用牛顿法进行求解优化目标函数 (3-20) 的核心是求解问题 (3-21)，其中，$\boldsymbol{H}$ 是目标函数的黑塞矩阵，$\boldsymbol{g}$ 是目标函数的梯度向量。迭代更新公式如式 (3-22) 所示，迭代参数是坐标变换参数 T [5,6]。

$$\boldsymbol{H}\Delta\vec{p} = -\vec{g} \tag{3-21}$$

$$T = T + \Delta T \tag{3-22}$$

3.1.2　Autoware 定位模块概述

Autoware 的定位模块可分为基于 GNSS 的定位与基于激光点云数据的定位两部分。基于激光点云数据的定位采用 NDT 配准算法 (ndt_matching 节点) 得到自身在激光点云地图中的位姿信息，其中，激光点云地图由车载激光雷达前期扫描行车环境得到的激光点云数据压缩拼接而得 (ndt_mapping 节点)。NDT 配准过程中需要手动设置初始位置，为此 Autoware 借助基于 GNSS 的定位对其进行初始化，同时对基于激光点云数据的定位结果进行修正。图 3-1 与图 3-2 分别表示 ndt_mapping 节点关系图与 ndt_matching 节点关系图。

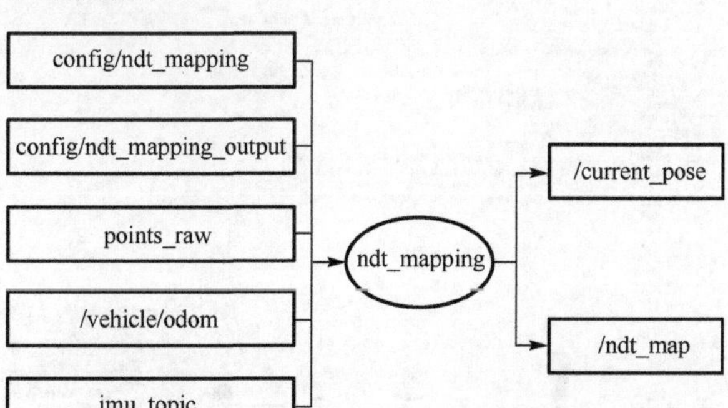

图 3-1　ndt_mapping 节点关系图

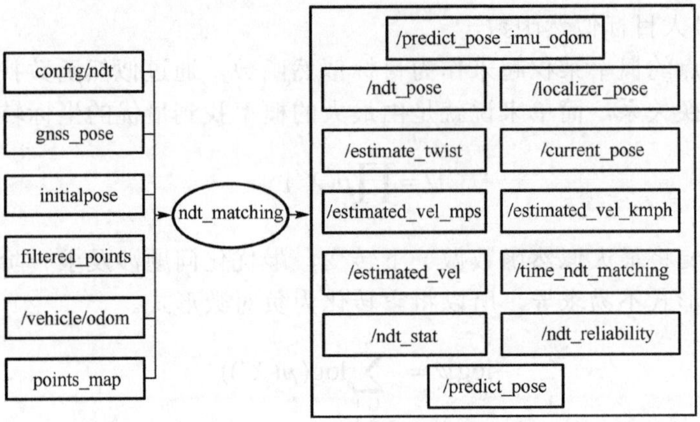

图 3-2　ndt_matching 节点关系图

3.2　Autoware 定位模块基础操作

3.2.1　使用 rosbag 数据构建点云地图

介绍在 Autoware 中使用 rosbag 数据生成点云地图[7]，步骤如下。

(1)启动 Autoware 和播放数据包。

```
1.  cd ~/autoware.ai
2.  source install/setup.bash
3.  roslaunch runtime_manager runtime_manager.launch
```

切换到 Simulation 分页，选择 rosbag 包，点击播放数据包，如图 3-3 所示，再点 Pause；点击 Ref 进入 rosbag 的存储路径，选择后缀为.bag 的文件。此处点击 Pause 是必要操作。

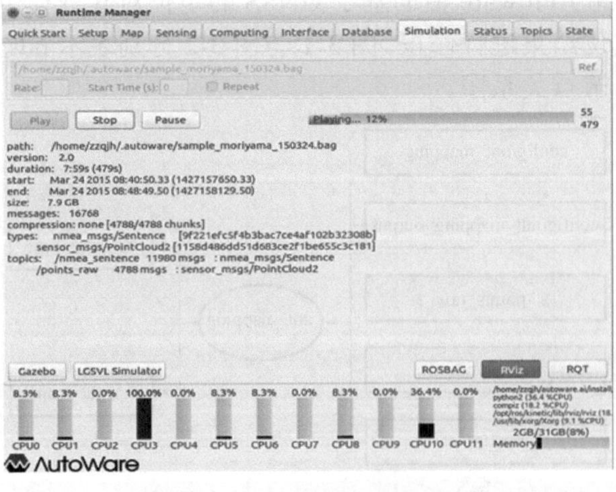

图 3-3　播放 rosbag 数据包

(2)加载车辆模型以及设置 TF。

①切换到 setup 分页，如图 3-4 所示。

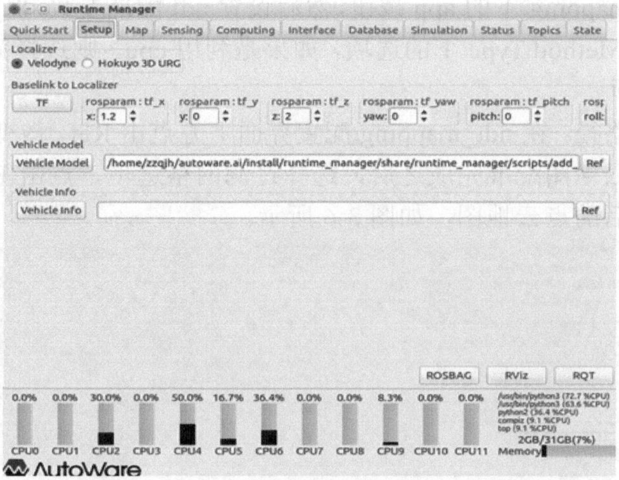

图 3-4　切换 setup 分页

②然后点击 Vehicle Model，加载车辆模型，如果不选择任何车辆模型文件，则会出现一个默认的黑色车辆模型，也可以点击 Ref 来选择后缀名为.urdf 的车辆模型文件。具体路径为 autoware/install/vehicle_description/share/vehicle_description/urdf/进行加载。

③点击 Baselink to Localizer 的 TF 按钮，如图 3-5 所示。此处 Baselink 表示车身底盘坐标系(base_link 坐标系)，Localizer 表示激光雷达的坐标系，tf_*x* 等参数表示的是车辆激光雷达坐标系与车身底盘坐标系之间的相对位姿关系。

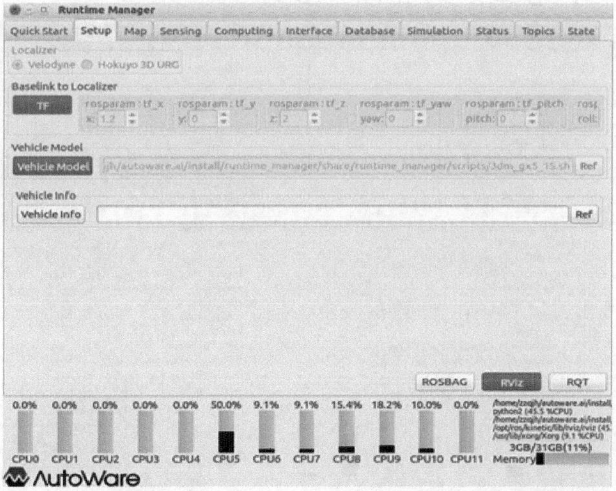

图 3-5　加载激光雷达与车身底盘的位置关系和车辆模型

(3) 启动 ndt_mapping 配置节点。

①切换到 computing 分页。

②点击 ndt_mapping 下的 app 按钮，然后设置 ndt 配准参数，保持默认参数即可，然后选择下方的 Method Type 下的选项，如果是利用 cpu，则选择第一项，如果利用 gpu 则选择第三项。

③设置保存路径：在 ndt_mapping 配置界面下方点击 Ref，改变点云地图文件的存放位置，当点云地图配准完成之后，选择过滤网格选项，点击 PCD OUTPUT 按钮可以输出过滤后的点云地图，如图 3-6 所示。

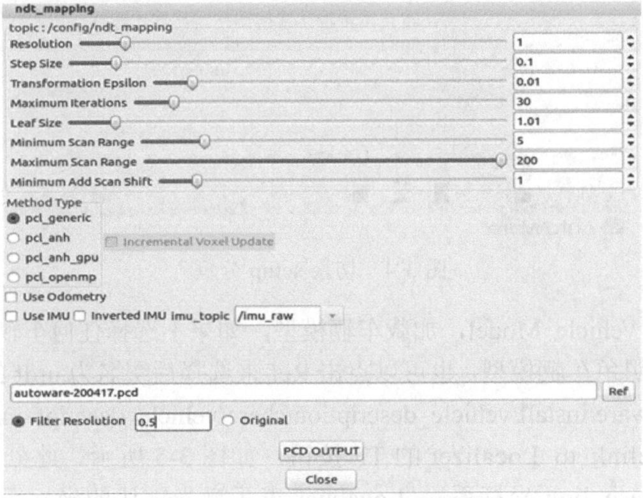

图 3-6　ndt_mapping 参数配置

④勾选 ndt_mapping 选项，如图 3-7 所示。

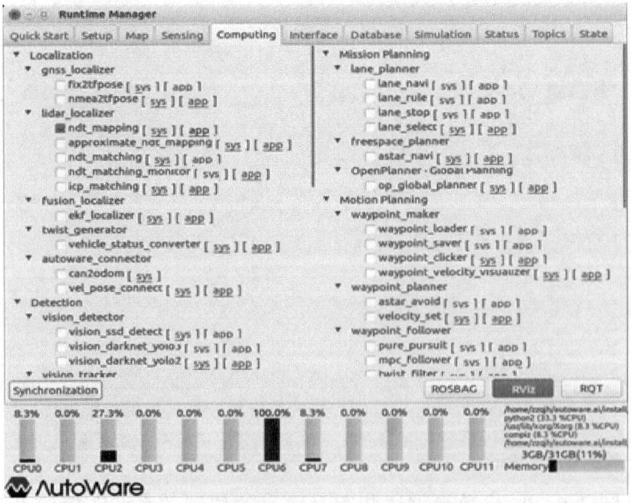

图 3-7　勾选 ndt_mapping 选项

(4) 继续播放 rosbag 数据包。

①切换至 Simulation 分页，点击 Play 按钮继续播放数据，开始进行配准建图。

②播放结束后，路径点的文件即保存在选择的位置。

(5) 可视化建图过程。

点击 Runtime Manager 界面下的 RViz 按钮，启动 RViz 可视化窗口。加载 RViz 的配置文件，路径为 autoware/ros/src/.config/rviz/ndt_mapping.rviz，然后可以看到扫描建图过程，如图 3-8 所示。

图 3-8　RViz 可视化扫描建图

(6) 终端监视建图过程。

因为 Rviz 需要占用大量系统资源，所以我们在终端下进行建图，而不选择 RViz 可视化建图。在终端中可以查看配准过程中的各种参数，其中需要关注的是 (Process/Input) 行的数据，表示的是已输入的点云和已处理的点云，如图 3-9 所示。刚开始配准时速度较快，但随着点云数量的增加，处理速度变得比较慢，这时输入和处理点云数有差距，差距大的时候会导致配准失败，所以需要点击 Pause 来等待加载待处理的点云数据。

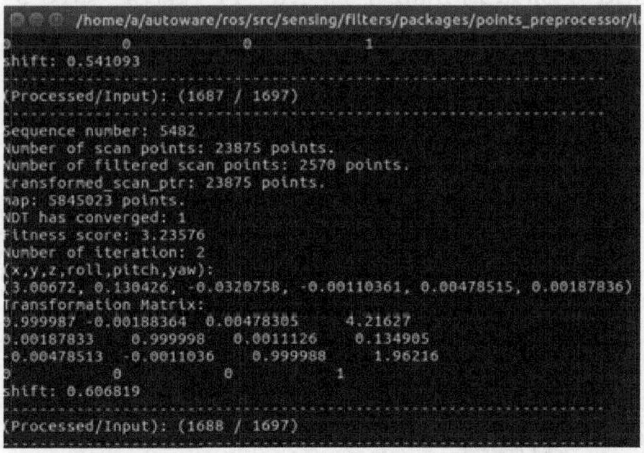

图 3-9　终端输出 ndt 配准计算结果

(7) 查看保存的点云地图文件。

①切换至 Map 分页，点击 Point Cloud 按钮的 Ref，加载刚才保存.pcd 文件，并点击 Point Cloud 按钮，进度条显示 OK，则加载完毕，如图 3-10 所示。

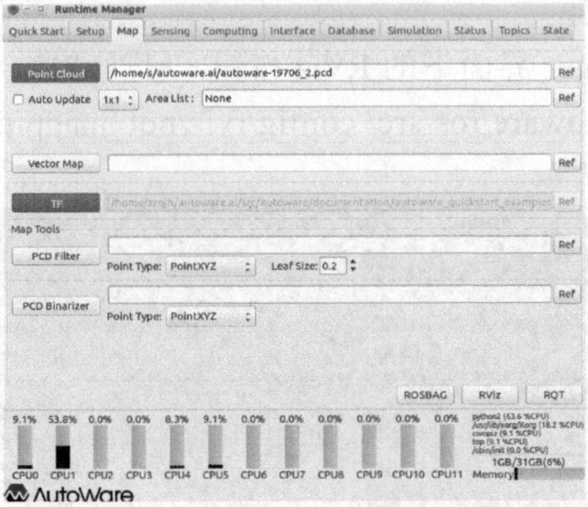

图 3-10　加载建立好的激光点云地图

②点击 Runtime Manager 界面下方的 RViz，在 RViz 显示界面点击左下角的 Add 按钮，通过 By Topic 找到/points_map 并打开。

3.2.2　使用 rosbag 数据进行激光点云定位

在 Autoware 中使用 rosbag 数据进行激光定位[8]，步骤如下。

(1) 与使用 rosbag 数据生成点云地图的步骤一致。

(2) 加载地图，加载 TF。

①设置从车身底盘坐标系到激光雷达坐标系的 TF 以及加载车辆模型，这一步与 3.2.1 节中一致。

②切换至 Map 分页，点击 TF 的 ref 选择 autoware/ros/src/.config/tf/tf_local.launch 文件，加载默认 world 坐标系到 map 坐标系的 TF 配置，如图 3-11 所示。

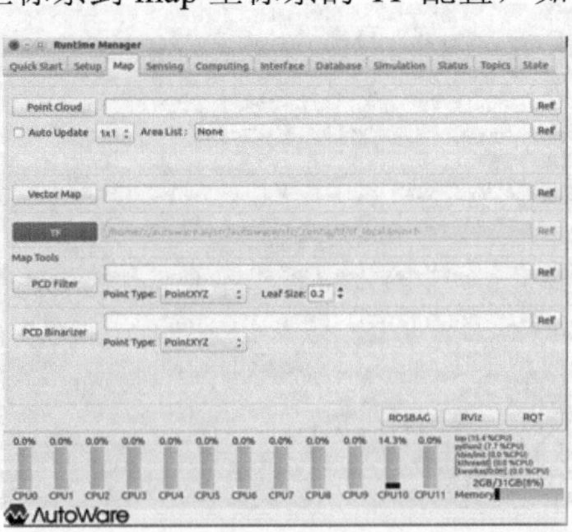

图 3-11　加载 world 坐标系到 map 坐标系的 TF 配置

③加载地图：切换至 Map 分页，点击 Point Cloud 按钮的 Ref，加载上一步 ndt_mapping 产生的.pcd 文件(点云地图)，并点击 Point Cloud 按钮，进度条显示 OK，则加载完毕。

④设置相关滤波器，选择 Sensing 页面，点击 Points Downsampler 下 voxel_grid_filter 的 app，设置一些参数，voxel_grid_filter 是一种降采样方法，该方法将网格 voxel 内的点云数据用质心近似。其中的主要参数如 voxel leaf size 设置为 2，表示立方体网格的边长为 2 米；measurement 设置为 2，表示点云有效距离为 200 米，其他相关参数设置如图 3-12 所示。

⑤设置从 map 坐标系到 base_link 坐标系的转换：找到 Computing 左菜单栏下的 ndt_matching 选项，打开 app，确保 topic:/config/ndt 选项处于 Initial_Pose 处，勾选 Initial Pos，其中，x，y，z，roll，pitch，yaw 的值表示激光点云定位前车辆的初始位置，采用默认值即可，如果有 GNSS 数据输入，可以选择 GNSS 选项，如图 3-13 所示。

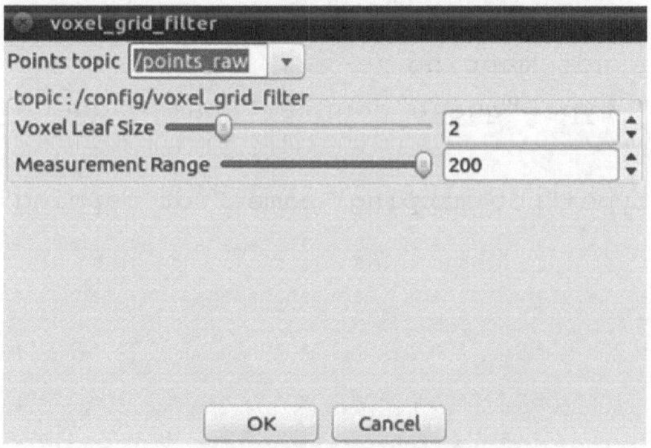

图 3-12　设置体素滤波参数

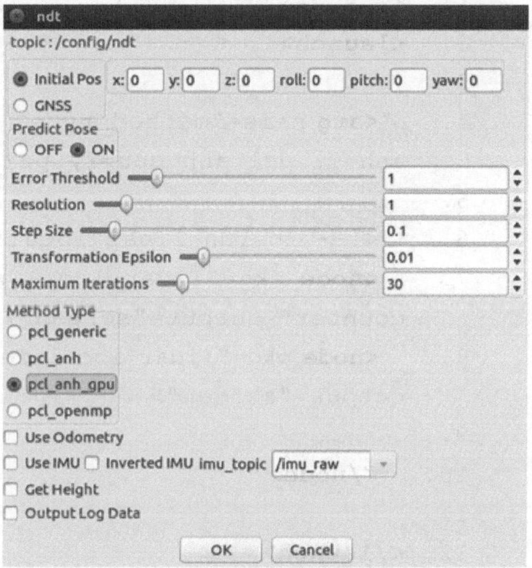

图 3-13　设置 ndt 配准参数

⑥启动 vel_pose_connect，找到 Computing 分页下的 vel_pose_connect，打开 app 并确保选项 Simulation_Mode 没有被勾选(默认不勾选)，退出并勾选 vel_pose_connect，然后点击 Pause 开始定位。

3.3　定位模块内 ROS 节点详解

本节对上述 3.2 节中所涉及的 ROS 节点 ndt_mapping 和节点 ndt_matching 进行源码分析。

3.3.1 节点 ndt_mapping

根据 src/autoware/utilities/runtime_manager/scripts/computing.yaml 中的代码可知，勾选 ndt_mapping 后，系统运行 ROS 包 lidar_localizer 下的 ndt_mapping.launch 文件。

```
name : ndt_mapping
desc : ndt_mapping desc sample
cmd  : roslaunch lidar_localizer ndt_mapping.launch
param: ndt_mapping
```

ndt_mapping.launch 代码如下，其中对 ndt 所需要的参数进行了配置，主要的参数主要有：① 默认使用 cpu；② 默认不使用 odom；③ 默认不使用 IMU；④ 默认不进行 IMU 方向正负变换等。

```
<!-- -->
<launch>

  <arg name="method_type" default="0" /> <!-- pcl_generic=0, pcl_anh=1, pcl_anh_gpu=2, pcl_openmp=3 -->
  ......
  <!-- rosrun lidar_localizer ndt_mapping  -->
  <node pkg="lidar_localizer" type="queue_counter" name="queue_counter" output="screen"/>
  <node pkg="lidar_localizer" type="ndt_mapping" name="ndt_mapping" output="screen">
    ......
  </node>

</launch>
```

由 lidar_localizer 的 CMakeLists.txt 可知，节点 ndt_mapping 的源文件是 nodes/ndt_ mapping/ndt_mapping.cpp。

```
add_executable(ndt_mapping nodes/ndt_mapping/ndt_mapping.cpp)
......
```

图 3-14 表示节点 ndt_mapping 的结构模型[9]。ndt_mapping 主要利用 scan_to_map 方法来实现激光点云建图。scan_to_map 方法广泛应用于即时建图与定位（simultaneous localization and mapping，SLAM）。激光雷达扫描建图时，受扫描距离等因素限制，使得激光雷达不能一次扫描得到整张完整的环境地图，所以需要进行连续多次扫描。

全局地图 map 表示扫描得到的整个环境地图， scan 表示当前扫描得到的激光点云数据。我们可以通过固定目标点云地图 submap，利用 NDT 配准算法，将每一帧扫描得到的激光点云 scan 变换到目标点云 submap 并使两者拼接在一起，最终得到拼接完整的全局地图 map，具体步骤如下。

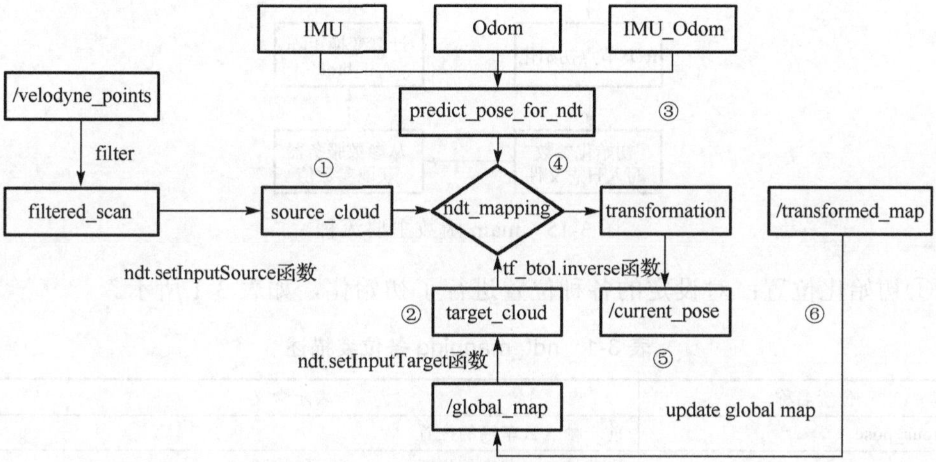

图 3-14 ndt_mapping 结构模型

①激光雷达扫描得到的激光点云数据需要去除距离车体较近与较远的激光点集，然后利用体素滤波过滤剩下的激光点云数据，在保持点云统计特征的情况下降低激光点云数据集的尺寸。最后将降采样后的过滤点云作为 NDT 配准算法的输入源点云。

②第一帧激光点云作为全局地图加载成功时，将其作为 NDT 配准算法的输入目标点云。

③为快速得到准确的配准结果，需要给 NDT 算法提供一个较好的初值，该节点通过 IMU、Odom 以及两者联合来求得初始位姿估计。

④将①，②，③得到的结果作为参数传入 NDT 配准算法进行激光点云配准。

⑤NDT 配准得到激光雷达与全局坐标原点之间的最终变换矩阵 transformation，Autoware 通过添加一个激光雷达到车身底盘的变换矩阵作为补偿，能够得到车身底盘相对于地图坐标原点的变换矩阵，从而求得车辆底盘 base_link 相对于坐标原点的位姿。

⑥最后将①中过滤得到的点云数据变换到全局地图 map 进行地图更新。

我们首先分析其 main 函数。main 函数的主要流程如图 3-15 所示，我们对其关键部分进行分析。

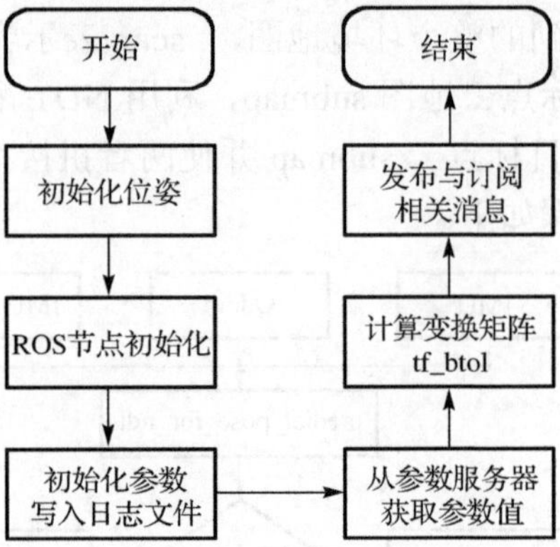

图 3-15　main 函数主要流程

①初始化位置：对设定的各种位置进行了初始化，如表 3-1 所示。

表 3-1　ndt_mapping 各位姿描述

位置名称	表示含义
previous_pose	前一帧点云车辆的位置
current_pose	当前帧点云车辆的位置
ndt_pose	NDT 配准算法得到的车辆位置
guess_pose	NDT 配准算法所需的初始位置
diff	前后两次接收到传感器（IMU 或者 odom）消息时位姿的变化
added	用于计算地图更新的距离变化
offset	位姿的偏差矫正

②参数获取：主要是从参数服务器上获取参数，并且检查参数设置的情况。

```
// 私有句柄调用 getparam 函数从参数服务器上得到参数值
// 如果未设置参数，则将参数设置为默认认值
private_nh.getParam("method_type", method_type_tmp);
_method_type = static_cast<MethodType>(method_type_tmp);
private_nh.getParam("imu_upside_down", _imu_upside_down);
private_nh.getParam("imu_topic", _imu_topic);
private_nh.getParam("incremental_voxel_update", _incremental_
voxel_update);
......
}
```

③计算激光雷达相对于车身底盘的初始变换矩阵：激光雷达处于车身底盘正上方，要描述激光雷达的位姿，需要参考车身底盘 base_link 坐标系。所以需要确定激光雷达与车身底盘之间的变换关系。此时 _tf_x, _tf_y, _tf_z 给出了激光雷达相对于车身底盘的位置。Autoware 坐标系之间的关系如图 3-16 所示[7]，基本坐标系有四类，

分别为世界坐标系 world，地图坐标系 map，车身底盘坐标系 base_link，传感器坐标系 localizer。

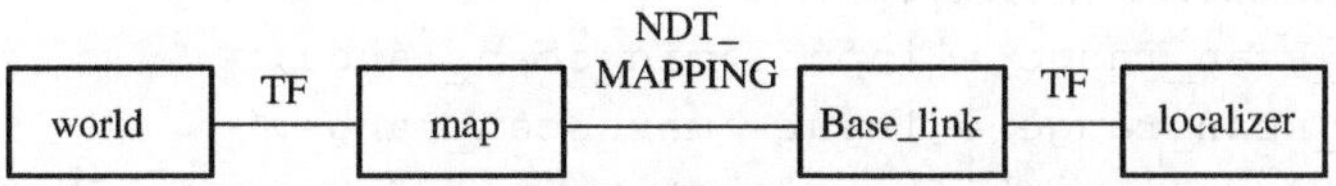

图 3-16 Autoware ndt_mapping 各个坐标系间的关系

world 坐标系与 map 重合，激光雷达与车身底盘之间的坐标变换关系是固定不变的，所以实际上我们需要求 map 与 base_link 之间的坐标变换关系，该部分可以由 ndt_mapping 节点得出。

```
// 初始平移向量 tl_btol，激光雷达相对于车身底盘坐标系的位置
// (_tf_x, _tf_y, _tf_z)
Eigen::Translation3f tl_btol(_tf_x, _tf_y, _tf_z);
// 初始化旋转向量，分别绕着 x 轴，y 轴和 z 轴旋转
// _tf_roll, _tf_pitch 和 _tf_yaw 角度
Eigen::AngleAxisf rot_x_btol(_tf_roll, Eigen::Vector3f::UnitX());
Eigen::AngleAxisf rot_y_btol(_tf_pitch, Eigen::Vector3f::UnitY());
Eigen::AngleAxisf rot_z_btol(_tf_yaw, Eigen::Vector3f::UnitZ());
tf_btol = (tl_btol * rot_z_btol * rot_y_btol * rot_x_btol).matrix();
tf_ltob = tf_btol.inverse();
```

1. param_callback 函数

param_callback 函数通过 autoware_config_msgs::ConfigNDTMapping 文件进行参数的配置，主要设置 ndt 算法配准时的参数。ConfigNDTMapping 文件里定义了配准时的消息、配准网格大小、牛顿法步长等参数。

```
static void param_callback(const autoware_config_msgs::ConfigNDTMapping::ConstPtr& input)
{ // 设置 ndt 参数：分辨率、步长，
  // 最大迭代次数、体素叶大小、激光扫描范围等
  // resolution 表示点云网格化时网格的边长
  // 设置过大会影响精度，设置过小则会影响内存使用
  ndt_res = input->resolution;
  // step_size 设置利用牛顿法优化的最大步长
  step_size = input->step_size;
  // trans_epsilon 设置两个连续变换的最大差值
  // 用于判断是否收敛至阈值
  trans_eps = input->trans_epsilon;
  // max_iterations 设置优化迭代的最大次数
  max_iter = input->max_iterations;
  // leaf_size 设置体素滤波叶的大小
```

```
  // 用于进行原始点云过滤
  voxel_leaf_size = input->leaf_size;
  // 激光点云数据有效扫描距离
  min_scan_range = input->min_scan_range;
  max_scan_range = input->max_scan_range;
  min_add_scan_shift = input->min_add_scan_shift;
  ……
}
```

2. output_callback 函数

output_callback 函数运用体素滤波将原始点云数据进行过滤，在保持点云特性的情况下降低点云数量，然后将过滤后的点云转换为 ROS 可用的 sensor_msgs::PointCloud2 类型的点云数据，通过发布器进行发布。最后将过滤后的点云写入 pcd 文件。

```
static void output_callback(const autoware_config_msgs::ConfigNDTMappingOutput::ConstPtr& input)
{
  double filter_res = input->filter_res;
  std::string filename = input->filename;
  ……
  pcl::PointCloud<pcl::PointXYZI>::Ptr map_ptr(new pcl::PointCloud<pcl::PointXYZI>(map));
  pcl::PointCloud<pcl::PointXYZI>::Ptr map_filtered(new pcl::PointCloud<pcl::PointXYZI>());
  map_ptr->header.frame_id = "map";
  map_filtered->header.frame_id = "map";

  sensor_msgs::PointCloud2::Ptr map_msg_ptr(new sensor_msgs::PointCloud2);

  // 运用体素滤波
  // 如果不进行体素滤波，则输出原始点云地图的点云数量
  // 并且将 pcl::PointCloud<pcl::PointXYZI>类型的点云
  // 转化为 ROS 支持的 sensor_msgs::PointCloud2 的点云
  if (filter_res == 0.0)
  {
    std::cout << "Original: " << map_ptr->points.size() << " points." << std::endl;
    pcl::toROSMsg(*map_ptr, *map_msg_ptr);
  }
```

```
  else
  { // 声明体素滤波对象 voxel_grid_filter;
    pcl::VoxelGrid<pcl::PointXYZI> voxel_grid_filter;
    // 利用 voxel_grid_filter.setLeafSize 函数设置体素滤波网格大小
    // 网格是边长 filter_res 立方体
    voxel_grid_filter.setLeafSize(filter_res, filter_res, filter_res);
    // 利用 voxel_grid_filter.setInputCloud 将 map 作为输入地图
    voxel_grid_filter.setInputCloud(map_ptr);
    // 利用 voxel_grid_filter.filter 进行点云下采样
    // 并保存结果至 map_filtered
    voxel_grid_filter.filter(*map_filtered);
    // 输出原始点云尺寸与下采样点云尺寸
    std::cout<< "Original: "<<map_ptr->points.size() << " points." << std::endl;
    std::cout << "Filtered: " << map_filtered->points.size() << " points." << std::endl;
    // 利用 pcl::toROSMsg 将过滤点云转换为
    // ROS 可用的 sensor_msgs::PointCloud2 类型点云数据
    pcl::toROSMsg(*map_filtered, *map_msg_ptr);
  }
  // 通过 ndt_map_pub 发布者将
  // 转换类型之后的过滤点云进行消息的发布
  ndt_map_pub.publish(*map_msg_ptr);

  // 将点云数据写入 pcd 文件
  if (filter_res == 0.0)
  { // 如果未进行体素过滤，则将初始原地图写入 pcd 文件
    pcl::io::savePCDFileASCII(filename, *map_ptr);
    std::cout << "Saved " << map_ptr->points.size() << " data points to " << filename << "." << std::endl;
  }
  else
  { // 否则将过滤后的地图写入 pcd 文件
    pcl::io::savePCDFileASCII(filename, *map_filtered);
    std::cout << "Saved " << map_filtered->points.size() << " data points to " << filename << "." << std::endl;
  }
}
```

3. points_callback 函数

points_callback 函数由 ros::Subscriber points_sub= nh.subscribe("points_raw",

100000, points_callback) 调用。下面对 points_callback 函数分块讲解。

```
static void points_callback(const sensor_msgs::PointCloud2::ConstPtr& input)
{
  // r 表示激光点云到激光雷达的距离
  double r;
  pcl::PointXYZI p;
  // 声明点云对象 tmp,scan
  pcl::PointCloud<pcl::PointXYZI> tmp, scan;
  pcl::PointCloud<pcl::PointXYZI>::Ptr filtered_scan_ptr(new pcl::PointCloud<pcl::PointXYZI>());
  pcl::PointCloud<pcl::PointXYZI>::Ptr transformed_scan_ptr(new pcl::PointCloud<pcl::PointXYZI>());
  tf::Quaternion q;
  t_localizer(Eigen::Matrix4f::Identity());
  Eigen::Matrix4f t_base_link(Eigen::Matrix4f::Identity());
  // 声明一个 tf 发布者 br
  static tf::TransformBroadcaster br;
  // 声明一个变换对象 transform
  tf::Transform transform;
  // 获取当前点云扫描时间戳
  current_scan_time = input->header.stamp;
  // 将当前点云 sensor_msgs::PointCloud2 消息类型
  // 转化为 pcl 类型，并存入 tmp
  pcl::fromROSMsg(*input, tmp);
```

points_callback 函数参数为激光雷达所获取到的 sensor_msgs::PointCloud2 类型的激光点云数据，*r* 表示激光点云中每一个点与激光雷达的距离，这用来后续滤除距离车体较近与较远的激光点集。*p* 表示原始激光点云中的点对象，类型为 pcl::PointXYZI。函数声明了两个类型为 pcl::PointXYZI 的点云对象 tmp，scan。tmp 表示临时的原始点云数据，scan 表示的是 tmp 滤除距离激光雷达过近和过远的激光点的点云数据。t_localizer 与 t_base_link 分别表示为激光雷达与车体相对于 map 坐标系的变换矩阵，并且均初始化为 4 阶单位阵。

需要注意的是，NDT 配准算法是将激光雷达获取到的激光点云与地图目标点云进行配准，激光点云是相对于激光雷达坐标系，所以进行 NDT 配准的时候求出的是激光雷达相对于全局地图坐标系 map 的变换关系 t_localizer。要想求得车身底盘相对于全局地图 map 坐标系的变换关系，需要在 t_localizer 的基础上补偿一个激光雷达与车身底盘之间的变换矩阵 tf_ltob。

函数获取当前时间戳作为当前的点云扫描时间，然后利用 pcl::fromROSMsg 函数将输入的 sensor_msgs::PointCloud2 类型的点云数据转化为 PCL 使用的数据类型。

```
// 将 tmp 点云容器内的点进行逐一处理
// 去除不符合距离范围内的点云数据
// 主要是去除离车较近和较远的点
 for (pcl::PointCloud<pcl::PointXYZI>::const_iterator item = tmp.begin(); item != tmp.end(); item++)
  {
    p.x = (double)item->x;
    p.y = (double)item->y;
    p.z = (double)item->z;
    p.intensity = (double)item->intensity;
// 计算点与激光雷达的欧式距离 r
// 若小于最小距离或大于最大距离，则滤除该点
// 实际上是在逐一判断 tmp 点云中的点云数据
// 然后将满足扫描距离区间的点利用//scan.push_back 函数
// 逐一插入至 scan 点云，完成原始点云的过滤，scan 点云的加载
    r = sqrt(pow(p.x, 2.0) + pow(p.y, 2.0));
    if (min_scan_range < r && r < max_scan_range)
    {
     scan.push_back(p);
    }
  }
```

这一部分代码块主要是实现上一步提到的滤除距离车体过近与过远的激光点集。tmp 是原始的激光点云数据，在 for 循环中逐一获取 tmp 中的点云数据，然后利用 $r=\sqrt{x^2+y^2}$ 求出激光点与激光雷达之间的距离，其中，x，y 分别表示激光点的横纵坐标。当 r 在最小扫描距离以及最大扫描距离之间时，则将激光点添加至 scan 点云容器中。

```
 // 将初始化点云加入至地图
 // 若点云地图没有初始化载入
 if (initial_scan_loaded == 0)
 {  // 通过 tf_btol 变换矩阵作为 pcl::transformPointCloud 的输入
   // 将原始点云进行转化
   // pcl::transformPointCloud 函数的作用是
   // 将输入点云通过变换参数进行坐标变换，并输出转换点云
   pcl::transformPointCloud(*scan_ptr, *transformed_scan_ptr, tf_btol);
   // 将转换后的点云加入 map 进行拼接，实际上是作为第一帧点云图像
   map += *transformed_scan_ptr;
```

```
    // 初始化扫描载入成功
      initial_scan_loaded = 1;
    }
```

激光点云地图需要初始化载入，实际上是将第一帧激光点云加入到 map 中。initial_scan_loaded 用来表示初始化载入是否成功，当地图没有初始化载入时，则将第一帧点云数据通过 pcl::transformPointCloud 函数进行转换后加入到 map，pcl::transformPointCloud 函数的第一个参数为输入点云，第二个参数为输出点云，第三个参数为变换矩阵 tf_btol。

```
// 对 scan_ptr 输入点云进行体素过滤
// 将结果保存至*filtered_scan_ptr
pcl::VoxelGrid<pcl::PointXYZI> voxel_grid_filter;
voxel_grid_filter.setLeafSize(voxel_leaf_size, voxel_leaf_size,
voxel_leaf_size);
voxel_grid_filter.setInputCloud(scan_ptr);
voxel_grid_filter.filter(*filtered_scan_ptr);
pcl::PointCloud<pcl::PointXYZI>::Ptr map_ptr(new pcl::Point
Cloud<pcl::PointXYZI>(map));
```

即使筛选掉距离激光雷达过近与过远的激光点之后，scan_ptr 中含有的激光点的数量仍然较大，所以函数通过体素滤波来降低点云数据的规模。Pcl 提供的 VoxelGrid 类将输入点云集合空间进行三维网格化，然后以每一个网格(每一个立方体)内所有点的重心来代表体素内的所有点，体素内所有点由一个点来表示，这减少了数据规模，而且还保持了输入点云的形状特征。体素滤波主要设置网格大小 voxel_leaf_size，然后将 scan_ptr 过滤，得到输出点云*filtered_scan_ptr。

```
// 设置转换参数 Epsilon、最大步长、网格大小、最大迭代次数以及
// 设置输入点云为已过滤点云 filtered_scan_ptr
 if (_method_type == MethodType::PCL_GENERIC)
 {
   ndt.setTransformationEpsilon(trans_eps);
   ndt.setStepSize(step_size);
   ndt.setResolution(ndt_res);
   ndt.setMaximumIterations(max_iter);
   ndt.setInputSource(filtered_scan_ptr);
 }
 ……
```

根据 method_type 参数进行相应的 NDT 参数设置，参数设置主要是设置 Epsilon，在 ndt 配准算法中该参数主要表示平移向量和旋转角度的临界递增量，当增量小于该参数时，配准算法结束，完成配准，该参数是 NDT 配准算法的收敛条件。步长参

数 step_size 表示的是牛顿迭代法允许的最大步长，ndt_res 表示的是 NDT 配准算法的网格划分分辨率的大小，分辨率大则网格所含点的数量整体较多，一般不少于 5 个。max_iter 表示的是牛顿迭代法的最大迭代次数，filtered_scan_ptr 作为 NDT 算法的输入源点云[10]。

```
// 将第一张地图 map_ptr 设置输入 NDT 输入点云
  static bool is_first_map = true;
  if (is_first_map == true)
  {
    if (_method_type == MethodType::PCL_GENERIC)
      ndt.setInputTarget(map_ptr);
  ......
    is_first_map = false;
  }
```

全局地图 map 初始化之后，ndt.setInputTarget 函数将第一帧点云作为 NDT 配准算法的输入目标点云。结合上一段代码片可以得到 NDT 目标点云为 map 全局地图，NDT 源点云为每一次接收到的降采样过滤原始点云 filtered_scan_ptr。

```
// 初始位置=前一帧位置+位置的变化
// 初始位置的偏航角与转弯有关，为前一帧的偏航角+偏航角的变化
// NDT 建图时要保持车辆的平稳行驶
// 第一帧点云数据建图的时候，以下位置均为 0
guess_pose.x = previous_pose.x + diff_x;
......
guess_pose.roll = previous_pose.roll;
guess_pose.pitch = previous_pose.pitch;
guess_pose.yaw = previous_pose.yaw + diff_yaw;
// 选择使用初值的计算方法，第一种使用 imu 与里程计融合
if (_use_imu == true && _use_odom == true)
  imu_odom_calc(current_scan_time);
// 单独使用 imu 求初值
if (_use_imu == true && _use_odom == false)
  imu_calc(current_scan_time);
// 单独使用里程计求初值
if (_use_imu == false && _use_odom == true)
  odom_calc(current_scan_time);
// 声明 NDT 初值
// imu 与里程计联合使用求初值
pose guess_pose_for_ndt;
if (_use_imu == true && _use_odom == true)
  guess_pose_for_ndt = guess_pose_imu_odom;
```

```
// 单独使用 imu
else if (_use_imu == true && _use_odom == false)
  guess_pose_for_ndt = guess_pose_imu;
// 单独使用里程计
else if (_use_imu == false && _use_odom == true)
  guess_pose_for_ndt = guess_pose_odom;
else
// 如果未使用 imu 以及 odom 则使用原来的 guess_pose
  guess_pose_for_ndt = guess_pose;
// 利用 guess_pose_for_ndt 位置的位姿旋转量
// 来初始化关于 xyz 轴的旋转向量
Eigen::AngleAxisf init_rotation_x(guess_pose_for_ndt.roll, Eigen::Vector3f::UnitX());
Eigen::AngleAxisf init_rotation_y(guess_pose_for_ndt.pitch, Eigen::Vector3f::UnitY());
Eigen::AngleAxisf init_rotation_z(guess_pose_for_ndt.yaw, Eigen::Vector3f::UnitZ());
// 利用 guess_pose_for_ndt 的三维坐标来初始化平移向量
Eigen::Translation3f init_translation(guess_pose_for_ndt.x, guess_pose_for_ndt.y, guess_pose_for_ndt.z);
Eigen::Matrix4f init_guess =
(init_translation * init_rotation_z * init_rotation_y * init_rotation_x).matrix() * tf_btol;
```

NDT 配准算法需要提供一个位姿初值，该位姿初值用来计算配准算法的初始变换矩阵，然后再利用牛顿迭代法进行不断迭代优化直至达到收敛或者最大迭代次数。Autoware 利用 IMU、里程计数据融合提供一个更加准确的位姿初值。车辆位姿是随着时间变化的，上一时刻的位姿加上位姿的变化量得到当前时刻的位姿，NDT 配准算法所需要的初始位置可以利用前一帧位姿加上前后两帧位姿变化来得到。根据传感器的使用情况，来选择初始位姿计算方法。其中，imu_odom_calc，imu_calc，odom_calc 分别表示选择 imu 与里程计联合，单独使用 imu 或里程计时的初值计算函数。当不使用 IMU 与里程计计算初值的时候，使用 guess_pose 作为 NDT 配准算法的初始位姿 guess_pose_for_ndt。代码中使用 guess_pose_for_ndt 初始位姿来构造初始变换矩阵。

```
t3_end = ros::Time::now();
d3 = t3_end - t3_start;
t4_start = ros::Time::now();
pcl::PointCloud<pcl::PointXYZI>::Ptr output_cloud(new pcl::PointCloud<pcl::PointXYZI>);
// 根据_method_type 的类型进行 ndt 配准
```

```
  if (_method_type == MethodType::PCL_GENERIC)
  {
    // 开始 NDT 配准,ndt.align 以 init_guess 为初始值进行迭代优化
    // 然后将配准结果保存在 output_cloud 点云中
    ndt.align(*output_cloud, init_guess);
    // 利用 ndt.getFitnessScore 计算
    // 目标点云与源点云最近点之间的欧氏距离平方和作为适应分数
    fitness_score = ndt.getFitnessScore();
    // 通过 NDT 配准方法得到最终的
    // 激光雷达相对于 map 坐标系的变换矩阵 t_localizer
    t_localizer = ndt.getFinalTransformation();
    // 判断是否收敛
    has_converged = ndt.hasConverged();
    // 得到最后的迭代次数
    final_num_iteration = ndt.getFinalNumIteration();
    transformation_probability = ndt.getTransformationProbability();
  }
 ......
```

这段代码主要进行了 NDT 的配准操作。代码首先获取当前时间戳作为配准计时的起始时间 t4，然后根据方法类型进行 NDT 配准。ndt.align 函数开始进行 NDT 配准，该函数第一个参数是输出点云，第二个参数是初始化变换矩阵，其中，初始化变换矩阵是上一步得到的 init_guess，ndt.align 实际上调用了 ndt.computeTransformation 函数得到最终的配准点云。代码使用 ndt.getFitnessScore() 计算适应分数，一般来说适应分数小于 1。t_localizer 表示的是 NDT 配准算法得到的激光雷达相对于 map 坐标系的最终变换矩阵。

```
t_base_link = t_localizer * tf_ltob;
// 将原始图像经过 NDT 变换之后输出转换点云 transformed_scan_ptr
pcl::transformPointCloud(*scan_ptr, *transformed_scan_ptr, t_localizer);
tf::Matrix3x3 mat_l, mat_b;
// t_localize 为 4×4 的变换矩阵
// 其中前三行前三列的元素表示的是旋转矩阵
// 第四列前三行表示的是平移向量
// 此处通过 mat_l.setValue 来对每一个旋转矩阵元素进行赋值
mat_l.setValue(static_cast<double>(t_localizer(0, 0)), static_cast
<double>(t_localizer(0, 1)), static_cast<double>(t_localizer(0, 2)),
static_cast<double>(t_localizer(1, 0)), static_cast<double>(t_
localizer (1, 1)), static_cast<double>(t_localizer(1, 2)), static_
cast<double>(t_localizer(2, 0)), static_cast<double>(t_localizer
(2, 1)), static_cast<double>(t_localizer(2, 2)));
......
```

```
localizer_pose.x = t_localizer(0, 3);
localizer_pose.y = t_localizer(1, 3);
localizer_pose.z = t_localizer(2, 3);
// 通过 mat_l.getRPY 来设置 localizer_pose 的旋转 rpy 角度
mat_l.getRPY(localizer_pose.roll, localizer_pose.pitch, localizer_
pose.yaw, 1);

// 更新 ndt_pose.获取 NDT 配准之后的位置
ndt_pose.x = t_base_link(0, 3);
ndt_pose.y = t_base_link(1, 3);
ndt_pose.z = t_base_link(2, 3);
mat_b.getRPY(ndt_pose.roll, ndt_pose.pitch, ndt_pose.yaw, 1);
// 将 NDT 配准之后的位置作为当前位置
current_pose.x = ndt_pose.x;
……
// 以当前位置作为坐标原点
transform.setOrigin(tf::Vector3(current_pose.x, current_pose.y,
current_pose.z));
// 根据当前位置旋转角度 rpy，设置旋转四元数 q
q.setRPY(current_pose.roll, current_pose.pitch, current_pose.yaw);
// 利用 q 来设置旋转
transform.setRotation(q);
// 发布坐标变换信息
br.sendTransform(tf::StampedTransform(transform, current_scan_
time, "map", "base_link"));
// 计算激光雷达扫描间隔时间
scan_duration = current_scan_time - previous_scan_time;
double secs = scan_duration.toSec();
```

这段代码首先求出车体相对于原点的变换矩阵 t_base_link，然后 pcl::transformPointCloud 函数主要将降采样后的原始点云 scan 变换为点云*transformed_scan_ptr，变换时采用的变换矩阵为基于 NDT 配准方法得到的变换矩阵。mat_l, mat_b 分别表示激光雷达与车体相对于全局地图 map 的旋转矩阵，分别由 t_localizer 与 t_base_link 矩阵的前三列与前三行进行对应赋值。ndt_pose 表示 NDT 配准后的车辆在全局地图中的位姿，其坐标位置由 t_base_link 变换矩阵的平移向量进行赋值。此时的 ndt_pose 作为当前时刻的位姿估计 current_pose。最后利用当前扫描时间 current_scan_time 减去上一帧扫描时间 previous_scan_time 得到激光雷达的扫描间隔时间 scan_duration。

```
// 计算相邻帧位姿偏差 (current_pos - previous_pos)
diff_x = current_pose.x - previous_pose.x;
```

```
diff_y = current_pose.y - previous_pose.y;
diff_z = current_pose.z - previous_pose.z;
diff_yaw = calcDiffForRadian(current_pose.yaw, previous_pose.yaw);
diff = sqrt(diff_x * diff_x + diff_y * diff_y + diff_z * diff_z);
// 利用前后两帧扫描位置偏差与扫描间隔计算此时的瞬时速度
current_velocity_x = diff_x / secs;
current_velocity_y = diff_y / secs;
current_velocity_z = diff_z / secs;
// 当前位姿 current_pose 赋予 imu 当前位姿，更新矫正
current_pose_imu.x = current_pose.x;
current_pose_imu.y = current_pose.y;
current_pose_imu.z = current_pose.z;
current_pose_imu.roll = current_pose.roll;
current_pose_imu.pitch = current_pose.pitch;
current_pose_imu.yaw = current_pose.yaw;
……
```

这一部分代码计算了相邻两帧之间的位移 diff 和偏航角变化 diff_yaw。NDT 建图过程要求车辆尽量保持匀速行驶，由于相邻两帧时间差较小，所以车辆短时间内近似为匀速模型，利用 x，y，z 方向的位移变化与激光雷达扫描间隔的比值作为当前的速度 current_velocity。最后代码将当前位姿 current_pose 赋值于前一帧位姿 previous_pose，为下一次 NDT 配准提供计算初值。

```
 // 计算 added_pos 与 current_pos 之间的距离
 double shift = sqrt(pow(current_pose.x - added_pose.x, 2.0) + pow(current_pose.y - added_pose.y, 2.0));
  if (shift >= min_add_scan_shift)
  { // 如果距离大于 min_add_scan_shift
    // 则将经过坐标变换后得到的*transformed_scan_ptr
    // 加到 map 地图中完成拼接
    map += *transformed_scan_ptr;
    added_pose.x = current_pose.x;
    ……
    if (_method_type == MethodType::PCL_GENERIC)
    {
      ndt.setInputTarget(map_ptr);
    }
}
```

这一部分代码主要负责地图的更新，每隔一定的距离会更新一次地图，这里的距离由 shift 表示。added_pose 是上一帧车辆的位姿，用于判断是否需要更新地图。当前后两帧距离差 shift 大于 min_add_scan_shift 最小更新距离时，将转换后的点云

数据*transformed_scan_ptr加入到map全局地图，然后将当前位姿current_pose赋值于added_pose进行位姿更新。最后把当前配准拼接后的点云数据map_ptr设置为下一次配准的输入目标点云。

```
// 声明ROS可用的sensor_msgs::PointCloud2点云对象
sensor_msgs::PointCloud2::Ptr map_msg_ptr(new sensor_msgs::
PointCloud2);
// 将*map_ptr数据转变为ROS类型的点云数据*map_msg_ptr
pcl::toROSMsg(*map_ptr, *map_msg_ptr);
// *map_msg_ptr通过发布者进行发布
ndt_map_pub.publish(*map_msg_ptr);
......
```

该部分代码主要完成配准地图map消息的发布，由于配准后的地图map数据类型是pcl类型，所以需要转换为ros可用的sensor_msgs::PointCloud2类型，代码利用pcl::toROSMsg函数进行点云数据类型转换，然后通过ndt_map_pub发布者进行地图信息的发布。

到此points_callback函数分析完毕。

4. odom_callback函数

odom_callback函数由ros::Subscriber odom_sub = nh.subscribe("/vehicle/odom", 100000, odom_callback)所调用。odom_callback函数以里程计接收到的数据作为函数参数，主要调用odom_calc初值计算函数，该函数以接收到的里程计数据时间戳作为输入参数，求得NDT的初始位姿估计。

```
static void odom_callback(const nav_msgs::Odometry::ConstPtr&
input)
 {
  odom = *input;
  // nav_msgs::Odometry作为参数传入
 // odom_calc(input->header.stamp)函数
 // 用以计算NDT配准时需要的初始坐标
  odom_calc(input->header.stamp);
 }
```

odom_calc里程计初始位姿计算函数如下。

```
static void odom_calc(ros::Time current_time)
{
  static ros::Time previous_time = current_time;
  // 获取前后两帧时间差
  double diff_time = (current_time - previous_time).toSec();
```

```
    // 计算两帧时间间隔内的里程计旋转角度
    double diff_odom_roll = odom.twist.twist.angular.x * diff_time;
    double diff_odom_pitch = odom.twist.twist.angular.y * diff_time;
    double diff_odom_yaw = odom.twist.twist.angular.z * diff_time;
    // 更新当前里程计位置的角度
    current_pose_odom.roll += diff_odom_roll;
    current_pose_odom.pitch += diff_odom_pitch;
    current_pose_odom.yaw += diff_odom_yaw;
    // diff_distance 表示在 x 方向的变化距离
    // offset 表示车身不稳定造成的计算偏差
    double diff_distance = odom.twist.twist.linear.x * diff_time;
    offset_odom_x += diff_distance * cos(-current_pose_odom.pitch)
  * cos(current_pose_odom.yaw);
    offset_odom_y += diff_distance * cos(-current_pose_odom.pitch)
  * sin(current_pose_odom.yaw);
    offset_odom_z += diff_distance * sin(-current_pose_odom.pitch);

    offset_odom_roll += diff_odom_roll;
    offset_odom_pitch += diff_odom_pitch;
    offset_odom_yaw += diff_odom_yaw;
    // 对初始位置进行修正=前一帧位置+偏差位置
    guess_pose_odom.x = previous_pose.x + offset_odom_x;
    ......
    previous_time = current_time;
}
```

里程计距离估计函数的参数是接收到里程计消息的时间，该时间作为当前帧时间 current_time，然后与上一帧时间 previous_time 作差求出相邻两帧的时间差 diff_time。在微小的两帧时间差 diff_time 内，车辆运动近似为匀速运动以及匀速圆周运动，diff_odom_roll，diff_odom_pitch，diff_odom_yaw 分别是里程计计算的 x，y，z 方向的角度变化，由里程计角速度与时间差 diff_time 乘积求得。guess_pose_odom= previous_pose+ offset_odom，其中，guess_pose_odom 为里程计 odom 计算提供的初始位姿，由前一帧位姿加上里程计偏差值 offset。

5. imu_callback 函数

imu_callback 函数由 ros::Subscriber imu_sub = nh.subscribe(_imu_topic, 100000, imu_callback)调用。该函数主要是利用 imu_calc(input->header.stamp)函数计算位置初值，为 NDT 配准提供初始位置。

```
static void imu_callback(const sensor_msgs::Imu::Ptr& input)
{
```

```
  if (_imu_upside_down)
   imuUpsideDown(input);
  // 当接收到 imu 的消息的时候，获取 imu 当前的时间戳
 // 作为当前时间 current_time
  const ros::Time current_time = input->header.stamp;
  static ros::Time previous_time = current_time;
  // 计算前后两次接收到消息的微小时间差
  const double diff_time = (current_time - previous_time).toSec();
  double imu_roll, imu_pitch, imu_yaw;
  // 声明用于表示旋转的四元数
  tf::Quaternion imu_orientation;
  // 将 imu 采集的旋转四元数消息转化为
 // TF 类型的旋转四元数存入 imu_orientation
  tf::quaternionMsgToTF(input->orientation, imu_orientation);
  // 利用先前的 imu_orientation 旋转变量
 // 初始化一个 3×3 的旋转矩阵
  // 然后通过 imu_roll, imu_pitch, imu_yaw 利用 getRPY
 // 获取 imu 此时的 rpy 旋转角度
  tf::Matrix3x3(imu_orientation).getRPY(imu_roll, imu_pitch, imu_yaw);
  // 将角度化为弧度
  imu_roll = wrapToPmPi(imu_roll);
  imu_pitch = wrapToPmPi(imu_pitch);
  imu_yaw = wrapToPmPi(imu_yaw);

  static double previous_imu_roll = imu_roll, previous_imu_pitch = imu_pitch, previous_imu_yaw = imu_yaw;
  // 将角度的变化转化为弧度
  const double diff_imu_roll = calcDiffForRadian(imu_roll, previous_imu_roll);
  const double diff_imu_pitch = calcDiffForRadian(imu_pitch, previous_imu_pitch);
  const double diff_imu_yaw = calcDiffForRadian(imu_yaw, previous_imu_yaw);
  // 获取此时 imu 的 header
  imu.header = input->header;
  // 获取 imu 在 x 方向上的线性加速度
  imu.linear_acceleration.x = input->linear_acceleration.x;
  imu.linear_acceleration.y = 0;
  imu.linear_acceleration.z = 0;
  if (diff_time != 0)
  { // 如果微小时间不等于 0，imu 保持工作状态
  // 则计算 imu 的瞬时角速度
```

```
    imu.angular_velocity.x = diff_imu_roll / diff_time;
    imu.angular_velocity.y = diff_imu_pitch / diff_time;
    imu.angular_velocity.z = diff_imu_yaw / diff_time;
  }
  else
  { // 否则将 imu 角速度置零
    imu.angular_velocity.x = 0;
    imu.angular_velocity.y = 0;
    imu.angular_velocity.z = 0;
  }
  // 利用 imu 计算位置初值，为 NDT 配准提供初始位置
  // 此处与里程计基本一致
  imu_calc(input->header.stamp);
  previous_time = current_time;
  previous_imu_roll = imu_roll;
  previous_imu_pitch = imu_pitch;
  previous_imu_yaw = imu_yaw;
}
```

该函数以接收到的 imu 传感器信息作为函数参数，获取当前 imu 消息的时间戳 header.stamp 作为当前时间 current_time，同样计算时间差 diff_time。代码通过 wrapToPmPi 函数将 rpy 角度转换为弧度。然后通过 if 条件判断 imu 是否处于工作状态，当 imu 处于工作状态时，计算 imu 的角速度，否则将角速度置零。最后利用 imu_calc 函数计算 NDT 配准的初值。

(1) imu_calc 配准初值计算函数。

imu_calc() 惯性传感器位姿初值计算如下。

```
static void imu_calc(ros::Time current_time)
{
  static ros::Time previous_time = current_time;
  // 计算前后两帧的时间差
  double diff_time = (current_time - previous_time).toSec();
  // 利用 imu 角速度进行积分计算当前位置的旋转角度
  double diff_imu_roll = imu.angular_velocity.x * diff_time;
  double diff_imu_pitch = imu.angular_velocity.y * diff_time;
  double diff_imu_yaw = imu.angular_velocity.z * diff_time;
  // 当前位置的旋转角度
  current_pose_imu.roll += diff_imu_roll;
  current_pose_imu.pitch += diff_imu_pitch;
  current_pose_imu.yaw += diff_imu_yaw;
  // 计算 xyz 轴方向的加速度
  double accX1 = imu.linear_acceleration.x;
```

```
  double accY1 = std::cos(current_pose_imu.roll) * imu.linear_acceleration.y - std::sin(current_pose_imu.roll) * imu.linear_acceleration.z;
  double accZ1 = std::sin(current_pose_imu.roll) * imu.linear_acceleration.y + std::cos(current_pose_imu.roll) * imu.linear_acceleration.z;
  double accX2 = std::sin(current_pose_imu.pitch) * accZ1 + std::cos(current_pose_imu.pitch) * accX1;
  double accY2 = accY1;
  ......
  // 前后两帧时间内，车辆xyz轴方向为匀加速运动方向
  // offset_imu=vt+1/2*a*t^2
  offset_imu_x += current_velocity_imu_x * diff_time + accX * diff_time * diff_time / 2.0;
  ......
  // 当前速度增量为加速度乘以两帧时间差
  current_velocity_imu_x += accX * diff_time;
  current_velocity_imu_y += accY * diff_time;
  current_velocity_imu_z += accZ * diff_time;
  // offset_imu变化角度=两帧时间内的变化角度
  offset_imu_roll += diff_imu_roll;
  offset_imu_pitch += diff_imu_pitch;
  offset_imu_yaw += diff_imu_yaw;
  // imu测量的位姿估计位置guess_pose_imu
  // 等于上一帧位置+两帧位置变化量
  guess_pose_imu.x = previous_pose.x + offset_imu_x;
  ......
  // 当前时间作为下一次配准的前一帧时间
  previous_time = current_time;
}
```

该函数计算两帧时间差的角度变化量 diff_imu_roll，diff_imu_pitch，diff_imu_yaw。offset_imu 表示两帧时间的距离偏移，其中，imu 使用匀加速运动模型来计算距离偏移，由 current_velocity_imu * diff_time + acc * diff_time * diff_time/2.0，即 $v_0 t + \frac{1}{2}at^2$ 计算得到偏移距离 offset_imu。最后将前一帧位姿(previous_pose)与偏移位姿(offset_imu)相加得到 imu 计算的 NDT 位姿初值(guess_pose_imu)。这里需要注意的是，由于 imu 是增量传感器，所以通过积分得到的速度与位移有较大误差。

(2) imu_odom_calc 里程计 imu 联合初值计算函数。

imu_odom_calc(源码略)函数结合 imu 与 odom 里程计的优点，使用里程计计算速度与偏移距离，imu 的陀螺仪计算转角的变化量，得到更准确的位姿初值[11]。

至此，ndt_mapping 节点部分的代码分析完毕。

3.3.2　节点 ndt_matching

根据 src/autoware/utilities/runtime_manager/scripts/computing.yaml 中的代码可知，勾选 ndt_ matching 后，系统运行 ROS 包 lidar_localizer 下的 ndt_matching.launch 文件。

```
 name : ndt_matching
 desc : ndt_matching desc sample
 cmd : roslaunch lidar_localizer ndt_matching.launch
```

ndt_matching.launch 如下，主要对 ndt_matching 所需要的参数进行了配置，其中的参数有：①默认使用 gnss；②默认不使用 odom；③默认不使用 imu；④默认不进行 imu 方向正负变换；⑤offset 两帧数据之间的偏差，默认为线性偏差；⑥默认不使用本地坐标变换等参数。

```
<!-- -->
<launch>

  <arg name="method_type" default="0" /> <!-- pcl_generic=0, pcl_anh=1, pcl_anh_gpu=2, pcl_openmp=3 -->
 ……

  <node pkg="lidar localizer" type="ndt_matching" name="ndt matching" output="log">
    ……
    <remap from="/points_raw" to="/sync_drivers/points_raw" if="$(arg sync)" />
  </node>
</launch>
```

Launch 文件主要启动 lidar_localizer 功能包下的 ndt_matching 这个节点。由 lidar_localizer 的 CMakeLists.txt 可知，节点 ndt_matching 的源文件是 nodes/ lidar_localizer/ndt_matching.cpp。

```
add_executable(ndt_matching
     nodes/ndt_matching/ndt_matching.cpp
    )
……
```

图 3-17 表示 ndt_matching 节点的结构模型[9]，ndt_matching 节点与 ndt_mapping 节点结构相似，不同之处在于 ndt_matching 利用 scan_to_matching 方法来实现定位。scan_to_matching 即扫描到匹配的意思，该方法将已知的高精度地图 map 作为全局地图 global_map，利用激光雷达获取当前帧的激光点云数据 scan，与固定不动的全

局地图 global_map 进行 ndt 配准，求出最终车体相对于全局地图的位姿，从而实现精确定位，具体步骤如下[9]。

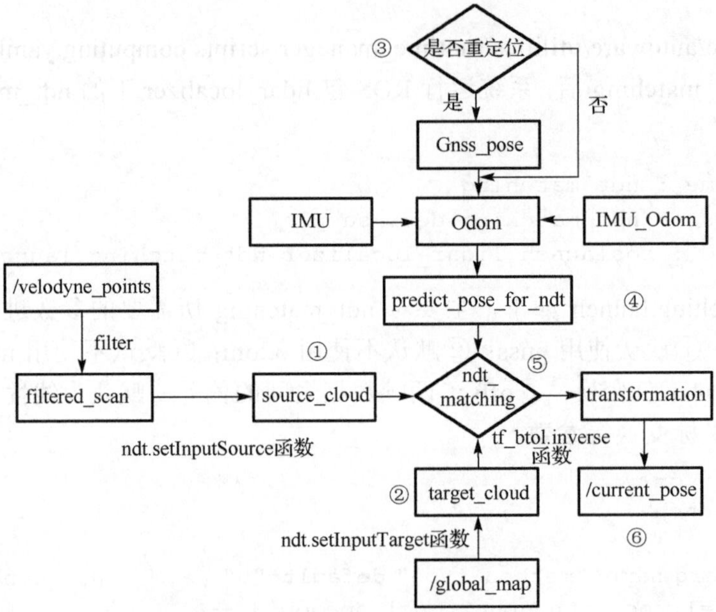

图 3-17 ndt_matching 节点结构模型

①由激光雷达获取的激光点云数据降采样作为 NDT 算法的输入源点云，这部分与 ndt_mapping 一致；

②将全局地图 global_map 作为 NDT 算法的输入目标点云；

③此处 GNSS 的主要目标是实现重定位，当 imu 与 odom 产生累计误差影响到 NDT 配准算法的效果，或者是使用 gnss 时并未将 gnss 位姿初始化的时候，此时将当前 gnss 位姿作为准确的车辆位姿信息，它能够及时纠正 imu 与 odom 的累计误差；

④利用 imu，odom 等传感器获取 NDT 所需的初始位姿估计；

⑤进行 NDT 配准；

⑥求得车辆相对于全局地图的位姿 current_pose。

ndt_matching 节点的 main 函数（源码略）与 ndt_mapping 节点很相似，主要进行话题消息的发布，发布的话题有/predict_pose（预测的位姿），/predict_pose_imu（利用 imu 预测的位姿），/predict_pose_odom（利用里程计预测得到的位姿），/predict_pose_ imu_odom（利用里程计与 imu 联合得到的位姿）等参数。订阅的话题有 config/ndt（ndt 配置参数），gnss_pose（使用 gnss 得到的位姿），initialpos（初始位姿），filtered_points（过滤处理后的激光点集），/vehicle/odom（里程计消息）。

1. param_callback 函数

首先分析参数回调函数 param_callback。

```
static void param_callback(const autoware_config_msgs::ConfigNDT::ConstPtr& input)
  if (_use_gnss != input->init_pos_gnss)
  { // 使用 gnss 的时候需要进行 gnss 位置初始化，如果两者
    // 不相匹配对应的话，将初始位置 init_pos_set 设置为 0
    init_pos_set = 0;
  }
  else if (_use_gnss == 0 && (initial_pose.x != input->x || initial_pose.y != input->y || initial_pose.z != input->z || initial_pose.roll != input->roll || initial_pose.pitch != input->pitch || initial_pose.yaw != input->yaw))
  {
    init_pos_set = 0;
  }

  _use_gnss = input->init_pos_gnss;
```

param_callback 回调函数的参数为 NDT 配置参数消息(autoware_config_msgs::ConfigNDT.msg)。函数判断_use_gnss 与 NDT 配置参数 init_pos_gnss 是否相等，_use_gnss 表示使用 gnss 进行位姿估计，init_pos_gnss 用来表示 gnss 的初始位置。如果_use_gnss 与 init_pos_gnss 不相等，则令 init_pos_set = 0，表示未进行位姿初始化。当_use_gnss == 0，即不使用 gnss，以及 NDT 参数配置中的车辆初始位姿与 initial_pose 不相等的时候，令 init_pos_set = 0。该代码主要判断 gnss 使用参数与 gnss 初始位姿是否初始化。

```
  if (input->step_size != step_size)
  {
    step_size = input->step_size;
    // 按照方法类型的不同使用 ndt.setResolution(ndt_res)函数
    // 进行 NDT 网格大小的设置
    if (_method_type == MethodType::PCL_GENERIC)
      ndt.setStepSize(step_size);
    ......
  }
  // 设置 NDT 算法收敛条件
  if (input->trans_epsilon != trans_eps)
  {
    trans_eps = input->trans_epsilon;
```

```

  ......
  }
  // 设置最大迭代次数
  if (input->max_iterations != max_iter)
  {
    max_iter = input->max_iterations;

    if (_method_type == MethodType::PCL_GENERIC)
      ndt.setMaximumIterations(max_iter);
......
  }
```

该代码主要对 NDT 配准的参数进行设置，根据方法类型的不同，将 ConfigNDT 消息中的参数作为输入加载到 NDT 配准算法中。其中加载的 NDT 参数有收敛条件、最大步长、分辨率(网格划分大小)以及最大迭代次数。

```
if (_use_gnss == 0 && init_pos_set == 0)
  { // 如果未使用 gnss 并且没有初始化车辆位姿
   // 则利用 NDT 参数配置消息中的位姿进行初始化
    initial_pose.x = input->x;
    ......
    if (_use_local_transform == true)
    { // 如果使用局部变换，则在求初始位姿的时候需要补偿一个
      // 局部变换矩阵 local_transform.inverse()
      tf::Vector3 v(input->x, input->y, input->z);
      tf::Quaternion q;
      q.setRPY(input->roll, input->pitch, input->yaw);
      tf::Transform transform(q, v);
      initial_pose.x = (local_transform.inverse() * transform).getOrigin().getX();
      ......
      tf::Matrix3x3 m(q);
      m.getRPY(initial_pose.roll, initial_pose.pitch, initial_pose.yaw);
      std::cout << "initial_pose.x: " << initial_pose.x << std::endl;
      ......
    }
```

该代码块主要判断是否使用 GNSS 和初始化车辆位姿，当未使用 GNSS 并且未初始化车辆位姿时，利用 NDT 配置消息进行位姿初始化。当使用局部变换的时候，需要补偿一个局部变换矩阵 local_transform.inverse()，从而求得车辆相对于全局地

图 map 的初始位姿。局部变换矩阵 local_transform 表示的是 world 坐标系与地图坐标系 map 之间的变换关系。

2. gnss_callback 回调函数

```
static void gnss_callback(const geometry_msgs::PoseStamped::
ConstPtr& input)
{ // 将 gnss 的旋转参数保存至 tf 类型的旋转四元数
  tf::Quaternion gnss_q(input->pose.orientation.x, input->pose.
 orientation.y,
input->pose.orientation.z,input->pose.orientation.w);
  // 将位置四元数转换为旋转矩阵 gnss_m
  tf::Matrix3x3 gnss_m(gnss_q);
  // current_gnss_pose 表示当前 gnss 的位置
  pose current_gnss_pose;
  current_gnss_pose.x = input->pose.position.x;
  current_gnss_pose.y = input->pose.position.y;
  current_gnss_pose.z = input->pose.position.z;
  // 利用 gnss_m.getRPY 函数得到旋转矩阵的 RPY 旋转角
  // 分别以三个参数进行输出
 gnss_m.getRPY(current_gnss_pose.roll, current_gnss_pose.pitch,
current_gnss_pose.yaw);
  static pose previous_gnss_pose = current_gnss_pose;
  // 记录当前接收到 gnss 消息的时间
  ros::Time current_gnss_time = input->header.stamp;
  static ros::Time previous_gnss_time = current_gnss_time;
  // 如果使用 gnss，并且初始位置设置为 0
  // 或者 fitness_score 大于或等于 500 时
  // 则进行 gnss 重定位，即将位置更新为当前的位姿
  // 并计算当前位置与先前位置的偏差
  // 注意，对于 NDT 配准的适应分数，应该越低越好，一般来说小于 1
  if((_use_gnss==1&&init_pos_set==0)||fitness_score>=500.0){
    previous_pose.x = previous_gnss_pose.x;
    ......
}
```

该函数主要实现 GNSS 重定位功能，用来纠正 IMU 与里程计的积分累计误差，当 NDT 配准结果较差的时候，也需要 GNSS 重定位来提供配准初值。

3. map_callback 函数

该函数主要用于载入激光雷达数据作为初始全局地图 map，并且将初始全局地图 map 作为 NDT 配准算法的目标点云。

```
static void map_callback(const sensor_msgs::PointCloud2::ConstPtr& input)
{
  // 如果points_map_num不等于输入点云的宽度时，更新点云参数
  if (points_map_num != input->width)
  {
    points_map_num = input->width;
    // 将输入激光点云数据的类型
    // 从sensor_msgs::PointCloud2转换为pcl类型，保存至map
    pcl::fromROSMsg(*input, map);

    if (_use_local_transform == true)
    {
      // 如果局部变换存在，则向外广播局部变换
      // 局部变换local_transform表示world坐标系
      // 与map坐标系之间的变换
      tf::TransformListener local_transform_listener;
      try
      {
        ros::Time now = ros::Time(0);
        local_transform_listener.waitForTransform("/map", "/world", now, ros::Duration(10.0));
       local_transform_listener.lookupTransform("/map", "world", now, local_transform);
      }
      catch (tf::TransformException& ex)
      {
        ROS_ERROR("%s", ex.what());
      }
      // 将此刻的地图map坐标变换至world坐标系
      pcl_ros::transformPointCloud(map, map, local_transform.inverse());
    }
    pcl::PointCloud<pcl::PointXYZ>::Ptr map_ptr(new pcl::PointCloud<pcl::PointXYZ>(map));
    // 根据方法类型的不同，来设置将要进行NDT配准的点云
    if (_method_type == MethodType::PCL_GENERIC)
    {
      pcl::NormalDistributionsTransform<pcl::PointXYZ, pcl::PointXYZ> new_ndt;
      pcl::PointCloud<pcl::PointXYZ>::Ptr output_cloud(new pcl::PointCloud<pcl::PointXYZ>);
      // 设置网格大小
```

```
        new_ndt.setResolution(ndt_res);
        // 将 map_ptr 作为 NDT 的输入源点云
        new_ndt.setInputTarget(map_ptr);
        // 设置最大迭代次数
        new_ndt.setMaximumIterations(max_iter);
        // 设置步长大小
        new_ndt.setStepSize(step_size);
        new_ndt.setTransformationEpsilon(trans_eps);
        // 利用单位矩阵作为初始坐标变换矩阵来进行 NDT 配准
        // 此时第一帧点云进行配准
        new_ndt.align(*output_cloud, Eigen::Matrix4f::Identity());
        pthread_mutex_lock(&mutex);
        ndt = new_ndt;
        pthread_mutex_unlock(&mutex);
    }
……
      // 地图载入成功
      map_loaded = 1;
    }
}
```

map_callback 回调函数以接收到的 sensor_msgs::PointCloud2 类型的点云数据为输入参数，首先判断地图尺寸 points_map_num 与输入点云的宽度是否相等。初始状态时 points_map_num 默认为 0。车辆处于初始状态时，激光点云地图未加载，此时更新 map 地图大小为输入激光点云的大小。利用 pcl::fromROSMsg 函数将输入点云进行转换，并保存至 map。最后根据方法类型的不同，对 NDT 参数进行设置，主要设置网格大小、NDT 算法的目标点云、最大迭代次数、最大迭代步长以及收敛阈值 epsilon，添加最大迭代次数能够增加程序鲁棒性，避免程序在错误迭代方向运行时间过长[10]。最后代码利用 4 阶单位矩阵作为初始变换矩阵，来对第一帧点云进行配准，输出结果保存至 output cloud，至此地图加载成功。

4. points_callback 函数

该回调函数主要进行多传感器之间的融合定位。函数首先融合 IMU 和 odom 数据得到较为准确的位置估计，然后利用 filtered_points 将点云数据加入到 NDT 的算法内，计算得到一个 NDT 的预测位姿。最后，该位姿与 IMU 和 odom 融合得到的位姿进行比较，得出更准确的位姿。

```
static void points_callback(const sensor_msgs:: PointCloud2::
ConstPtr& input)
{
node_status_publisher_ptr_->CHECK_RATE("/topic/rate/points_raw/
```

```
slow",8,5,1,"topic points_raw subscribe rate low.");
  // 默认地图载入为 0，当载入地图
  // 并且 init_pos_set 为 1 的时候，开始进行配准
  if (map_loaded == 1 && init_pos_set == 1)
  { // 利用 std::chrono::system_clock::now 函数获取配准开始时间
    matching_start = std::chrono::system_clock::now();
    static tf::TransformBroadcaster br;
    tf::Transform transform;
    tf::Quaternion predict_q, ndt_q, current_q, localizer_q;
    pcl::PointXYZ p;
    // 声明 pcl::PointCloud<pcl::PointXYZ>类型的点云数据 filtered_scan
    // 用来存储过滤后的点云
    pcl::PointCloud<pcl::PointXYZ> filtered_scan;
    // 获取当前接收点云的扫描时间
    ros::Time current_scan_time = input->header.stamp;
    static ros::Time previous_scan_time = current_scan_time;
    // 将当前 sensor_msgs::PointCloud2 类型的输入点云数据
    //转化为 pcl::PointCloud<pcl::PointXYZ>类型的点云数据 filtered_scan
    pcl::fromROSMsg(*input, filtered_scan);
    pcl::PointCloud<pcl::PointXYZ>::Ptr filtered_scan_ptr(new
pcl::PointCloud<pcl::PointXYZ>(filtered_scan));
    // 获取 filtered_scan_ptr 点云数量
    int scan_points_num = filtered_scan_ptr->size();
    // 单位矩阵初始化车身底盘 base_link 与 localizer
    // 关于坐标原点的坐标变换矩阵
    Eigen::Matrix4f t(Eigen::Matrix4f::Identity());
    Eigen::Matrix4f t2(Eigen::Matrix4f::Identity());
    // 声明 std::chrono::time_point<std::chrono::system_clock>类型的
    // 配准起止时间以及 getFitnessScore 起止时间
    std::chrono::time_point<std::chrono::system_clock> align_start,
align_end, getFitnessScore_start,getFitnessScore_end;
    static double align_time, getFitnessScore_time = 0.0;

    pthread_mutex_lock(&mutex);
    // 按照不同的方法类型将 filtered_scan_ptr 作为 NDT 的输入点云
    if (_method_type == MethodType::PCL_GENERIC)
      ndt.setInputSource(filtered_scan_ptr);
    ......
```

Points_callback 回调函数以接收到的激光点云数据为输入参数，当全局点云地图载入成功并且车辆位姿初始化成功之后，ndt_matching 开始配准。代码利用 std::chrono::system_clock::now 函数来获取当前系统的时间并将其作为定位匹配的起

始时间 matching_start。然后获取当前接收到的激光点云时间戳作为当前扫描时间 current_scan_time。利用 pcl::fromROSMsg 函数将输入点云转换为 pcl::PointCloud <pcl::PointXYZ>类型的点云数据并存储于 filtered_scan。最后将 filtered_scan 作为 NDT 算法的输入源点云，与 NDT 算法目标点云全局地图 map 进行匹配。

```
// 计算前后两帧激光扫描的时间差
double diff_time = (current_scan_time - previous_scan_time).toSec();
// _offset 为线性时，位置偏差和航向角等于速度×前后帧时间差
if (_offset == "linear")
{
  offset_x = current_velocity_x * diff_time;
  offset_y = current_velocity_y * diff_time;
  offset_z = current_velocity_z * diff_time;
  offset_yaw = angular_velocity * diff_time;
}
// 如果_offset 为二次类型，则利用 vt+at^2 表示 offset_x,
// offset_y,offset_z 与 offset_yaw，与线性保持一致
else if (_offset == "quadratic")
{
  offset_x = (current_velocity_x + current_accel_x * diff_time) * diff_time;
  ......
}
else if (_offset == "zero")
{
  offset_x = 0.0;
  offset_y = 0.0;
  offset_z = 0.0;
  offset_yaw = 0.0;
}
// 估计位置的坐标 xyz=前一帧位置 xyz 偏置位置的 xyz
// 关于 xy 的轴角度与前一帧相等，航向角随着车辆转向发生变化
predict_pose.x = previous_pose.x + offset_x;
......
// 根据 imu 和 odom 的使用情况，采用不同的方法对 NDT 配准的
// 初始位置进行计算，这点与 ndt_mapping 一致
if (_use_imu == true && _use_odom == true)
  imu_odom_calc(current_scan_time);
if (_use_imu == true && _use_odom == false)
  imu_calc(current_scan_time);
if (_use_imu == false && _use_odom == true)
  odom_calc(current_scan_time);
```

```
// 根据使用方法不同，进行 NDT 位置预测初值的赋予
pose predict_pose_for_ndt;
if (_use_imu == true && _use_odom == true)
  predict_pose_for_ndt = predict_pose_imu_odom;
else if (_use_imu == true && _use_odom == false)
  predict_pose_for_ndt = predict_pose_imu;
else if (_use_imu == false && _use_odom == true)
  predict_pose_for_ndt = predict_pose_odom;
else
  predict_pose_for_ndt = predict_pose;
```

该代码主要计算得出 NDT 配准算法所需要的初始位姿。offset 有三种情况，当 offset 为线性值的时候，利用匀速运动模型计算出 offset 的大小；当 offset 为二次模型，即加速度不为 0 的时候，offset 的 x 与 y 方向的分量利用 $vt+\frac{1}{2}at^2$ 求出，y 方向的分量与偏航角保持匀速运动模型；第三种情况是 offset 为 0。代码利用 previous_pose（前一帧位姿）+offset（两帧时间内的偏差量）得到 predict_pose（当前预测的车辆位姿）。然后代码根据 imu、odom 的使用情况估计 NDT 所需当前初始位姿，这一步与 ndt_mapping 类似。最后如果使用传感器来获取位姿，则将相应传感器估计得到的当前位姿作为 predict_pose_for_ndt（ndt 配准所需的初值），否则将 predict_pose（当前预测的车辆位姿）作为 NDT 配准所需的初值。

```
// 将 predict_pose_for_ndt 位置的 xyz 坐标作为
// init_translation 初始平移的构造函数参数
Eigen::Translation3f init_translation(predict_pose_for_ndt.x,
predict_pose_for_ndt.y, predict_pose_for_ndt.z);
Eigen::AngleAxisf init_rotation_x(predict_pose_for_ndt.roll,
Eigen::Vector3f::UnitX());
......
// init_guess 表示的是激光雷达坐标系
// 相对于全局地图坐标系的坐标变换矩阵
Eigen::Matrix4f init_guess = (init_translation * init_rotation_
z * init_rotation_y * init_rotation_x) * tf_btol;
pcl::PointCloud<pcl::PointXYZ>::Ptr output_cloud(new pcl::PointCloud
<pcl::PointXYZ>);
// 根据不同方法类型开始进行 NDT 配准，这点与 ndt_mapping 一致
if (_method_type == MethodType::PCL_GENERIC)
{ // 获取此时的时间戳作为配准开始时间
  align_start = std::chrono::system_clock::now();
  // 利用初始变换矩阵 init_guess 进行 NDT 配准
  // 将配准结果保存至 output_cloud
```

```
        ndt.align(*output_cloud, init_guess);
        // 获取配准结束时间
        align_end = std::chrono::system_clock::now();
        // 是否已经收敛
        has_converged = ndt.hasConverged();
        // 获取 NDT 配准的最终变换矩阵
        t = ndt.getFinalTransformation();
        // 得到迭代次数
        iteration = ndt.getFinalNumIteration();

        getFitnessScore_start = std::chrono::system_clock::now();
        fitness_score = ndt.getFitnessScore();
        getFitnessScore_end = std::chrono::system_clock::now();

        trans_probability = ndt.getTransformationProbability();
      }
      ……
      // 计算配准时间
      align_time =
      std::chrono::duration_cast<std::chrono::microseconds>(align_end -
      align_start).count() / 1000.0;
      // 计算此时车身底盘相对于全局地图坐标系的最终变换矩阵
      t2 = t * tf_btol.inverse();
```

该部分代码主要求出激光雷达坐标系相对于全局地图坐标系的初始变换矩阵 init_guess，该矩阵的计算需要补偿一个变换矩阵 tf_btol，即车身底盘坐标系 base_link 到激光雷达坐标系的变换矩阵，这一变换矩阵由 main 函数得出。代码获取当前系统时间戳作为 NDT 配准起始时间，然后利用 ndt.align(*output_cloud, init_guess)函数以初始变换矩阵 init_guess 为参数，得到输出点云 output_cloud，然后计算 NDT 配准的结果，最后计算配准时间。t*tf_btol.inverse 函数得到车身底盘相对于全局地图坐标系的最终变换矩阵 t2。

```
// localizer 的旋转矩阵
tf::Matrix3x3 mat_l;
// 将 NDT 最终变换的旋转矩阵赋予 mat_l
mat_l.setValue(static_cast<double>(t(0, 0)),
static_cast<double>(t(0, 1)), static_cast<double>(t(0, 2)),
static_cast<double>(t(1, 0)), static_cast<double>(t(1, 1)),
static_cast<double>(t(1, 2)), static_cast<double>(t(2, 0)),
static_cast<double>(t(2, 1)), static_cast<double>(t(2, 2)));
// 更新 localizer_pose 的位置向量
localizer_pose.x = t(0, 3);
```

```
localizer_pose.y = t(1, 3);
localizer_pose.z = t(2, 3);
// 最终变换的旋转 rpy 角度值赋予 localizer_pose 的 rpy 角度值
mat_l.getRPY(localizer_pose.roll, localizer_pose.pitch, localizer_pose.yaw, 1);
// 相对于 base_link 的旋转矩阵 mat_b 由 t2 变换矩阵进行赋值
tf::Matrix3x3 mat_b;
mat_b.setValue(static_cast<double>(t2(0, 0)), static_cast<double>(t2(0, 1)), static_cast<double>(t2(0, 2)), static_cast<double>(t2(1, 0)), static_cast<double>(t2(1, 1)), static_cast<double>(t2(1, 2)), static_cast<double>(t2(2, 0)), static_cast<double>(t2(2, 1)), static_cast<double>(t2(2, 2)));
// ndt_pose 的坐标由车身底盘相对于 map 的平移向量来赋值
// 计算车辆在全局地图坐标系下的位置
ndt_pose.x = t2(0, 3);
ndt_pose.y = t2(1, 3);
ndt_pose.z = t2(2, 3);
mat_b.getRPY(ndt_pose.roll, ndt_pose.pitch, ndt_pose.yaw, 1);
// 计算 ndt_pose 和 predict_pose 之间的误差
predict_pose_error = sqrt((ndt_pose.x - predict_pose_for_ndt.x) * (ndt_pose.x - predict_pose_for_ndt.x) + (ndt_pose.y - predict_pose_for_ndt.y) * (ndt_pose.y - predict_pose_for_ndt.y) + (ndt_pose.z - predict_pose_for_ndt.z) * (ndt_pose.z - predict_pose_for_ndt.z));
// 如果误差不大于阈值，则不使用预测的位置，否则使用预测的位置
if (predict_pose_error <= PREDICT_POSE_THRESHOLD)
{
 use_predict_pose = 0;
}
else
{
 use_predict_pose = 1;
}
use_predict_pose = 0;
// 如果不使用预测位置，则将 NDT 配准得到的位置估计作为当前的位置
if (use_predict_pose == 0)
{
 current_pose.x = ndt_pose.x;
 ......
}
else
{ // 否则使用 imu，odom 等估计的位置作为现在的位置
 current_pose.x = predict_pose_for_ndt.x;
```

```
......
}
```

该代码主要计算当前激光雷达与车身底盘相对于全局地图坐标系的位姿。激光雷达 localizer 相对于全局地图 map 的旋转矩阵 mat_l 和位置坐标 localizer_pose.x，localizer_pose.y，localizer_pose.z 由 NDT 配准得到的变换矩阵 ***t*** 求得。代码利用 mat_l.getRPY(localizer_pose.roll,localizer_pose.pitch,localizer_pose.yaw,1) 函数求出激光雷达的旋转欧拉角 rpy。同理，利用 *t*2(车身底盘相对于 map 的变换矩阵)求出 ndt_pose(ndt 算法得到的车体相对于 map 的位姿)。然后代码将 NDT 配准算法得到的车辆定位 ndt_pose 与 ndt 算法提供的初值 predict_pose_for_ndt 进行比较，求出两者之间的误差 predict_pose_error。当误差小于阈值 PREDICT_POSE_THRESHOLD 时，使用 ndt_pose 作为当前位姿估计 current_pose，否则使用 predict_pose_for_ndt 作为 current_pose。

```
......
ndt_pose_pub.publish(ndt_pose_msg);
// 发布车辆当前预测位姿
current_pose_pub.publish(current_pose_msg);
// 发布激光雷达当前预测位姿
localizer_pose_pub.publish(localizer_pose_msg);
```

该部分代码主要是对相关预测的位姿信息进行发布。

```
// 发布"/base link" 到 "/map"的坐标变换
transform.setOrigin(tf::Vector3(current_pose.x, current_pose.y, current_pose.z));
transform.setRotation(current_q);
br.sendTransform(tf::StampedTransform(transform, current_scan_time, "/map", "/base_link"));
// 记录匹配结束的时间
matching_end = std::chrono::system_clock::now();
// 记录匹配进行的耗时，并存入 time_ndt_matching.data
// 然后通过发布者 time_ndt_matching_pub 进行发布
exe_time = std::chrono::duration_cast<std::chrono::microseconds>(matching_end - matching_start).count() / 1000.0;
time_ndt_matching.data = exe_time;
node_status_publisher_ptr_->CHECK_MAX_VALUE("/value/time_ndt_matching",time_ndt_matching.data,50,70,100,"value time_ndt_matching is too high.");
// 发布配准时间的消息
_ndt_matching_pub.publish(time_ndt_matching);
// 设置 NDT 状态消息 ndt_stat 并发送
```

```
ndt_stat_msg.header.stamp = current_scan_time;
......
```

该部分代码主要发布 base_link 坐标系到全局地图坐标系 map 之间的变换关系，主要通过 sendTransform 函数进行变换消息的广播，其中，第一个参数为 base_link 到 map 的坐标变换 transform，第二个参数为发布时间，第三个参数为父坐标系 map，最后一个参数为子坐标系 base_link。然后计算并发送 ndt_matching 匹配定位的耗时 time_ndt_matching.data，最后发布 NDT 的状态参数信息，current_scan_time，time_ndt_matching.data，iteration，fitness_score，current_velocity，current_accel。

```
    // 相邻两帧之间的位姿偏差 offset 归零
    offset_imu_x = 0.0;
    ......
    // 更新当前位姿为上一帧位姿
    previous_pose.x = current_pose.x;
    ......
    // 更新当前扫描时间为上一帧扫描时间
    previous_scan_time = current_scan_time;
    // 更新速度
    previous_previous_velocity = previous_velocity;
    ......
  }
}
```

最后一部分代码更新当前位姿 current_pose 为上一帧的位姿 previous_pose，速度做同样处理，为下次的 ndt_matching 匹配定位做铺垫。至此，最关键的 point_ callback 回调函数分析完毕。

ndt_matching 节点的 odom_callback 与 imu_callback 这两个回调函数与 ndt_ mapping 节点里的同名回调函数内容是相同的，这里不再赘述。

最后一部分代码主要是额外开启一个线程检测并更新地图。至此，ndt_matching 节点部分分析完毕。

```
void* thread_func(void* args)
{ // 开启一个线程检测并更新地图
  ros::NodeHandle nh_map;
  ros::CallbackQueue map_callback_queue;
  nh_map.setCallbackQueue(&map_callback_queue);

  ros::Subscriber map_sub = nh_map.subscribe("points_map", 10, map_callback);
  ros::Rate ros_rate(10);
```

```
    while (nh_map.ok())
    {
      map_callback_queue.callAvailable(ros::WallDuration());
      ros_rate.sleep();
    }

    return nullptr;
}
```

3.4 本 章 小 结

本章对定位模块内两个基础 ROS 节点 ndt_mapping 和 ndt_matching 中的关键部分源码进行详细的流程及原理分析，并辅以算法原理图/流程图帮助读者理解。

参 考 文 献

[1] Badue C, Guidolini R, Carneiro R V, et al. Self-driving cars: A survey[J]. arXiv: Robotics, 2019.

[2] 高翔，张涛. 视觉 SLAM 十四讲：从理论到实践[M]. 北京：电子工业出版社, 2017.

[3] 约翰·克雷格. 机器人学导论[M]. 4 版. 北京：机械工业出版社, 2018.

[4] 郭浩，苏伟，朱德海，等. 点云库 PCL 从入门到精通[M].北京：机械工业出版社, 2019.

[5] Martin M. The Three-dimensional normal-distributions transform—An efficient representation for registration, surface analysis, and loop detection[D]. Örebro: Örebro University, 2009.

[6] AdamShan. 无人驾驶汽车系统入门(十三)——正态分布变换(NDT)配准与无人车定位[DB/OL]. [2020-04-11]. https://blog.csdn.net/AdamShan/article/details/79230612.

[7] LeonHuo. Autoware 培训笔记 No.1——构建点云地图[DB/OL]. [2020-04-11]. https://www.cnblogs.com/hgl0417/p/11130747.html.

[8] LeonHuo. Autoware 培训笔记 No.2——基于点云的定位[DB/OL]. [2020-04-11]. https://www.cnblogs.com/hgl0417/p/11143107.html.

[9] LitoNeo. 自动驾驶系列：激光雷达建图和定位(NDT)[DB/OL]. [2020-04-11]. https://zhuanlan.zhihu.com/p/77623762.

[10] PCL 中国. 如何使用正态分布变换(Normal Distributions Transform)进行配准[DB/OL]. [2020-04-11].http://www.pclcn.org/study/shownews.php?lang=cn&id=80.

[11] 胡想成. 自动驾驶实战系列(一)——构建点云地图的关键技术[DB/OL]. [2020-04-11]. http://xchu.net/2019/10/11/31ndt-map/.

第 4 章　Autoware 决策规划模块解析

4.1　自动驾驶决策规划模块概述

4.1.1　自动驾驶决策规划背景

自动驾驶决策规划模块综合环境感知和自车信息，决定无人驾驶车辆的行为和期望轨迹，指导控制模块对车辆进行控制。广义的决策规划模块包含行为决策和轨迹规划两个子模块，行为决策子模块基于感知信息合理决策出当前车辆的行为(跟车、换道、超车等)，并根据不同的行为确定轨迹规划的约束条件；指导轨迹规划子模块规划出合适的路径、车速等信息，发送给控制模块[1]。本书讲解的 Autoware 决策规划模块基础节点主要涉及轨迹规划。

目前轨迹规划方法大体有基于图搜索、基于抽样、曲线插值、数值优化以及学习算法这五种。

1. 基于图搜索的规划

基于图搜索的规划算法的基本思想是将状态空间通过确定的方式离散成一个图，然后利用各种启发式搜索算法搜索可行解甚至是最优解。这类算法具有解析完备性，甚至是解析最优性。尽管对于高维状态空间，搜索算法需要处理大量网格，效率低下，但是对于无人车轨迹规划问题而言，这类算法已经有了比较成熟的应用[2]。

1) Dijkstra 算法

Dijkstra 算法是一种典型的最短路算法，用于计算一个节点到其他节点的最短路径。Dijkstra 算法采用标号的方法来给赋权图的每一个节点赋予一个相应的数，所标记的节点有临时标号和固定标号两种，临时的标号表示从始节点到该节点的最短路长的最大距离；固定的标号则是从始节点到该节点的最短距离。直到找到目标节点或者所有的节点都成为固定标号节点后，该算法的搜索过程才会结束，所有固定标号所构成的路径即为所找到的最短路径，该路径的距离之和就是最小距离[3]。然而其广度优先的性质会导致太多无关节点的搜索，效率很低。

2) A*算法

A*算法是一种静态路网中求解最短路径最有效的直接搜索方法，是 Dijkstra 算法的拓展，相较于 Dijkstra 算法搜索速度更快。算法采用启发式函数来寻找距离起点具有最小代价的终点，对于节点 n 的估计函数的一般形式为 $f(n)=g(n)+h(n)$，其中，$g(n)$ 为起始节点到当前节点的实际代价，$h(n)$ 为当前节点到目标节点的预估代价[4]。

2. 基于抽样的规划

基于随机采样的运动规划算法的基本思路是通过对状态空间均匀随机采样来构建一个连通图，当初始、目标状态都在图中或者都可以连接到图中时，则问题得以解决。基于随机采样的算法不需要对状态空间自由区域显式建模，轨迹的可行性由碰撞检测来验证。典型的基于随机采样的算法有概率路图法(probabilistic roadmap，PRM)和快速随机扩展树法(rapidly random tree，RRT)[2]。

1) PRM 算法

PRM 算法将连续空间转换成离散空间，再利用基于图的规划算法(Dijkstra，A*等)在网络图上寻找路径，分为两个阶段：①网络图构建，在状态空间中进行随机撒点(自定义个数)，构建路径网络图；②路径查询，将起始点和目标点连接到网络图中，利用 A*完成路径搜索。静态轨迹规划中只需要进行一次搜索，就可以产生引导路径[5]。

2) RRT 算法

RRT 算法的思想是把初始节点作为根节点，通过有限次数的随机采样，增加叶子节点，生成一个随机扩展树，当随机树中的叶子节点到达目标点或者目标区域时，就可以在随机树中找到一条从初始节点到目标点的最优或者次优的无碰撞路径。RRT 算法具有很强的搜索性，只要环境中存在可行路径，RRT 算法就能够从中找到一条可行路径。但是它的随机性也带来了一些缺点，如扩展过程中随机树生长方向较随机，导致算法搜索效率低，收敛速度较慢且在动态环境下缺乏稳定性和偏离最优解等问题[6]。

3. 基于曲线插值的规划

曲线插值方法主要包括曲线元素组合方法以及插值拟合方法，能够生成具备良好连续、平滑属性的行驶路径。

1) 曲线元素组合方法

曲线元素组合方法一般用于车辆低速行驶工况下，泊车问题是此场景及任务的典型代表。在车辆低速行驶时，往往被允许中途短暂停泊并原地调整转角姿态，使得车辆最小转弯半径所对应的圆弧形行驶路径得以被充分利用。作为著名的 Dubins 曲线、Reeds-Shepp 曲线算法的拓展或改进，一些学者考虑拼接圆弧段与直线段来完成既定任务[7]。徐磊设计了“圆弧+线段+圆弧”的泊车路径用以完成平行泊车路径规划任务[8]。吴玲玉等采用 Clothoid 曲线(即回旋曲线)与圆弧段结合生成泊车路径[9]。

2) 插值拟合方法

插值拟合方法能够将行驶路径显式地表述为数学函数，通过确定函数的参数来决定行驶路径的具体形态。由这种方式生成的局部路径一般具有较好的平滑性，因此常用于城市道路高速行驶情况中[7]。插值拟合方法内部又分为多项式插值法、多项式与抛物线混合法及样条函数插值法等[10]。

4. 基于数值优化的规划

无人车的轨迹规划问题可以描述为一个多目标优化问题，因此可以利用目标函数对规划问题进行描述，并利用数值优化的方法对其进行在线求解，进而得到最优轨迹[11]。

5. 基于学习算法的规划

当前基于人定规则的决策规划模块可能会因为大规模相互耦合的规则而变得异常复杂，因此许多研究人员正致力于探索基于学习算法的决策规划系统，主要可分为模仿学习和强化学习两大类。基于模仿学习的决策规划研究致力于实现“类人”驾驶，在巨量专家驾驶数据基础上训练神经网络，实现环境状态与驾驶行为之间的映射。模仿学习虽然在一些场景下取得了不错的成绩，比如 NVIDIA 基于端到端卷积神经网络研发的无人驾驶车辆仅通过相机获得的各帧图像就可以很好地完成保持车道驾驶的任务，但是专家驾驶数据的获取代价比较高昂，为这一技术的发展设置了一个较高的门槛。基于强化学习的决策规划研究致力于实现“超人”驾驶，通过设置奖励函数，驱动强化学习智能体在与环境交互的过程中探索策略空间得到可以完成驾驶任务的最优/次优策略。虽然基于强化学习的方法无须代价高昂的专家驾驶数据，但其却在“与环境交互”环节面临较大挑战。计算机模拟的环境无法真实展现各种碰撞、打滑、光线变化等自然世界特性，而在现实世界中训练强化学习模型又由训练时间漫长的特性导致使用真车的代价过于高昂。现在我们正在研究通过预训练算法改善强化学习模型的初始性能，加速强化学习模型在真实世界下训练的收敛过程，为基于强化学习模型的自动驾驶系统的落地应用提供技术支持。

4.1.2 Autoware 决策规划模块概述

Autoware 的决策规划模块主要是基于感知的输出结果，进行全局路径规划和局部路径规划。全局路径规划在车辆启动或重启的时候被确定，局部路径根据车辆的状态进行实时更新。例如，如果车辆在障碍物前或停止线前，车辆状态变为“stop”，那么车辆的速度就被规划为 0。如果车辆遇到一个障碍物且状态为“avoid”，那么局部跟踪路径就会被重新规划绕过障碍物，基础节点及它们之间的关系(话题之间的订阅/发布)如图 4-1 所示。

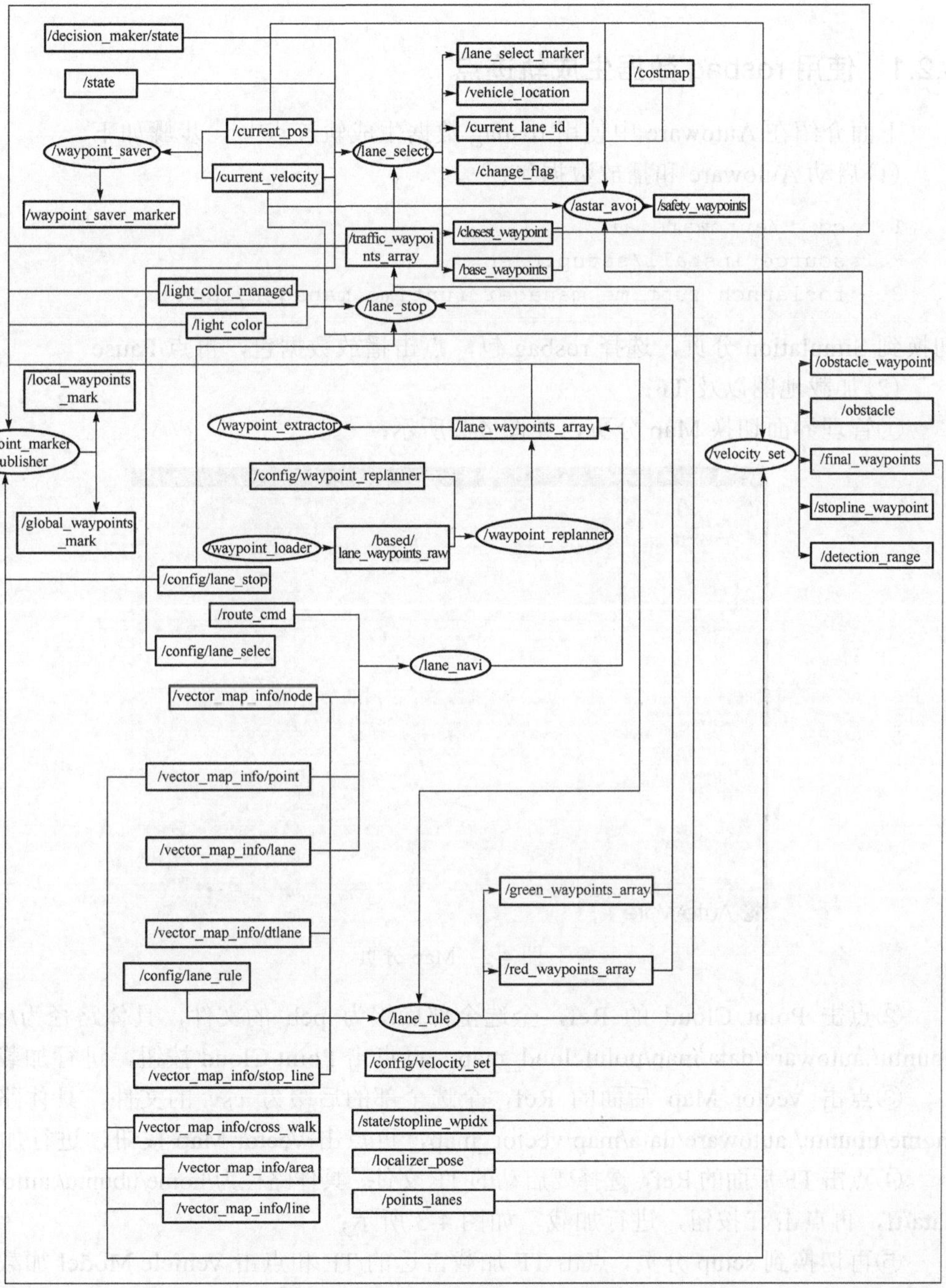

图 4-1　决策规划基础节点关系图

4.2　Autoware 决策规划模块基础操作

4.2.1　使用 rosbag 数据生成轨迹点

下面介绍在 Autoware 中使用 rosbag 数据生成轨迹点[12]，步骤如下。

(1)启动 Autoware 和播放数据包：

```
1.  cd ~/autoware.ai
2.  source install/setup.bash
3.  roslaunch runtime_manager runtime_manager.launch
```

切换到 Simulation 分页，选择 rosbag 包，点击播放数据包，再点 Pause。

(2)加载地图以及 TF：

①管理界面切换 Map 分页，如图 4-2 所示；

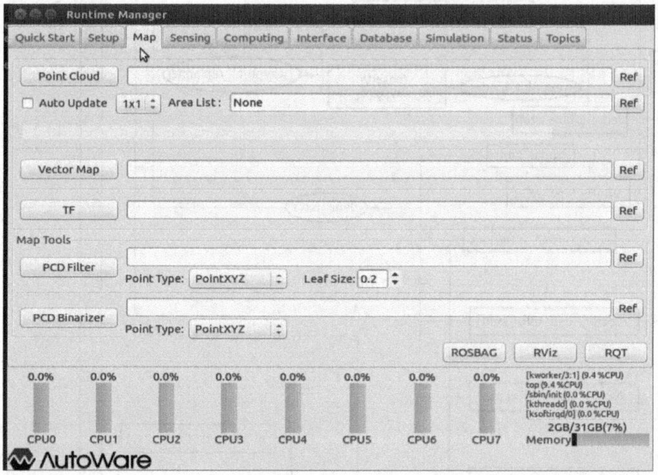

图 4-2　Map 分页

②点击 Point Cloud 的 Ref，全选全部后缀为 pcb 的文件，具体路径为/home/ubuntu/.autoware/data/map/pointcloud_map，再点击 Point Cloud 按钮，进行加载；

③点击 Vector Map 后面的 Ref，全选全部的后缀为 csv 的文件，具体路径为/home/ubuntu/.autoware/data/map/vector_map，再点击 Vector Map 按钮，进行加载；

④点击 TF 后面的 Ref，选择要启动的 TF 文件，具体路径为/home/ubuntu/.autoware/data/tf，再点击 tf 按钮，进行加载，如图 4-3 所示；

⑤再切换到 setup 分页，点击 TF 加载雷达的 TF 和点击 Vehicle Model 加载车体模型的 TF。

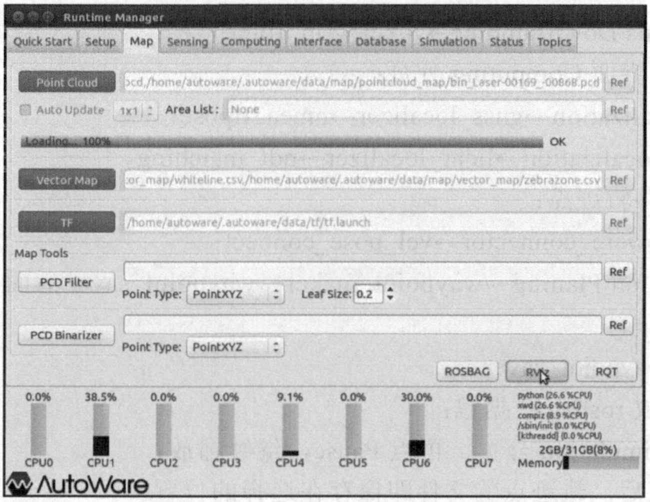

图 4-3　Map 分页加载与配置操作

(3) 启动 rviz：

再点击右下角的 RVIZ 按钮，启动 rviz，并加载对应的配置文件，具体路径为~/autoware.ai/src/autoware/documentation/autoware_quickstart_examples/launch/rosbag_demo/default.rviz，启动后效果如图 4-4 所示。

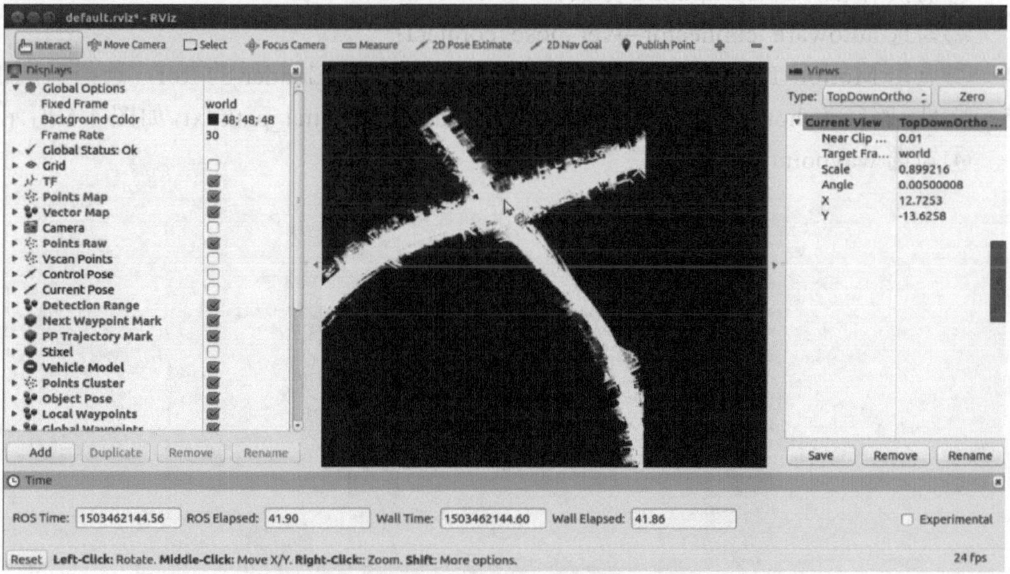

图 4-4　rviz 启动后效果

(4) 加载传感器和定位：

①切换管理界面 Sensing 分页；

②勾选 Points Downsampler→voxel_grip_filter；

③切换管理界面 Computing 分页；

④勾选 Localization→gnss_localizer→nmea2tfpose；

⑤再勾选 Localization→lidar_localizer→ndt_matching。

(5) 设置保存轨迹点：

①勾选 autoware_connector→vel_pose_connect；

②点击 Motion Planing→waypoint_maker→waypoint_saver 后面的 app 设置保存路径；

③再勾选 waypoint_saver。

(6) 继续播放 rosbag 数据包：

①切换到 Simulation 分页，再点 Pause，继续播放；

②播放结束后，轨迹点的文件即保存在选择的位置。

4.2.2 使用 rosbag 数据进行路径规划

下面介绍在 Autoware 中使用 rosbag 数据进行路径规划[13]，步骤如下。

步骤(1)～(4)与 4.2.1 节使用 rosbag 数据生成轨迹点的步骤一致。

(5) 加载轨迹点设定任务：

①切换管理界面 Computing 分页；

②勾选 autoware_connector→vel_pose_connect；

③点击 Motion Planing→waypoint_maker→waypoint_loader 的 Ref，选择对应的路径文件，路径为/home/ubuntu/.autoware/data/path/moriyama_path.txt，如图 4-5 所示；

④勾选 waypoint_loader；

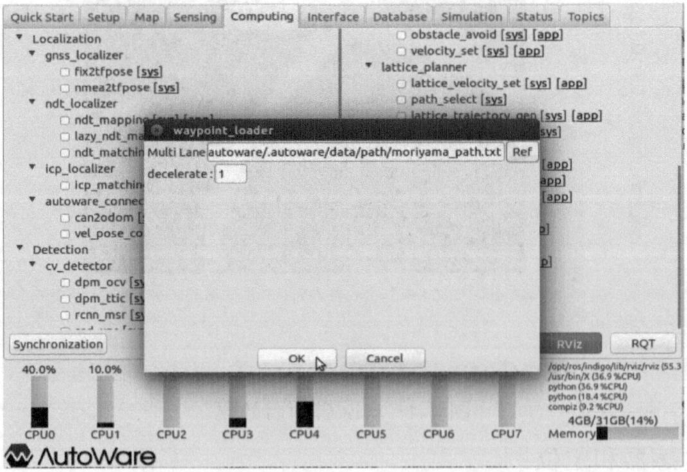

图 4-5　waypoint_loader 加载轨迹点

⑤勾选 Mission Planning→lane_planner→lane_navi；
⑥勾选 Mission Planning→lane_planner→lane_rule；
⑦勾选 Mission Planning→lane_planner→lane_stop；
⑧勾选 Mission Planning→lane_planner→lane_select。

(6) 进行路径规划和导航：
①勾选 Motion Planing→waypoint_planner→astar_avoid；
②勾选 Motion Planing→waypoint_planner→velocity_set；
③勾选 Motion Planing→waypoint_follower→pure_pursuit；
④勾选 Motion Planing→waypoint_follower→twist_filter。

(7) 继续播放 rosbag 数据包：
①再切换到 Simulation 分页，再点 Pause，继续播放；
②在 rviz 中右边的 Views，选择如图 4-6 对应的选项。

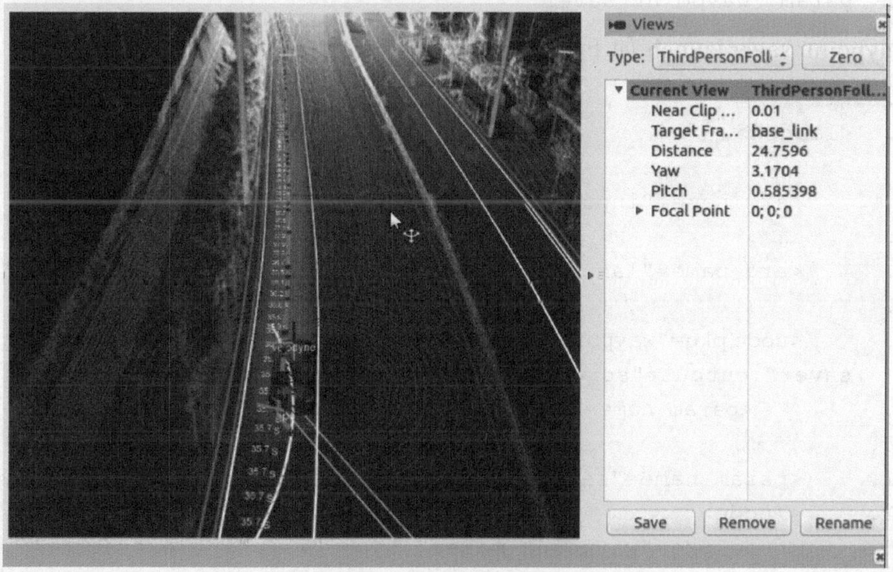

图 4-6　路径规划效果

4.3　决策规划模块内 ROS 节点详解

本节对 4.2 节中所涉及的决策规划模块内基础 ROS 节点（waypoint_saver，waypoint_extractor，waypoint_loader，waypoint_replanner，waypoint_marker_publisher，lane_navi，lane_rule，lane_stop，lane_select，astar_avoid，velocity_set 共 11 个节点）中的关键源码进行分析。若读者需要完整源码，请到 Autoware 项目开源网站

https://gitlab.com/autowarefoundation/ autoware.ai/autoware/-/wikis/Source-Build 下载 Autoware v1.12.0，本书限于篇幅仅附上被分析部分的源码。

4.3.1　节点 waypoint_saver

节点 waypoint_saver 对应于“4.2.1 节使用 rosbag 数据生成轨迹点”中的操作步骤“(5) 设置保存轨迹点：勾选 waypoint_saver”。

节点 waypoint_saver 的主要作用：记录采集的轨迹信息至本地。

查找 src/autoware/utilities/runtime_manager/scripts/computing.yaml 可知，勾选 waypoint_saver 后运行 ROS 包 waypoint_maker 内的 waypoint_saver.launch。

```
name : waypoint_saver
desc : waypoint_saver desc sample
cmd  : roslaunch waypoint_maker waypoint_saver.launch
param: waypoint_saver
```

waypoint_saver.launch 如下。

```
<!-- -->
<launch>

    <arg name="input_type" default="LaneArrayTopic" />
    ……
    <arg name="lane_topic" default="/lane_waypoints_array" />

    <node pkg="waypoint_maker" type="waypoint_saver" name="waypoint_
saver" output="screen" unless="$(arg input_type)">
        <param name="save_filename" value="$(arg save_finename)" />
       ……
    <param name="save_velocity" value="$(arg save_velocity)" />
    </node>
    <node pkg="waypoint_maker" type="waypoint_extractor" name=
"waypoint_extractor" output="screen" if="$(arg input_type)">
        <param name="lane_csv" value="$(arg save_finename)" />
    ……
    </node>

</launch>
```

根据 waypoint_saver.launch 可知启动了 waypoint_saver 和 waypoint_extractor 这两个节点。本节分析其中的 waypoint_saver 节点。由 ROS 包 waypoint_maker 内的 CMakeLists.txt 可知，节点 waypoint_loader 的源文件是 nodes/waypoint_saver/ waypoint_saver.cpp。

```
add_executable(waypoint_saver nodes/waypoint_saver/waypoint_saver.cpp)
……
```

首先是其 main 函数，main 函数在 waypoint_saver.cpp 中，新建了 WaypointSaver 对象。

```
int main(int argc, char **argv)
{
  ros::init(argc, argv, "waypoint_saver");
  WaypointSaver ws;
  ros::spin();
  return 0;
}
```

对 WaypointSaver 的构造函数进行分析可知，新建 WaypointSaver 对象时首先根据 waypoint_saver.launch 文件对 WaypointSaver 中的成员变量进行设置。节点 waypoint_saver 采用类成员的形式(message_filters:: Subscriber<geometry_ msgs:: TwistStamped> *twist_sub_; message_filters::Subscriber <geometry_msgs:: PoseStamped> *pose_sub_; message_filters::Synchronizer *sync_tp_;)时间同步车辆位置和速度，若只记录车辆位置，则只新建 pose_sub_并调用回调函数 poseCallback。若还需要记录车辆速度，则另外新建 twist_sub_订阅速度消息及 sync_tp_用于时间同步回调 TwistPoseCallback 函数。最后发布者 waypoint_saver_pub_发布标记消息用以在 rviz 中可视化车辆位置和速度信息。

```
WaypointSaver::WaypointSaver() : private_nh_("～")
{
  // 根据 launch 文件设置参数
  private_nh_.param<std::string>("save_filename", filename_, std::string("data.txt"));
 ……
  // 订阅车辆位姿消息
  // 之所以采用 message_filters::Subscriber 是为了后面使用
  // message_filters::Synchronizer 实现 ros 消息时间同步与回调
  pose_sub_ = new message_filters::Subscriber<geometry_msgs::PoseStamped>(nh_, pose_topic_, 50);
  // 如果要保存速度
  if (save_velocity_)
  {
    // 订阅车辆速度消息
    twist_sub_ = new message_filters::Subscriber<geometry_msgs::TwistStamped>(nh_, velocity_topic_, 50);
```

```
    sync_tp_ = new message_filters::Synchronizer<TwistPoseSync>(TwistPoseSync(SYNC_FRAMES), *twist_sub_, *pose_sub_);
    // ros 消息时间同步与回调
    sync_tp_->registerCallback(boost::bind(&WaypointSaver::TwistPoseCallback, this, _1, _2));
  }
  else
  {
    pose_sub_->registerCallback(boost::bind(&WaypointSaver::poseCallback, this, _1));
  }

  // 设置发布者
  waypoint_saver_pub_ = nh_.advertise<visualization_msgs::MarkerArray>("waypoint_saver_marker", 10, true);
}
```

我们对上面函数中的 poseCallback 与 TwistPoseCallback 函数进行深入分析，两者都调用了 outputProcessing 函数，区别只是 poseCallback 函数中将速度置为 0，而 TwistPoseCallback 输入了所订阅的车辆速度。

```
void WaypointSaver::poseCallback(const geometry_msgs::PoseStampedConstPtr &pose_msg) const
{
  outputProcessing(pose_msg->pose, 0);
}

void WaypointSaver::TwistPoseCallback(const geometry_msgs::TwistStampedConstPtr &twist_msg, const geometry_msgs::PoseStampedConstPtr &pose_msg) const
{
  outputProcessing(pose_msg->pose, mps2kmph(twist_msg->twist.linear.x));
}
```

outputProcessing 函数的作用是车辆每行驶一定距离就向文件 filename_内写入车辆位置 x, y, z、航向角和车速，同时调用 displayMarker 函数，在函数 displayMarker 中 waypoint_saver_pub_发布 visualization_msgs::MarkerArray 消息用以在 rviz 中显示车辆位置和速度信息。

```
void WaypointSaver::outputProcessing(geometry_msgs::Pose current_pose, double velocity) const
{ // ios::app　在每次写之前找到文件尾
  std::ofstream ofs(filename_.c_str(), std::ios::app);
```

```
  static geometry_msgs::Pose previous_pose;
  static bool receive_once = false;

  if (!receive_once)
  {
    ofs << "x,y,z,yaw,velocity,change_flag" << std::endl;
    ofs << std::fixed << std::setprecision(4) << current_pose.position.x << "," << current_pose.position.y << "," << current_pose.position.z << "," << tf::getYaw(current_pose.orientation) << ",0,0" << std::endl;
    receive_once = true;
    displayMarker(current_pose, 0);
    previous_pose = current_pose;
  }
  else
  {
    double distance = sqrt(pow((current_pose.position.x - previous_pose.position.x), 2) + pow((current_pose.position.y - previous_pose.position.y), 2));
    // 如果车辆移动 interval_米
    if (distance > interval_)
    {
      ofs << std::fixed << std::setprecision(4) << current_pose.position.x << "," << current_pose.position.y << "," << current_pose.position.z << "," << tf::getYaw(current_pose.orientation) << "," << velocity << ",0" << std::endl;
      displayMarker(current_pose, velocity);
      previous_pose = current_pose;
    }
  }
}
```

4.3.2　节点 waypoint_extractor

节点 waypoint_extractor 是"4.2.1 节使用 rosbag 数据生成轨迹点"中的操作步骤"(5)设置保存轨迹点：勾选 waypoint_saver"中启动的 waypoint_saver 和 waypoint_extractor 两个节点中的一个。

节点 waypoint_extractor 的主要作用：在其被关闭时将 lane_navi 节点(位于后面章节)规划出来的路径集合中的所有轨迹点数据按照路径分别存储在对应的本地文件内。

由 ROS 包 waypoint_maker 内的 CMakeLists.txt 可知，节点 waypoint_extractor

的源文件是 nodes/waypoint_extractor/waypoint_extractor.cpp。

```
add_executable(waypoint_extractor nodes/waypoint_extractor/waypoint_extractor.cpp)
......
```

首先是其 main 函数，main 函数在 waypoint_extractor.cpp 中。

```
int main(int argc, char **argv)
{
  ros::init(argc, argv, "waypoint_extractor");
  waypoint_maker::WaypointExtractor we;
  ros::spin();
  return 0;
}
```

与节点 waypoint_saver 类似，节点 waypoint_extractor 在 main 函数中建立 WaypointExtractor 对象。查看其构造函数可知其调用了 init 函数。

```
WaypointExtractor() : private_nh_("~")
{
  init();
}
```

1. init 函数

首先设置变量，注意 lane_csv_默认值为"/tmp/driving_lane.csv"，后面会用到。接着订阅话题 lane_topic_。

```
void init()
{
  private_nh_.param<std::string>("lane_csv", lane_csv_, "/tmp/driving_lane.csv");
  private_nh_.param<std::string>("lane_topic", lane_topic_, "/lane_waypoints_array");
  // 设置发布者
 larray_sub_ = nh_.subscribe(lane_topic_, 1, &WaypointExtractor::LaneArrayCallback, this);
}
```

2. LaneArrayCallback 函数

函数 LaneArrayCallback 中将 larray 赋值给成员变量 lane_。

```
void LaneArrayCallback(const autoware_msgs::LaneArray::ConstPtr& larray)
```

```
{
  ......
  lane_ = *larray;
}
```

3. WaypointExtractor 的析构函数

节点 waypoint_extractor 运行停止时，调用 WaypointExtractor 的析构函数～WaypointExtractor()，析构函数中调用 deinit 函数。

```
~WaypointExtractor()
{
  deinit();
}
```

deinit 函数如下。

```
void deinit()
{
  if (lane_.lanes.empty())
  {
    return;
  }
  std::vector<std::string> dst_multi_file_path(lane_.lanes.size(), lane_csv_);
  if (lane_.lanes.size() > 1)
  {
    for (auto& el : dst_multi_file_path)
    {
      el = addFileSuffix(el, std::to_string(&el - &dst_multi_file_path[0]));
    }
  }
  saveLaneArray(dst_multi_file_path, lane_);
}
```

上面 for 循环中的 std::to_string(&el - &dst_multi_file_path[0])得到的是 el 在字符串向量 dst_multi_file_path 中的下标。修饰 el 的 auto 关键字可以在声明变量的时候根据变量初始值的类型自动为此变量选择匹配的类型。通过图 4-7 可以验证，可知&el 得到 el 的地址，to_string(&el-&dst_multi_file_path[0])得到 el 在字符串向量 dst_multi_ file_path 中的下标(转换为字符串)。

通过上面的分析可知，循环调用函数 addFileSuffix 时往其中传入字符串向量 dst_multi_file_path 中的字符串和其对应的下标(转换为字符串形式)。

```
int main()
{
    string lane_csv_ = "/tmp/driving_lane.csv";
    vector<string> dst_multi_file_path(3, lane_csv_);

    cout << "&det_multi_file_path[0] = " << &dst_multi_file_path[0] << endl;

    int i = 0;
    for(auto& el : dst_multi_file_path)
    {
        cout << "&dst_multi_file_path[" << i << "] = " << &el << endl;
        el = to_string(&el - &dst_multi_file_path[0]);
        cout << "dst_multi_file_path[" << i << "] after = " << el << endl;
        i++;
    }
    return 0;
}
```

问题　输出　调试控制台　终端

```
zhengkunxian@zhengkunxian:~/Code verification in blogs$ cd "/home/zhengkunxian/Code verifi
xian/Code verification in blogs/"online file1 1
&det multi file path[0] = 0x924c40
&dst multi file path[0] = 0x924c40
dst multi file path[0] after = 0
&dst multi file path[1] = 0x924c60
dst multi file path[1] after = 1
&dst multi file path[2] = 0x924c80
dst multi file path[2] after = 2
```

图 4-7　deinit 函数中 for 循环代码块细节探索

1) addFileSuffix 函数

```
const std::string addFileSuffix(std::string file_path, std::string suffix)
{
  std::string output_file_path, tmp;
  std::string directory_path, filename, extension;

  tmp = file_path;
  const std::string::size_type idx_slash(tmp.find_last_of("/"));
  // std::string::npos 是一个常数，
  // 为 size_type 类型可以表示的最大值，用来表示一个不存在的位置
  if (idx_slash != std::string::npos)
  {
   tmp.erase(0, idx_slash);
  }
  const std::string::size_type idx_dot(tmp.find_last_of("."));
  const std::string::size_type idx_dot_allpath(file_path.find_last_of("."));
  if (idx_dot != std::string::npos && idx_dot != tmp.size() - 1)
  {
   file_path.erase(idx_dot_allpath, file_path.size() - 1);
  }
  file_path += suffix + ".csv";
```

```
    return file_path;
}
```

idx_slash(tmp.find_last_of("/"))将字符串 tmp 中最后一个“/”的下标值赋值给 idx_slash，之后通过 idx_slash != std::string::npos 判断字符串 tmp 中是否存在“/”，其中，std::string::npos 是一个常数，它等于 size_type 类型可以表示的最大值，用来表示一个不存在的位置。如果存在“/”，则删除下标“0”开始的连续 idx_slash 个字符。总而言之，addFileSuffix 函数的功能是将重复填充在字符串数组 dst_multi_file_path 中的元素 lane_csv_(默认值为/tmp/driving_lane.csv)加上其在数组中的下标，如排在数组第二位(下标为 1)被更改为/tmp/driving_ lane1.csv。通过图 4-8 的测试可以验证。

图 4-8　addFileSuffix 函数功能验证

2) saveLaneArray 函数

将 lane_array 中不同的 lane 中的轨迹点数据存到对应的.csv 后缀文件中，如将 lane_array.lanes[1].waypoints 中所有轨迹点的"x,y,z,yaw,velocity,change_flag,steering_flag,accel_flag,stop_flag,event_flag"全都存到/tmp/driving_lane1.csv 中。

```
void saveLaneArray(const std::vector<std::string>& paths, const autoware_msgs::LaneArray& lane_array)
{
  for (const auto& file_path : paths)
  {
    const unsigned long idx = &file_path - &paths[0];
    std::ofstream ofs(file_path.c_str());
    ofs << "x,y,z,yaw,velocity,change_flag,steering_flag,accel_flag,stop_flag,event_flag" << std::endl;
    for (const auto& el : lane_array.lanes[idx].waypoints)
    {
      const geometry_msgs::Point p = el.pose.pose.position;
      const double yaw = tf::getYaw(el.pose.pose.orientation);
      const double vel = mps2kmph(el.twist.twist.linear.x);
      const int states[] =
      {
        el.change_flag, el.wpstate.steering_state, el.wpstate.accel_state, el.wpstate.stop_state, el.wpstate.event_state
      };
      ofs << std::fixed << std::setprecision(4);
      ofs << p.x << "," << p.y << "," << p.z << "," << yaw << "," << vel;
      for (int i = 0; i < 5; ofs << "," << states[i++]){}
      ofs << std::endl;
    }
  }
}
```

4.3.3 节点 waypoint_loader

节点 waypoint_loader 对应于“4.2.2 节使用 rosbag 数据进行路径规划”中的操作步骤“(5)加载轨迹点设定任务：勾选 waypoint_loader”。

节点 waypoint_loader 的主要作用：从本地文件加载采集的轨迹点。

查找 src/autoware/utilities/runtime_manager/scripts/computing.yaml 可知，勾选 waypoint_loader 后运行 ROS 包 waypoint_maker 内的 waypoint_loader.launch。

```
name : waypoint_loader
```

```
desc : waypoint_loader desc sample
cmd  : roslaunch waypoint_maker waypoint_loader.launch
param: waypoint_loader
```

waypoint_loader.launch 函数如下。

```
<!-- -->
<launch>
  ......
    <node pkg="waypoint_maker" type="waypoint_loader" name=
"waypoint_loader" output="screen" if="$(arg load_csv)">
    <param name="multi_lane_csv" value="$(arg multi_lane_csv)" />
    </node>
    <node pkg="waypoint_maker" type="waypoint_replanner" name=
"waypoint_replanner" output="screen"/>
    <node pkg="waypoint_maker" type="waypoint_marker_publisher"
name="waypoint_marker_publisher" />

</launch>
```

可知启动了 waypoint_loader，waypoint_replanner 和 waypoint_marker_publisher 这三个节点。本节分析其中的 waypoint_loader 节点。由 ROS 包 waypoint_maker 内的 CMakeLists.txt 可知，节点 waypoint_loader 的源文件是 nodes/waypoint_loader/waypoint_loader_core.cpp 和 waypoint_loader_node.cpp。

```
add_executable(waypoint_loader nodes/waypoint_loader/waypoint_
loader_core.cpp nodes/waypoint_loader/waypoint_loader_node.cpp)
......
```

首先是其 main 函数，main 函数在 waypoint_loader_node.cpp 中，节点的功能主要通过 WaypointLoaderNode 对象的 run 函数实现。

```
int main(int argc, char** argv)
{
  ros::init(argc, argv, "waypoint_loader");
  waypoint_maker::WaypointLoaderNode wln;
  wln.run();

  return 0;
}
```

1. WaypointLoaderNode 的构造函数

```
WaypointLoaderNode::WaypointLoaderNode() : private_nh_("~")
{
```

```
  initPubSub();
}
```

initPubSub函数中对multi_lane_csv_赋值，我们分析时采用默认值"/tmp/ driving_lane.csv"，接着设置对应话题"/based/lane_waypoints_raw"的消息发布者 lane_pub_。

```
void WaypointLoaderNode::initPubSub()
{
  private_nh_.param<std::string>("multi_lane_csv", multi_lane_csv_, "/tmp/driving_lane.csv");
  lane_pub_ = nh_.advertise<autoware_msgs::LaneArray>("/based/lane_waypoints_raw", 10, true);
}
```

2. run 函数

读取存储的轨迹点文件数据，并发布至话题"/based/lane_waypoints_raw"。

```
void WaypointLoaderNode::run()
{
  multi_file_path_.clear();
  parseColumns(multi_lane_csv_, &multi_file_path_);
  autoware_msgs::LaneArray lane_array;
  createLaneArray(multi_file_path_, &lane_array);
  lane_pub_.publish(lane_array);
  output_lane_array_ = lane_array;
  ros::spin();
}
```

1) parseColumns 函数

parseColumns 函数以“,”作为分隔符将字符串 line 分成若干段，并将其中的空格全部去除，依次储存至字符串向量 columns 中。

```
void parseColumns(const std::string& line, std::vector<std::string>* columns)
{
  std::istringstream ss(line);
  std::string column;
  while (std::getline(ss, column, ','))
  {
    while (1)
    {
      auto res = std::find(column.begin(), column.end(), ' ');
      if (res == column.end())
      {
```

```
                break;
            }
            column.erase(res);
        }
        if (!column.empty())
        {
            columns->emplace_back(column);
        }
    }
}
```

我们对 parseColumns 函数的作用进行验证如图 4-9 所示。

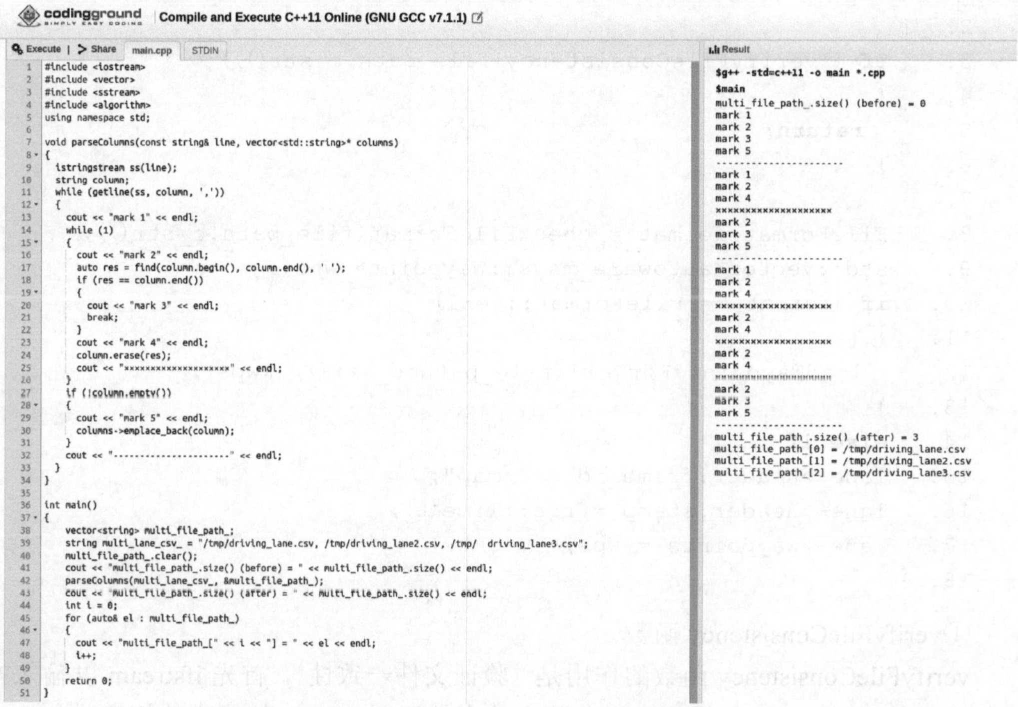

图 4-9　parseColumns 函数作用验证

2) createLaneArray 函数

将 paths 中各个本地路径对应文件中包含的信息分别填入 lane 中，再将 lane 依次填入 lane_array。

```
void WaypointLoaderNode::createLaneArray(const std::vector<std::
    string>& paths, autoware_msgs::LaneArray* lane_array)
{
```

```
  for (const auto& el : paths)
  {
    autoware_msgs::Lane lane;
    createLaneWaypoint(el, &lane);
    lane_array->lanes.emplace_back(lane);
  }
}
```

对上面函数中的 createLaneWaypoint 函数进行分析可知，其主要作用是首先检查文件 file_path 中数据是否合规，接着读取文件内的数据存入 lane 中。

```
void WaypointLoaderNode::createLaneWaypoint(const std::string& file_path, autoware_msgs::Lane* lane)
{
  if (!verifyFileConsistency(file_path.c_str()))
  {
    return;
  }

  FileFormat format = checkFileFormat(file_path.c_str());
  std::vector<autoware_msgs::Waypoint> wps;
  if (format == FileFormat::ver1)
  {
    loadWaypointsForVer1(file_path.c_str(), &wps);
  }
  else if ……
  lane->header.frame_id = "/map";
  lane->header.stamp = ros::Time(0);
  lane->waypoints = wps;
}
```

①verifyFileConsistency 函数。

verifyFileConsistency 函数的作用是“验证文件一致性”。首先 ifstream 以输入方式打开文件 filename，如果打开失败那么就直接返回 false；如果成功打开此文件，则执行 checkFileFormat 函数。

```
bool WaypointLoaderNode::verifyFileConsistency(const char* filename)
{
  std::ifstream ifs(filename);

  if (!ifs)
  {
    return false;
```

```
}

FileFormat format = checkFileFormat(filename);
……
std::string line;
// 移除第一行
std::getline(ifs, line);

size_t ncol = format == FileFormat::ver1 ? 4 : format ==
FileFormat::ver2 ? 5 :  countColumns(line);
// 从第二行开始搜索
while (std::getline(ifs, line))
{
  if (countColumns(line) != ncol)
  {
    return false;
  }
}
return true;
}
```

②checkFileFormat 函数。

```
FileFormat WaypointLoaderNode::checkFileFormat(const char* filename)
{
  std::ifstream ifs(filename);

  if (!ifs)
  {
    return FileFormat::unknown;
  }

  // 得到第一行
  std::string line;
  std::getline(ifs, line);

  // 解析第一行
  std::vector<std::string> parsed_columns;
  parseColumns(line, &parsed_columns);

  // 检查第一列中的第一个元素是否包含数字
  if(!std::any_of(parsed_columns.at(0).cbegin(), parsed_columns.
at(0).cend(), isdigit))
```

```
    {
      return FileFormat::ver3;
    }

    // 如果元素仅包含数字
    int num_of_columns = countColumns(line);

    return (num_of_columns == 3 ? FileFormat::ver1 :  num_of_columns
  == 4 ? FileFormat::ver2 : FileFormat::unknown);
}
```

首先判断能不能打开 filename 这个文件，如果不能打开则返回 FileFormat::unknown。FileFormat 是定义在头文件 waypoint_loader_core.h 中的一种特别的“枚举类”，其中，unknown = –1。

接着分析 std::getline(ifs, line)的作用：istream& getline (istream &is, string &str, char delim)中 is 是进行读入操作的输入流，str 被用来存储读入的内容，delim 是终结符，遇到该字符停止读取操作，不写的话默认为回车。通过图 4-10 的验证示例可以发现，通过 getline 函数读取了 driving_lane.csv 文件的第一行，并储存至字符串变量 line 中。

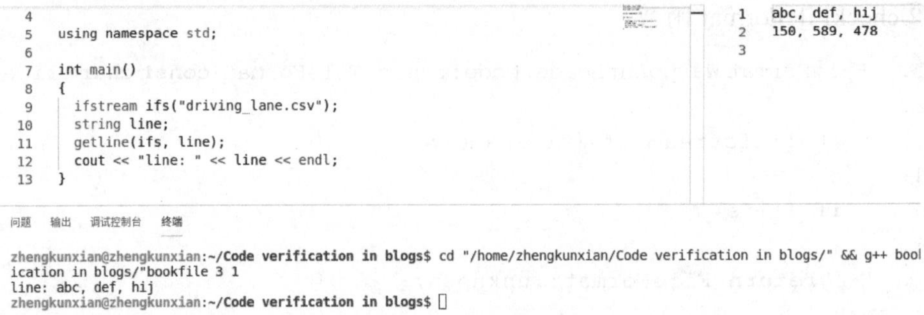

图 4-10　getline 函数作用演示

接着执行 parseColumns 函数，这个函数的作用前面已经分析过了，以“，”作为分隔符将字符串 line 分成若干段，并将其中的空格全部去除，依次储存至字符串向量中。后面借助 any_of 函数判断所读取的文件内的第一行中的第一个元素是否包含数字，不包含(意思是第一行记录的是标题)则返回 FileFormat::ver3；若包含数字(意思是第一行记录的就是数据)则继续调用 countColumns 函数，获取第一行所包含的元素个数，以“，”作为元素之间的分隔符。若个数为 3，则返回 FileFormat::ver1；若个数为 4，则返回 FileFormat::ver2；其他情形则返回 FileFormat::unknown。

```
size_t countColumns(const std::string& line)
```

```
{
  std::istringstream ss(line);
  size_t ncol = 0;

  std::string column;
  while (std::getline(ss, column, ','))
  {
    ++ncol;
  }

  return ncol;
}
```

countColumns 函数功能验证如图 4-11 所示。

图 4-11　countColumns 函数功能验证

分析完 checkFileFormat 函数，回到调用它的 verifyFileConsistency 函数。如果 checkFileFormat 函数返回的是 FileFormat::unknown，则返回 false。否则在 verifyFile Consistency 函数内也借助 getline 函数读取一次 filename 文件内的数据，getline 函数具备一个特性就是被调用一次后下次调用就会自动读取下一行。具体可见图 4-12 的验证，值得注意的是，getline 函数在不同函数内被调用的时候是不会互相影响的。

```cpp
size_t countColumns(const std::string& line)
{
  std::istringstream ss(line);
  size_t ncol = 0;

  std::string column;
  while (std::getline(ss, column, ','))
  {
    ++ncol;
  }

  return ncol;
}

void test()
{
  ifstream ifs("driving_lane.csv");
  string line;
  getline(ifs, line);
  cout << "line1: " << line << endl;
  int num_of_columns = countColumns(line);
  cout << "num_of_columns1 = " << num_of_columns << endl;
}

int main()
{
  test();
  ifstream ifs("driving_lane.csv");
  string line;
  getline(ifs, line);
  cout << "line2: " << line << endl;
  int num_of_columns = countColumns(line);
  cout << "num_of_columns2 = " << num_of_columns << endl;

  getline(ifs, line);
  cout << "line3: " << line << endl;
  num_of_columns = countColumns(line);
  cout << "num_of_columns3 = " << num_of_columns << endl;
}
```

```
abc, def, hij
150, 589, 478
```

问题　输出　调试控制台　终端

```
zhengkunxian@zhengkunxian:~/Code verification in blogs$ cd "/home/zhengkunxian/Code verification in blogs/" && g++ off
 verification in blogs/"offline file2 2
line1: abc, def, hij
num of columns1 = 3
line2: abc, def, hij
num of columns2 = 3
line3: 150, 589, 478
num of columns3 = 3
zhengkunxian@zhengkunxian:~/Code verification in blogs$
```

图 4-12　getline 函数特性示例

verifyFileConsistency 函数先调用一次 getline 函数赋值 ncol，之后再调用 getline 函数直接读取第二行的数据。调用两次 getline 函数是因为 verifyFileConsistency 函数内 size_t ncol = format = = FileFormat::ver1 ? 4 : format = = FileFormat::ver2 ? 5 : countColumns(line)在 checkFileFormat 函数返回 FileFormat::ver3 情形时(也就是存在需要另外解释的数据)需要另外确定一致性检查的标准(每行列数)，而再次调用 getline 函数可以直接从第二行开始判断后续各行数据是否都和第一行的列数一致。

至此，我们知道了 verifyFileConsistency 函数所谓的“验证文件一致性”的具体含义，其实就是检查每行记录的数据个数(列数)是否一致。

③loadWaypointsForVer1 函数。

我们以 FileFormat::ver1 这一情形中所调用的 loadWaypointsForVer1 函数为例，其他情形也是相似的。loadWaypointsForVer1 里面调用了 parseWaypointForVer1 函数。

loadWaypointsForVer1 函数将 filename 中每一行数据都分别存入 Waypoint 类型数据变量并依次填入 Waypoint 向量 wps 中，接着根据相邻两个轨迹点的信息计算航向角。

```
void WaypointLoaderNode::loadWaypointsForVer1(const char* filename, std::vector<autoware_msgs::Waypoint>* wps)
{
  std::ifstream ifs(filename);
  ......
  std::string line;
  // 移除第一行
  std::getline(ifs, line);

  while (std::getline(ifs, line))
  {
    autoware_msgs::Waypoint wp;
    parseWaypointForVer1(line, &wp);
    wps->emplace_back(wp);
  }

  size_t last = wps->size() - 1;
  for (size_t i = 0; i < wps->size(); ++i)
  {
    if (i != last)
    {
      double yaw = atan2(wps->at(i + 1).pose.pose.position.y - wps->at(i).pose.pose.position.y, wps->at(i + 1).pose.pose.position.x - wps->at(i).pose.pose.position.x);
      wps->at(i).pose.pose.orientation = tf::createQuaternionMsgFromYaw(yaw);
    }
    else ......
  }
}
```

④parseWaypointForVer1 函数。

parseWaypointForVer1 函数其实就是将 line 中的数据依次由 string 转化为 double 类型后存入 wp 中。

```
void WaypointLoaderNode::parseWaypointForVer1(const std::string& line, autoware_msgs::Waypoint* wp)
{
  std::vector<std::string> columns;
  parseColumns(line, &columns);
```

```

  wp->pose.pose.position.x = std::stod(columns[0]);
  ......
}
```

4.3.4　节点 waypoint_replanner

节点 waypoint_replanner 是“4.2.2 节使用 rosbag 数据进行路径规划”中的操作步骤“(5)加载轨迹点设定任务：勾选 waypoint_loader”中启动的 waypoint_loader，waypoint_replanner 和 waypoint_marker_publisher 三个节点中的一个。

节点 waypoint_replanner 的主要作用：在所加载的轨迹点基础上重新对它们的速度进行设置。

由 ROS 包 waypoint_maker 内的 CMakeLists.txt 可知，节点 waypoint_marker_publisher 的源文件是 nodes/waypoint_replanner/waypoint_replanner.cpp 和 waypoint_replanner_node.cpp。

```
add_executable(waypoint_replanner nodes/waypoint_replanner/
waypoint_replanner.cpp nodes/waypoint_replanner/waypoint_
replanner_node.cpp)
......
```

首先是其 main 函数，main 函数在 waypoint_replanner_node.cpp 中。

```
int main(int argc, char** argv)
{
  ros::init(argc, argv, "waypoint_replanner");
  waypoint_maker::WaypointReplannerNode wr;
  ros::spin();

  return 0;
}
```

在 main 函数中只做了一件事：新建 waypoint_maker::WaypointReplannerNode 对象 wr，因此转到 WaypointReplannerNode 类的构造函数。构造函数内实现了话题的订阅和发布。其中订阅的"/based/lane_waypoints_raw"就是前面 waypoint_loader 节点所发布的话题。

```
WaypointReplannerNode::WaypointReplannerNode() : replanning_
mode_(false)
{
  lane_pub_["with_decision"] = nh_.advertise<autoware_msgs::
LaneArray>("/based/lane_waypoints_array", 10, true);
  lane_pub_["without_decision"] = nh_.advertise<autoware_msgs::
```

```
LaneArray>("/lane_waypoints_array", 10, true);
  lane_sub_ = nh_.subscribe("/based/lane_waypoints_raw", 1,
&WaypointReplannerNode::laneCallback, this);
  config_sub_ = nh_.subscribe("/config/waypoint_replanner", 1,
&WaypointReplannerNode::configCallback, this);
}
```

1. configCallback 函数

configCallback 函数为话题"/config/waypoint_replanner"的回调函数，主要进行一些成员变量的初始化。

```
void WaypointReplannerNode::configCallback(const autoware_config_
msgs::ConfigWaypointReplanner::ConstPtr& conf)
{
  ......
  replanner_.initParameter(conf);
  ......
  publishLaneArray();
}
```

1) replanner_的参数初始化

replanner_为 WaypointReplanner 的对象，replanner_.initParameter(conf)根据配置文件对 replanner_进行初始化。

```
void WaypointReplanner::initParameter(const autoware_config_msgs::
ConfigWaypointReplanner::ConstPtr& conf)
{
  velocity_max_ = kmph2mps(conf->velocity_max);
  ......
}
```

2) publishLaneArray 函数

如果 replanning_mode_为 true，则调用 replan 函数重规划。

```
void WaypointReplannerNode::publishLaneArray()
{
  autoware_msgs::LaneArray array(lane_array_);
  if (replanning_mode_)
  {
    replan(array);
  }
  // 发布重规划过的路径集合至话题"/based/lane_waypoints_array"
  lane_pub_["with_decision"].publish(array);
```

```
  // withoutDecisionMaker函数查看是否有"/decision_maker"这一节点
  // 若无则返回true
  if (withoutDecisionMaker())
  { // 发布重规划过的路径集合至话题"/lane_waypoints_array"
    lane_pub_["without_decision"].publish(array);
  }
}
```

(1) replan函数。

replan函数内遍历lane_array.lanes。这里回顾一下，lane_array.lanes内的元素都是Lane类型，其中储存了节点waypoint_loader从本地文件内读取的轨迹点数据，每个轨迹点记录了世界坐标系，一般为通用横轴墨卡托投影(universal transverse Mercator，UTM)坐标系下的坐标 x,y,z 以及航向角等必要信息供规划所用。对每一条Lane，replanner_都调用replanLaneWaypointVel函数。

```
void WaypointReplannerNode::replan(autoware_msgs::LaneArray& lane_array)
{
  for (auto &el : lane_array.lanes)
  {
    replanner_.replanLaneWaypointVel(el);
  }
}
```

①replanLaneWaypointVel函数。

重规划轨迹点的速度。

```
void WaypointReplanner::replanLaneWaypointVel(autoware_msgs::Lane& lane)
{
  ......
  const int dir = getDirection(lane);
  const unsigned long last = lane.waypoints.size() - 1;
  changeVelSign(lane, true);
  limitVelocityByRange(0, last, 0, velocity_max_, lane);
  if (resample_mode_)
  {
    resampleLaneWaypoint(resample_interval_, lane, dir);
  }
  if (replan_curve_mode_)
  {
    std::vector<double> curve_radius;
    KeyVal curve_list;
```

```
    createRadiusList(lane, curve_radius);
    createCurveList(curve_radius, curve_list);
    if (overwrite_vmax_mode_)
    { // 为所有轨迹点设置最大速度
      setVelocityByRange(0, last, 0, velocity_max_, lane);
    }
    // 通过曲线设置速度
    for (const auto& el : curve_list)
    {
      const double& radius = el.second.second;
      double vmin = velocity_max_ - vel_param_ * (r_th_ - radius);
      vmin = (vmin < velocity_min_) ? velocity_min_ : vmin;
      limitVelocityByRange(el.first, el.second.first, velocity_offset_, vmin, lane);
    }
  }
  // 设置 Lane 的起始和末尾点的速度
  if (replan_endpoint_mode_)
  {
    const unsigned long zerospeed_start = last - end_point_offset_;
    const unsigned long lowspeed_start = zerospeed_start - braking_distance_;
    raiseVelocityByRange(0, last, 0, velocity_min_, lane);
    limitVelocityByRange(0, 0, 0, velocity_min_, lane);
    limitVelocityByRange(lowspeed_start, last, 0, velocity_min_, lane);
    setVelocityByRange(zerospeed_start, last, 0, 0.0, lane);
  }
  if (dir < 0)
  {
    changeVelSign(lane, false);
  }
}
```

②getDirection 函数。

确定车辆启动时的方向。

```
int WaypointReplanner::getDirection(const autoware_msgs::Lane& lane) const
{
  if (lane.waypoints.size() < 2)
  {
    return 1;
```

```
  }
  const geometry_msgs::Pose& pose = lane.waypoints[0].pose.pose;
  const geometry_msgs::Point& point = lane.waypoints[1].pose.pose.position;
  const geometry_msgs::Point rlt_point(calcRelativeCoordinate(point, pose));
  return rlt_point.x < 0 ? -1 : 1;
}
```

getDirection 中的 calcRelativeCoordinate 函数(源码略)用于计算全局坐标系中某点相对于机器人坐标系中的位置，即 point（全局坐标系下的坐标)相对于 pose 坐标系的位置。具体含义可见图 4-13，calcRelativeCoordinate 函数返回的便是 P 点在车体坐标系 $O'x'y'$中的坐标(x', y')。

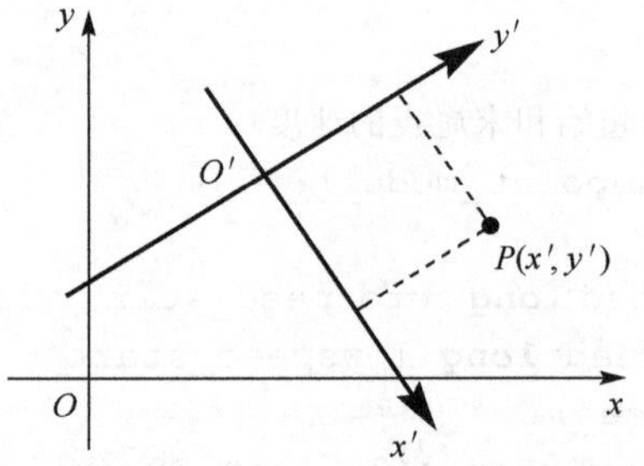

图 4-13　calcRelativeCoordinate 函数作用示意图

如图 4-14 所示，我们设计一个小实验，验证一下 calcRelativeCoordinate 函数的作用，其中，current_pose 所对应的坐标系与世界坐标系之间的 x,y,z 轴方向是一致的，只是其原点位于世界坐标系(4,7,0)处，很容易的我们知道点 point_msg(1,2,0)在 current_pose 所对应的坐标系中的坐标为(–3,–5,0)，而代码运行结果与我们的计算相符，因此得证代码的作用。

③changeVelSign 函数。

改变轨迹点的速度符号。

```
void WaypointReplanner::changeVelSign(autoware_msgs::Lane& lane, bool positive) const
{
  const int sgn = positive ? 1 : -1;
  for (auto& el : lane.waypoints)
  {
    el.twist.twist.linear.x = sgn * fabs(el.twist.twist.linear.x);
  }
}
```

```
geometry_msgs::Point calcRelativeCoordinate(geometry_msgs::Point point_msg, geometry_msgs::Pose current_pose)
{
  tf::Transform inverse;
  tf::poseMsgToTF(current_pose, inverse);
  tf::Transform transform = inverse.inverse();

  tf::Point p;
  pointMsgToTF(point_msg, p);
  tf::Point tf_p = transform * p;
  geometry_msgs::Point tf_point_msg;
  pointTFToMsg(tf_p, tf_point_msg);

  return tf_point_msg;
}

int main(int argc, char **argv)
{
    ros::init(argc, argv, "offline_file3_1");

    geometry_msgs::Point point_msg;

    point_msg.x=1;
    point_msg.y=2;
    point_msg.z=0;

    geometry_msgs::Pose current_pose;
    current_pose.position.x=4;
    current_pose.position.y=7;
    current_pose.position.z=0;
    current_pose.orientation.x=0;
    current_pose.orientation.y=0;
    current_pose.orientation.z=0;
    current_pose.orientation.w=1;

    geometry_msgs::Point point_msg2 = calcRelativeCoordinate(point_msg, current_pose);
    cout << "point_msg2.x = " << point_msg2.x << endl;
    cout << "point_msg2.y = " << point_msg2.y << endl;
    cout << "point_msg2.z = " << point_msg2.z << endl;

    ros::spin();
}
```



```
zhengkunxian@zhengkunxian:~/code_verification_in_blogs_ROS$ rosrun blog_code_test offline_file3_1
point_msg2.x = -3
point_msg2.y = -5
point_msg2.z = 0
^Czhengkunxian@zhengkunxian:~/code_verification_in_blogs_ROS$
```

(a) 作用验证示例

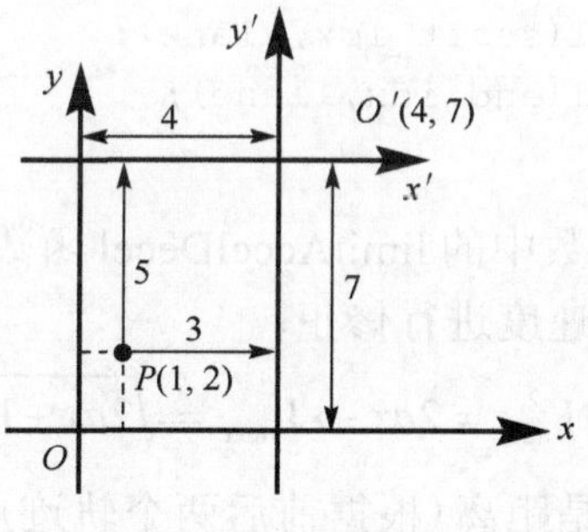

(b) 作用验证原理

图 4-14　calcRelativeCoordinate 函数作用验证

④limitVelocityByRange 函数。

首先判断 lane 中储存的轨迹点是否为空，若不为空则接着判断 offset（偏移）是否大于 0，如果大于 0 则进一步对 start_idx 和 end_idx 进行处理。前面 replanLane-

WaypointVel 函数调用时传入的 offset=0，因此跳过。接着为了防止下标越界对 end_idx 进行检查。检查完毕后对 lane 中所有轨迹点的速度进行最大值的限制。

```
void WaypointReplanner::limitVelocityByRange(unsigned long start_idx, unsigned long end_idx, unsigned int offset,
                              double vmin, autoware_msgs::Lane& lane)
{
  if (lane.waypoints.empty())
  {
    return;
  }
  if (offset > 0)
  {
    start_idx = (start_idx > offset) ? (start_idx - offset) : 0;
    end_idx = (end_idx > offset) ? (end_idx - offset) : 0;
  }
  end_idx = (end_idx >= lane.waypoints.size()) ? lane.waypoints.size() - 1 : end_idx;
  for (unsigned long idx = start_idx; idx <= end_idx; idx++)
  {
    if (lane.waypoints[idx].twist.twist.linear.x < vmin)
    {
      continue;
    }
    lane.waypoints[idx].twist.twist.linear.x = vmin;
  }
  limitAccelDecel(start_idx, lane);
  limitAccelDecel(end_idx, lane);
}
```

limitVelocityByRange 函数中的 limitAccelDecel 函数（源码略）通过加速度与速度之间的运动学关系进一步对速度进行修正。

$$V_{\text{next}}^2 - V_{\text{now}}^2 = 2ax \rightarrow V_{\text{next}} = \sqrt{2ax + V_{\text{now}}^2} \tag{4-1}$$

其中，a 是最大加速度，x 是距离（根据前后两个轨迹点的位置算得）。由此可以计算出在最大加速度的限制条件下，下一轨迹点的速度最大值/最小值，据此进行修正。

⑤resampleLaneWaypoint 函数。

重新采样轨迹点。

```
void WaypointReplanner::resampleLaneWaypoint(const double resample_interval, autoware_msgs::Lane& lane, int dir)
{
```

```
  ……
  autoware_msgs::Lane original_lane(lane);
  lane.waypoints.clear();
  lane.waypoints.emplace_back(original_lane.waypoints[0]);
  // calcPathLength 函数计算 original_lane 中轨迹点之间总的距离
  // 也就是整条轨迹的长度
 lane.waypoints.reserve(ceil(1.5 * calcPathLength(original_lane)
/ resample_interval_));

  for (unsigned long i = 1; i < original_lane.waypoints.size(); i++)
  { // getCrvPointsOnResample 函数采样三个轨迹点
    CbufGPoint curve_point = getCrvPointsOnResample(lane,
original_lane, i);
    // 根据三个轨迹点求轨迹曲线的圆心和半径
    const std::vector<double> curve_param = calcCurveParam(curve_point);
    ……
    // 如果是直行
    if (curve_param.empty())
    { //如果三点确定的轨迹是直线
      resampleOnStraight(curve_point, lane);
    }
    // 如果行驶轨迹为曲线
    else
    { //如果三点确定的轨迹是曲线
      resampleOnCurve(curve_point[1], curve_param, lane, dir);
    }
  }
  ……
}
```

对 resampleLaneWaypoint 函数中 getCrvPointsOnResample 函数采样三个轨迹点 p_0， p_1 和 p_2 进行分析。

```
const CbufGPoint WaypointReplanner::getCrvPointsOnResample(const
autoware_msgs::Lane& lane, const autoware_msgs::Lane& original_
lane, unsigned long original_index) const
{
  unsigned long id = original_index;
  CbufGPoint curve_point(3);
  // lookup_crv_width_ 被定义为 5
  const unsigned int n = (lookup_crv_width_ - 1) / 2;
  const autoware_msgs::Waypoint cp[3] = {
    (lane.waypoints.size() < n) ? lane.waypoints.front() : lane.waypoints
```

```
    [lane.waypoints.size() - n], original_lane.waypoints[id], (id <
    original_lane.waypoints.size() - n) ? original_lane.waypoints[id
    + n] : original_lane.waypoints.back()
};
  for (int i = 0; i < 3; i++)
  {
    curve_point.push_back(cp[i].pose.pose.position);
  }
  return curve_point;
}
```

其中，lookup_crv_width_ 被设为 5，因此 n=2。我们不妨进行假设，original_lane.waypoints.size()=5。因为 resampleLaneWaypoint 函数中 lane.waypoints.clear() 之后执行 lane.waypoints.emplace_back(original_lane.waypoints[0])，可知 lane 在进入 resampleLaneWaypoint 函数中的 for 循环被传入 getCrvPointsOnResample 函数时初始 lane.waypoints.size()=1。每次 for 循环一次，会调用 resampleOnStraight 或者 resampleOnCurve 函数，往 lane 里面填入新的轨迹点，因此每次 for 循环结束自然而然 lane.waypoints.size()++。基于上面的假设以及已知条件，我们开始进行分析 resampleLaneWaypoint 函数中的重采样过程如图 4-15 所示。

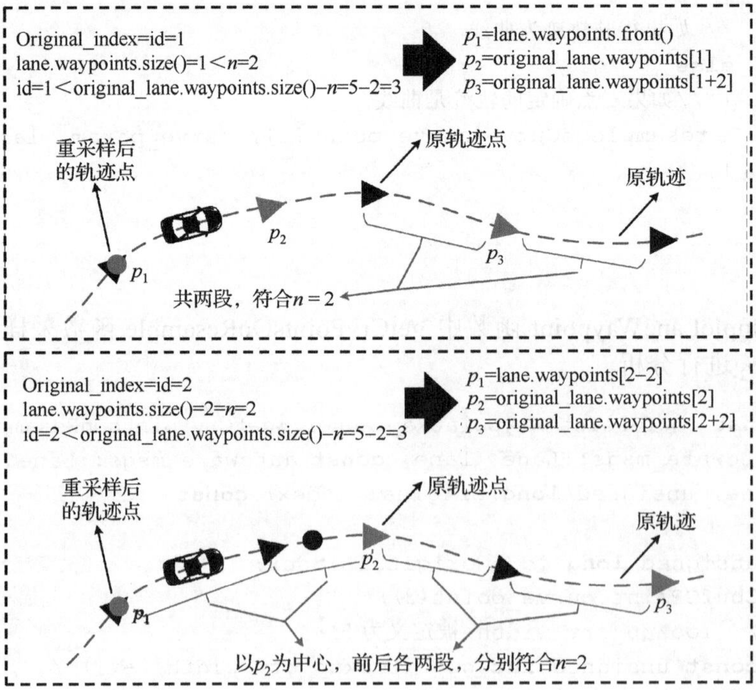

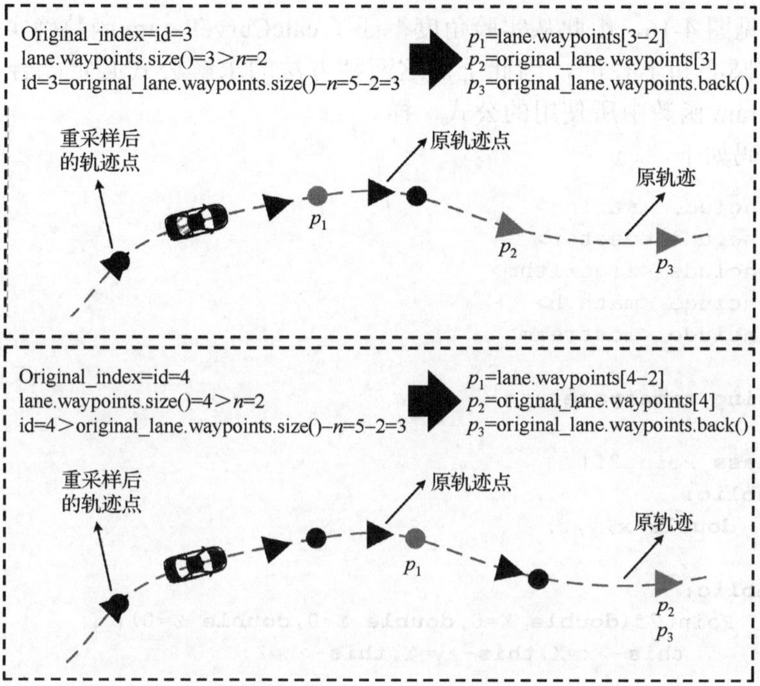

图 4-15　resampleLaneWaypoint 函数采集轨迹点过程分析

采样完成后 resampleLaneWaypoint 函数接着调用 calcCurveParam 函数（源码略）求采样点对应轨迹曲线的圆心和半径。calcCurveParam 函数中首先根据采样的三个轨迹点 p_0、p_1 和 p_2 计算下面各式：

$$d = 2\{(p_{0y} - p_{2y}) \times (p_{0x} - p_{1x}) - (p_{0y} - p_{1y}) \times (p_{0x} - p_{2x})\} \tag{4-2}$$

$$a = p_{0y}^2 - p_{1y}^2 + p_{0x}^2 - p_{1x}^2 \tag{4-3}$$

$$b = p_{0y}^2 - p_{2y}^2 + p_{0x}^2 - p_{2x}^2 \tag{4-4}$$

由上面各式进一步计算得到曲线中心点和曲率：

$$c_x = \frac{(p_{0y} - p_{2y}) \times a - (p_{0y} - p_{1y}) \times b}{d} \tag{4-5}$$

$$c_y = \frac{(p_{0x} - p_{2x}) \times a - (p_{0x} - p_{1x}) \times b}{-d} \tag{4-6}$$

$$r = \frac{1}{\rho} = \sqrt{(c_x - p_{0x})^2 + (c_y - p_{0y})^2} \tag{4-7}$$

“根据圆上三点求圆心和半径”这一问题有多种解法，主流的有两种：①分别通过其中两点的中垂线交点求圆心；②通过三个点到圆心距离相等联立方程求解。我们在这里仅对第一种方法所得的求解公式与 calcCurveParam 函数所使用的公式进行对比，验证见图 4-16，由此从实验角度得证了 calcCurveParam 函数确实是用来根据圆上三点求圆心和半径的，因此上面这两种方法的求解公式必定能合并整理成与 calcCurveParam 函数中所使用的公式一样。

验证代码如下。

```
#include <string>
#include <vector>
#include <algorithm>
#include <math.h>
#include <iostream>

using namespace std;

class Point2f{
public:
    double x,y,z;

public:
    Point2f(double X=0,double Y=0,double Z=0){
        this->x=X,this->y=Y,this->z=Z;
    }

    ~Point2f(){}
};

struct CircleData
{
    Point2f center;
    double radius;
};

int main()
{
    // 随便定义三个点
    Point2f pt1, pt2, pt3;
    pt1.x = 150;
    pt1.y = 150;
    pt2.x = 200;
    pt2.y = 200;
    pt3.x = 250;
    pt3.y = 100;

    // 定义两个点，分别表示两个中点
    Point2f midpt1, midpt2;
    // 求出点 1 和点 2 的中点
```

```
    midpt1.x = (pt2.x + pt1.x) / 2;
    midpt1.y = (pt2.y + pt1.y) / 2;
    // 求出点 3 和点 1 的中点
    midpt2.x = (pt3.x + pt1.x) / 2;
    midpt2.y = (pt3.y + pt1.y) / 2;
    // 求出分别与直线 pt1pt2，pt1pt3 垂直的直线的斜率
    double k1 = -(pt2.x - pt1.x) / (pt2.y - pt1.y);
    double k2 = -(pt3.x - pt1.x) / (pt3.y - pt1.y);
    // 然后求出过中点 midpt1，斜率为 k1 的直线方程
    // (既 pt1pt2 的中垂线)：y - midPt1.y = k1( x - midPt1.x)
    // 以及过中点 midpt2，斜率为 k2 的直线方程
    // (既 pt1pt3 的中垂线)：y - midPt2.y = k2( x - midPt2.x)
    // 定义一个圆的数据的结构体对象 CD
    CircleData CD;
    // 连立两条中垂线方程求解交点得到
    CD.center.x = (midpt2.y - midpt1.y - k2* midpt2.x + k1*midpt1.x) / (k1 - k2);
    CD.center.y = midpt1.y + k1*(midpt2.y - midpt1.y - k2*midpt2.x + k2*midpt1.x) / (k1 - k2);
    // 用圆心和其中一个点求距离得到半径
    CD.radius = sqrt((CD.center.x - pt1.x)*(CD.center.x - pt1.x) + (CD.center.y - pt1.y)*(CD.center.y - pt1.y));
    cout << "CD.center.x = " << CD.center.x << endl;
    cout << "CD.center.y = " << CD.center.y << endl;
    cout << "CD.radius = " << CD.radius << endl;

    // 同样的三个点
    Point2f p0, p1, p2;
    p0.x = 150;
    p0.y = 150;
    p1.x = 200;
    p1.y = 200;
    p2.x = 250;
    p2.y = 100;
    const double d = 2 * ((p0.y - p2.y) * (p0.x - p1.x) - (p0.y - p1.y) * (p0.x - p2.x));
    const std::vector<double> x2 = { p0.x * p0.x, p1.x * p1.x, p2.x * p2.x };
    const std::vector<double> y2 = { p0.y * p0.y, p1.y * p1.y, p2.y * p2.y };
    const double a = y2[0] - y2[1] + x2[0] - x2[1];
    const double b = y2[0] - y2[2] + x2[0] - x2[2];
    std::vector<double> param(3);
    const double cx = ((p0.y - p2.y) * a - (p0.y - p1.y) * b) / d;
    const double cy = ((p0.x - p2.x) * a - (p0.x - p1.x) * b) / -d;
```

```
    const double r = sqrt((cx - p0.x) * (cx - p0.x) + (cy - p0.y)
  * (cy - p0.y));
    cout << "cx = " << cx << endl;
    cout << "cy = " << cy << endl;
    cout << "r = " << r << endl;

    return 0;
}
```

验证结果如图 4-16 所示。

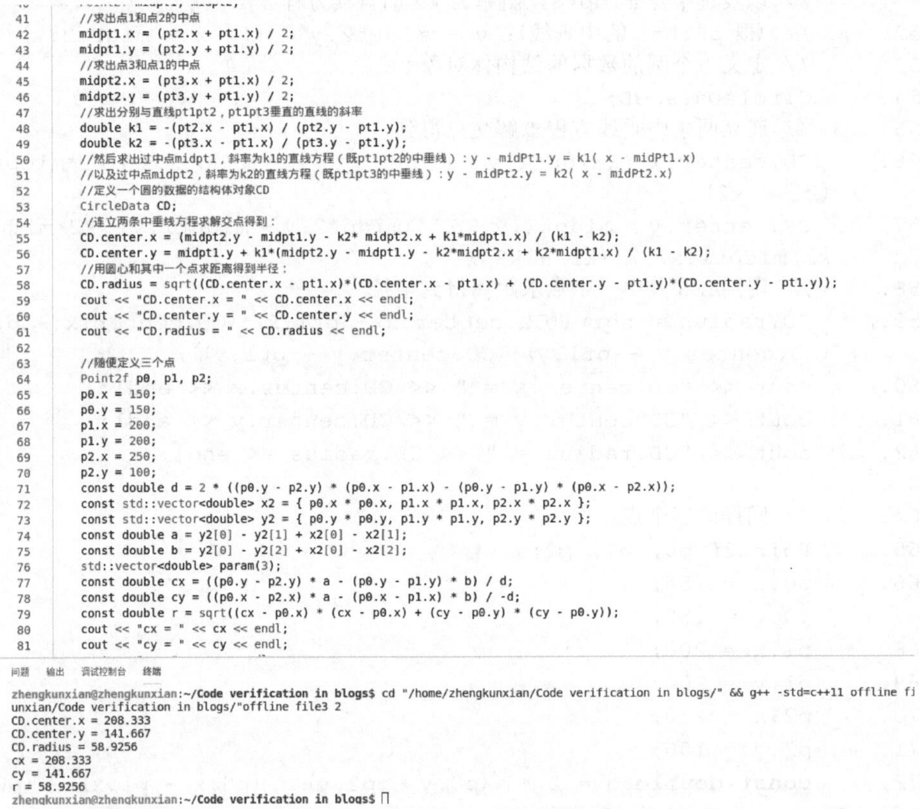

```
    //求出点1和点2的中点
    midpt1.x = (pt2.x + pt1.x) / 2;
    midpt1.y = (pt2.y + pt1.y) / 2;
    //求出点3和点1的中点
    midpt2.x = (pt3.x + pt1.x) / 2;
    midpt2.y = (pt3.y + pt1.y) / 2;
    //求出分别与直线pt1pt2，pt1pt3垂直的直线的斜率
    double k1 = -(pt2.x - pt1.x) / (pt2.y - pt1.y);
    double k2 = -(pt3.x - pt1.x) / (pt3.y - pt1.y);
    //然后求出过中点midpt1，斜率为k1的直线方程（既pt1pt2的中垂线）：y - midPt1.y = k1( x - midPt1.x)
    //以及过中点midpt2，斜率为k2的直线方程（既pt1pt3的中垂线）：y - midPt2.y = k2( x - midPt2.x)
    //定义一个圆的数据的结构体对象CD
    CircleData CD;
    //连立两条中垂线方程求解交点得到：
    CD.center.x = (midpt2.y - midpt1.y - k2* midpt2.x + k1*midpt1.x) / (k1 - k2);
    CD.center.y = midpt1.y + k1*(midpt2.y - midpt1.y - k2*midpt2.x + k2*midpt1.x) / (k1 - k2);
    //用圆心和其中一个点求距离得到半径：
    CD.radius = sqrt((CD.center.x - pt1.x)*(CD.center.x - pt1.x) + (CD.center.y - pt1.y)*(CD.center.y - pt1.y));
    cout << "CD.center.x = " << CD.center.x << endl;
    cout << "CD.center.y = " << CD.center.y << endl;
    cout << "CD.radius = " << CD.radius << endl;

    //随便定义三个点
    Point2f p0, p1, p2;
    p0.x = 150;
    p0.y = 150;
    p1.x = 200;
    p1.y = 200;
    p2.x = 250;
    p2.y = 100;
    const double d = 2 * ((p0.y - p2.y) * (p0.x - p1.x) - (p0.y - p1.y) * (p0.x - p2.x));
    const std::vector<double> x2 = { p0.x * p0.x, p1.x * p1.x, p2.x * p2.x };
    const std::vector<double> y2 = { p0.y * p0.y, p1.y * p1.y, p2.y * p2.y };
    const double a = y2[0] - y2[1] + x2[0] - x2[1];
    const double b = y2[0] - y2[2] + x2[0] - x2[2];
    std::vector<double> param(3);
    const double cx = ((p0.y - p2.y) * a - (p0.y - p1.y) * b) / d;
    const double cy = ((p0.x - p2.x) * a - (p0.x - p1.x) * b) / -d;
    const double r = sqrt((cx - p0.x) * (cx - p0.x) + (cy - p0.y) * (cy - p0.y));
    cout << "cx = " << cx << endl;
    cout << "cy = " << cy << endl;

问题　输出　调试控制台　终端

zhengkunxian@zhengkunxian:~/Code verification in blogs$ cd "/home/zhengkunxian/Code verification in blogs/" && g++ -std=c++11 offline fi
unxian/Code verification in blogs/"offline file3 2
CD.center.x = 208.333
CD.center.y = 141.667
CD.radius = 58.9256
cx = 208.333
cy = 141.667
r = 58.9256
zhengkunxian@zhengkunxian:~/Code verification in blogs$
```

图 4-16　calcCurveParam 函数原理验证结果

resampleLaneWaypoint 函数接着调用 resampleOnStraight/resampleOnCurve 函数（源码略）在原行驶轨迹（直线/曲线）上按照重采样间隔重新采样轨迹点。

⑥createRadiusList 函数。

createRadiusList 函数（源码略）将每个轨迹点（除去第一个和最后一个轨迹点）的半径存入传入函数的变量 curve_radius 中。

⑦createCurveList 函数。

```
// KeyVal 的定义为 typedef std::unordered_map<unsigned long, std::pair<unsigned long, double>> KeyVal
void WaypointReplanner::createCurveList(const std::vector<double>& curve_radius, KeyVal& curve_list)
{
  unsigned long index = 0;
  bool on_curve = false;
  // DBL_MAX 为 double 型的最大值
  double radius_localmin = DBL_MAX;
  for (unsigned long i = 1; i < curve_radius.size(); i++)
  {
    if (!on_curve && curve_radius[i] <= r_th_ && curve_radius[i - 1] > r_th_)
    {
      index = i;
      on_curve = true;
    }
    else if (on_curve && curve_radius[i - 1] <= r_th_ && curve_radius[i] > r_th_)
    {
      on_curve = false;
      if (radius_localmin < r_min_)
      {
        radius_localmin = r_min_;
      }
      curve_list[index] = std::make_pair(i, radius_localmin);
      radius_localmin = DBL_MAX;
    }
    if (!on_curve)
    {
      continue;
    }
    if (radius_localmin > curve_radius[i])
    {
      radius_localmin = curve_radius[i];
    }
  }
}
```

createCurveList 函数里面的 for 循环的作用较难理解，我们绘制了一幅流程图(图 4-17)以便分析。假设 r_th_=10.0，r_min_=1.0，curve_radius=[r_inf_= 10*r_th_，5.2，15.8，0.7，10.8，10.8，r_inf_=10*r_th_]。分析可知最后的结果是 curve_list[1]=(2,5.2)(键为 1，值为(2，5.2))，curve_list[3]=(4,1.0)(键为 3，值为(4，1.0))。

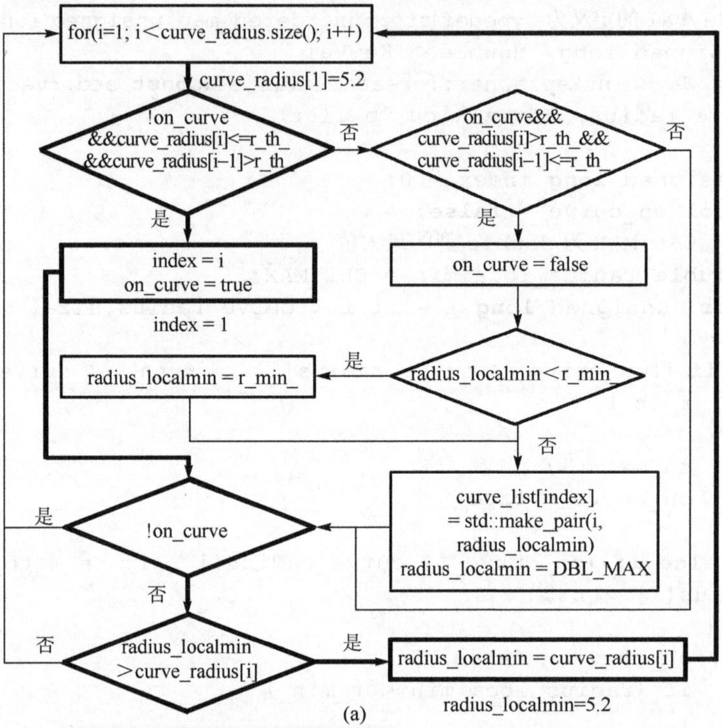

for(i=1; i<curve_radius.size(); i++)
curve_radius[1]=5.2
!on_curve &&curve_radius[i]<=r_th_ &&curve_radius[i−1]>r_th_
否
on_curve&& curve_radius[i]>r_th_&& curve_radius[i−1]<=r_th_
否
是
是
index = i on_curve = true
index = 1
on_curve = false
是
radius_localmin = r_min_
radius_localmin<r_min_
否
curve_list[index] = std::make_pair(i, radius_localmin) radius_localmin = DBL_MAX
是
!on_curve
否
否
radius_localmin >curve_radius[i]
是
radius_localmin = curve_radius[i]
radius_localmin=5.2

(a)

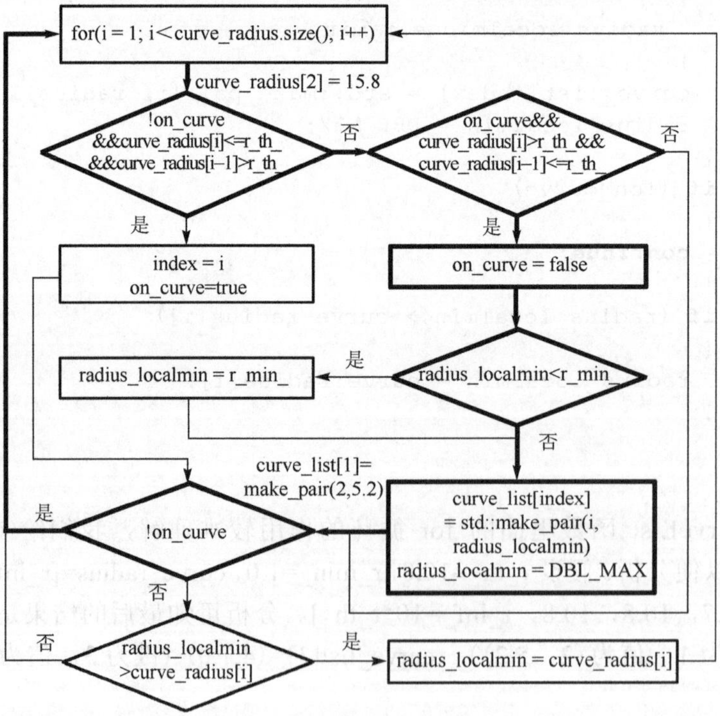

for(i = 1; i<curve_radius.size(); i++)
curve_radius[2] = 15.8
!on_curve &&curve_radius[i]<=r_th_ &&curve_radius[i−1]>r_th_
否
on_curve&& curve_radius[i]>r_th_&& curve_radius[i−1]<=r_th_
否
是
是
index = i on_curve=true
on_curve = false
是
radius_localmin = r_min_
radius_localmin<r_min_
否
curve_list[1]= make_pair(2,5.2)
curve_list[index] = std::make_pair(i, radius_localmin) radius_localmin = DBL_MAX
是
!on_curve
否
否
radius_localmin >curve_radius[i]
是
radius_localmin = curve_radius[i]

(b)

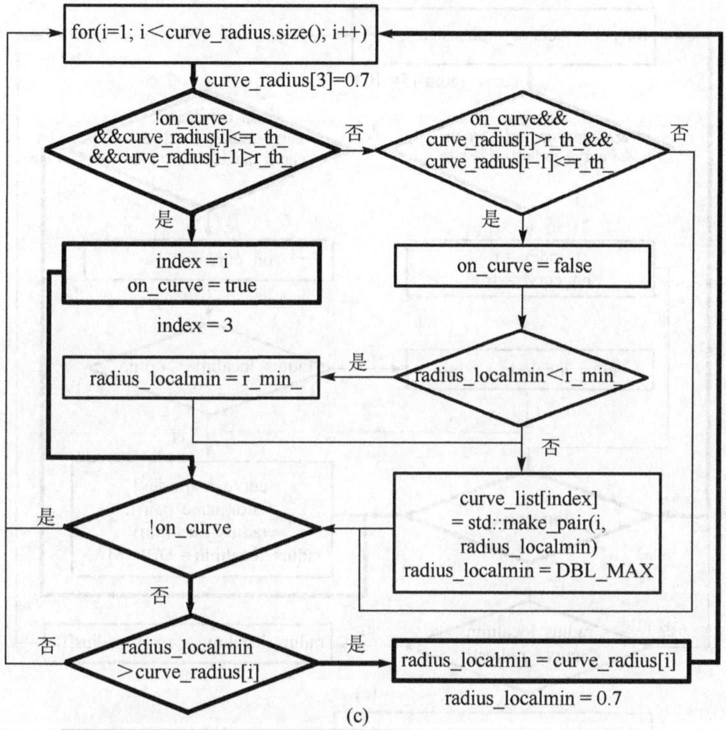
for(i=1; i<curve_radius.size(); i++)
curve_radius[3]=0.7
!on_curve
&&curve_radius[i]<=r_th_
&&curve_radius[i−1]>r_th_
否
on_curve&&
curve_radius[i]>r_th_&&
curve_radius[i−1]<=r_th_
否
是
index = i
on_curve = true
index = 3
是
on_curve = false
是
radius_localmin = r_min_
radius_localmin<r_min_
否
curve_list[index]
= std::make_pair(i,
radius_localmin)
radius_localmin = DBL_MAX
是
!on_curve
否
否
radius_localmin
>curve_radius[i]
是
radius_localmin = curve_radius[i]
radius_localmin = 0.7

(c)

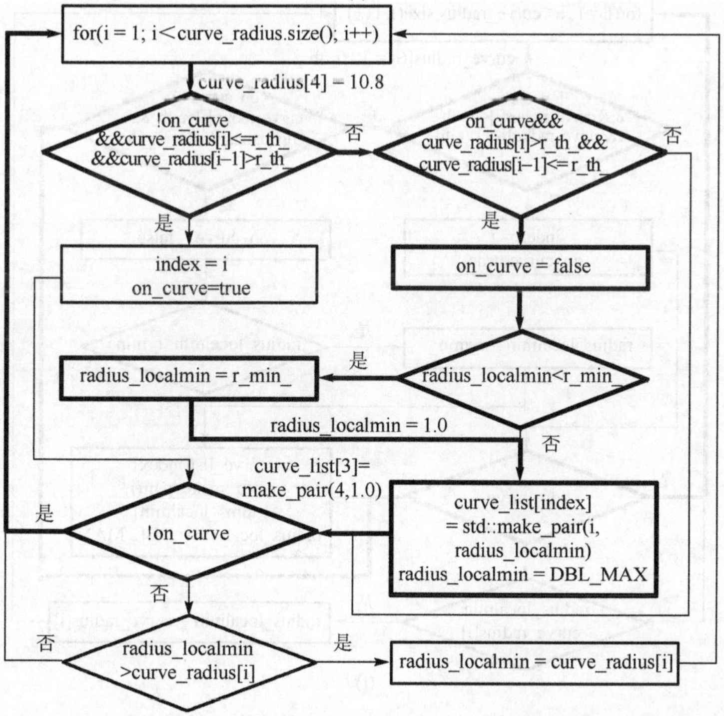
for(i = 1; i<curve_radius.size(); i++)
curve_radius[4] = 10.8
!on_curve
&&curve_radius[i]<=r_th_
&&curve_radius[i−1]>r_th_
否
on_curve&&
curve_radius[i]>r_th_&&
curve_radius[i−1]<=r_th_
否
是
是
index = i
on_curve=true
on_curve = false
是
radius_localmin = r_min_
radius_localmin<r_min_
radius_localmin = 1.0
否
curve_list[3]=
make_pair(4,1.0)
curve_list[index]
= std::make_pair(i,
radius_localmin)
radius_localmin = DBL_MAX
是
!on_curve
否
否
radius_localmin
>curve_radius[i]
是
radius_localmin = curve_radius[i]

(d)

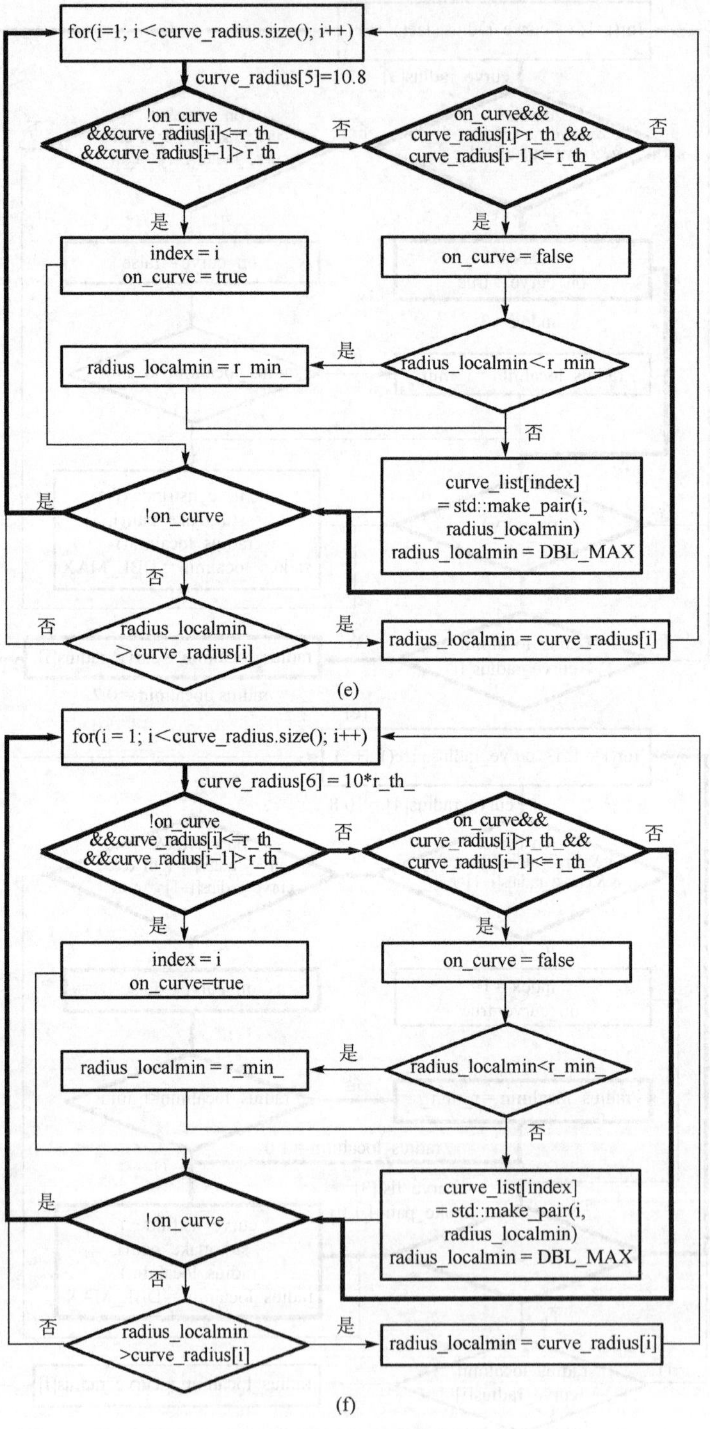

图 4-17　createCurveList 函数主体流程分析

编写代码对上面的分析进行验证，结果如图 4-18 所示。

图 4-18　createCurveList 函数作用验证

⑧setVelocityByRange 函数。

对 lane 中限定范围内轨迹点的速度进行定值设置。

```
void WaypointReplanner::setVelocityByRange(unsigned long start_idx, unsigned long end_idx, unsigned int offset, double vel, autoware_msgs::Lane& lane)
{
  ……
  for (unsigned long idx = start_idx; idx <= end_idx; idx++)
  {
    lane.waypoints[idx].twist.twist.linear.x = vel;
  }
}
```

⑨raiseVelocityByRange 函数。

保证选定范围内轨迹点的速度不小于传入函数的 vmin。

```
void WaypointReplanner::raiseVelocityByRange(unsigned long start_ idx, unsigned long end_idx, unsigned int offset, double vmin, autoware_msgs::Lane& lane)
{
  ......
  for (unsigned long idx = start_idx; idx <= end_idx; idx++)
  {
    if (lane.waypoints[idx].twist.twist.linear.x >= vmin)
    {
      continue;
    }
    lane.waypoints[idx].twist.twist.linear.x = vmin;
  }
}
```

(2) withoutDecisionMaker 函数。

查看是否有"/decision_maker"这一节点，若无则返回 true。

```
bool WaypointReplannerNode::withoutDecisionMaker()
{
  std::vector<std::string> node_list;
  ros::master::getNodes(node_list);
  return (std::find(node_list.begin(), node_list.end(), "/decision_maker") == node_list.end());
}
```

2. laneCallback 函数

laneCallback 函数为话题"/based/lane_waypoints_raw"的回调函数，在更新 lane_array_后调用 publishLaneArray 函数重规划路径并发布到对应话题。

```
void WaypointReplannerNode::laneCallback(const autoware_msgs::LaneArray::ConstPtr& lane_array)
{
  lane_array_ = *lane_array;
  publishLaneArray();
}
```

4.3.5 节点 waypoint_marker_publisher

节点 waypoint_marker_publisher 是“4.2.2 节使用 rosbag 数据进行路径规划”中

的操作步骤“(5)加载轨迹点设定任务：勾选 waypoint_loader”中启动的 waypoint_loader，waypoint_replanner 和 waypoint_marker_publisher 三个节点中的一个。

节点 waypoint_marker_publisher 的主要作用：可视化其他节点发布在"final_waypoints"等话题上的轨迹。

由 ROS 包 waypoint_maker 内的 CMakeLists.txt 可知，节点 waypoint_marker_publisher 的源文件是 nodes/waypoint_marker_publisher/waypoint_marker_publisher.cpp。

```
add_executable(waypoint_marker_publisher nodes/waypoint_marker_publisher/waypoint_marker_publisher.cpp)
......
```

首先是其 main 函数，main 函数在 waypoint_marker_publisher.cpp 中，main 函数中先订阅了一批话题，接着设置了两个发布者。

```
int main(int argc, char** argv)
{
  ......
  // 订阅信号灯消息
  ros::Subscriber light_sub = nh.subscribe("light_color", 10, receiveAutoDetection);
  ros::Subscriber light_managed_sub = nh.subscribe("light_color_managed", 10, receiveManualDetection);

  // 订阅全局轨迹点消息
  ros::Subscriber lane_array_sub = nh.subscribe("lane_waypoints_array", 10, laneArrayCallback);
  ros::Subscriber traffic_array_sub = nh.subscribe("traffic_waypoints_array", 10, laneArrayCallback);

  // 订阅本地轨迹点消息
  ros::Subscriber final_sub = nh.subscribe("final_waypoints", 10, finalCallback);
  ros::Subscriber closest_sub = nh.subscribe("closest_waypoint", 10, closestCallback);

  // 订阅配置信息
  ros::Subscriber config_sub = nh.subscribe("config/lane_stop", 10, configParameter);

  g_local_mark_pub = nh.advertise<visualization_msgs::MarkerArray>("local_waypoints_mark", 10, true);
  g_global_mark_pub = nh.advertise<visualization_msgs::MarkerArray>
```

```
    ("global_waypoints_mark", 10, true);
  ……
  ros::spin();
}
```

1. receiveAutoDetection 函数和 receiveManualDetection 函数

receiveAutoDetection 函数和 receiveManualDetection 函数分别是话题为"light_color"和"light_color_managed"的回调函数，结合函数名可知它们是跟交通信号灯灯色识别可视化相关的函数。receiveAutoDetection 函数和 receiveManualDetection 函数内部都调用了 lightCallback 函数。区别是根据设置的 g_config_manual_detection 保证只有一个函数调用 lightCallback 函数。

```
void receiveAutoDetection(const autoware_msgs::TrafficLight-
ConstPtr& msg)
{
  if (!g_config_manual_detection)
    lightCallback(msg);
}

void receiveManualDetection(const autoware_msgs::TrafficLight-
ConstPtr& msg)
{
  if (g_config_manual_detection)
    lightCallback(msg);
}
```

lightCallback 函数如下。

```
void lightCallback(const autoware_msgs::TrafficLightConstPtr&
msg)
{ // ROS 自带消息格式，用于传递 RGBA 数据
  std_msgs::ColorRGBA global_color;
  // RGBA 模式与 RGB 相同，仅在 RGB 模式上新增了 Alpha 透明度
  // R：红色值。正整数 | 百分数
  // G：绿色值。正整数 | 百分数
  // B：蓝色值。正整数 | 百分数
  // A：Alpha 透明度，取值 0～1 之间
  global_color.a = g_global_alpha;

  std_msgs::ColorRGBA local_color;
  local_color.a = g_local_alpha;
  // 根据灯色设置 global_color 和 local_color
  switch (msg->traffic_light)
```

```
  {
    case TRAFFIC_LIGHT_RED:
      global_color.r = 1.0;
      _global_color = global_color;
      local_color.r = 1.0;
      g_local_color = local_color;
      break;
    case TRAFFIC_LIGHT_GREEN:
      ……
      break;
    case TRAFFIC_LIGHT_UNKNOWN:
      ……
      break;
    default:
      ROS_ERROR("unknown traffic_light");
      return;
  }
}
```

2. laneArrayCallback 函数

laneArrayCallback 函数跟 lightCallback 函数一样，也是被两个话题所调用，它对应于两个话题“lane_waypoints_array”和“traffic_waypoints_array”。

```
void laneArrayCallback(const autoware_msgs::LaneArrayConstPtr& msg)
{ // 首先删除 rviz 中上一次发布的可视化标记
  publishMarkerArray(g_global_marker_array, g_global_mark_pub, true);
  g_global_marker_array.markers.clear();
  createGlobalLaneArrayVelocityMarker(*msg);
  createGlobalLaneArrayOrientationMarker(*msg);
  createGlobalLaneArrayChangeFlagMarker(*msg);
  publishMarkerArray(g_global_marker_array, g_global_mark_pub);
}
```

1) publishMarkerArray 函数

根据 delete_markers 选择在 rviz 中创建/删除 marker_array 中的形状，publisher 发布 marker_array。

```
void publishMarkerArray(const visualization_msgs::MarkerArray& marker_array, const ros::Publisher& publisher, bool delete_markers=false)
{
```

```
  visualization_msgs::MarkerArray msg;

  // 插入标记
  msg.markers.insert(msg.markers.end(), marker_array.markers.begin(), marker_array.markers.end());

  if (delete_markers)
  {
    for (auto& marker : msg.markers)
    { /*visualization_msgs::Marker中的成员变量action表示
      对标记的操作，是添加，修改还是删除*/
      marker.action = visualization_msgs::Marker::DELETE;
    }
  }

  publisher.publish(msg);
}
```

2) createGlobalLaneArrayVelocityMarker 函数

更新全局变量 g_global_marker_array 里的标记 g_global_marker_array.markers，其用于标记 lane_waypoints_array.lanes 中所有 lane 里的所有轨迹点的速度信息。

```
void createGlobalLaneArrayVelocityMarker(const autoware_msgs::LaneArray& lane_waypoints_array)
{
  visualization_msgs::MarkerArray tmp_marker_array;
  // 通过标记显示每个轨迹点的速度
  visualization_msgs::Marker velocity_marker;
  // 设置帧ID和时间戳
  velocity_marker.header.frame_id = "map";
  velocity_marker.header.stamp = ros::Time::now();
  // 指定标记形状，TEXT_VIEW_FACING代表显示3D的文字
  velocity_marker.type = visualization_msgs::Marker::TEXT_VIEW_FACING;
  // 指定对marker的操作
  velocity_marker.action = visualization_msgs::Marker::ADD;
  // 指定了标记的大小
  velocity_marker.scale.z = 0.4;
  // marker的颜色:类似std_msgs/ColorRGBA
  // 每个数字介于0-1之间。a(alpha)表示透明度，0表示完全透明
  velocity_marker.color.r = 1;
  velocity_marker.color.g = 1;
```

```
  velocity_marker.color.b = 1;
  velocity_marker.color.a = 1.0;

  velocity_marker.frame_locked = true;

  int count = 1;
  for (auto lane : lane_waypoints_array.lanes)
  {
    velocity_marker.ns = "global_velocity_lane_" + std::to_string(count);
    for (int i = 0; i < static_cast<int>(lane.waypoints.size()); i++)
    {
      velocity_marker.id = i;
      // 命名空间(ns)和 id 为此 marker 创建一个唯一标识
      // 如果 rviz 接收到相同命名空间和 id 的 marker，新的将替换掉旧的
      geometry_msgs::Point relative_p;
      relative_p.y = 0.5;
      velocity_marker.pose.position = calcAbsoluteCoordinate(relative_p, lane.waypoints[i].pose.pose);
      velocity_marker.pose.position.z += 0.2;

     std::string vel = std::to_string(mps2kmph(lane.waypoints[i].twist.twist.linear.x));
      velocity_marker.text = vel.erase(vel.find_first_of(".") + 2);

      tmp_marker_array.markers.push_back(velocity_marker);
    }
    count++;
  }

 g_global_marker_array.markers.insert(g_global_marker_array.markers.end(), tmp_marker_array.markers.begin(),
                                      tmp_marker_array.markers.end());
}
```

(1) visualization_msgs::Marker。

在 rviz 中标记无人车的轨迹需要用到类 visualization_msgs::Marker，其重要成员如下。

```
uint8 ARROW=0                     // 箭头
uint8 CUBE=1                      // 立方体
```

```
uint8 SPHERE=2                  // 球
uint8 CYLINDER=3                // 圆柱体
uint8 LINE_STRIP=4              // 线条(点的连线)
uint8 LINE_LIST=5               // 线条序列
uint8 CUBE_LIST=6               // 立方体序列
uint8 SPHERE_LIST=7             // 球序列
uint8 POINTS=8                  // 点集
uint8 TEXT_VIEW_FACING=9        // 3D 文字
uint8 MESH_RESOURCE=10          // 网格
uint8 TRIANGLE_LIST=11          // 三角形序列

// 对标记的操作，为枚举值
uint8 ADD=0
uint8 MODIFY=0
uint8 DELETE=2
uint8 DELETEALL=3

// 重要成员变量
Header header
string ns                       // 命名空间 namespace
/*id 与命名空间联合起来，形成唯一的标识，可以区分各个标志物，
使得程序可以对指定的标志物进行操作，如果再次执行相同 id,
会删除上一次的标记*/
int32 id
int32 type                      // 类型，指形状
int32 action                    // 操作，是添加、修改还是删除
geometry_msgs/Pose pose         // 位姿
geometry_msgs/Vector3 scale       // 尺寸，默认 1
std_msgs/ColorRGBA color        // 颜色[0.0-1.0]
duration lifetime               // 自动删除前的维持时间，0 表示永久
bool frame_locked               // 用于锁定帧，即每个时间步重新转换为其帧

geometry_msgs/Point[] points // 用于指明序列中每个点的位置
std_msgs/ColorRGBA[] colors

// 只用于文本标识
string text

// 仅用于 MESH_RESOURCE 标记
string mesh_resource
bool mesh_use_embedded_materials
```

(2) calcAbsoluteCoordinate 函数。

我们在分析节点 waypoint_replanner 时对与 calcAbsoluteCoordinate 函数(源码略)在同一文件内的 calcRelativeCoordinate 函数进行了分析，其作用是计算全局坐标系中某点相对于无人车坐标系中的位置。此处 calcAbsoluteCoordinate 函数的作用是计算 current_pose 坐标系上的点在世界坐标系下的绝对坐标。我们设计一个实验验证这个函数的作用(图 4-19)，实验条件跟我们验证 calcRelativeCoordinate 函数的作用时一致，由图 4-20 可以看到在 current_pose 坐标系中坐标(1,2,0)处所对应的点在绝对坐标系中的坐标为(5,9,0)，而图 4-19 中的代码运行结果与我们的计算相符，因此得证代码的作用。

```
geometry_msgs::Point calcAbsoluteCoordinate(geometry_msgs::Point point_msg, geometry_msgs::Pose current_pose)
{
  tf::Transform inverse;
  tf::poseMsgToTF(current_pose, inverse);

  tf::Point p;
  pointMsgToTF(point_msg, p);
  tf::Point tf_p = inverse * p;
  geometry_msgs::Point tf_point_msg;
  pointTFToMsg(tf_p, tf_point_msg);
  return tf_point_msg;
}

int main(int argc, char **argv)
{
    ros::init(argc, argv, "offline_file3_1");

    geometry_msgs::Point point_msg;

    point_msg.x=1;
    point_msg.y=2;
    point_msg.z=0;

    geometry_msgs::Pose current_pose;
    current_pose.position.x=4;
    current_pose.position.y=7;
    current_pose.position.z=0;
    current_pose.orientation.x=0;
    current_pose.orientation.y=0;
    current_pose.orientation.z=0;
    current_pose.orientation.w=1;

    geometry_msgs::Point point_msg2 = calcAbsoluteCoordinate(point_msg, current_pose);
    cout << "point_msg2.x = " << point_msg2.x << endl;
    cout << "point_msg2.y = " << point_msg2.y << endl;
    cout << "point_msg2.z = " << point_msg2.z << endl;

    ros::spin();
}
```

问题　输出　调试控制台　终端

```
zhengkunxian@zhengkunxian:~/code_verification_in_blogs_ROS$ rosrun blog_code_test offline_file3_1
point_msg2.x = 5
point_msg2.y = 9
point_msg2.z = 0
^Czhengkunxian@zhengkunxian:~/code_verification_in_blogs_ROS$ 
```

图 4-19　calcAbsoluteCoordinate 函数作用验证结果

(3) erase 函数。

我们对 createGlobalLaneArrayVelocityMarker 函数中下面两行代码进行解析。

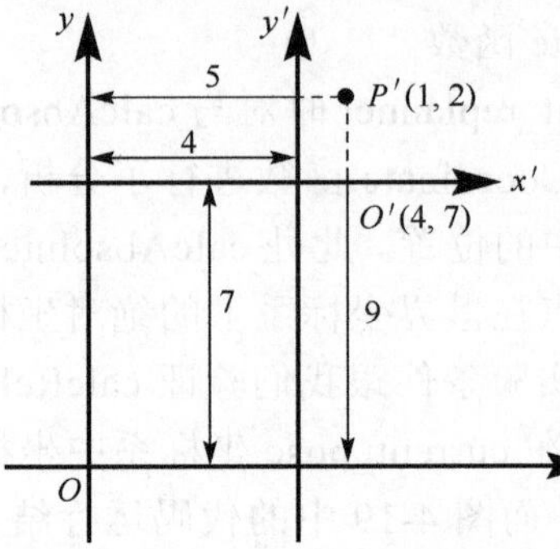

图 4-20　calcAbsoluteCoordinate 函数验证结果示意图

```
std::string vel = std::to_string(mps2kmph(lane.waypoints[i].
twist.twist.linear.x));
// 删除下标 vel.find_first_of(".") + 2 开始及以后的字符
velocity_marker.text = vel.erase(vel.find_first_of(".") + 2);
```

从图 4-21 的示例可以看出，这两行实现了速度单位从 m/s 到 km/h 的换算，并且转换为字符串后保留小数点后一位。

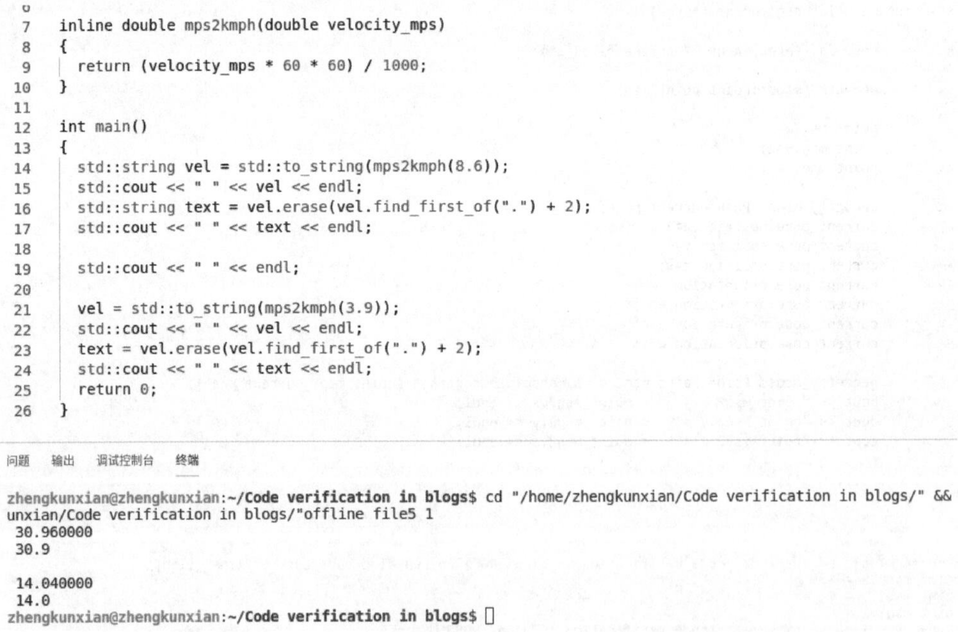

图 4-21　createGlobalLaneArrayVelocityMarker 函数局部代码块作用验证结果

3) createGlobalLaneArrayOrientationMarker 函数

createGlobalLaneArrayOrientationMarker 函数(源码略)的实现类似 createGlobal-

LaneArrayVelocityMarker 函数，这里的标记类型是 visualization_msgs::Marker::ARROW（箭头），用以指示车辆速度方向。

4）createGlobalLaneArrayChangeFlagMarker 函数

createGlobalLaneArrayChangeFlagMarker 函数（源码略）的标记类型也是 TEXT_VIEW_FACING（3D 的文字），用以显示 change_flag。

3. finalCallback 函数

finalCallback 函数是对应于话题"final_waypoints"的回调函数。

```
void finalCallback(const autoware_msgs::LaneConstPtr& msg)
{
  g_local_waypoints_marker_array.markers.clear();
  // 默认值为-1，在对应于话题"closest_waypoint"的
  // 回调函数 closestCallback 中被更新
  if (_closest_waypoint != -1)
    // g_local_color 在 lightCallback 函数中被更新
    // 而 lightCallback 函数被话题为"light_color"和
    // "light_color_managed"的回调函数 receiveAutoDetection 函数
    // 和 receiveManualDetection 函数分别调用
    createLocalWaypointVelocityMarker(g_local_color, _closest_waypoint, *msg);

  createLocalPathMarker(g_local_color, *msg);
  createLocalPointMarker(*msg);
  setLifetime(0.5, &g_local_waypoints_marker_array);
  publishMarkerArray(g_local_waypoints_marker_array, g_local_mark_pub);
}
```

1）createLocalWaypointVelocityMarker 函数

createLocalWaypointVelocityMarker 函数（源码略）的功能跟 createGlobalLaneArrayVelocityMarker 函数是差不多的，值得注意的是标记的颜色是根据传入的 std_msgs::ColorRGBA color 设置的，例如，如果前面路口是红灯，则标记也对应变为红色。

2）createLocalPathMarker 函数

createLocalPathMarker 函数（源码略）以线条（点的连线）形状标记出轨迹，线条穿过各个轨迹点。

3）createLocalPointMarker 函数

createLocalPointMarker 函数（源码略）以立方体的形状标记出轨迹点。

4) setLifetime 函数

设置传入的 visualization_msgs::MarkerArray* marker_array 的生存时间，生存时间表示在自动删除前维持多久，0 表示永久。

```
void setLifetime(double sec, visualization_msgs::MarkerArray* marker_array)
{
  ros::Duration lifetime(sec);
  for (auto& marker : marker_array->markers)
  {
   marker.lifetime = lifetime;
  }
}
```

4. closestCallback 和 configParameter 函数

closestCallback 和 configParameter 函数(源码略)分别更新_closest_waypoint 和 g_config_manual_detection。

4.3.6 节点 lane_navi

节点 lane_navi 对应于“4.2.2 节使用 rosbag 数据进行路径规划”中的操作步骤“(5)加载轨迹点设定任务：勾选 Mission Planning→lane_planner→lane_navi”。

节点 lane_navi 的主要作用：根据路由请求在矢量地图中寻找通往目的地的各条可行路径，并发布至话题"/lane_waypoints_array"。

查找 src/autoware/utilities/runtime_manager/scripts/computing.yaml 可知，勾选 lane_navi 后运行 ROS 包 lane_planner 内的 lane_navi.launch。

```
name : lane_navi
desc : lane_navi desc sample
cmd  : roslaunch lane_planner lane_navi.launch
param: lane_navi
```

lane_navi.launch 如下。

```
<!-- -->
<launch>
   ......
   <node pkg="lane_planner" type="lane_navi" name="lane_navi" output="screen">
      ......
   </node>

```

```
    <node pkg="waypoint_maker" type="waypoint_marker_publisher" name="waypoint_marker_publisher"/>

</launch>
```

可知启动了 lane_navi 和 waypoint_marker_publisher 这两个节点，waypoint_marker_publisher 这一节点在“4.3.5 节中节点 waypoint_marker_publisher”中已经分析完毕，不再赘述。由 ROS 包 lane_planner 内的 CMakeLists.txt 可知，节点 lane_navi 的源文件是 nodes/lane_navi/lane_navi.cpp。

```
add_executable(lane_navi
        nodes/lane_navi/lane_navi.cpp
        )
......
```

首先是其 main 函数，main 函数在 lane_navi.cpp 中。首先设置了一些参数，接着设置发布者和监听者。

```
int main(int argc, char **argv)
{
    ......
    waypoint_pub = n.advertise<autoware_msgs::LaneArray>("/lane_waypoints_array", pub_waypoint_queue_size, pub_waypoint_latch);
    ros::Subscriber route_sub = n.subscribe("/route_cmd", sub_route_queue_size, create_waypoint);
    ros::Subscriber point_sub = n.subscribe("/vector_map_info/point", sub_vmap_queue_size, cache_point);
    ros::Subscriber lane_sub = n.subscribe("/vector_map_info/lane", sub_vmap_queue_size, cache_lane);
    ros::Subscriber node_sub = n.subscribe("/vector_map_info/node", sub_vmap_queue_size, cache_node);
    ......
}
```

1. cache_point，cache_lane 和 cache_node 函数

cache_point，cache_lane （源码略）和 cache_node 函数（源码略）分别是对应于话题"/vector_map_info/point"，"/vector_map_info/lane"和"/vector_map_info/node"的回调函数，更新 all_vmap 中对应值。函数内 all_vmap 的数据类型是 lane_planner::vmap::VectorMap。

```
void cache_point(const vector_map::PointArray& msg)
{
    all_vmap.points = msg.data;
```

```
    update_values();
}
```

1) lane_planner::vmap::VectorMap 数据类型

用于储存决策规划所需要的部分矢量地图要素数据。

```
struct VectorMap {
    std::vector<vector_map::Point> points;
    std::vector<vector_map::Lane> lanes;
    std::vector<vector_map::Node> nodes;
    std::vector<vector_map::StopLine> stoplines;
    std::vector<vector_map::DTLane> dtlanes;
};
```

其中，vector_map 里面包含了构成矢量地图所需的要素。Autoware 将激光点云数据进行分类和下采样完成后，把所有的点按照其定义的类型重新组织，其中，point 代表点云中某点，Autoware 对每个点进行唯一编号，包含经纬高 *blh* 和平面 *xy* 坐标。之后根据分类好的元素，按照 line、vector、area 分别组织数据。用于储存决策规划所需要的部分矢量地图信息的 VectorMap 中包含了 Point，Lane，Node，StopLine 和 DTLane，它们的定义分别如下。

(1) Point.msg。

```
# Ver 1.00
int32 pid              // 识别编号
float64 b              // 经度
float64 l              // 纬度
float64 h              // 高度
float64 bx             // 平面坐标系下(如 UTM 坐标系)横坐标
float64 ly             // 平面坐标系下纵坐标
......
```

(2) Lane.msg。

Lane 用来定义车辆行驶的车道，它由两个 Node 组成。

```
......
# Ver 1.00
int32 lnid             // 识别编号
......
int32 bnid             // 起始 Node 的 nid(识别编号)
int32 fnid             // 终点 Node 的 nid
// jct 指定当前车道分支/合并模式(0: 正常，1: 分支到左边
// 2: 分支到右边，3: 合并到左车道，4: 合并到右车道，5: 未知)
int32 jct
```

```
// blid2-4：指定要合并到当前车道的 Lane 的 lnid(0 表示没有合并)
int32 blid2
int32 blid3
int32 blid4
// flid2-4：指定要分流出去的车道的 Lane 的 lnid
int32 flid2
int32 flid3
int32 flid4
int32 clossid           // 只使用在十字路口，输入 clossid，否则值为 0
float64 span
int32 lcnt              // 车道数
int32 lno               // 本车道编号，从左边的车道开始编号

# Ver 1.20
int32 lanetype          // 车道类型(0：直行，1：左转，2：右转)
int32 limitvel          // 设定的最大速度
int32 refvel            // 目标运动速度(驾驶期间估计速度)
// roadsecid 指定路段(在十字路口是 0，
// 相邻车道通常具有相同的 roadsecid )
int32 roadsecid
int32 lanecfgfg         // 是否车道允许变道(0：允许，1：不允许)
// linkwaid 指定 WayArea 的标识编号，
// WayArea 定义了车辆可以行驶的道路区域
int32 linkwaid
```

(3) Node.msg。

```
# Ver 1.00
int32 nid           // 识别编号
int32 pid           // Node 对应的 Point 的识别编号
```

(4) StopLine.msg。

```
# Ver 1.00
int32 id            // 识别编号
int32 lid           // StopLine 对应的 Line 的识别编号
……
```

(5) Line.msg。

Line 表示线段，用 lid 作为识别编号；两个 Point 的连线即为 Line，bpid 和 fpid 指的是线段的两个端点 Point 的识别编号；blid 和 flid 表示线段之间的关联关系，分别是上一条和下一条 Line 的识别编号。

```
# Ver 1.00
```

```
int32 lid
int32 bpid
int32 fpid
int32 blid
int32 flid
```

(6) DTLane.msg。

DTLane 为道路或车道中心线添加了线性元素和纵向横向坡度的数据，承担着中心线性数据的作用，并用 did 唯一编号。

```
# Ver 1.00
int32 did
float64 dist
......
```

2) update_values 函数

update_values 函数被 cache_point，cache_lane 和 cache_node 这三个回调函数调用，用以在接收到数据时更新 lane_vmap，当然要保证 all_vmap 中的 points，lanes 和 nodes 数据皆完备才可以根据 all_vmap 去生成新的 lane_vmap。接着如果接收到了路径规划的数据(cached_route.point 存在数据)，则根据 cached_route 创建导航轨迹点。随后清除已被使用的 cached_route.point 数据。

```
void update_values()
{
    if (all_vmap.points.empty() || all_vmap.lanes.empty() || all_vmap.nodes.empty())
        return;
    // lane_vmap 是 VectorMap 类型数据，与 all_vmap 一致
    // 并且 lane_planner::vmap::LNO_ALL = -1
    lane_vmap = lane_planner::vmap::create_lane_vmap(all_vmap, lane_planner::vmap::LNO_ALL);
    // cached_route 为 route_cmd 类型数据
    if (!cached_route.point.empty()) {
        create_waypoint(cached_route);
        cached_route.point.clear();
        cached_route.point.shrink_to_fit();
    }
}
```

其中，lane_planner::vmap::LNO_ALL 定义在 lane_planner_vmap.hpp，其余还有 LNO_CROSSING 等。

```
constexpr int LNO_ALL = -1;
```

```
constexpr int LNO_CROSSING = 0;
constexpr int LNO_MOSTLEFT = 1;
```

create_lane_vmap 函数将 update_values 函数里 all_vmap 中 Lane、Node、Point、StopLine 和 DTLane 数据复制至 lane_vmap。

```
VectorMap create_lane_vmap(const VectorMap& vmap, int lno)
{
    VectorMap lane_vmap;
    for (const vector_map::Lane& l : vmap.lanes) {
        if (lno != LNO_ALL && l.lno != lno)
            continue;
        // 将vmap.lanes中的Lane元素复制到lane_vmap.lanes
        lane_vmap.lanes.push_back(l);

        for (const vector_map::Node& n : vmap.nodes) {
            if (n.nid != l.bnid && n.nid != l.fnid)
                continue;
            lane_vmap.nodes.push_back(n);

            for (const vector_map::Point& p : vmap.points) {
                if (p.pid != n.pid)
                    continue;
                lane_vmap.points.push_back(p);
            }
        }

        for (const vector_map::StopLine& s : vmap.stoplines) {
            if (s.linkid != l.lnid)
                continue;
            lane_vmap.stoplines.push_back(s);
        }

        for (const vector_map::DTLane& d : vmap.dtlanes) {
            if (d.did != l.did)
                continue;
            lane_vmap.dtlanes.push_back(d);
        }
    }

    return lane_vmap;
}
```

2. create_waypoint 函数

create_waypoint 函数是话题"/route_cmd"的回调函数。

```
void create_waypoint(const tablet_socket_msgs::route_cmd& msg)
{
......
    // coarse_vmap 是根据传入 create_coarse_vmap_from_route 函数的
    // route_cmd msg 构建而得的，是只包含无人车预计要经过的
    // Point 数据的粗略地图。其被当作一个粗略的导航用以
    // 在信息更完备的针对整个路网的矢量地图 lane_vmap 中找到
    // 对应的轨迹点 Point 和道路 Lane 构建更完善的导航地图
    lane_planner::vmap::VectorMap coarse_vmap = lane_planner::vmap::create_coarse_vmap_from_route(msg);
  ......
    std::vector<lane_planner::vmap::VectorMap> fine_vmaps;
    // 根据只有轨迹点的导航地图 coarse_vmap
    // 从整个路网地图 lane_vmap 中搜寻信息
    // 构建信息完备的导航地图 fine_mostleft_vmap
    // (包括轨迹点，道路，道路限速曲率等信息)
    lane_planner::vmap::VectorMap fine_mostleft_vmap = lane_planner::vmap::create_fine_vmap(lane_vmap, lane_planner::vmap::LNO_MOSTLEFT, coarse_vmap, search_radius, waypoint_max);
    if (fine_mostleft_vmap.points.size() < 2)
        return;
    fine_vmaps.push_back(fine_mostleft_vmap);
    // count_lane 函数返回传入函数的矢量地图
    // fine_mostleft_vmap 中的最大车道数
    int lcnt = count_lane(fine_mostleft_vmap);
    // 下面的 for 循环补充完善 fine_vmaps，
    // 往里面添加以其他车道编号为基准寻找后续 Lane 的导航地图
    for (int i = lane_planner::vmap::LNO_MOSTLEFT + 1; i <= lcnt; ++i) {
        lane_planner::vmap::VectorMap v = lane_planner::vmap::create_fine_vmap(lane_vmap, i, coarse_vmap, search_radius, waypoint_max);
        if (v.points.size() < 2)
            continue;
        fine_vmaps.push_back(v);
    }
    // 下面从 fine_vmaps 中读取信息构建 lane_waypoint
    autoware_msgs::LaneArray lane_waypoint;
    for (const lane_planner::vmap::VectorMap& v : fine_vmaps) {
        autoware_msgs::Lane l;
```

```
        ......
        size_t last_index = v.points.size() - 1;
        for (size_t i = 0; i < v.points.size(); ++i) {
            ......
            autoware_msgs::Waypoint w;
            w.pose.header = header;
            w.pose.pose.position = lane_planner::vmap::create_geometry_msgs_point(v.points[i]);
            ......
            l.waypoints.push_back(w);
        }
        lane_waypoint.lanes.push_back(l);
    }
    // 在话题"/lane_waypoints_array"发布 lane_waypoint
    waypoint_pub.publish(lane_waypoint);

    for (size_t i = 0; i < fine_vmaps.size(); ++i) {
        std::stringstream ss;
        ss << "_" << i;

        std::vector<std::string> v1 = split(output_file, '/');
        std::vector<std::string> v2 = split(v1.back(), '.');
        v2[0] = v2.front() + ss.str();
        v1[v1.size() - 1] = join(v2, '.');
        std::string path = join(v1, '/');

        lane_planner::vmap::write_waypoints(fine_vmaps[i].points, velocity, path);
    }
}
```

我们对下面的代码作用进行验证：可知下面代码块用于在 output_file 的后面加上后缀，以备后面将 fine_vmaps 中不同的导航地图中的轨迹点存在不同的文件内。

```
std::stringstream ss;
ss << "_" << i;

std::vector<std::string> v1 = split(output_file, '/');
std::vector<std::string> v2 = split(v1.back(), '.');
v2[0] = v2.front() + ss.str();
v1[v1.size() - 1] = join(v2, '.');
std::string path = join(v1, '/');
```

验证结果如图 4-22 所示。

```
{
    std::string str;
    for (size_t i = 0; i < vec.size(); ++i) {
        str += vec[i];
        if (i != (vec.size() - 1))
            str += delim;
    }
    return str;
}
int main()
{
    std::string output_file = "/tmp/lane_waypoint.csv";
    cout << "output_file = " << output_file << endl;
    size_t i = 0;
    std::stringstream ss;
    ss << "_" << i;
    cout << "ss = " << ss.str() << endl;
    std::vector<std::string> v1 = split(output_file, '/');
    int j = 0;
    for (auto& el : v1)
    {
      cout << "v1[" << j << "] = " << el << endl;
      j++;
    }
    std::vector<std::string> v2 = split(v1.back(), '.');
    j = 0;
    for (auto& el : v2)
    {
      cout << "v2[" << j << "] = " << el << endl;
      j++;
    }
    v2[0] = v2.front() + ss.str();
    cout << "v2[0] = " << v2[0] << endl;
    v1[v1.size() - 1] = join(v2, '.');
    cout << "v1[v1.size() - 1] = " << v1[v1.size() - 1] << endl;
    std::string path = join(v1, '/');
    cout << "path = " << path << endl;
    return 0;
}
```

问题　输出　调试控制台　终端

```
zhengkunxian@zhengkunxian:~/Code verification in blogs$ cd "/home/zhengkunxian/Code verifica
xian/Code verification in blogs/"online file6 1
output file = /tmp/lane waypoint.csv
ss =  0
v1[0] =
v1[1] = tmp
v1[2] = lane waypoint.csv
v2[0] = lane waypoint
v2[1] = csv
v2[0] = lane waypoint 0
v1[v1.size() - 1] = lane waypoint 0.csv
path = /tmp/lane waypoint 0.csv
zhengkunxian@zhengkunxian:~/Code verification in blogs$ 
```

图 4-22　代码块作用验证：添加文件后缀

1) route_cmd.msg

其包含两个成员变量，其中，header 包含一些基本信息，point 是轨迹点数组。

```
Header header
Waypoint[] point
```

2) create_coarse_vmap_from_route 函数

create_coarse_vmap_from_route 函数根据传入的 route_cmd 数据构建只包含无人车预计要经过的 Point 数据的粗略地图 coarse_vmap，它跟 lane_vmap 和 all_vmap 的数据类型一致，都是 VectorMap 类型。

coarse_vmap 被当作一个粗略的行车导航用以在信息更完备的针对整个路网的矢量地图 lane_vmap 中找到对应的轨迹点 Point 和道路 Lane 构建更完善的行车路径矢量地图 fine_vmap。

```
VectorMap create_coarse_vmap_from_route(const tablet_socket_msgs::
route_cmd& route)
{
    geo_pos_conv geo;
    // 设置 UWB 坐标原点
    // Autoware 内置了 19 个经纬度坐标作为 UWB 坐标系的原点
    geo.set_plane(7);

    VectorMap coarse_vmap;
    for (const tablet_socket_msgs::Waypoint& w : route.point) {
        // 将经纬度和高度转换为 UWB 坐标系下的 xyz 坐标
        geo.llh_to_xyz(w.lat, w.lon, 0);

        vector_map::Point p;
        p.bx = geo.x();
        p.ly = geo.y();
        coarse_vmap.points.push_back(p);
    }

    return coarse_vmap;
}
```

geo_pos_conv 类用于将经纬度转换为 UWB 坐标。

```
class geo_pos_conv {
private:
    double m_x;  //m
    double m_y;  //m
    double m_z;  //m

    double m_lat;  //纬度
    double m_lon; //经度
    double m_h;

```

```
    double m_PLato; //原点纬度
    double m_PLo;  //原点经度
    ......
};
```

3) create_fine_vmap 函数

create_waypoint 函数中对 create_fine_vmap 函数的调用是：

```
lane_planner::vmap::VectorMap fine_mostleft_vmap = lane_planner::vmap::create_fine_vmap(lane_vmap, lane_planner::vmap::LNO_MOSTLEFT, coarse_vmap, search_radius, waypoint_max);
```

create_fine_vmap 函数根据只有轨迹点的粗略导航地图 coarse_vmap，从整个路网地图 lane_vmap 中搜寻信息，构建信息完备的导航地图 fine_mostleft_vmap（包括轨迹点、道路、道路限速曲率等信息）。由调用可知传入 create_fine_vmap 函数的 lno 是 lane_planner::vmap::LNO_MOSTLEFT=1。但是我们仍然是不管条件跳转，对所有步骤都进行解析。

```
VectorMap create_fine_vmap(const VectorMap& lane_vmap, int lno, const VectorMap& coarse_vmap, double search_radius, int waypoint_max)
{
    VectorMap fine_vmap;
    VectorMap null_vmap;

    vector_map::Point departure_point;
    departure_point.pid = -1;
    if (lno == LNO_ALL)
        // departure_point 为 lane_vmap 中
        // 与 coarse_vmap.points.front()距离最近的坐标点
        departure_point = find_nearest_point(lane_vmap, coarse_vmap.points.front());
    else {
        for (int i = lno; i >= LNO_CROSSING; --i) {
            departure_point = find_departure_point(lane_vmap, i, coarse_vmap.points, search_radius);
            ......
        }
    }
    ......
    vector_map::Point arrival_point;
    arrival_point.pid = -1;
    if (lno == LNO_ALL)
        // arrival_point 为 lane_vmap 中
        // 与 coarse_vmap.points.back()距离最近的坐标点
```

```
        arrival_point = find_nearest_point(lane_vmap, coarse_vmap.points.back());
    else {
        for (int i = lno; i >= LNO_CROSSING; --i) {
            arrival_point = find_arrival_point(lane_vmap, i, coarse_vmap.points, search_radius);
            ......
    }
    ......
    vector_map::Point point = departure_point;
    // find_lane 在传入函数的矢量地图 lane_vmap 中找到
    // 起始 Node 为 point 的 Lane
    // 传入的 point 为出发点 departure_point，
    // 因此得到的 lane 为车辆出发时所在的 Lane
    vector_map::Lane lane = find_lane(lane_vmap, LNO_ALL, point);
    ......
    bool finish = false;
    // 开始构造 fine_vmap
    for (int i = 0; i < waypoint_max; ++i) {
        fine_vmap.points.push_back(point);

        // 查找 lane 对应的 DTLane
        vector_map::DTLane dtlane;
        dtlane.did = -1;
        for (const vector_map::DTLane& d : lane_vmap.dtlanes) {
            if (d.did == lane.did) {
                dtlane = d;
                break;
            }
        }
        // fine_vmap 内信息：
        // (1) vector_map::DTLane：储存对应 Lane 的纵向横向坡度等数据
        fine_vmap.dtlanes.push_back(dtlane);

        vector_map::StopLine stopline;
        ......
        // fine_vmap 内信息：
        // (2) vector_map::StopLine：存储人行横道等附近停止线信息
        fine_vmap.stoplines.push_back(stopline);

        // 此处是跳出 fine_vmap 构造大循环的开关
        if (finish)
            break;
        // fine_vmap 内信息：
        // (3) vector_map::Line：车辆行驶的车道
```

```
        fine_vmap.lanes.push_back(lane);
        // 在传入函数的矢量地图 lane_vmap 中找到 lane 的末尾端点
        // 此处实现了 point 在同一条 Lane 上的起始点和末尾点之间的切换
        // 后面就会以当前 Lane 的末尾点作为新起始点寻找对应的 Lane
        // 根据这个新的 Lane 查找对应的信息存入 fine_vmap
        point = find_end_point(lane_vmap, lane);
        ……
        // 到达"到达点", 停止循环
        if (point.bx == arrival_point.bx && point.ly == arrival_point.ly) {
            finish = true;
            continue;
        }
        // 判断传入函数的 lane 是否会分成多个 Lane 分支
        if (is_branching_lane(lane)) {
            // 在 lane_vmap 中找到 lane 的末尾端点
            vector_map::Point coarse_p1 = find_end_point(lane_vmap, lane);
            ……
            // 返回 coarse_vmap 中与 lane_vmap 中的 coarse_p1 距离最近的点
            coarse_p1 = find_nearest_point(coarse_vmap, coarse_p1);
            if (coarse_p1.pid < 0)
                return null_vmap;

            vector_map::Point coarse_p2;
            double distance = -1;
            for (const vector_map::Point& p : coarse_vmap.points) {
                if (distance == -1) {
                    if (p.bx == coarse_p1.bx && p.ly == coarse_p1.ly)
                        distance = 0;
                    continue;
                }
                coarse_p2 = p;
                distance = hypot(coarse_p2.bx - coarse_p1.bx, coarse_p2.ly - coarse_p1.ly);
                if (distance > search_radius)
                    break;
            }
            if (distance <= 0)
                return null_vmap;
            // 得到 coarse_p1 和 coarse_p2 构成的直线与
            // 世界坐标系 x 轴的夹角(-180～180 度)
            double coarse_angle = compute_direction_angle(coarse_p1, coarse_p2);
            if (lno == LNO_ALL) {
              // find_next_branching_lane 函数根据粗略地图计算出来的夹角
```

```
                    // 作为一个粗略的标准在更高精度的矢量地图中以
                    // 更完善的标准寻找下一条 Lane
                   lane = find_next_branching_lane(lane_vmap, LNO_ALL,
lane, coarse_angle, search_radius);
                } else {
                    ......
                }
            } else {
                //如果 lane 没有分支,直接调用 find_next_lane 找后续 Lane
                lane = find_next_lane(lane_vmap, LNO_ALL, lane);
            }
     ......
     return fine_vmap;
}
```

create_fine_vmap 函数的主体执行流程图如图 4-23 所示。

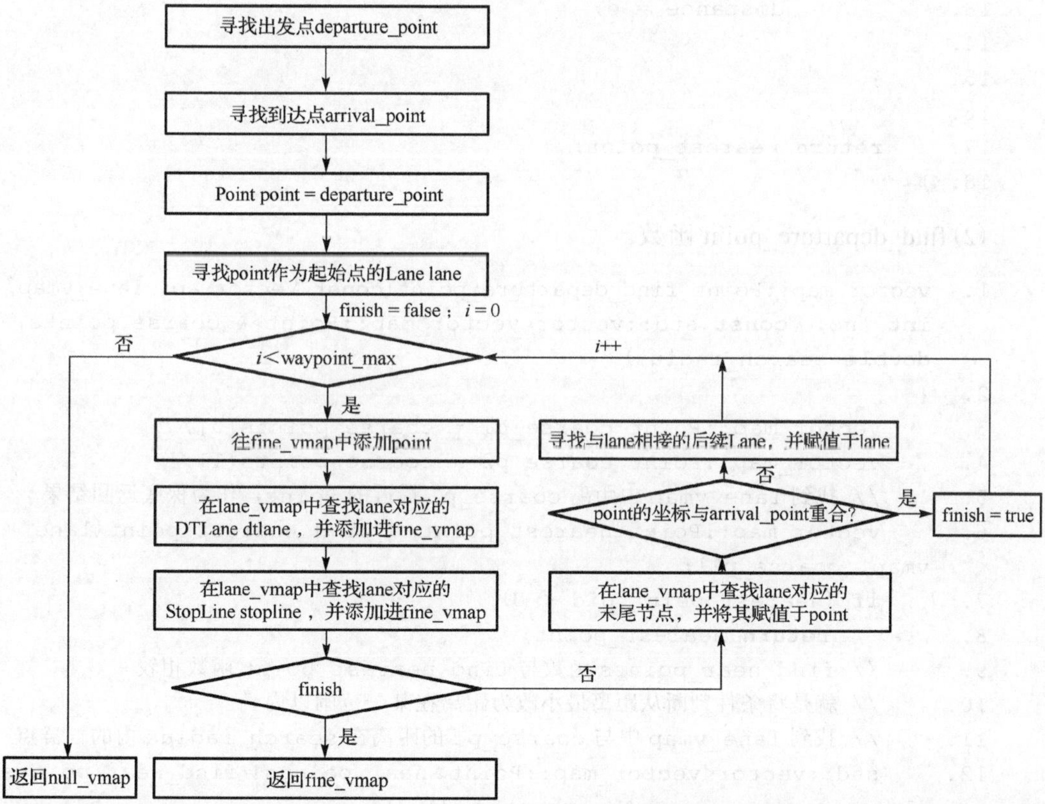

图 4-23　create_fine_vmap 函数的主体执行流程图

(1) find_nearest_point 函数。

返回 vmap 中与 point 距离最近的坐标点。

```
vector_map::Point find_nearest_point(const VectorMap& vmap, const vector_map::Point& point)
{
    vector_map::Point nearest_point;
    // 若返回的 nearest_point.pid<0 则代表未找到最近点
    nearest_point.pid = -1;

    double distance = DBL_MAX;
    for (const vector_map::Point& p : vmap.points) {
        // 计算两点之间的距离
        double d = hypot(p.bx - point.bx, p.ly - point.ly);
        if (d <= distance) {
            nearest_point = p;
            distance = d;
        }
    }

    return nearest_point;
}
```

(2) find_departure_point 函数。

```
vector_map::Point find_departure_point(const VectorMap& lane_vmap, int lno,  const std::vector<vector_map::Point>& coarse_points, double search_radius)
{
    vector_map::Point coarse_p1 = coarse_points[0];
    vector_map::Point coarse_p2 = coarse_points[1];
    // 找到 lane_vmap 中距离 coarse_p1 最近的 Point，作为保底返回结果
    vector_map::Point nearest_point = find_nearest_point(lane_vmap, coarse_p1);
    if (nearest_point.pid < 0)
        return nearest_point;
    // find_near_points 函数与 find_nearest_point 函数相较
    // 就是将条件判断从距离最小改为距离在某一范围以内
    // 找到 lane_vmap 中与 coarse_p1 的距离在 search_radius 内的一群点
    std::vector<vector_map::Point> near_points = find_near_points(lane_vmap, coarse_p1, search_radius);
    // 计算 coarse_p2 和 coarse_p1 构成的直线与
    // 当前世界坐标系下 x 轴正方向间的夹角(180～-180 度)
```

```
double coarse_angle = compute_direction_angle(coarse_p1, coarse_p2);
double score = 180 + search_radius;
for (const vector_map::Point& p1 : near_points) {
    // find_lane 的作用是在传入函数的矢量地图 lane_vmap 中
    // 找到车道编号为 lno 且起始点为 p1 的 Lane
    vector_map::Lane l = find_lane(lane_vmap, lno, p1);
    if (l.lnid < 0)
        continue;
    // 在传入函数的矢量地图 lane_vmap 中找到 l 的
    // 末尾 Node 所对应的 Point
    vector_map::Point p2 = find_end_point(lane_vmap, l);
    if (p2.pid < 0)
        continue;
    // p1 和 p2 对应的 Node 构成了 Lane  l,
    // 因此这里计算的是 Lane  l 与世界坐标系 x 轴之间的夹角
    // 另外,因为 p1 是 near_points 中的 Point,
    // 也就是 Lane l 是“与 coarse_p1 的距离在 search_radius 范围内”的
    // 其他点作为起始点的 Lane
    double a = compute_direction_angle(p1, p2);
    // Lane  l 与直线<coarse_p1,coarse_p2>之间的夹角
    // 要注意的是,a 是 lane_vmap 中的点所构成的 Lane 与 x 轴的夹角
    // coarse_angle 是 coarse_points
    // (对应于传入 find_departure_point 函数中的
    // create_fine_vmap 函数中的 coarse_vmap.points)中
    // 最前面两个点构成的 Lane 与 x 轴的夹角
    a = fabs(a - coarse_angle);
    if (a > 180)
        a = fabs(a - 360);
    double d = hypot(p1.bx - coarse_p1.bx, p1.ly - coarse_p1.ly);
    double s = a + d;
    // 前面 score = 180 + search_radius 中的
    // 180 代表最大角度,search_radius 则是最大距离
    // 也就是在 lane_vmap 中找到一个 Point 满足 a + d 最小
    // ① a: 其对应的 Node 作为起始点的 Lane
    // (且编号等于传入的 lno)与直线<coarse_p1,coarse_p2>间的夹角
    // ② d: 与 coarse_p1 的距离
    if (s <= score) {
        nearest_point = p1;
        score = s;
    }
}
```

```
    return nearest_point;
}
```

函数名的意思是“寻找出发点”，这里的“出发点”指的是 lane_vmap 中满足 $a+d$ 最小的 Point x。

a：Point x 对应的 Node 作为起始点的 Lane l（且编号等于传入的 lno）与直线 <coarse_p1, coarse_p2>之间的夹角；

d：Point x 与 coarse_p1 的距离。

如图 4-24 所示。

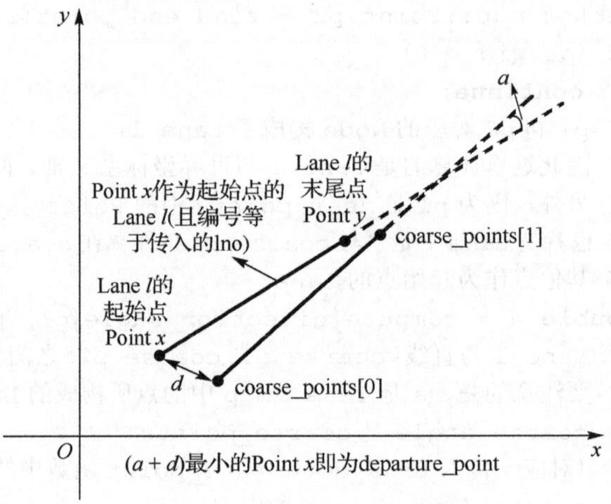

图 4-24　“出发点”示意图

①find_near_points 函数。

find_near_points 函数返回 vmap 中与 point 的距离在 search_radius 以内的所有点。

```
std::vector<vector_map::Point> find_near_points(const VectorMap&
vmap, const vector_map::Point& point, double search_radius)
{
    ......
}
```

②compute_direction_angle 函数。

根据 $p2$ 和 $p1$ 坐标计算出正切值，接着求反正切得到 $p2$ 和 $p1$ 构成的直线与世界坐标系 x 轴的夹角 θ (π ~ −π)，最后转换为“度”为单位。

$$\theta = \arctan\left(\frac{p2_y - p1_y}{p2_x - p1_x}\right) \times \frac{180}{\pi} \tag{4-8}$$

```
double compute_direction_angle(const vector_map::Point& p1, const
vector_map::Point& p2)
```

```
{
    return (atan2(p2.ly - p1.ly, p2.bx - p1.bx) * (180 / M_PI));
}
```

③find_lane 函数。

find_lane 的作用是在 vmap 中找到车道编号为 lno（当 lno 不等于 LNO_ALL=-1 时）且起始点为 point 的 Lane。

find_lane 函数的解析需要对 Autoware 矢量地图的数据组织形式有一定的了解，可以回顾本节前面“lane_planner::vmap::VectorMap 数据类型”中对 VectorMap 中所包含的 Point，Lane，Node，StopLine 和 DTLane 的解析，大致了解它们之间的关系，可以辅助理解 find_lane 函数的实现过程。

```
vector_map::Lane find_lane(const VectorMap& vmap, int lno, const
vector_map::Point& point)
{
    vector_map::Lane error;
    error.lnid = -1;

    for (const vector_map::Node& n : vmap.nodes) {
        // 找到 point 所对应的 Node
        if (n.pid != point.pid)
            continue;
        for (const vector_map::Lane& l : vmap.lanes) {
            // 在 vmap 中找到车道编号和 lno 相符的 Lane
            if (lno != LNO_ALL && l.lno != lno)
                continue;
            // 找到 point 所对应的 Node 作为起始 Node 的 Lane
            if (l.bnid != n.nid)
                continue;
            return l;
        }
    }

    return error;
}
```

④find_end_point 函数。

find_end_point 的作用是在传入函数的矢量地图 vmap 中找到 lane 的末尾 Node 所对应的 Point。

```
vector_map::Point find_end_point(const VectorMap& vmap, const
vector_map::Lane& lane)
```

```
{
    ......
}
```

(3) find_arrival_point 函数。

```
vector_map::Point find_arrival_point(const VectorMap& lane_vmap,
int lno,  const std::vector<vector_map::Point>& coarse_points,
double search_radius)
    vector_map::Point coarse_p1 = coarse_points[coarse_points.size() - 1];
    vector_map::Point coarse_p2 = coarse_points[coarse_points.size() - 2];
    // 跟 find_departure_point 函数中实现过程是类似的
    ......
}
```

函数名的意思是“寻找到达点”，跟前面的“寻找出发点”实现过程是相似的。这里的“到达点”（设为 Point y）指的是 lane_vmap 中满足 $a+d$ 最小的 Point。

a：直线$\langle z,y\rangle$（Point z：Point y 作为末尾点的 Lane l（且编号等于 lno）的上一条 Lane（设为 Lane k）的起始点）与直线<coarse_p1, coarse_p2>之间的夹角；

d：Point y 与 coarse_p1 的距离。

如图 4-25 所示。

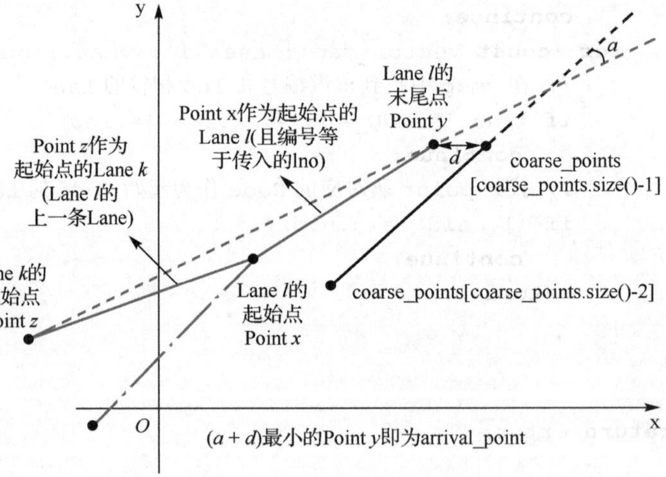

图 4-25　“到达点”示意图

①find_prev_lane 函数。

find_prev_lane 函数的作用是找到 vmap 中与 lane 相连的上一条 Lane。

从“lane_planner::vmap::VectorMap 数据类型”中对 Lane.msg 的分析可知：

blid2-4：指定要合并到当前车道的 Lane 的 lnid（0 表示没有合并）；

flid2-4：指定要分流出去的车道 Lane 的 lnid(0 表示没有分支)。

```
vector_map::Lane find_prev_lane(const VectorMap& vmap, int lno,
const vector_map::Lane& lane)
{
    vector_map::Lane error;
    error.lnid = -1;
    // 判断 lane 是否处于合并模式
    if (is_merging_lane(lane)) {
        for (const vector_map::Lane& l : vmap.lanes) {
            // 在传入函数的 vmap 中找到车道编号和 lno 相符的 Lane l
            if (lno != LNO_ALL && l.lno != lno)
                continue;
            // l 是否是合并到 Lane lane 的上一条 Lane
            if (l.lnid != lane.blid && l.lnid != lane.blid2 &&
l.lnid != lane.blid3 &&
                l.lnid != lane.blid4)
                continue;
            return l;
        }
    } else {
        for (const vector_map::Lane& l : vmap.lanes) {
            // lane 不是多个 Lane 合并而来的时候
            // l 是否为 lane 的上一条 Lane
            if (l.lnid != lane.blid)
                continue;
            return l;
        }
    }

    return error;
}
```

is_merging_lane 函数的作用是判断传入函数的 Lane lane 是否为多个 Lane 合并而来的。

```
bool is_merging_lane(const vector_map::Lane& lane)
{
    return (lane.jct == 3 || lane.jct == 4 || lane.jct == 5);
}
```

②find_start_point 函数。

find_start_point 的作用是在 vmap 中找到 lane 的起始 Node 所对应的 Point。

```
vector_map::Point find_start_point(const VectorMap& vmap, const vector_map::Lane& lane)
{
    ……
}
```

(4) is_branching_lane 函数。

is_branching_lane 函数判断 lane 是否会分成多个 Lane 分支。

```
bool is_branching_lane(const vector_map::Lane& lane)
{
    return (lane.jct == 1 || lane.jct == 2 || lane.jct == 5);
}
```

(5) find_next_branching_lane 函数。

```
vector_map::Lane find_next_branching_lane(const VectorMap& vmap, int lno, const vector_map::Lane& lane, double coarse_angle, double search_radius)
{
    vector_map::Lane error;
    error.lnid = -1;
    vector_map::Point p1 = find_end_point(vmap, lane);
    if (p1.pid < 0)
        return error;

    std::vector<std::tuple<vector_map::Point, vector_map::Lane>> candidates;
    for (const vector_map::Lane& l1 : vmap.lanes) {
        if (lno != LNO_ALL && l1.lno != lno)
            continue;
        // 判断 l1 是否是传入函数的 lane 的分支 Lane
        if (l1.lnid == lane.flid || l1.lnid == lane.flid2 || l1.lnid == lane.flid3 || l1.lnid == lane.flid4) {
            vector_map::Lane l2 = l1;
            vector_map::Point p = find_end_point(vmap, l2);
            if (p.pid < 0)
                continue;
            vector_map::Point p2 = p;
            // 计算 l2 的起始点和末尾点之间的距离，也就是 l2 的路长
            double d = hypot(p2.bx - p1.bx, p2.ly - p1.ly);
            while (d <= search_radius && l2.flid != 0 && !is_branching_lane(l2)) {
                // 不断用 l2 的下一条 Lane 迭代 l2，往路网深处遍历
```

```
                l2 = find_next_lane(vmap, LNO_ALL, l2);
                if (l2.lnid < 0)
                    break;
                p = find_end_point(vmap, l2);
                if (p.pid < 0)
                    break;
                p2 = p; // 不断迭代p2
                d = hypot(p2.bx - p1.bx, p2.ly - p1.ly);
            }
            candidates.push_back(std::make_tuple(p2, l1));
        }
    }

    if (candidates.empty())
        return error;

    vector_map::Lane branching_lane;
    double angle = 180;
    for (const std::tuple<vector_map::Point, vector_map::Lane>& c : candidates) {
        vector_map::Point p2 = std::get<0>(c);
        double a = compute_direction_angle(p1, p2);
        // 随着循环令compute_direction_angle(p1, p2)不断逼近coarse_angle
        a = fabs(a - coarse_angle);
        if (a > 180)
            a = fabs(a - 360);
        if (a <= angle) {
            branching_lane = std::get<1>(c);
            angle = a;
        }
    }

    return branching_lane;
}
```

find_next_branching_lane 函数在 create_fine_vmap 函数中被调用，通过 create_fine_vmap 函数我们可以获得一些辅助信息帮助理解。

前提：在粗略地图 coarse_vmap 中确定 coarse_p1（与矢量地图 lane_vmap 中当前 Lane 的末尾点位置最接近的 Point）和 coarse_p2（与 coarse_p1 之间的距离刚刚超过搜索范围 search_radius 的 Point），继而得到这两个点与世界坐标系 x 轴的夹角 coarse_angle。

函数流程：在精度更高的矢量地图 lane_vmap 中寻找当前 Lane（设为 l）的所有分支 Lane，以不同的分支 Lane 作为起点分别遍历它们的后续 Lane，直到 Lane：①开始分支，②走到头，③末尾点与 Lane l 的末尾点（设为 x）距离刚刚超过 search_radius，记录此时被遍历到的 Lane 的末尾点。计算所有被记录的末尾点与 Point x 形成的直线与世界坐标系 x 轴的夹角，选择最接近 coarse_angle 的对应末尾点所处的分支 Lane 作为当前 Lane l 的后续 Lane。

通俗而言，find_next_branching_lane 函数根据粗略地图计算出来的夹角作为一个粗略的标准在更高精度的矢量地图中以更完善的标准寻找下一条 Lane。

上面描述的 find_next_branching_lane 函数的流程如图 4-26 所示。

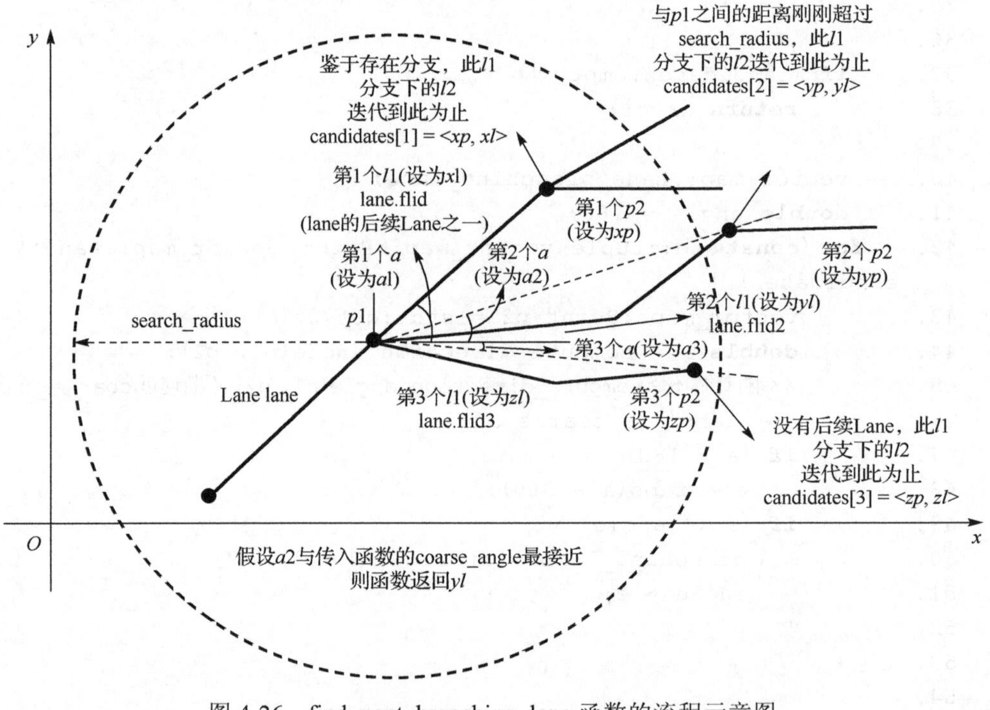

图 4-26　find_next_branching_lane 函数的流程示意图

对上面函数中的 find_next_lane 函数进行分析可知，其作用是根据传入函数的 Lane lane 的后续 Lane 是否有多条（也就是 lane 是否有分支）返回对应的后续 Lane。

有分支：返回道路编号等于传入函数中的 lno，且 lnid（Lane 的唯一标识）为矢量地图中记录的 lane 的后续 Lane 的 lnid 的 Lane；

无分支：直接返回 lane 的后续 Lane，不必判断道路编号是否跟 lno 符合。

```
vector_map::Lane find_next_lane(const VectorMap& vmap, int lno,
    const vector_map::Lane& lane)
```

```
{
    ......
}
```

4) count_lane 函数

count_lane 函数返回传入函数的矢量地图 vmap 中的最大车道数。

```
int count_lane(const lane_planner::vmap::VectorMap& vmap)
{
    int lcnt = -1;

    for (const vector_map::Lane& l : vmap.lanes) {
        if (l.lcnt > lcnt) // l.lcnt 是 Lane l 的车道数
            lcnt = l.lcnt;
    }

    return lcnt; // 返回的是矢量地图 vmap 中各个 Lane 中的最大车道数
}
```

5) create_geometry_msgs_point 函数

create_geometry_msgs_point 函数（源码略）根据 vector_map::Point 数据构建 geometry_msgs::Point 消息。

6) write_waypoints 函数

计算航向角，调用 write_waypoint 函数将轨迹点数据写入文件 path。

```
void write_waypoints(const std::vector<vector_map::Point>& points,
    double velocity, const std::string& path)
{
    ......
    size_t last_index = points.size() - 1;
    for (size_t i = 0; i < points.size(); ++i) {
        double yaw;
        if (i == last_index) {
            geometry_msgs::Point p1 = create_geometry_msgs_point
    (points[i]);
            geometry_msgs::Point p2 = create_geometry_msgs_point
    (points[i - 1]);
            yaw = atan2(p2.y - p1.y, p2.x - p1.x);
            yaw -= M_PI;
        } else {
            ......
        }
```

```

        write_waypoint(points[i], yaw, velocity, path, (i == 0));
    }
}
```

对上面函数中的 write_waypoint 函数进行分析可知，其用于轨迹点的数据写入。

```
void write_waypoint(const vector_map::Point& point, double yaw, double velocity, const std::string& path,
        bool first)
{
    // 反转 x-y 轴坐标
    if (first) {
        ……
    } else {
        std::ofstream ofs(path.c_str(), std::ios_base::app);
        ofs << std::fixed << point.ly << ","
            << std::fixed << point.bx << ","
            << std::fixed << point.h << ","
            << std::fixed << yaw << ","
            << std::fixed << velocity << std::endl;
    }
}
```

4.3.7 节点 lane_rule

节点 lane_rule 对应于“4.2.2 节使用 rosbag 数据进行路径规划”中的操作步骤“(5) 加载轨迹点设定任务：勾选 Mission Planning→lane_planner→lane_rule”。

节点 lane_rule 的主要作用：对节点 lane_navi 发布在话题“/lane_waypoints_array”上的规划路径在轨迹点速度方面进一步修正，为红灯时在停车线内减速停车等场景提供支持。

查找 src/autoware/utilities/runtime_manager/scripts/computing.yaml 可知，勾选 lane_rule 后运行 ROS 包 lane_planner 内的节点 lane_rule。

```
name : lane_rule
desc : lane_rule desc sample
cmd  : rosrun lane_planner lane_rule
param: lane_rule
```

由 ROS 包 lane_planner 内的 CMakeLists.txt 可知，节点 lane_rule 的源文件是 nodes/lane_rule/lane_rule.cpp。

```
add_executable(lane_rule
```

```
    nodes/lane_rule/lane_rule.cpp
    )
……
```

首先是其 main 函数，main 函数在 lane_rule.cpp 中，设置一些参数，接着设置发布者和监听者。

```
int main(int argc, char** argv)
{
  ……
  // 设置参数默认值
  n.param<int>("/lane_rule/sub_vmap_queue_size", sub_vmap_queue_size, 1);
  ……
    // 设置发布者
  traffic_pub =
      n.advertise<autoware_msgs::LaneArray>("/traffic_waypoints_array", pub_waypoint_queue_size, pub_waypoint_latch);
  ……

  // 设置订阅者
  ros::Subscriber waypoint_sub = n.subscribe("/lane_waypoints_array", sub_waypoint_queue_size, create_waypoint);
  ……
}
```

1. cache_point 等函数

在前面 4.3.6 节中已经分析了同名的 cache_point、cache_lane 和 cache_node 函数，节点 lane_rule 相较于节点 lane_navi 对 all_vmap 的更新更加全面。这些函数同样是在更新 all_vmap 中的数据后，调用 update_values 函数，但是节点 lane_rule 的 update_values 函数跟节点 lane_navi 的 update_values 函数有些不一样。

```
void cache_point(const vector_map::PointArray& msg)
{
  all_vmap.points = msg.data;
  update_values();
}
……
```

对上面函数中的 update_values 函数进行分析可知，其作用是更新 lane_vmap、curve_radius_min 等，最后调用 create_waypoint 函数更新期望轨迹点。

```
void update_values()
```

```
{ // 判断条件相较于节点lane_navi的update_values函数多了
  // 对all_vmap.stoplines和all_vmap.dtlanes的判断
  if (all_vmap.points.empty() || all_vmap.lanes.empty() || all_vmap.nodes.empty() || all_vmap.stoplines.empty() ||
      all_vmap.dtlanes.empty())
    return;
  // 调用的create_lane_vmap函数与节点lane_navi中的是一致的
  lane_vmap = lane_planner::vmap::create_lane_vmap(all_vmap, lane_planner::vmap::LNO_ALL);

  // 后面的部分与节点lane_navi的update_values函数不一样
  curve_radius_min = lane_planner::vmap::RADIUS_MAX;
  crossroad_radius_min = lane_planner::vmap::RADIUS_MAX;
  clothoid_radius_min = lane_planner::vmap::RADIUS_MAX;
  // 此处for循环遍历lane_vmap.dtlanes
  // 对curve_radius_min，crossroad_radius_min和
  // clothoid_radius_min进行赋值
  for (const vector_map::DTLane& d : lane_vmap.dtlanes)
  {
    double radius_min = fabs(d.r);
    if (lane_planner::vmap::is_curve_dtlane(d))
    {
      if (lane_planner::vmap::is_crossroad_dtlane(d))
      {
        if (radius_min < crossroad_radius_min)
          crossroad_radius_min = radius_min;
      }
      else
      {
        if (radius_min < curve_radius_min)
          curve_radius_min = radius_min;
      }
    }
    else if (lane_planner::vmap::is_clothoid_dtlane(d))
    {
      if (radius_min < clothoid_radius_min)
        clothoid_radius_min = radius_min;
    }
  }

  if (!cached_waypoint.lanes.empty())
  {
```

```
    autoware_msgs::LaneArray update_waypoint = cached_waypoint;
    create_waypoint(update_waypoint);
  }
}
```

对 is_curve_dtlane，is_crossroad_dtlane 和 is_clothoid_dtlane 函数的分析如下。

```
// 是弯道?
bool is_curve_dtlane(const vector_map::DTLane& dtlane)
{
    return (dtlane.apara == 0 && dtlane.r != RADIUS_MAX);
}
// 是十字路口?
bool is_crossroad_dtlane(const vector_map::DTLane& dtlane)
{
    // 以半径 10m 或者更小的半径沿十字路口行驶
    return (fabs(dtlane.r) <= 10);
}
// 道路回旋?
bool is_clothoid_dtlane(const vector_map::DTLane& dtlane)
{
    return (dtlane.apara != 0);
}
```

2. config_paramcter 函数

config_parameter 函数(源码略)用于配置节点内参数(具体参数详见源码)，最后调用 create_waypoint 函数更新期望轨迹点。

3. create_waypoint 函数

节点 lane_rule 的 create_waypoint 函数接收的数据类型是 autoware_msgs::LaneArray，而节点 lane_navi 的 create_waypoint 函数接收的数据类型是 tablet_socket_msgs::route_cmd。节点 lane_rule 的 create_waypoint 函数是话题“/lane_waypoints_array”的回调函数，而话题“/lane_waypoints_array”的发布者正是节点 lane_navi，实际上节点 lane_navi 根据路由指令在矢量地图内搜索到达目的地的路径并在话题"/lane_waypoints_array"上进行发布，被节点 lane_rule 监听后对规划路径进一步修正。

```
void create_waypoint(const autoware_msgs::LaneArray& msg)
{
  ......
  for (const autoware_msgs::Lane& l : msg.lanes)
    // create_new_lane 函数更新 Lane l 的所有元素的 header
    cached_waypoint.lanes.push_back(create_new_lane(l, header));
```

```
  // 如果all_vmap(all_vmap是各种数据最完备的矢量地图)
  // 有元素为空，则直接发布消息到话题"/traffic_waypoints_array"
 if(all_vmap.points.empty() || all_vmap.lanes.empty() || all_vmap.nodes.empty() || all_vmap.stoplines.empty() ||
     all_vmap.dtlanes.empty())
  {
    traffic_pub.publish(cached_waypoint);
    return;
  }

  autoware_msgs::LaneArray traffic_waypoint;
  autoware_msgs::LaneArray red_waypoint;
  autoware_msgs::LaneArray green_waypoint;
  traffic_waypoint.id = red_waypoint.id = green_waypoint.id = msg.id;
  for (size_t i = 0; i < msg.lanes.size(); ++i)
  {
    autoware_msgs::Lane lane = create_new_lane(msg.lanes[i], header);
    // 创建只有轨迹点的粗略导航地图
    lane_planner::vmap::VectorMap coarse_vmap = lane_planner::vmap::create_coarse_vmap_from_lane(lane);
    if (coarse_vmap.points.size() < 2)
    {
      traffic_waypoint.lanes.push_back(lane);
      continue;
    }
   lane_planner::vmap::VectorMap fine_vmap = lane_planner::vmap::create_fine_vmap(
      lane_vmap, lane_planner::vmap::LNO_ALL, coarse_vmap, search_radius, waypoint_max);
    // is_fine_vmap函数根据lane中的数据对比fine_vmap中
    // 储存的数据，判断fine_vmap是否正确生成
    if (fine_vmap.points.size() < 2 || !is_fine_vmap(fine_vmap, lane))
    {
      traffic_waypoint.lanes.push_back(lane);
      green_waypoint.lanes.push_back(lane);
      // apply_stopline_acceleration函数对传入函数的
      // lane里面接近停止点和离开停止点的轨迹点速度进行修正
      lane = apply_stopline_acceleration(lane, config_acceleration, config_stopline_search_radius, config_number_of_zeros_ahead, config_number_of_zeros_behind);
      red_waypoint.lanes.push_back(lane);
```

```
      continue;
    }

    for (size_t j = 0; j < lane.waypoints.size(); ++j)
    { // 根据当前轨迹点所处 Lane 是否为弯道或者回旋道等情况降低车速
      lane.waypoints[j].twist.twist.linear.x *= create_reduction(fine_vmap, j);
      if (fine_vmap.dtlanes[j].did >= 0)
      {
        lane.waypoints[j].dtlane = lane_planner::vmap::create_waypoint_follower_dtlane(fine_vmap.dtlanes[j]);
      }
    }

  // 光滑速度变化
    for (int k = 0; k < config_number_of_smoothing_count; ++k)
    {
      autoware_msgs::Lane temp_lane = lane;
      // 检查轨迹点数目
      if (lane.waypoints.size() >= 3)
      { // 遍历 lane 中的轨迹点
        for (size_t j = 1; j < lane.waypoints.size() - 1; ++j)
        {
          if (lane.waypoints.at(j).twist.twist.linear.x != 0)
          { // 顺滑速度的方式很简单，以下标为 j 的轨迹点为中心将
            // 三个连续点速度取均值作为下标为 j 的轨迹点的速度
            lane.waypoints[j].twist.twist.linear.x =
                (temp_lane.waypoints.at(j - 1).twist.twist.linear.x + temp_lane.waypoints.at(j).twist.twist.linear.x +
                 temp_lane.waypoints.at(j + 1).twist.twist.linear.x) /
                3;
          }
        }
      }
    }
    // apply_crossroad_acceleration 函数对传入函数的 lane 里面
    // 接近交叉口起始点和离开交叉口末尾点的轨迹点速度进行修正
    lane = apply_crossroad_acceleration(lane, config_acceleration);

    traffic_waypoint.lanes.push_back(lane);
    green_waypoint.lanes.push_back(lane);
    // 此处 apply_stopline_acceleration 函数与前面的
```

```
    // apply_stopline_acceleration函数为同名函数
    // 前面的apply_stopline_acceleration函数因为缺少
    // 导航矢量地图fine_vmap需要在全局路网地图lane_vmap中
    // 寻找停止点，而此处的apply_stopline_acceleration函数直接
    // 借助fine_vmap即可找到行车路径上的停止点
    lane = apply_stopline_acceleration(lane, config_acceleration, fine_vmap, config_number_of_zeros_ahead, config_number_of_zeros_behind);

    red_waypoint.lanes.push_back(lane);
  }

  // 发布消息至话题
  traffic_pub.publish(traffic_waypoint);
  red_pub.publish(red_waypoint);
  // red_waypoint是经过apply_stopline_acceleration函数
  // 处理过的，应用于红灯时在停车线减速停车的场景
  green_pub.publish(green_waypoint);
}
```

create_waypoint函数根据交规对行车轨迹点修正的主要流程如图4-27所示，实际上修正的只有车速。

1) create_new_lane函数

更新Lane lane的所有元素的帧头header。

```
autoware_msgs::Lane create_new_lane(const autoware_msgs::Lane& lane, const std_msgs::Header& header)
{
  autoware_msgs::Lane l = lane;
  l.header = header;

  for (autoware_msgs::Waypoint& w : l.waypoints)
  {
    w.pose.header = header;
    w.twist.header = header;
  }

  return l;
}
```

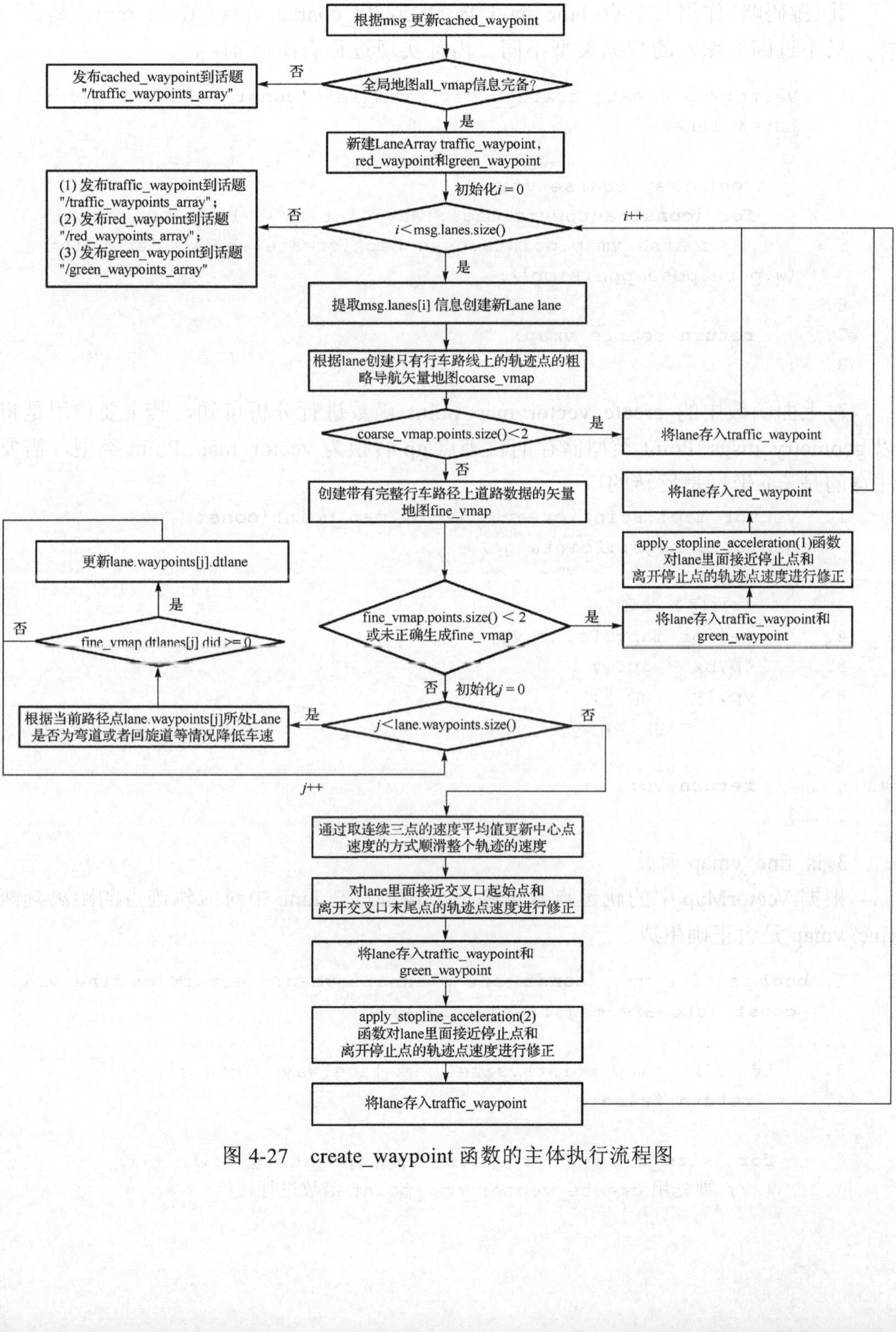

图 4-27　create_waypoint 函数的主体执行流程图

2) create_coarse_vmap_from_lane 函数

其(源码略)作用与节点 lane_navi 内的 create_coarse_vmap_from_route 函数一样，只不过因为输入的数据类型不同，内部实现过程有所区别。

```
VectorMap create_coarse_vmap_from_lane(const autoware_msgs::Lane& lane)
{
   VectorMap coarse_vmap;
   for (const autoware_msgs::Waypoint& w : lane.waypoints)
      coarse_vmap.points.push_back(create_vector_map_point(w.pose.pose.position));

   return coarse_vmap;
}
```

对上面函数中的 create_vector_map_point 函数进行分析可知，其主要作用是将以 geometry_msgs::Point 类型储存的轨迹点 gp 转换为 vector_map::Point 类型，需要注意的是 *x-y* 坐标是反转的。

```
vector_map::Point create_vector_map_point(const geometry_msgs::Point& gp)
{
   //反向 X-Y 轴
   vector_map::Point vp;
   vp.bx = gp.y;
   vp.ly = gp.x;
   vp.h = gp.z;

   return vp;
}
```

3) is_fine_vmap 函数

根据 VectorMap 中的轨迹点数量和每个轨迹点与 lane 中对应轨迹点的距离判断 fine_vmap 是否正确生成。

```
bool is_fine_vmap(const lane_planner::vmap::VectorMap& fine_vmap, const autoware_msgs::Lane& lane)
{
  if (fine_vmap.points.size() != lane.waypoints.size())
    return false;

  for (size_t i = 0; i < fine_vmap.points.size(); ++i)
  { // 要先用 create_vector_map_point 函数进行转换
```

```
    // 因为矢量地图内轨迹点的坐标与
    // geometry_msgs::Point 类型的轨迹点的 x-y 坐标是反向的
    vector_map::Point point = lane_planner::vmap::create_vector_map_point(lane.waypoints[i].pose.pose.position);
    double distance = hypot(fine_vmap.points[i].bx - point.bx, fine_vmap.points[i].ly - point.ly);
    // 对应的轨迹点应当是在同一位置的
    if (distance > 0.1)
      return false;
  }

  return true;
}
```

4) apply_stopline_acceleration(const autoware_msgs::Lane& lane, double acceleration, double stopline_search_radius, size_t ahead_cnt, size_t behind_cnt) 函数

对车速进行修正，以停车点为中心修正附近轨迹点车速为 0，接着运用匀减速/匀加速运动学方程修正匀减速接近/匀加速离开停车点过程中的车速。需要注意的是，这个 apply_stopline_acceleration 函数需要先遍历全局矢量地图 lane_vmap 查找行车路径中所有停止点(停止线跟前的轨迹点)的下标，因为此函数是在行车矢量地图 fine_vmap 失效的情况下被调用的。后面还有与其同名的函数，但是参数列表里面 stopline_search_radius 被替换为 fine_vmap，可以直接在 fine_vmap 查询行车路径上的停止点，而不必去全局矢量地图 lane_vmap 中遍历搜索。

```
autoware_msgs::Lane apply_stopline_acceleration(const autoware_msgs::Lane& lane, double acceleration, double stopline_search_radius, size_t ahead_cnt, size_t behind_cnt)
{
  autoware_msgs::Lane l = lane;
  // 查找 l 中所有停止点(停止线跟前的轨迹点)的下标
  std::vector<size_t> indexes = create_stop_indexes(lane_vmap, l, stopline_search_radius);
  if (indexes.empty())
    return l;

  for (const size_t i : indexes)
    // 修正 l 中轨迹点的速度，首先固定 l 内下标在
    // [i, i+behind_cnt + 1)范围内的轨迹点速度都为 0
    // 随后根据加速情况下的运动学公式修正后面轨迹点的速度
    l = apply_acceleration(l, acceleration, i, behind_cnt + 1, 0);
  //反转 l.waypoints 中的所有元素
```

```
    std::reverse(l.waypoints.begin(), l.waypoints.end());
    std::vector<size_t> reverse_indexes;
    for (const size_t i : indexes)
      // 记录反转后的 l.waypoints 中停止点的下标，此时下标是从大到小
      reverse_indexes.push_back(l.waypoints.size() - i - 1);
    // 反转 reverse_indexes，此时下标变为正常的从小到大
    std::reverse(reverse_indexes.begin(), reverse_indexes.end());

    for (const size_t i : reverse_indexes)
      // 反转后再调用 apply_acceleration
      // 总体而言，这里与上面调用 apply_acceleration 函数的情况相反
      // 此处对于停止点和还未到停止点前的一些轨迹点令车静止
      // 而这些轨迹点更前面的轨迹点根据减速到达停止点修正原车速
      l = apply_acceleration(l, acceleration, i, ahead_cnt + 1, 0);

    // 上面两次调用 apply_acceleration 函数
    // 对车速进行修正，首先以停车点为中心修正附近轨迹点车速为 0
    // 接着运用匀减速/匀加速动力学方程修正
    // 匀减速接近/匀加速离开停车点过程中的车速

    // 恢复 l.waypoints 中轨迹点的顺序
    std::reverse(l.waypoints.begin(), l.waypoints.end());

    return l;
}
```

(1) create_stop_indexes 函数。

首先遍历 vmap 寻找其中的所有停止点，接着遍历 lane 中的轨迹点(也就是行车路线上的轨迹点)，计算其与 vmap 中停止点之间的距离，与 vmap 中任一停止点的距离在搜索半径(stopline_search_radius)内的 lane 中轨迹点会被记录其在 lane 中的下标。也就是如果行车路径上的轨迹点足够靠近全局矢量地图 vmap 中的某个停止点，可以认为这个轨迹点就是行车路线上的停车点。总体而言就是先在全局矢量地图 vmap 中遍历寻找停止点，然后以距离作为指标对应找到在行车路径上的停止点。之所以需要先在全局矢量地图 vmap 中遍历寻找停止点，是因为缺失了行车轨迹矢量地图 fine_vmap。

```
std::vector<size_t> create_stop_indexes(const lane_planner::vmap::VectorMap& vmap, const autoware_msgs::Lane& lane, double stopline_search_radius)
{
  std::vector<size_t> stop_indexes;
```

```
  // 遍历 vmap 中的所有停止点
  for (const vector_map::Point& p : create_stop_points(vmap))
  {
    size_t index = SIZE_MAX;
    double distance = DBL_MAX;
    // 遍历 lane.waypoints 中的轨迹点
    for (size_t i = 0; i < lane.waypoints.size(); ++i)
    {
      vector_map::Point point = lane_planner::vmap::create_vector_map_point(lane.waypoints[i].pose.pose.position);
      // 计算此停止点和所有行车路径上轨迹点的距离
      double d = hypot(p.bx - point.bx, p.ly - point.ly);
      // 得到此停车点与所有行车路径上轨迹点的最小距离
      if (d <= distance)
      {
        index = i;
        distance = d;
      }
    }
    // 这个"最小距离"在搜索范围 stopline_search_radius 内
    // 即添加这个轨迹点的下标进 stop_indexes
    // 也就是这个行车路径上的轨迹点足够靠近全局矢量地图 vmap 中的
    // 某个停止点，可以认为这个轨迹点就是行车路线上的停车点
    if (index != SIZE_MAX && distance <= stopline_search_radius)
    {
      stop_indexes.push_back(index);
    }
  }
  std::sort(stop_indexes.begin(), stop_indexes.end());

  return stop_indexes;
}
```

对上面函数中的 create_stop_points 函数进行分析可知，其主要作用是遍历 vmap 找到所有停车线跟前的轨迹点(停止点)。

```
std::vector<vector_map::Point> create_stop_points(const lane_planner::vmap::VectorMap& vmap)
{
  std::vector<vector_map::Point> stop_points;
  // 遍历 vmap.stoplines
  for (const vector_map::StopLine& s : vmap.stoplines)
  { // 遍历 vmap.lanes 找到与 StopLine s 相连接的 Lane l
```

```
    for (const vector_map::Lane& l : vmap.lanes)
    {
      if (l.lnid != s.linkid)
        continue;
      // 遍历 vmap.nodes 找到 Lane l 的起始点 Node n
      for (const vector_map::Node& n : vmap.nodes)
      {
        if (n.nid != l.bnid)
          continue;
        // 遍历 vmap.points 找到 Node n 对应的 Point p
        for (const vector_map::Point& p : vmap.points)
        {
          if (p.pid != n.pid)
            continue;
          bool hit = false;
          // 遍历 stop_points 检查准备存入 stop_points 中的
          // Point p 是否跟 stop_points 中已存的 Point 的 ID 相撞
          for (const vector_map::Point& sp : stop_points)
          {
            if (sp.pid == p.pid)
            {
              hit = true;
              break;
            }
          }
          if (!hit)
            // 将 Point p 存入 stop_points
            stop_points.push_back(p);
        }
      }
    }
  }

  return stop_points;
}
```

(2) apply_acceleration 函数。

修正 lane 中轨迹点的速度，首先固定 lane 内下标在[start_index，start_index+fixed_cnt)范围内的轨迹点速度都为 fixed_vel，随后根据运动学公式 $v_2 = \sqrt{v_1^2 + 2ax}$（加速情况）修正后面轨迹点的速度。

```
autoware_msgs::Lane apply_acceleration(const autoware_msgs::Lane&
```

```
lane, double acceleration, size_t start_index,  size_t fixed_cnt,
double fixed_vel)
{
  autoware_msgs::Lane l = lane;

  if (fixed_cnt == 0)
    return l;

  double square_vel = fixed_vel * fixed_vel;
  double distance = 0;
  // 从下标为 start_index 的轨迹点开始遍历 l.waypoints
  for (size_t i = start_index; i < l.waypoints.size(); ++i)
  {
    if (i - start_index < fixed_cnt)
    { // 令下标范围在[start_index, start_index+fixed_cnt)
      // 范围内的轨迹点速度都为 fixed_vel
      l.waypoints[i].twist.twist.linear.x = fixed_vel;
      continue;
    }

    // 以下代码对下标在[start_index+fixed_cnt, l.waypoints.size())
    // 范围内的轨迹点实施
    geometry_msgs::Point a = l.waypoints[i - 1].pose.pose.position;
    geometry_msgs::Point b = l.waypoints[i].pose.pose.position;
    distance += hypot(b.x - a.x, b.y - a.y);

    double v = sqrt(square_vel + 2 * acceleration * distance);
    if (v < l.waypoints[i].twist.twist.linear.x)
      l.waypoints[i].twist.twist.linear.x = v;
    else
      // 此函数适用于加速情况，而且默认储存的轨迹点速度为匀速，
      // 因此只要 v 大于某一轨迹点速度，后面的便不用再修正
      break;
  }

  return l;
}
```

5) create_reduction 函数

根据当前轨迹点所处 Lane 是否是弯道或者回旋道等情况确定速度降低率。

```
double create_reduction(const lane_planner::vmap::VectorMap&
fine_vmap, int index)
```

```
{
  const vector_map::DTLane& dtlane = fine_vmap.dtlanes[index];
  // 如果是直道，保持原速
  if (lane_planner::vmap::is_straight_dtlane(dtlane))
    return 1;
  // 如果是弯道，需要根据情况降低车速
  if (lane_planner::vmap::is_curve_dtlane(dtlane))
  { // 交叉路口?
    if (lane_planner::vmap::is_crossroad_dtlane(dtlane))
      return lane_planner::vmap::compute_reduction(dtlane, crossroad_radius_min * crossroad_weight);
    // 判断当前的弯道是否用来连接直道，
    // 包括①弯道转直道；②两条直道间用来互相连接的弯道
    if (lane_planner::vmap::is_connection_dtlane(fine_vmap, index))
      return 1;

    return lane_planner::vmap::compute_reduction(dtlane, curve_radius_min * curve_weight);
  }
  // 如果是回旋道，需要降低车速
  if (lane_planner::vmap::is_clothoid_dtlane(dtlane))
    return lane_planner::vmap::compute_reduction(dtlane, clothoid_radius_min * clothoid_weight);

  return 1;
}
```

(1) is_straight_dtlane 函数。

跟前面的 is_curve_dtlane、is_crossroad_dtlane 和 is_clothoid_dtlane 函数一样，根据地图内存的道路结构性数据做判断。

```
bool is_straight_dtlane(const vector_map::DTLane& dtlane)
{   // 半径无限大就意味着是直线
    return (dtlane.apara == 0 && dtlane.r == RADIUS_MAX);
}
```

(2) compute_reduction 函数。

根据下式计算速度降低率 p：

$$p = 1 - \frac{w}{r} \tag{4-9}$$

其中，w 是传入函数的曲线权重，r 是弯道半径。

```
double compute_reduction(const vector_map::DTLane& d, double w)
```

```
{
      return (1 - fabs(1 / d.r) * w); // 0～1
}
```

(3) is_connection_dtlane 函数。

is_connection_dtlane 函数（源码略）判断当前的弯道是否用来连接直道，包括：①弯道转直道；②两条直道间用来互相连接的弯道。

6) create_waypoint_follower_dtlane 函数

create_waypoint_follower_dtlane 函数（源码略）创建一个新的 vector_map::DTLane 类型数据，拷贝传入函数的 vector_map::DTLane 类型数据中除了 did 和 pid 外的属性数据。

7) apply_crossroad_acceleration 函数

apply_crossroad_acceleration 函数（源码略）的作用与实现流程大致与前面的 apply_stopline_acceleration 函数一样，只不过这里速度修正的中心点由前面的停止点换成了交叉口的起始点或末尾点。

8) apply_stopline_acceleration (const autoware_msgs::Lane& lane, double acceleration, const lane_planner::vmap::VectorMap& fine_vmap, size_t ahead_cnt, size_t behind_cnt) 函数

本函数（源码略）与前面 apply_stopline_acceleration (const autoware_msgs::Lane& lane, double acceleration,double stopline_search_radius, size_t ahead_cnt, size_t bchind_cnt) 函数的作用是一样的：对车速进行修正，以停车点为中心修正附近轨迹点车速为 0，接着运用匀减速/匀加速运动学方程修正匀减速接近/匀加速离开停车点过程中的车速。但是中间流程相较于前一个同名函数更简单些，其可以直接查询行车路径上的停止点，而不必去全局矢量地图 lane_vmap 中遍历搜索。

4.3.8　节点 lane_stop

节点 lane_stop 对应于“4.2.2 节使用 rosbag 数据进行路径规划”中的操作步骤“(5) 加载轨迹点设定任务：勾选 Mission Planning→lane_planner→lane_stop”。

节点 lane_stop 的主要作用：根据信号灯相位选择之前节点 lane_rule 发布的红灯/绿灯时导航路径，并将其发布到话题"/traffic_waypoints_array"。

查找 src/autoware/utilities/runtime_manager/scripts/computing.yaml 可知，勾选 lane_stop 后运行 ROS 包 lane_planner 内的节点 lane_stop。

```
name : lane_stop
desc : lane_stop desc sample
cmd  : rosrun lane_planner lane_stop
param: lane_stop
```

由 ROS 包 lane_planner 内的 CMakeLists.txt 可知，节点 lane_stop 的源文件是 nodes/lane_stop/lane_stop.cpp。

```
add_executable(lane_stop
        nodes/lane_stop/lane_stop.cpp
)
......
```

这个节点的内容相较于其他节点而言就少了很多，分析起来也轻松许多。首先是其 main 函数，main 函数在 lane_stop.cpp 中。跟大多数节点一样，main 函数里面只做了三件事，首先设置了一些参数，接着设置发布者和订阅者。

```
int main(int argc, char **argv)
{
  ......
  // 设置参数默认值
    n.param<int>("/lane_stop/sub_light_queue_size", sub_light_queue_size, 1);
  ......
  // 设置发布者
    traffic_pub = n.advertise<autoware_msgs::LaneArray>("/traffic_waypoints_array", pub_waypoint_queue_size, pub_waypoint_latch);
  // 设置订阅者
    ros::Subscriber light_sub = n.subscribe("/light_color", sub_light_queue_size, receive_auto_detection);
  ......
}
```

1. config_parameter 函数

config_parameter 函数(源码略)是话题"/config/lane_stop"的回调函数，用于配置参数 config_manual_detection。

2. cache_red_lane 和 cache_green_lane 函数

cache_red_lane 和 cache_green_lane 函数(源码略)分别是话题"/red_waypoints_array"和"/green_waypoints_array"的回调函数，根据订阅得到的消息更新 current_red_lane 和 current_green_lane。话题"/red_waypoints_array"和"/green_waypoints_ array"是节点 lane_rule 发布的，话题"/red_waypoints_array"内的导航路径相较于话题"/green_waypoints_array"内的对接近/离开停车线的车速进行了修正，实现减速接近/加速离开停车线。

3. receive_auto_detection 和 receive_manual_detection 函数

receive_auto_detection 和 receive_manual_detection 函数分别是话题"/light_color"

和"/light_color_managed"的回调函数，原意是根据 config_manual_detection 调用对应的函数，然而这里调用的都是 select_current_lane 函数，其实并没有起到区分的作用。

```
void receive_auto_detection(const autoware_msgs::TrafficLight& msg)
{
    if (!config_manual_detection)
        select_current_lane(msg);
}

void receive_manual_detection(const autoware_msgs::TrafficLight& msg)
{
    if (config_manual_detection)
        select_current_lane(msg);
}
```

select_current_lane 函数（源码略）根据信号灯的相位以确定是选择 current_red_lane 还是 current_green_lane，并将选择的路径发布到话题"/traffic_waypoints_array"。

4.3.9 节点 lane_select

节点 lane_select 对应于“4.2.2 节使用 rosbag 数据进行路径规划”中的操作步骤“（5）加载轨迹点设定任务：勾选 Mission Planning→lane_planner→lane_select”。

节点 lane_select 的主要作用：判断当前车道，同时规划从当前车道切换至其他车道的轨迹，接着根据话题"state"中的驾驶状态（是否需要换道）发布当前车道数据/换道轨迹数据至话题"base_waypoints"供其他节点继续规划。

查找 src/autoware/utilities/runtime_manager/scripts/computing.yaml 可知，勾选 lane_select 后运行 ROS 包 lane_planner 内的 lane_select.launch。

```
name : lane_select
desc : lane_select desc sample
cmd  : roslaunch lane_planner lane_select.launch
param: lane_select
```

lane_select.launch 如下。

```
<!-- -->
<launch>
    ......
    <node pkg="lane_planner" type="lane_select" name="lane_select" output="log">
        ......
    </node>
</launch>
```

可知启动了 lane_select 节点。由 ROS 包 lane_planner 内的 CMakeLists.txt 可知，节点 lane_select 的源文件是 nodes/lane_select/lane_select_node.cpp，lane_select_core.cpp 和 hermite_curve.cpp。

```
add_executable(lane_select
        nodes/lane_select/lane_select_node.cpp
        nodes/lane_select/lane_select_core.cpp
        nodes/lane_select/hermite_curve.cpp
        )
……
```

首先是其 main 函数，main 函数在 lane_select_node.cpp 中。

```
int main(int argc, char **argv)
{
  ros::init(argc, argv, "lane_select");
  lane_planner::LaneSelectNode lsn;
  lsn.run();

  return 0;
}
```

节点 lane_select 启动时新建 LaneSelectNode 对象，查看 LaneSelectNode 唯一的构造函数 LaneSelectNode()。LaneSelectNode 函数中首先对一些成员变量进行赋值，接着调用 initForROS 函数。

```
LaneSelectNode::LaneSelectNode()
  : private_nh_("~")
  ……
{
  initForROS();
}
```

initForROS 函数的内容跟前面分析的一些 ROS 节点的 main 函数中的内容类似：设置订阅者/发布者，设置参数。

```
void LaneSelectNode::initForROS()
{
  // 设置订阅
 sub1_ =nh_.subscribe("traffic_waypoints_array", 1, &LaneSelectNode::
callbackFromLaneArray, this);
  ……
  // 设置发布
  pub1_ = nh_.advertise<autoware_msgs::Lane>("base_waypoints", 1);
  ……
```

```
  // 设置参数
  private_nh_.param<double>("lane_change_interval", lane_change_interval_, double(2));
  ......
}
```

callbackFromConfig 函数是话题"/config/lane_select"的回调函数，对节点 lane_select 初始化。

```
void LaneSelectNode::callbackFromConfig(const autoware_config_msgs::ConfigLaneSelectConstPtr &msg)
{
  // 配置参数
  distance_threshold_ = msg->distance_threshold_neighbor_lanes;
  ......
  // current_lane_idx_在构造函数中被赋默认值-1
  // 因此一开始会执行 initForLaneSelect 函数
  if (current_lane_idx_ == -1)
    initForLaneSelect();
  else
    processing();
}
```

1. initForLaneSelect 函数

对于 initForLaneSelect 函数的代码注释中 tuple_vec_的详细分析位于后文"getClosestWaypointNumberForEachLanes 函数"中。

```
void LaneSelectNode::initForLaneSelect()
{
  // isAllTopicsSubscribed 函数判断
  // 节点 lane_select 是否订阅了所有所需的话题
  if (!isAllTopicsSubscribed())
    return;

  // getClosestWaypointNumberForEachLanes 函数搜索
  // 每条 Lane 内的"距离最近轨迹点"下标
  // 距离最近轨迹点: Lane 内在期望行车轨迹上的且距离
  // 当前位置 current_pose_距离最近的轨迹点
    if (!getClosestWaypointNumberForEachLanes())
  { // 如果搜索失败
    // 发布消息"-1"到话题"closest_waypoint"
   publishClosestWaypoint(-1);
    // lane_array_id_在话题"traffic_waypoints_array"的
    // 回调函数 callbackFromLaneArray 中被更新
    // 向话题"vehicle_location"发布消息
   publishVehicleLocation(-1, lane_array_id_);
```

```
    // 重置 current_lane_idx_，right_lane_idx_和 left_lane_idx_，
    // 并且可视化各类轨迹点
    resetLaneIdx();
    return;
  }

  // 更新 current_lane_idx_，current_lane_idx_是"全局距离最近点"
  // 所在的元组在 tuple_vec_中的下标
  // 全局距离最近点：所有 Lane 中与当前位置的"距离最近轨迹点"
  // 形成的集合中距离当前位置最近的轨迹点
  findCurrentLane();
  // 分别在"全局距离最近点"所在车体位姿左侧和右侧的
  // 所有"距离最近轨迹点"中找到距离"全局距离最近点"
  // 最近的轨迹点所在的元组下标，并对应更新
  // left_lane_idx_和 right_lane_idx_
  findNeighborLanes();
  // 更新 tuple_vec_中所有元组的 ChangeFlag
  updateChangeFlag();
  // 更新 lane_for_change_
  createLaneForChange();
  // 根据元组 tuple_vec_.at(current_lane_idx_)中的
  // 信息发布消息到各个话题
  publishLane(std::get<0>(tuple_vec_.at(current_lane_idx_)));
  publishClosestWaypoint(std::get<1>(tuple_vec_.at(current_lane_idx_)));
  publishChangeFlag(std::get<2>(tuple_vec_.at(current_lane_idx_)));
  publishVehicleLocation(std::get<1>(tuple_vec_.at(current_lane_idx_)), lane_array_id_);
  // 可视化各类轨迹点组成的行车路径
  publishVisualizer();
  // 重置各种作为标志的变量
  resetSubscriptionFlag();
  return;
}
```

1) isAllTopicsSubscribed 函数

判断节点 lane_select 是否订阅了所有所需的话题。

```
bool LaneSelectNode::isAllTopicsSubscribed()
{
  // 查看各个标志确定是否此节点所需的所有话题都被订阅
  if (!is_current_pose_subscribed_ || !is_lane_array_subscribed_ || !is_current_velocity_subscribed_)
  {
    ROS_WARN("Necessary topics are not subscribed yet. Waiting...");
    return false;
```

```
  }
  return true;
}
```

2）getClosestWaypointNumberForEachLanes 函数

```
bool LaneSelectNode::getClosestWaypointNumberForEachLanes()
{
  // el 为元组(车道，本车道"距离最近轨迹点"下标，change_flag)
  // 更新各条 Lane 内"距离最近轨迹点"下标
  for (auto &el : tuple_vec_)
  { // 得到 Lane std::get<0>(el)中"距离最近轨迹点"下标
    // 并更新 std::get<1>(el)
    std::get<1>(el) = getClosestWaypointNumber(std::get<0>(el),
current_pose_.pose, current_velocity_.twist,  std::get<1>(el),
distance_threshold_, search_closest_waypoint_minimum_dt_);
    ROS_INFO("closest: %d", std::get<1>(el));
  }
  ......
  return true;
}
```

tuple_vec_ 的数据类型是 std::vector<std::tuple<autoware_msgs::Lane, int32_t, ChangeFlag>>，向量 tuple_vec_中的元素是元组(车道，本车道“距离最近轨迹点”下标，change_flag)。tuple_vec_在话题“traffic_waypoints_array”的回调函数 callbackFromLaneArray 中被更新。tuple_vec_的数据结构如图 4-28 所示。

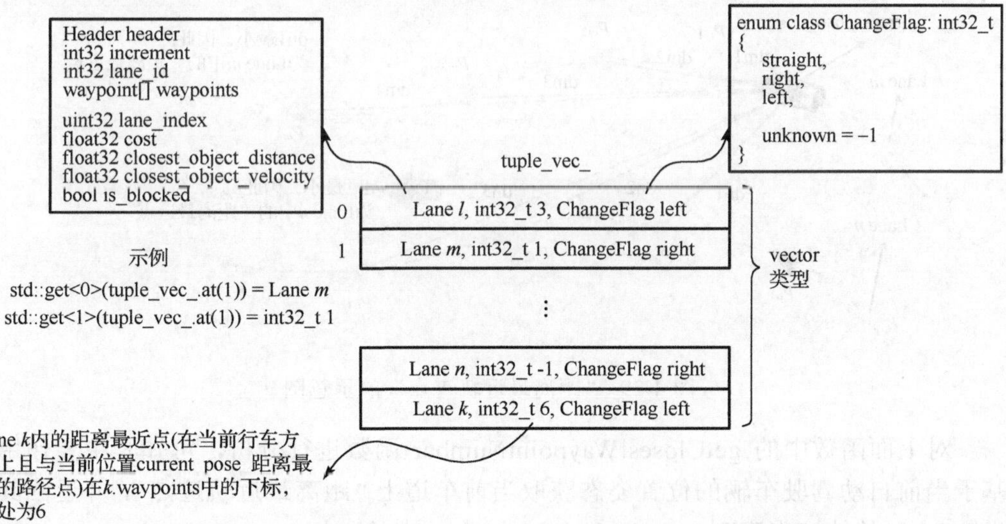

图 4-28 tuple_vec_的数据结构

getClosestWaypointNumberForEachLanes 函数更新 tuple_vec_ 中各条 Lane 的“距

离最近轨迹点”下标(即 tuple_vec_内每个元组中的第 2 个元素),“距离最近轨迹点”满足两个条件：①位于当前车辆前进方向上；②与当前位置 current_pose_距离最近(current_pose_在话题"current_pose"的回调函数 callbackFromPoseStamped 中被更新)。“距离最近轨迹点”的示意图如图 4-29 所示。

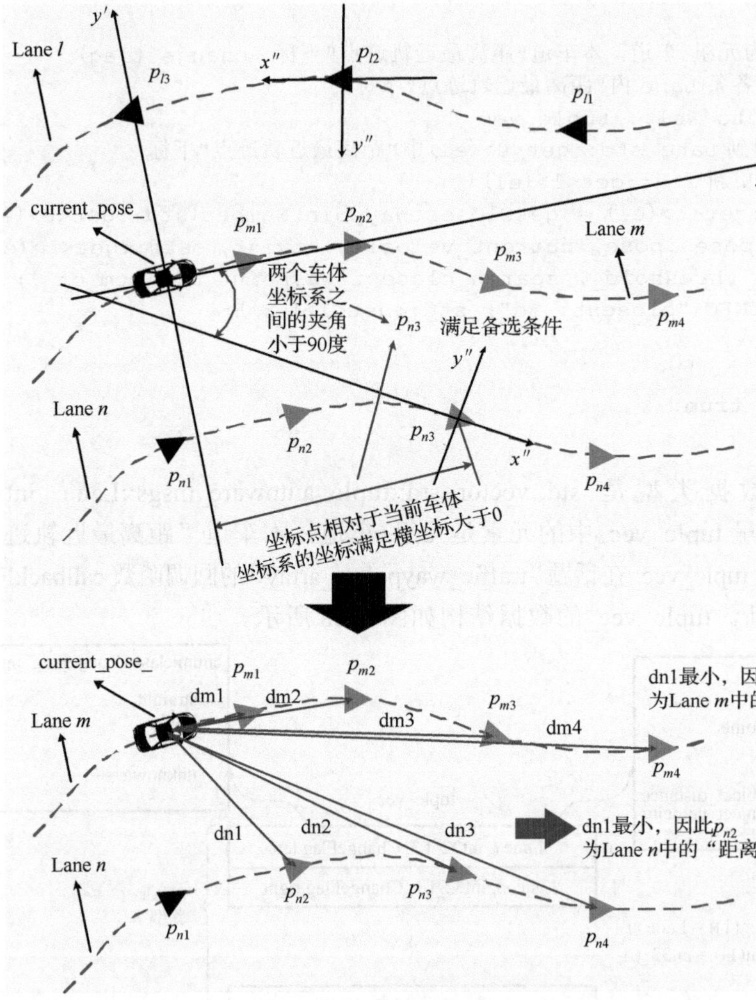

图 4-29 “距离最近轨迹点”的示意图

对上面函数中的 getClosestWaypointNumber 函数进行分析，可知其主要作用是基于当前自动驾驶车辆的位置姿态获取当前车道上“距离最近轨迹点”，并返回其在当前 Lane 的轨迹点序列 current_lane.waypoints 中的下标。

```
int32_t getClosestWaypointNumber(const autoware_msgs::Lane &t_
lane, const geometry_msgs::Pose &t_pose, const geometry_msgs::
Twist &t_velocity, const int32_t previous_number, const double
```

```
distance_threshold, const int search_closest_waypoint_minimum_dt)
{
  if (current_lane.waypoints.empty())
    return -1;

  std::vector<uint32_t> idx_vec;
  // 如果先前的轨迹点编号为-1，则从当前车道的
  // 轨迹点集合 current_lane.waypoints 中
  // 搜索当前车辆位姿前面最近的轨迹点
  if (previous_number == -1)
  {
    idx_vec.reserve(current_lane.waypoints.size());
    for (uint32_t i = 0; i < current_lane.waypoints.size(); i++)
    {
      // convertPointIntoRelativeCoordinate 函数计算得到传入函数的
      // current_lane.waypoints.at(i).pose.pose.position （全局坐标系坐标）
      // 相对于 current_pose 坐标系的位置
      geometry_msgs::Point converted_p = convertPointIntoRelativeCoordinate(current_lane.waypoints.at(i).pose.pose.position, current_pose);
      // getRelativeAngle 函数得到传入函数的两个坐标系之间的夹角
     double angle = getRelativeAngle(current_lane.waypoints.at(i).pose.pose, current_pose);
      // 如果遍历到的轨迹点：
      // ①在自动驾驶车前进方向上；
      // ②所在的坐标系跟当前位置对应的坐标系夹角小于 90 度
      // 满足以上两点，也称作遍历到的轨迹点在期望行车轨迹上
      if (converted_p.x > 0 && angle < 90)
        idx_vec.push_back(i);
    }
  }
  else
  { ......
  }
......
}
```

convertPointIntoRelativeCoordinate 函数（源码略）的代码与节点 waypoint_replanner 中的 calcRelativeCoordinate 函数是一样的，用于计算全局坐标系中某点相对于机器人坐标系中的位置。

getRelativeAngle 函数得到传入函数的两个坐标系之间的夹角。

```
double getRelativeAngle(const geometry_msgs::Pose &waypoint_pose, const geometry_msgs::Pose &current_pose)
{
```

```
    // tf::Vector3 三维向量
    tf::Vector3 x_axis(1, 0, 0);
    tf::Transform waypoint_tfpose;
    tf::poseMsgToTF(waypoint_pose, waypoint_tfpose);
    // getBasis()用于获取旋转矩阵 m_basis，其用 3×3 的矩阵表示旋转
    tf::Vector3 waypoint_v = waypoint_tfpose.getBasis() * x_axis;
    tf::Transform current_tfpose;
    tf::poseMsgToTF(current_pose, current_tfpose);
    tf::Vector3 current_v = current_tfpose.getBasis() * x_axis;
    // angle()返回向量 current_v 与向量 waypoint_v 之间的角度
    return current_v.angle(waypoint_v) * 180 / M_PI;
}
```

我们对 getRelativeAngle 函数的作用进行如图 4-30 所示的验证。

```
double getRelativeAngle(const geometry_msgs::Pose &waypoint_pose, const geometry_msgs::Pose &current_pose)
{
  tf::Vector3 x_axis(1, 0, 0);
  tf::Transform waypoint_tfpose;
  tf::poseMsgToTF(waypoint_pose, waypoint_tfpose);
  tf::Vector3 waypoint_v = waypoint_tfpose.getBasis() * x_axis;

  tf::Transform current_tfpose;
  tf::poseMsgToTF(current_pose, current_tfpose);
  tf::Vector3 current_v = current_tfpose.getBasis() * x_axis;
  return current_v.angle(waypoint_v) * 180 / M_PI;
}

int main(int argc, char **argv)
{
    ros::init(argc, argv, "offline_file7_1");

    geometry_msgs::Pose waypoint_pose;
    waypoint_pose.position.x=4;
    waypoint_pose.position.y=7;
    waypoint_pose.position.z=0;
    waypoint_pose.orientation.x=0;
    waypoint_pose.orientation.y=0;
    waypoint_pose.orientation.z=0;
    waypoint_pose.orientation.w=1;

    geometry_msgs::Pose current_pose;
    current_pose.position.x=2;
    current_pose.position.y=4;
    current_pose.position.z=0;
    current_pose.orientation.x=0;
    current_pose.orientation.y=0;
    current_pose.orientation.z=0.707;
    current_pose.orientation.w=0.707;

    double angle = getRelativeAngle(waypoint_pose, current_pose);
    cout << "angle = " << angle << endl;

    ros::spin();
```



```
Scanning dependencies of target offline_file7_1
[ 50%] Built target offline_file3_1
[ 75%] Building CXX object blog_code_test/CMakeFiles/offline_file7_1.dir/src/offline_file7_1.cpp.o
[100%] Linking CXX executable /home/zhengkunxian/code_verification_in_blogs_ROS/devel/lib/blog_code_test/offline_file7_1
[100%] Built target offline_file7_1
zhengkunxian@zhengkunxian:~/code_verification_in_blogs_ROS$ source devel/setup.bash
zhengkunxian@zhengkunxian:~/code_verification_in_blogs_ROS$ rosrun blog_code_test offline_file7_1
angle = 90
^Czhengkunxian@zhengkunxian:~/code_verification_in_blogs_ROS$
```

图 4-30　getRelativeAngle 函数作用验证

如图 4-31 所示，我们设置了两个坐标系 waypoint_pose 和 current_pose，其中，waypoint_pose 的方位默认，current_pose 坐标系绕 *z* 轴旋转 90 度，对应的四元数可由欧拉角与四元数在线转换 https://quaternions.online/获得。最后 getRelativeAngle 函

数计算所得的结果确实是 90 度，因此得证函数作用。

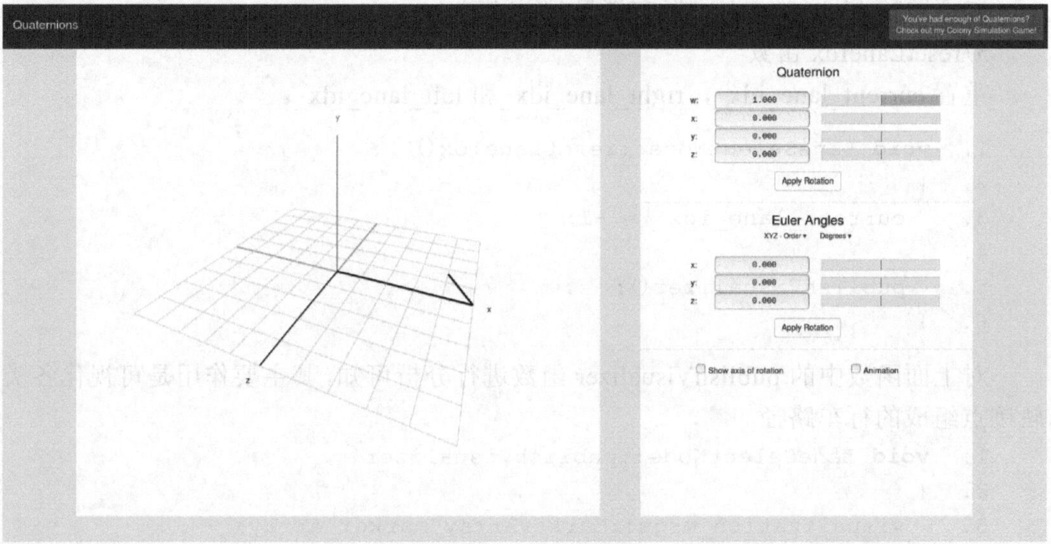

(a) waypoint_pose 坐标系

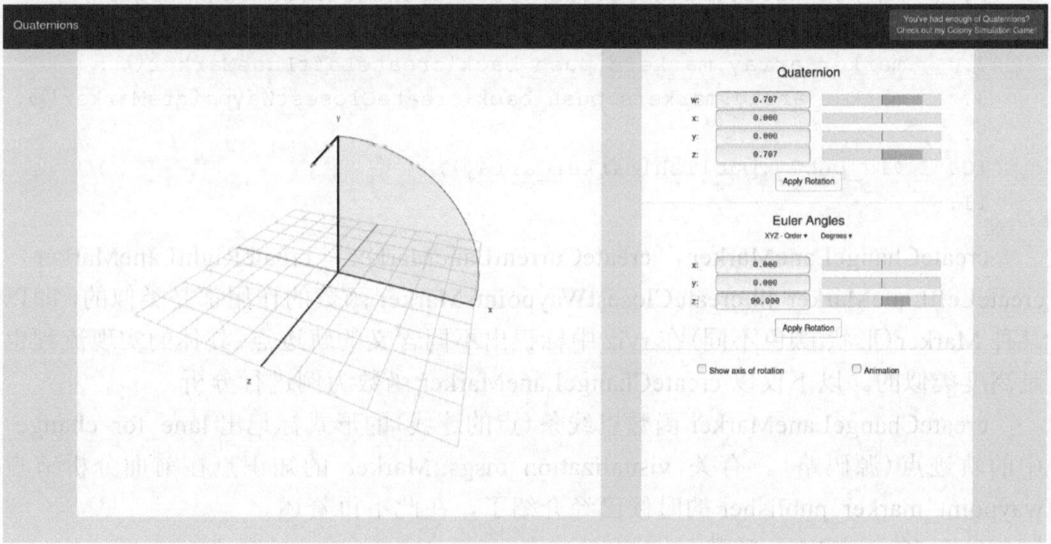

(b) current_pose 坐标系

图 4-31　欧拉角与四元数在线转换

3) publishClosestWaypoint 函数

向话题"closest_waypoint"发布距离当前位置 current_pose_最近的轨迹点的下标（源码略）。

4) publishVehicleLocation 函数

向话题"vehicle_location"发布消息(源码略)。

5) resetLaneIdx 函数

重置 current_lane_idx_，right_lane_idx_和 left_lane_idx_。

```
void LaneSelectNode::resetLaneIdx()
{
  current_lane_idx_ = -1;
  ……
  publishVisualizer();
}
```

对上面函数中的 publishVisualizer 函数进行分析可知，其主要作用是可视化各类轨迹点组成的行车路径。

```
void LaneSelectNode::publishVisualizer()
{
  visualization_msgs::MarkerArray marker_array;
  marker_array.markers.push_back(createChangeLaneMarker());
  marker_array.markers.push_back(createCurrentLaneMarker());
  marker_array.markers.push_back(createRightLaneMarker());
  marker_array.markers.push_back(createLeftLaneMarker());
  marker_array.markers.push_back(createClosestWaypointsMarker());

  vis_pub1_.publish(marker_array);
}
```

createChangeLaneMarker， createCurrentLaneMarker， createRightLaneMarker，createLeftLaneMarker 和 createClosestWaypointsMarker 函数的作用都是类似的，即以某种 Marker(形状/颜色不同)在 rviz 中标记出不同含义的轨迹点，具体的实现流程也是高度类似的。以下仅以 createChangeLaneMarker 函数为例进行分析。

createChangeLaneMarker 函数以线条(点的连线)的形式标记出 lane_for_change_中的轨迹点(源码略)。有关 visualization_msgs::Marker 的知识点在前面分析节点 waypoint_marker_publisher 的时候已经介绍了，在此不再赘述。

6) findCurrentLane 函数

```
void LaneSelectNode::findCurrentLane()
{
  std::vector<uint32_t> idx_vec;
  idx_vec.reserve(tuple_vec_.size());
  // 遍历 tuple_vec_，将具有“距离最近轨迹点”的 tuple_vec_中的
  // 对应元组下标存入 idx_vec
```

```
  for (uint32_t i = 0; i < tuple_vec_.size(); i++)
  {
    if (std::get<1>(tuple_vec_.at(i)) == -1)
      continue;
    idx_vec.push_back(i);
  }
  current_lane_idx_ = findMostClosestLane(idx_vec, current_pose_.pose.position);
}
```

更新 current_lane_idx_，current_lane_idx_是“全局距离最近点”所在的 Lane(同时也是“全局距离最近点”所在的元组)在 tuple_vec_中的下标。

全局距离最近点：所有 Lane 中与当前位置的“距离最近轨迹点”形成的集合中距离当前位置最近的轨迹点。“全局距离最近点”的示意图如图 4-32 所示。

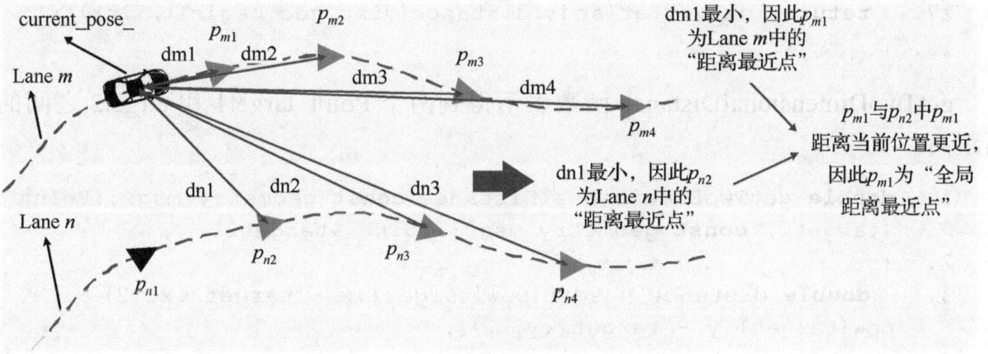

图 4-32　“全局距离最近点”示意图

对上面函数中的 findMostClosestLane 函数进行分析可知，其主要作用是根据传入函数的下标列表 idx vec 查找 tuple vec 中对应下标的元组中距离传入函数的 Point p 最近的元组，返回其下标。通俗而言，findMostClosestLane 函数被 findCurrentLane 函数调用时的作用是：返回“全局距离最近点”(在已经筛选过的各条 Lane 的“距离最近轨迹点”集合中进一步筛选)在 tuple_vec_中的下标，由图 4-28 元组的数据结构可知，“全局距离最近点”在 tuple_vec_中的下标也是其所在的 Lane 在 tuple_vec_中的下标，即寻找“全局距离最近点”所在的 Lane。

```
int32_t LaneSelectNode::findMostClosestLane(const std::vector<uint32_t> idx_vec, const geometry_msgs::Point p)
{
  std::vector<double> dist_vec;
  dist_vec.reserve(idx_vec.size());
  for (const auto &el : idx_vec)
```

```
  {
    int32_t closest_number = std::get<1>(tuple_vec_.at(el));
    // tuple_vec_.at(el)指 tuple_vec_内下标为 el 的元素,
    // 即元组(车道, 本车道"距离最近轨迹点"下标, change_flag)
    // std::get<0>(tuple_vec_.at(el))对应的是下标为 el 的元组的第一项,
    // 即车道
    dist_vec.push_back(getTwoDimensionalDistance(p, std::get<0>(tuple_vec_.at(el)).waypoints.at(closest_number).pose.pose.position));
  }
  std::vector<double>::iterator itr = std::min_element(dist_vec.begin(), dist_vec.end());
  // 返回的是下标列表 idx_vec 对应的所有 Lane 中"距离最近轨迹点"
  // 集合中距离 Point p 最近的轨迹点所对应的元组在 tuple_vec_的下标
  return idx_vec.at(std::distance(dist_vec.begin(), itr));
}
```

getTwoDimensionalDistance 函数表示得到两个 Point target1 和 target2 之间的平面距离。

```
double getTwoDimensionalDistance(const geometry_msgs::Point &target1, const geometry_msgs::Point &target2)
{
  double distance = sqrt(pow(target1.x - target2.x, 2) + pow(target1.y - target2.y, 2));
  return distance;
}
```

7) findNeighborLanes 函数

分别在"全局距离最近点"所在车体位姿左侧和右侧的所有"距离最近轨迹点"中找到距离"全局距离最近点"最近的轨迹点所在的元组下标，并对应更新 left_lane_idx_和 right_lane_idx_(源码略)。

8) updateChangeFlag 函数

一般情况下按照 tuple_vec_中各个元组中的"距离最近轨迹点"对应的 change_flag 更新其所在元组的第三项(源码略)。

9) createLaneForChange 函数

生成换道轨迹，并更新 lane_for_change_，lane_for_change_的数据类型是 std::tuple<autoware_msgs::Lane, int32_t, ChangeFlag>，可以发现 lane_for_change_与 tuple_vec_中元组的数据类型是一样的。

```
void LaneSelectNode::createLaneForChange()
```

```
{
  std::get<0>(lane_for_change_).waypoints.clear();
  std::get<0>(lane_for_change_).waypoints.shrink_to_fit();
  std::get<1>(lane_for_change_) = -1;
  // current_lane_idx_是"全局距离最近点"所在的
  // Lane(同时也是"全局距离最近点"所在的元组)在 tuple_vec_中的下标
  // 此处得到"全局距离最近点"所在的 Lane
  const autoware_msgs::Lane &cur_lane = std::get<0>(tuple_vec_.at(current_lane_idx_));
  // 此处得到"全局距离最近点"在 cur_lane 的轨迹点序列中的下标
  const int32_t &clst_wp = std::get<1>(tuple_vec_.at(current_lane_idx_));
  // 从下标 clst_wp 开始查找轨迹点序列 cur_lane.waypoints 中
  // 第一个 change_flag 为 ChangeFlag::right 或 ChangeFlag::left 的
  // 轨迹点的下标(代表从当前位置继续行车，在当前 Lane 遇到的
  // 第一个可以换道的轨迹点)
  int32_t num_lane_change = getClosestLaneChangeWaypointNumber(cur_lane.waypoints, clst_wp);
  ROS_INFO("num_lane_change: %d", num_lane_change);
  // 检查 num_lane_change 是否正确
  if (num_lane_change < 0 || num_lane_change >= static_cast<int32_t>(cur_lane.waypoints.size()))
  {
    ROS_WARN("current lane doesn't have change flag");
    return;
  }
  // 如果不存在"全局距离最近点"所在车体位姿左侧/右侧的
  // 所有"距离最近轨迹点"中有距离"全局距离最近点"最近的
  // 轨迹点的情况，然而此时当前 Lane 却有换道左侧/右侧的
  // 轨迹点，则是不合理的
  if ((static_cast<ChangeFlag>(cur_lane.waypoints.at(num_lane_change).change_flag) == ChangeFlag::right && right_lane_idx_ < 0) || (static_cast<ChangeFlag>(cur_lane.waypoints.at(num_lane_change).change_flag) == ChangeFlag::left && left_lane_idx_ < 0))
  {
    ROS_WARN("current lane doesn't have the lane for lane change");
    return;
  }
  // "换道轨迹点"与"全局距离最近点"之间的距离
  // (这两个轨迹点都在同一 Lane 上，即 cur_lane)
```

```
double dt = getTwoDimensionalDistance(cur_lane.waypoints.at(num_lane_change).pose.pose.position, cur_lane.waypoints.at(clst_wp).pose.pose.position);
// dt_by_vel 最小值为 lane_change_target_minimum_
double dt_by_vel = current_velocity_.twist.linear.x * lane_change_target_ratio_ > lane_change_target_minimum_ ? current_velocity_.twist.linear.x * lane_change_target_ratio_ : lane_change_target_minimum_;
ROS_INFO("dt : %lf, dt_by_vel : %lf", dt, dt_by_vel);
// 查找"换道轨迹点"对应的目标车道
autoware_msgs::Lane &nghbr_lane =
    static_cast<ChangeFlag>(cur_lane.waypoints.at(num_lane_change).change_flag) == ChangeFlag::right ? std::get<0>(tuple_vec_.at(right_lane_idx_)) : std::get<0>(tuple_vec_.at(left_lane_idx_));
// 目标车道中的"距离最近轨迹点"在其车道轨迹点序列中的下标
const int32_t &nghbr_clst_wp = static_cast<ChangeFlag>(cur_lane.waypoints.at(num_lane_change).change_flag) == ChangeFlag::right ? std::get<1>(tuple_vec_.at(right_lane_idx_)) : std::get<1>(tuple_vec_.at(left_lane_idx_));
// 查找在目标车道内与其中的"距离最近轨迹点"的距离
// 刚刚超过(dt + dt_by_vel)的轨迹点下标
int32_t target_num = -1;
for (uint32_t i = nghbr_clst_wp; i < nghbr_lane.waypoints.size(); i++)
{
  if (i == nghbr_lane.waypoints.size() - 1 || dt + dt_by_vel < getTwoDimensionalDistance(nghbr_lane.waypoints.at(nghbr_clst_wp).pose.pose.position, nghbr_lane.waypoints.at(i).pose.pose.position))
  {
    target_num = i;
    break;
  }
}

ROS_INFO("target_num : %d", target_num);
if (target_num < 0)
  return;
// 更新 lane_for_change_
std::get<0>(lane_for_change_).header.stamp = nghbr_lane.header.stamp;
// hermite_wps 是从换道起始点
// cur_lane.waypoints.at(num_lane_change).pose.pose 到
// 换道目标点 nghbr_lane.waypoints.at(target_num).pose.pose 的
```

```
  //具体行车轨迹
  std::vector<autoware_msgs::Waypoint> hermite_wps = generate-
HermiteCurveForROS( cur_lane.waypoints.at(num_lane_change).pose.pose,
nghbr_lane.waypoints.at(target_num).pose.pose, cur_lane.waypoints.at
(num_lane_change).twist.twist.linear.x, vlength_hermite_curve_);

  for (auto &&el : hermite_wps)
    el.change_flag = cur_lane.waypoints.at(num_lane_change)
.change_flag;

  std::get<0>(lane_for_change_).waypoints.reserve(nghbr_lane
.waypoints.size() + hermite_wps.size());
  // std::move 将范围[hermite_wps.begin(), hermite_wps.end())内的数据
  // 移入std::back_inserter(std::get<0>(lane_for_change_).waypoints)
  // std::move 将对象的状态/所有权从一个对象转移到另一个对象，
  // 只是转移，没有内存的搬迁/拷贝所以可以提高利用效率,改善性能
  std::move(hermite_wps.begin(), hermite_wps.end(), std::back_
inserter(std::get<0>(lane_for_change_).waypoints));
  auto itr = nghbr_lane.waypoints.begin();
  // 令原本指向起始位置的迭代器 itr 指向下标为 target_num 的位置
  std::advance(itr, target_num);
  // 换道后，目标点之后的一段距离内不应再次换道，
  // 因此修正后面轨迹点的 change_flag 为 ChangeFlag::straight
  for (auto i = itr; i != nghbr_lane.waypoints.end(); i++)
  {
    if (getTwoDimensionalDistance(itr->pose.pose.position, i->
pose.pose.position) < lane_change_interval_)
      i->change_flag = enumToInteger(ChangeFlag::straight);
    else
      break;
  }
  // 将换道后的目标点拷贝至 lane_for_change_中
  std::copy(itr, nghbr_lane.waypoints.end(), std::back_inserter
(std::get<0>(lane_for_change_).waypoints));
}
```

(1) getClosestLaneChangeWaypointNumber 函数。

从下标 cl_wp 开始查找传入函数的轨迹点序列 wps 中第一个 change_flag 为 ChangeFlag::right 或 ChangeFlag::left 的轨迹点的下标。

```
int32_t LaneSelectNode::getClosestLaneChangeWaypointNumber
```

```
(const std:: vector<autoware_msgs::Waypoint> &wps, int32_t cl_wp)
{
……
}
```

(2) generateHermiteCurveForROS 函数。

确定从 start 到 end 的具体行车轨迹。其中 Element2D 的定义如下。

```
struct Element2D
{
  Element2D(double x, double y)
  {
    this->x = x;
    this->y = y;
  }
  void set(double x, double y)
  {
    this->x = x;
    this->y = y;
  }
  double x;
  double y;
};
```

generateHermiteCurveForROS 函数代码如下。

```
std::vector<autoware_msgs::Waypoint> generateHermiteCurveForROS
(const geometry_msgs::Pose &start, const geometry_msgs::Pose &end,
const double velocity_mps, const double vlength)
{
  std::vector<autoware_msgs::Waypoint> wps;
  Element2D p0(0, 0), v0(0, 0), p1(0, 0), v1(0, 0);
  getPointAndVectorFromPose(start, &p0, &v0);
  getPointAndVectorFromPose(end, &p1, &v1);
  // 已知曲线的两个端点坐标 p0、p1 和端点处的切线 v0、v1,
  // 确定 Hermite(埃尔米特)曲线，获得采样点序列形式的曲线表达结果
  std::vector<Element2D> result = generateHermiteCurve(p0, v0, p1,
v1, vlength);

  double height_d = fabs(start.position.z - end.position.z);
  for (uint32_t i = 0; i < result.size(); i++)
  {
```

```
    autoware_msgs::Waypoint wp;
    wp.pose.pose.position.x = result.at(i).x;
    wp.pose.pose.position.y = result.at(i).y;
    ……
    wps.push_back(wp);
  }
  return wps;
}
```

getPointAndVectorFromPose 函数赋值传入函数的 point 和 vector。其中，point 为位姿 pose 在世界坐标系下的位置坐标，vector 为位姿 pose 对应的车体坐标系的 x 轴正方向在世界坐标系下的方位(用二维单位向量表示)。

```
void getPointAndVectorFromPose(const geometry_msgs::Pose &pose, Element2D *point, Element2D *vector)
{
  point->set(pose.position.x, pose.position.y);

  tf::Vector3 tmp_tf_vevtor;
  createVectorFromPose(pose, &tmp_tf_vevtor);
  vector->set(tmp_tf_vevtor.getX(), tmp_tf_vevtor.getY());
}
```

createVectorFromPose 函数如下。

```
void createVectorFromPose(const geometry_msgs::Pose &p, tf::Vector3 *v)
{
  tf::Transform pose;
  tf::poseMsgToTF(p, pose);
  tf::Vector3 x_axis(1, 0, 0);
  // getBasis 函数返回旋转的基础矩阵
  // 乘以 x_axis 后得到矩阵的第一列
  *v = pose.getBasis() * x_axis;
}
```

对于 createVectorFromPose 函数内部分代码的作用验证如图 4-33 所示，由图可知 createVectorFromPose 函数实际上得到的是世界坐标系下位置为(1,0,0)的点经过跟当前车体坐标系(位姿 p 所对应的车体坐标系)一样的 x,y,z 轴的旋转变换后在世界坐标系中新的位置。由图 4-31(b)可知，下面验证示例中的 current_pose 所对应的坐标系是沿着 z 轴旋转 90 度得到的，因此向量(1,0,0)同样绕 z 轴旋转

90 度，其终点在世界坐标系下的新坐标为(0,1,0)，符合 createVectorFromPose 函数输出的结果。

```
void createVectorFromPose(const geometry_msgs::Pose &p, tf::Vector3 *v)
{
  tf::Transform pose;
  tf::poseMsgToTF(p, pose);
  tf::Vector3 x_axis(1, 0, 0);
  cout << "x_axis.getX() = " << x_axis.getX() << endl;
  cout << "x_axis.getY() = " << x_axis.getY() << endl;
  cout << "x_axis.getZ() = " << x_axis.getZ() << endl;
  cout << "-----------------------------------------------" << endl;
  for (size_t i = 0; i < 3; i++)
  {
    for (size_t j = 0; j < 3; j++){
      cout << pose.getBasis()[i][j] << "   ";
    }
    cout << endl;
  }
  cout << "-----------------------------------------------" << endl;
  *v = pose.getBasis() * x_axis;
}

int main(int argc, char **argv)
{
    ros::init(argc, argv, "offline_file7_2");

    geometry_msgs::Pose current_pose;
    current_pose.position.x=2;
    current_pose.position.y=8;
    current_pose.position.z=0;
    current_pose.orientation.x=0;
    current_pose.orientation.y=0;
    current_pose.orientation.z=0.707;
    current_pose.orientation.w=0.707;

    tf::Vector3 tmp_tf_vevtor;
    createVectorFromPose(current_pose, &tmp_tf_vevtor);
    cout << "tmp_tf_vevtor.getX() = " << tmp_tf_vevtor.getX() << endl;
    cout << "tmp_tf_vevtor.getY() = " << tmp_tf_vevtor.getY() << endl;
    cout << "tmp_tf_vevtor.getZ() = " << tmp_tf_vevtor.getZ() << endl;
```

问题　　输出　　调试控制台　　终端

```
zhengkunxian@zhengkunxian:~/code_verification_in_blogs_ROS$ rosrun blog_code_test offline_file7_2
x_axis.getX() = 1
x_axis.getY() = 0
x_axis.getZ() = 0
-----------------------------------------------
0  -1  0
1  0  0
0  0  1
-----------------------------------------------
tmp_tf_vevtor.getX() = 0
tmp_tf_vevtor.getY() = 1
tmp_tf_vevtor.getZ() = 0
^Czhengkunxian@zhengkunxian:~/code_verification_in_blogs_ROS$ 
```

图 4-33　createVectorFromPose 函数作用验证

接着对 generateHermiteCurve 函数进行分析，首先需要知道 Hermite 曲线的相关定义。Hermite(埃尔米特)曲线：已知曲线的两个端点坐标 $p0$、$p1$ 和端点处的切线 $v0$、$v1$，确定的一条曲线。generateHermiteCurve 函数(源码略)根据曲线端点坐标和切线返回对应 Hermite 曲线上的点序列。generateHermiteCurve 函数的实现流程如图 4-34 所示。

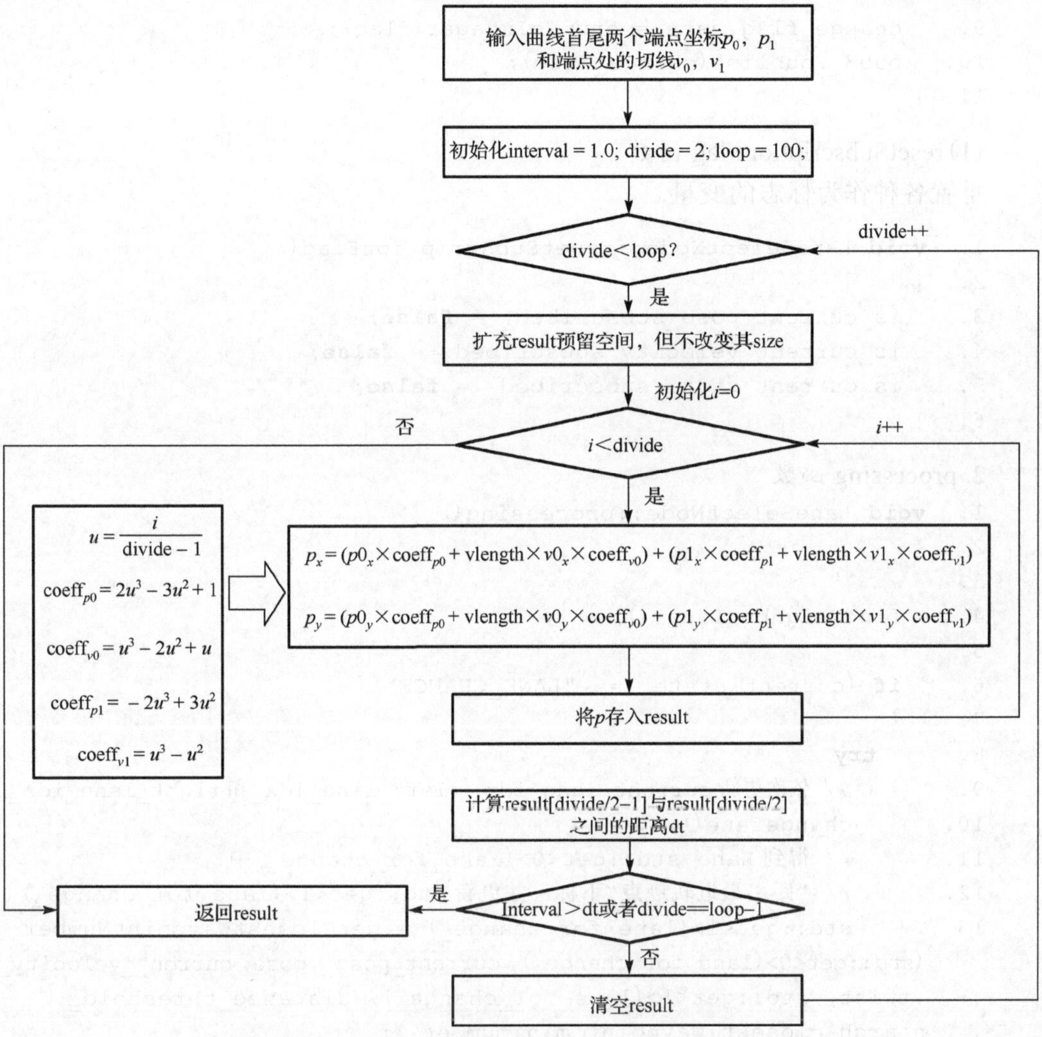

图 4-34　generateHermiteCurve 函数实现流程

10) publishLane 和 publishChangeFlag 函数

发布传入函数的消息到对应的话题。

```
void LaneSelectNode::publishLane(const autoware_msgs::Lane &lane)
{
  pub1_.publish(lane);
}

void LaneSelectNode::publishChangeFlag(const ChangeFlag flag)
{
  std_msgs::Int32 change_flag;
```

```
  change_flag.data = enumToInteger(flag);
  pub3_.publish(change_flag);
}
```

11) resetSubscriptionFlag 函数

重置各种作为标志的变量。

```
void LaneSelectNode::resetSubscriptionFlag()
{
  is_current_pose_subscribed_ = false;
  is_current_velocity_subscribed_ = false;
  is_current_state_subscribed_ = false;
}
```

2. processing 函数

```
void LaneSelectNode::processing()
{
  ……
  findNeighborLanes();
  ……
  if (current_state_ == "LANE_CHANGE")
  {
    try
    { // 依次更新current_lane_idx_，left_lane_idx_和right_lane_idx_
      changeLane();
      // 得到Lane std::get<0>(lane_for_change_)中
      // "距离最近轨迹点"下标，并更新std::get<1>(lane_for_change_)
      std::get<1>(lane_for_change_) = getClosestWaypointNumber(std::get<0>(lane_for_change_), current_pose_.pose, current_velocity_.twist, std::get<1>(lane_for_change_), distance_threshold_, search_closest_waypoint_minimum_dt_);
      ……
      // 根据元组lane_for_change_中的信息发布消息到各个话题
      publishLane(std::get<0>(lane_for_change_));
      ……
    }
    ……
  }
  else
  { //更新tuple_vec_中每个元组内的ChangeFlag数据
    updateChangeFlag();
    // 更新lane_for_change_
    createLaneForChange();
```

```
    // 根据元组 tuple_vec_.at(current_lane_idx_)中的
    // 信息发布消息到各个话题
    publishLane(std::get<0>(tuple_vec_.at(current_lane_idx_)));
    ......
  }
  ......
}
```

1) changeLane 函数

依次更新 current_lane_idx_，left_lane_idx_和 right_lane_idx_。

```
void LaneSelectNode::changeLane()
{ // 根据换道的目标 Lane 在 tuple_vec_中的下标更新 current_lane_idx_
  if (std::get<2>(tuple_vec_.at(current_lane_idx_)) == ChangeFlag::right && right_lane_idx_ != -1 && std::get<1>(tuple_vec_.at(right_lane_idx_)) != -1)
  {
    current_lane_idx_ = right_lane_idx_;
  }
  else if (std::get<2>(tuple_vec_.at(current_lane_idx_)) == ChangeFlag::left && left_lane_idx_ != -1 && std::get<1>(tuple_vec_.at(left_lane_idx_)) != -1)
  {
    current_lane_idx_ = left_lane_idx_;
  }
  // 更新 left_lane_idx_和 right_lane_idx_
  findNeighborLanes();
  return;
}
```

2) updateChangeFlag 函数

更新 tuple_vec_中每个元组内的 ChangeFlag 数据。

```
void LaneSelectNode::updateChangeFlag()
{
  for (auto &el : tuple_vec_)
  { // 根据 Lane std::get<0>(el)中的"距离最近轨迹点"的
    // change_flag 更新 std::get<2>(el)
    std::get<2>(el) = (std::get<1>(el) != -1) ? static_cast<ChangeFlag>(std::get<0>(el).waypoints.at(std::get<1>(el)).change_flag) : ChangeFlag::unknown;
    // 修正 std::get<2>(el)
    if (std::get<2>(el) == ChangeFlag::right && right_lane_idx_ == -1)
```

```
      std::get<2>(el) = ChangeFlag::unknown;
    else if (std::get<2>(el) == ChangeFlag::left && left_lane_idx_ == -1)
      std::get<2>(el) = ChangeFlag::unknown;

    ROS_INFO("change_flag: %d", enumToInteger(std::get<2>(el)));
  }
}
```

4.3.10　节点 astar_avoid

节点 astar_avoid 对应于“4.2.2 节使用 rosbag 数据进行路径规划”中的操作步骤“(6)进行路径规划和导航：勾选 Motion Planing→waypoint_planner→astar_avoid”。

节点 astar_avoid 的主要作用：基于节点 lane_select 发布在话题"base_waypoints"上的轨迹，利用 A*算法规划避障轨迹并发布至话题"safety_waypoints"。

查找 src/autoware/utilities/runtime_manager/scripts/computing.yaml 可知，勾选 astar_avoid 后运行 ROS 包 waypoint_planner 内的 astar_avoid.launch。

```
name : astar_avoid
desc : astar_avoid desc sample
cmd  : roslaunch waypoint_planner astar_avoid.launch
param: astar_avoid_param
```

astar_avoid.launch 中的内容很简单，配置参数，启动节点 astar_avoid。

```
<launch>
  ......
  <node pkg="waypoint_planner" type="astar_avoid" name="astar_avoid"
output="screen">
    ......
  </node>
</launch>
```

由 ROS 包 waypoint_planner 内的 CMakeLists.txt 可知，节点 astar_avoid 的源文件是 src/astar_avoid/astar_avoid.cpp 和 astar_avoid_node.cpp。

```
add_executable(astar_avoid
  src/astar_avoid/astar_avoid.cpp
  src/astar_avoid/astar_avoid_node.cpp
)
......
```

首先是其 main 函数，main 函数在 astar_avoid_node.cpp 中，节点的功能主要通过 AstarAvoid 对象的 run 函数实现。

```
int main(int argc, char** argv)
{
  ros::init(argc, argv, "astar_avoid");
  AstarAvoid node;
  node.run();
  return 0;
}
```

1. AstarAvoid 的构造函数

先分析 AstarAvoid 的构造函数，其构造函数内的实现逻辑与其他节点的 main 函数中的实现逻辑很相似，都可以分为三部分，即设置变量、发布者、订阅者。

```
AstarAvoid::AstarAvoid()
  : nh_()
  ......
{ // 设置变量
  private_nh_.param<int>("safety_waypoints_size", safety_waypoints_size_, 100);
  ......
  // 设置发布
  safety_waypoints_pub_ = nh_.advertise<autoware_msgs::Lane>("safety_waypoints", 1, true);
  // 设置订阅
  costmap_sub_ = nh_.subscribe("costmap", 1, &AstarAvoid::costmapCallback, this);
  ......
}
```

2. costmapCallback、currentPoseCallback 等回调函数

costmapCallback 函数(源码略)是话题“costmap”的回调函数，主要作用是更新 costmap_，local2costmap_和 costmap_initialized_。代价地图 costmap_的数据格式是 nav_msgs::OccupancyGrid，OccupancyGrid 代表一个二维栅格图，其中每个单元代表占用概率，消息定义如下。

```
Header header

# 地图的元数据
MapMetaData info

# 地图数据，按"行优先"顺序，从(0,0)开始。
# 占用概率在[0,100]范围内。未知为-1
int8[] data
```

其他回调函数的作用大同小异，根据所订阅话题的消息更新成员变量。

3. run 函数

run 函数是节点 astar_avoid 的功能主体。run 函数实际上是一个有限状态机，根据条件切换 state_，在特定状态更新 avoid_waypoints_。

函数内 AstarAvoid::STATE 的定义如下。

```
typedef enum STATE
{
  INITIALIZING = -1,
  RELAYING = 0,
  STOPPING = 1,
  PLANNING = 2,
  AVOIDING = 3
} State;
```

run 函数代码如下。

```
void AstarAvoid::run()
{
  state_ = AstarAvoid::STATE::INITIALIZING;

  while (ros::ok())
  {
    ros::spinOnce();
    // 检查各个回调函数是否正确接收到对应话题的消息
    if (checkInitialized())
    {
      break;
    }
    ROS_WARN("Waiting for subscribing topics...");
    ros::Duration(1.0).sleep();
  }

  // 主循环
  int end_of_avoid_index = -1;
  ros::WallTime start_plan_time = ros::WallTime::now();
  ros::WallTime start_avoid_time = ros::WallTime::now();

  // 重置障碍物下标
  obstacle_waypoint_index_ = -1;

  // 启动时设置为中继模式
```

```
  state_ = AstarAvoid::STATE::RELAYING;

  // 启动发布线程
  publish_thread_ = std::thread(&AstarAvoid::publishWaypoints, this);

  while (ros::ok())
  {
    ros::spinOnce();

    // 中继模式
    if (!enable_avoidance_)
    {
      rate_->sleep();
      continue;
    }

    // 避让模式
    bool found_obstacle = (obstacle_waypoint_index_ >= 0);
    // avoid_start_velocity_(km/h)是开始避让行为时的自车速度
    bool avoid_velocity = (current_velocity_.twist.linear.x < avoid_start_velocity_ / 3.6);

    // 更新状态 state_
    if (state_ == AstarAvoid::STATE::RELAYING)
    {
      avoid_waypoints_ = base_waypoints_;
      // 发现障碍物，从中继模式转换为停车模式
      if (found_obstacle)
      {
        ROS_INFO("RELAYING -> STOPPING, Decelerate for stopping");
        state_ = AstarAvoid::STATE::STOPPING;
      }
    }
    else if (state_ == AstarAvoid::STATE::STOPPING)
    { // 检查重规划时间间隔条件
      bool replan = ((ros::WallTime::now() - start_plan_time).toSec() > replan_interval_);
      // 障碍物消失，重新回到中继模式
      if (!found_obstacle)
      {
        ROS_INFO("STOPPING -> RELAYING, Obstacle disappers");
        state_ = AstarAvoid::STATE::RELAYING;
```

```
    }
    // 障碍物仍然存在，而且满足重规划时间间隔和速度要求
    // 从停车模式转换为规划模式
    else if (replan && avoid_velocity)
    {
      ROS_INFO("STOPPING -> PLANNING, Start A* planning");
      state_ = AstarAvoid::STATE::PLANNING;
    }
  }
  else if (state_ == AstarAvoid::STATE::PLANNING)
  {
    start_plan_time = ros::WallTime::now();
    // 确定避障路线并相应添加进 avoid_waypoints_,
    // 同时更新传入函数的 end_of_avoid_index
    // 避障路线规划成功则从规划模式转换为避障模式，
    // 否则切换为停车模式
    if (planAvoidWaypoints(end_of_avoid_index))
    {
      ROS_INFO("PLANNING -> AVOIDING, Found path");
      state_ = AstarAvoid::STATE::AVOIDING;
      start_avoid_time = ros::WallTime::now();
    }
    else
    {
      ROS_INFO("PLANNING -> STOPPING, Cannot find path");
      state_ = AstarAvoid::STATE::STOPPING;
    }
  }
  else if (state_ == AstarAvoid::STATE::AVOIDING)
  { // getLocalClosestWaypoint 函数获得 avoid_waypoints_中相对于
    // current_pose_global_.pose 的“距离最近轨迹点”的下标
    bool reached = (getLocalClosestWaypoint(avoid_waypoints_, current_pose_global_.pose, closest_search_size_) > end_of_avoid_index);
    if (reached)
    {
        ROS_INFO("AVOIDING -> RELAYING, Reached goal");
        state_ = AstarAvoid::STATE::RELAYING;
      }
      else if (found_obstacle && avoid_velocity)
      {
        bool replan = ((ros::WallTime::now() - start_avoid_
```

```
time).toSec() > replan_interval_);
          if (replan)
          {
            ROS_INFO("AVOIDING -> STOPPING, Abort avoiding");
            state_ = AstarAvoid::STATE::STOPPING;
          }
        }
      }

      rate_->sleep();
    }

    terminate_thread_ = true;
  }
```

1) checkInitialized 函数

检查各个回调函数是否已经接收到正确的消息，是否对节点内的变量正确初始化(源码略)。

2) publishWaypoints 函数

publishWaypoints 函数在专门用于消息发布的线程中循环运行，发布消息到话题"safety_waypoints"。

```
void AstarAvoid::publishWaypoints()
{
  autoware_msgs::Lane current_waypoints;

  while (!terminate_thread_)
  {
    // 根据 state_选择 waypoints
    switch (state_)
    {
      case AstarAvoid::STATE::RELAYING:
        current_waypoints = base_waypoints_;
        break;
      case AstarAvoid::STATE::STOPPING:
        // 无操作,保持 current_waypoints 不变
        break;
      case AstarAvoid::STATE::PLANNING:
        // 无操作,保持 current_waypoints 不变
        break;
      case AstarAvoid::STATE::AVOIDING:
```

```
        current_waypoints = avoid_waypoints_;
        break;
      default:
        current_waypoints = base_waypoints_;
        break;
    }

    autoware_msgs::Lane safety_waypoints;
    safety_waypoints.header = current_waypoints.header;
    safety_waypoints.increment = current_waypoints.increment;

    // 从 current_waypoints 中"距离最近轨迹点"的下标开始,
   // 填充 safety_waypoints
    for (int i = 0; i < safety_waypoints_size_; ++i)
    { // getLocalClosestWaypoint 函数获得 current_waypoints 中相对于
      // current_pose_global_.pose 的"距离最近轨迹点"的下标
      int index = getLocalClosestWaypoint(current_waypoints,
current_pose_global_.pose, closest_search_size_) + i;
      if (index < 0 || static_cast<int>(current_waypoints.waypoints.
size()) <= index)
      {
        break;
      }
      const autoware_msgs::Waypoint& wp = current_waypoints.waypoints
[index];
      safety_waypoints.waypoints.push_back(wp);
    }

    if (safety_waypoints.waypoints.size() > 0)
    { // 发布 safety_waypoints 到话题"safety_waypoints"
      safety_waypoints_pub_.publish(safety_waypoints);
    }

    rate_->sleep();
  }
}
```

对上面函数中的 getLocalClosestWaypoint 函数进行分析可知，其主要作用是获得 waypoints 中相对于 pose 的“距离最近轨迹点”的下标。

```
int AstarAvoid::getLocalClosestWaypoint(const autoware_msgs::
Lane& waypoints, const geometry_msgs::Pose& pose, const int&
search_size)
```

```
{
  static int prev_index = -1;
  static autoware_msgs::Lane local_waypoints;

  // 如果 lane_select 节点未成功获得当前 Lane 上的"距离最近轨迹点",
  // 则在当前 Lane 重新搜索"距离最近轨迹点"
  if (closest_waypoint_index_ == -1)
  {
    prev_index = -1;
    return getClosestWaypoint(waypoints, pose);
  }
  // 考虑到 lane_select 节点传递的"距离最近轨迹点"信息可能过时,
  // 根据"距离最近轨迹点"的下标在有限区域内再次搜索
  else
  {
    if (prev_index == -1)
    {
      prev_index = closest_waypoint_index_;
    }

    // 圈定搜索范围
    int start_index = std::max(0, prev_index - search_size / 2);
    int end_index = std::min(prev_index + search_size / 2, (int)waypoints.waypoints.size());
    auto start_itr = waypoints.waypoints.begin() + start_index;
    auto end_itr = waypoints.waypoints.begin() + end_index;
    // 圈定 waypoints 内 prev_index 下标对应轨迹点周围的"邻居轨迹点"
    local_waypoints.waypoints = std::vector<autoware_msgs::Waypoint>(start_itr, end_itr);

    // 在"邻居轨迹点"集合内确定"距离最近轨迹点"
    int closest_local_index = start_index + getClosestWaypoint(local_waypoints, pose);
    prev_index = closest_local_index;

    return closest_local_index;
  }
}
```

getClosestWaypoint 函数从当前位姿 current_pose 确定 current_path 中"距离最近轨迹点"或者"当前车辆前进方向上距离最近轨迹点"(轨迹点所在车体坐标系与当前

位姿对应的车体坐标系之间的夹角未筛选）在 current_path 中的下标。

```
int getClosestWaypoint(const autoware_msgs::Lane &current_path, geometry_msgs::Pose current_pose)
{
  WayPoints wp;
  wp.setPath(current_path);

  if (wp.isEmpty())
    return -1;

  // 在特定距离内搜索"候选轨迹点"
  double search_distance = 5.0;
  std::vector<int> waypoint_candidates;
  for (int i = 1; i < wp.getSize(); i++)
  { // 根据相对距离筛选轨迹点
    if (getPlaneDistance(wp.getWaypointPosition(i), current_pose.position) > search_distance)
      continue;
    // 根据轨迹点是否位于当前车辆前进方向上进行筛选
    if (!wp.isFront(i, current_pose))
      continue;

    double angle_threshold = 90;
    // 根据轨迹点所在车体坐标系与当前位姿对应的
    // 车体坐标系之间的夹角进行筛选
    if (getRelativeAngle(wp.getWaypointPose(i), current_pose) > angle_threshold)
      continue;
    waypoint_candidates.push_back(i);
  }

  // 遍历"候选轨迹点"集合以确定"距离最近轨迹点"
  if (!waypoint_candidates.empty())
  {
    int waypoint_min = -1;
    double distance_min = DBL_MAX;
    for (auto el : waypoint_candidates)
    {
      // ROS_INFO("closest_candidates : %d",el);
      double d = getPlaneDistance(wp.getWaypointPosition(el), current_pose.position);
```

```
      if (d < distance_min)
      {
        waypoint_min = el;
        distance_min = d;
      }
    }
    return waypoint_min;
  }
  else
  {
    ROS_INFO("no candidate. search closest waypoint from all waypoints...");
    // 如果不存在"候选轨迹点"
    int waypoint_min = -1;
    double distance_min = DBL_MAX;
    for (int i = 1; i < wp.getSize(); i++)
    {
      if (!wp.isFront(i, current_pose))
        continue;

      // if (!wp.isValid(i, current_pose))
      //  continue;

      double d = getPlaneDistance(wp.getWaypointPosition(i), current_pose.position);
      if (d < distance_min)
      {
        waypoint_min = i;
        distance_min = d;
      }
    }
    // 此处筛选得到的轨迹点并不是"距离最近轨迹点",
    // 因为未对轨迹点所在车体坐标系与当前位姿对应的
    // 车体坐标系之间的夹角进行筛选
    // 所以得到的轨迹点仅仅是"当前车辆前进方向上距离最近轨迹点"
    return waypoint_min;
  }
}
```

getPlaneDistance 函数：计算两点之间的平面距离(源码略)。

getWaypointPosition 函数：获得 Lane 内下标为 waypoint 的对应轨迹点的位置 position。

```
geometry_msgs::Point WayPoints::getWaypointPosition(int waypoint) const
{
  geometry_msgs::Point p;
  if (waypoint > getSize() - 1 || waypoint < 0)
    return p;

  p=current_waypoints_.waypoints[waypoint].pose.pose.position;
  return p;
}
```

isFront 函数：判断 Lane 内下标为 waypoint 的对应轨迹点相对于当前车体坐标系的 *x* 坐标是否为正，也就是判断此轨迹点是否位于当前车辆前进方向上。

```
bool WayPoints::isFront(int waypoint, geometry_msgs::Pose current_pose) const
{
  double x = calcRelativeCoordinate(current_waypoints_.waypoints[waypoint].pose.pose.position, current_pose).x;
  if (x < 0)
    return false;
  else
    return true;
}
```

getRelativeAngle 函数：其(源码略)得到传入函数的两个坐标系之间的夹角，作用与节点 lane_select 中的 getRelativeAngle 函数一致，但是具体实现方式有所区别。

3) planAvoidWaypoints 函数

逐步更新目标位姿，并执行从当前位姿到目标位姿的基于 A*算法的增量搜索，确定避障路线并相应添加进 avoid_waypoints_。另外，更新传入函数的 end_of_avoid_index。

```
bool AstarAvoid::planAvoidWaypoints(int& end_of_avoid_index)
{
  bool found_path = false;
  // getLocalClosestWaypoint 函数获得 avoid_waypoints_
  // 中的"距离最近轨迹点"的下标
  int closest_waypoint_index = getLocalClosestWaypoint(avoid_waypoints_, current_pose_global _.pose, closest_search_size_);

  // 逐步更新目标位姿并执行 A*搜索
```

```
  // search_waypoints_delta_用于跳过轨迹点以进行增量搜索
  for (int i = search_waypoints_delta_; i < static_cast<int>(search_waypoints_size_); i += search_waypoints_delta_)
  {
    // 更新目标下标 goal_waypoint_index
    int goal_waypoint_index = closest_waypoint_index + obstacle_waypoint_index_ + i;
    if (goal_waypoint_index >= static_cast<int>(avoid_waypoints_.waypoints.size()))
    {
      break;
    }

    // 更新目标位姿
    goal_pose_global_ = avoid_waypoints_.waypoints[goal_waypoint_index].pose;
    goal_pose_local_.header = costmap_.header;
    // 指定 costmap_和 goal_pose_global_各自的 frame_id,
    // 就可以通过 transformPose 函数获得
    // 位姿 goal_pose_global_.pose 从 costmap_坐标系下
    // 转换到 goal_pose_global_坐标系下的新位姿 goal_pose_local_.pose
    goal_pose_local_.pose = transformPose(goal_pose_global_.pose, getTransform(costmap_.header.frame_id, goal_pose_global_.header.frame_id));
    // astar_的定义是 AstarSearch astar_
    // 根据 costmap_的信息初始化 astar_内 A*搜索的代价地图 nodes_
    astar_.initialize(costmap_);

    // 启动 A*搜索
    found_path = astar_.makePlan(current_pose_local_.pose, goal_pose_local_.pose);

    static ros::Publisher pub = nh_.advertise<nav_msgs::Path>("debug", 1, true);

    if (found_path)
    {
      pub.publish(astar_.getPath());
      end_of_avoid_index = goal_waypoint_index;
      // 将用于避撞的轨迹 astar_.getPath()合并进
      // avoid_waypoints_并更新 end_of_avoid_index
      mergeAvoidWaypoints(astar_.getPath(), end_of_avoid_index);
      if (avoid_waypoints_.waypoints.size() > 0)
```

```
        {
          ROS_INFO("Found GOAL at index = %d", goal_waypoint_index);
          astar_.reset();
          return true;
        }
        else
        {
          found_path = false;
        }
      }
      astar_.reset();
    }

    ROS_ERROR("Can't find goal...");
    return false;
}
```

(1) A*搜索算法。

planAvoidWaypoints 函数内调用 A*搜索算法，下面简单介绍下 A*搜索算法。

A*搜索算法是一个被广泛应用于路径优化领域的算法，它的寻路能力基于启发式代价函数。

①栅格化地图。

A*算法的第一个步是将地图栅格化，具体来说是用一个大型的二维列表存储地图数据，假设如图 4-35 所示：我们把地图映射到二维列表上，每一方格都可以用唯一的二元组表示，二元组的第一个维度是行号，第二个是列号，起点和终点的坐标分别是(1,2)和(3,7)。

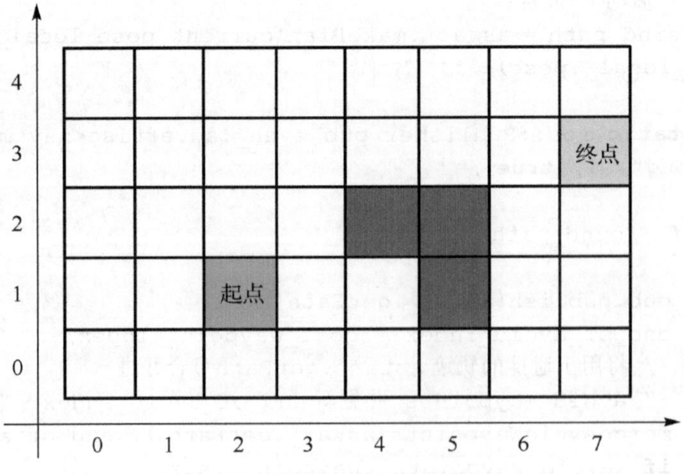

图 4-35　栅格化地图示意图

②评估函数。

A*算法的核心是一个评估函数：$F(n)=H(n)+G(n)$。

$H(n)$ 是距离评估函数，n 代表地图上的某一个方格，$H(n)$ 的值是该方格到终点的距离。距离的计算方式有很多，选择不同的方式，计算的结果也不同。以起点 s 为例(假设每个方格的边长都是 1)：

欧几里得距离：$H(s)=\sqrt{(7-2)^2+(3-1)^2}=\sqrt{29}$；

曼哈顿距离：$H(s)=|7-2|+|3-1|=7$。

$G(n)$ 是从起点移动到方格 n 的代价函数，方格 n 离起点越远，付出的代价越高。起点达到方格 n 的路线有多条，每条路线的 $G(n)$ 可能不同，如图 4-36 所示。

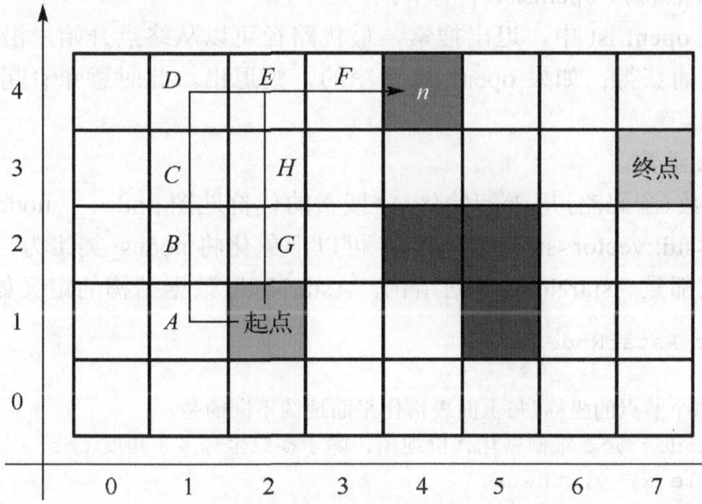

图 4-36　不同代价评估函数示意图

假设自动驾驶车辆从起点到方格 n 的路线有两条，起点→A→B→C→D→E→F→n 和起点→G→H→E→F→n。仅从距离而言，第二条路线更短，付出的代价也更低。假设从一个方格移动到相邻方格的代价是 1，则 $G(A)=G(G)=1$。B 的前一步是 A，因此 $G(B)=G(A)+1=2$。同理，$G(C)=G(B)+1=3$。对于 $G(n)$ 而言，它的值取决于 n 的上一步，如果路线是起点→A→B→C→D→E→F→n，则 $G(n)=G(F)+1=7$；如果路线是起点→G→H→E→F→n，则 $G(n)=G(F)+1=5$。值得注意的是，代价函数并不是唯一的，具体如何定义，取决于实际需求。

某个节点(方块)n 的评估函数 $F(n)$ 仅仅是将该点的距离估值 $H(n)$ 和代价值 $G(n)$ 加起来。A*搜索的每一次寻径都会寻找评估值最小的节点。

③搜索步骤。

A*搜索涉及两个重要的列表，openList(开放列表，存储候选节点)和 closeList (关闭列表，存储已经走过的节点）。算法先把起点放入 openList 中，然后重复下面步骤。

遍历 openList，找到 F 值最小的节点作为当前搜索起始节点，用 P 表示；

将 P 加入 closeList 中，作为已经走过的节点；

探索 P 周围相邻且不在 closeList 中的每一个节点，计算它们的 H 值、G 值和 F 值，并把 P 设置为这些节点的父节点，将这些节点作为待探索节点添加到 Q 中，当然，如何定义“相邻”也是根据具体需求而定；

如果 Q 中的节点不在 openList 中，将其加入到 openList；Q 中的节点已经存在于 openList 中的，比较这些节点的 F 值和它们在 openList 中的 F 值哪个更小（F 越小说明这条路径更优），如果 openList 中的 F 值更小或二者相等，不做任何改变，否则用 Q 中的节点替换 openList 中的节点；

如果终点在 openList 中，退出搜索，最优路径可以从终点开始，沿着父节点逆向溯源直至起点而获得；如果 openList 是空的，则退出，此时意味着起点到终点没有任何可行路径。

（2）initialize 函数。

initialize 函数（源码略）用于初始化 A*搜索的代价地图 nodes_，nodes_的数据类型是 std::vector<std::vector<std::vector>>，可以形象化将 nodes_类比为三维立方体，立方体内每个点都是 AstarNode 数据结构。AstarNode 数据结构的定义如下。

```
struct AstarNode
{
  // 每个节点的坐标(与上面表格化平面地图不同的是,
  // nodes_是三维栅格化代价地图，除了横纵坐标多了角度 theta 这一维)
  double x, y, theta;
  // NONE, OPEN, CLOSED 或者 OBS
  STATUS status = STATUS::NONE;
  // 实际代价
  double gc = 0;
  // 启发式代价
  double hc = 0;
  // 实际移动距离
  double move_distance = 0;
  // 如果车辆的当前方向是向后，则为 true
  bool back;
  // 父节点
  AstarNode* parent = NULL;
};
```

（3）makePlan 函数。

makePlan 函数设置搜索起点，基于 wavefront 算法更新 nodes_中节点的启发式代价，最后调用 search 函数开启 A*搜索。

```
bool AstarSearch::makePlan(const geometry_msgs::Pose& start_pose, const geometry_msgs::Pose& goal_pose)
{ // 设置起始节点
  if (!setStartNode(start_pose))
  {
    return false;
  }
  // 基于 wavefront 算法更新 nodes_中节点的启发式代价
  if (!setGoalNode(goal_pose))
  {
    return false;
  }
  // 开启 A*搜索
  return search();
}
```

①setStartNode 函数。

setStartNode 函数(源码略)设置起始地图节点，并将其加入 openList。

poseToIndex 函数根据传入函数的 pose 确定对应地图节点在三维栅格化代价地图 nodes_中的坐标。

```
void AstarSearch::poseToIndex(const geometry_msgs::Pose& pose, int* index_x, int* index_y, int* index_theta)
{
  tf::Transform orig_tf;
  tf::poseMsgToTF(costmap_.info.origin, orig_tf);
  geometry_msgs::Pose pose2d = transformPose(pose, orig_tf.inverse());
  // 根据横纵坐标的单位长度计算得到 pose 对应的横纵坐标
  *index_x = pose2d.position.x / costmap_.info.resolution;
  *index_y = pose2d.position.y / costmap_.info.resolution;

  tf::Quaternion quat;
  tf::quaternionMsgToTF(pose2d.orientation, quat);
  double yaw = tf::getYaw(quat);
  if (yaw < 0)
    yaw += 2.0 * M_PI;

  // 获得角度这一维度坐标
  static double one_angle_range = 2.0 * M_PI / theta_size_;
  *index_theta = yaw / one_angle_range;
```

```
    *index_theta %= theta_size_;
}
```

isOutOfRange 函数(源码略)检查下标是否溢出。

detectCollision 函数(源码略)检查无人车占据的地图节点是否与障碍物所处的节点重合，以此判断车辆是否会碰撞。

calcDistance 函数(源码略)计算两点间平面距离。

②setGoalNode 函数。

setGoalNode 函数的主要作用是从目标点开始基于 wavefront 算法更新 nodes_中节点的启发式代价。

```
bool AstarSearch::setGoalNode(const geometry_msgs::Pose& goal_pose)
{
  goal_pose_local_.pose = goal_pose;
  goal_yaw_ = modifyTheta(tf::getYaw(goal_pose_local_.pose.orientation));

  // 与 setStartNode 函数内流程基本一致
  int index_x, index_y, index_theta;
  poseToIndex(goal_pose_local_.pose, &index_x, &index_y, &index_theta);
  SimpleNode goal_sn(index_x, index_y, index_theta, 0, 0);

  if (isOutOfRange(index_x, index_y) || detectCollision(goal_sn))
  {
    return false;
  }

  // 计算 wavefront 启发式成本
  if (use_wavefront_heuristic_)
  {
    // 基于 wavefront 算法更新 nodes_中节点的启发式代价
    bool wavefront_result = calcWaveFrontHeuristic(goal_sn);
  ......
  }

  return true;
}
```

modifyTheta 函数(源码略)修正传入函数的角度 theta，令其值处于[0，2π)区间内。

calcWaveFrontHeuristic 函数(源码略)计算 wavefront 启发式成本。根据文献[14]

中的相关研究，wavefront 算法是一种常用全局路径规划算法，无人车通过使用从目标点发出的波浪，无碰撞地朝起始点移动。使用栅格地图对行驶环境进行建模，每个栅格中都有一个整数值，如从 1～255，通常障碍物栅格设置为最大值 255，目标栅格为最小值 1。

对于 wavefront 算法，障碍物和目标点对应的栅格需要被首先赋值；然后按列对所有的栅格进行扫描，对于没有被赋值的栅格需要对其进行赋值，执行该过程直到遇到起始点；一旦遇到起始点，算法立即停止，没有必要继续对没有赋值的栅格进行扫描。给栅格赋值的计算方法如下：

$$\text{Map}(i, j) = \begin{cases} \text{Min}(\text{neighborhood}(i, j)) + 1, & \text{为空} \\ \text{不操作}, & \text{已赋值} \end{cases} \tag{4-10}$$

其中，i, j 分别为栅格地图中该栅格的行号和列号；neighborhood(i, j) 为栅格 (i, j) 的邻接栅格的值，邻接方向可以是直线也可以是斜线。wavefront 算法检查栅格 (i, j) 的所有邻接栅格的值(忽略障碍)，并取最小值+1 作为本栅格的值。在每步过程中，没有赋值的栅格会获得新值，已经赋值的栅格的值不改变。

邻接方向既可以是直线也可是斜线，栅格可以有 4 个或 8 个邻接栅格。无人车从周围的 8 个方向中，选择值最小的栅格作为下一步的移动方向，直到到达目标点。使用 wavefront 算法，无人车不会陷入任何局部最小，并且永远选择到达目标的最短路径，图 4-37 为 4 个邻接栅格的波展开示意图。

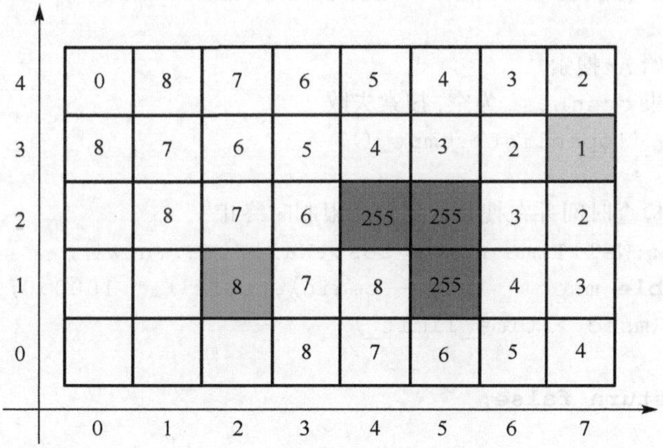

图 4-37　波展开后栅格地图

当波展开没有遇到起点时，需要通过计数器来停止波扩展。计数器的选择与环境地图的大小有关，如果计数器到达给定值，仍然没有到达无人车所在的起点栅格，则算法失败。图 4-38 为 wavefront 算法进行全局路径规划的流程图。

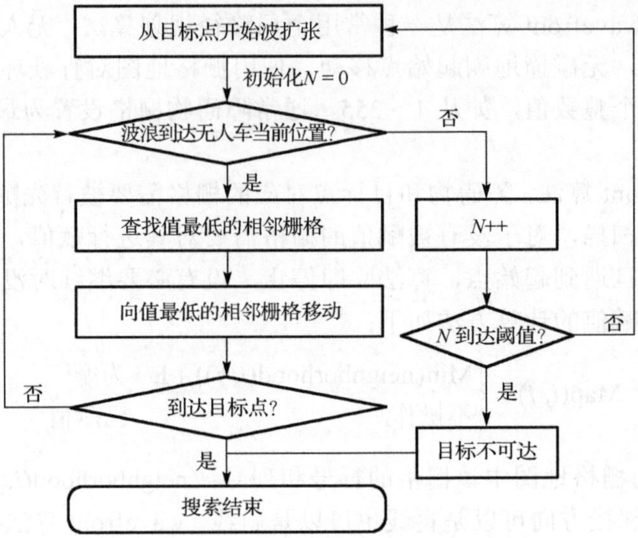

图 4-38　wavefront 算法流程图

③search 函数。

search 函数启动基于 A*算法的搜索过程。

```
bool AstarSearch::search()
{
  ros::WallTime begin = ros::WallTime::now();

  // 开始A*搜索
  // 如果openList为空，搜索失败
  while (!openlist_.empty())
  {
    // 检查时间并在搜索达到时间限制时终止
    ros::WallTime now = ros::WallTime::now();
    double msec = (now - begin).toSec() * 1000.0;
    if (msec > time_limit_)
    {
      return false;
    }

    // 从openList弹出最低代价节点
    SimpleNode top_sn = openlist_.top();
    openlist_.pop();

    AstarNode* current_an = &nodes_[top_sn.index_y][top_sn.index_x]
[top_sn.index_theta];
```

```
    // 将该节点状态设为 STATUS::CLOSED，即将该节点移入 closeList
    current_an->status = STATUS::CLOSED;

    // 目标检查
    if (isGoal(current_an->x, current_an->y, current_an->theta))
    {
      setPath(top_sn);
      return true;
    }

    // 拓展节点
    for (const auto& state : state_update_table_[top_sn.index_theta])
    {
      // 下一节点
      double next_x = current_an->x + state.shift_x;
      ……
      // 增加反向代价
      if (state.back != current_an->back)
        move_cost *= reverse_weight_;

      // 计算下一个状态的下标
      SimpleNode next_sn;
      geometry_msgs::Point next_pos;
      next_pos.x = next_x;
      next_pos.y = next_y;
      pointToIndex(next_pos, &next_sn.index_x, &next_sn.index_y);
      next_sn.index_theta = top_sn.index_theta + state.index_theta;

      // 避免下标无效
      next_sn.index_theta = (next_sn.index_theta + theta_size_) % theta_size_;

      // 检查下标是否有效
      if (isOutOfRange(next_sn.index_x, next_sn.index_y) || detectCollision(next_sn))
      {
        continue;
      }

      AstarNode* next_an = &nodes_[next_sn.index_y][next_sn.index_x][next_sn.index_theta];
```

```
      double next_gc = current_an->gc + move_cost;
      // wavefront 或距离变换启发式
      double next_hc = nodes_[next_sn.index_y][next_sn.index_x][0].hc;

      // 增加欧氏距离成本
      if (use_potential_heuristic_)
      {
        next_gc += nodes_[next_sn.index_y][next_sn.index_x][0].hc;
        next_hc += calcDistance(next_x, next_y, goal_pose_local_
.pose.position.x, goal_pose_local_.pose.position.y) * distance_
heuristic_weight_;
      }
      ……
      // 下一个节点状态为 STATUS::NONE
      if (next_an->status == STATUS::NONE)
      {
        next_an->status = STATUS::OPEN;
        next_an->x = next_x;
        ……
        continue;
      }
    ……
    } // 状态更新
  }

  // 寻路失败
  return false;
}
```

isGoal 函数(源码略)检查下一个状态是否是目标点。

setPath 函数(源码略)设置从起始点到目标点的路径。

(4) getPath 函数。

getPath 函数(源码略)获得 astar_ 中的成员 path_。

(5) mergeAvoidWaypoints 函数。

将用于避撞的轨迹合并进 avoid_waypoints_ 并更新传入函数的 end_of_avoid_index。

```
void AstarAvoid::mergeAvoidWaypoints(const nav_msgs::Path& path,
int& end_of_avoid_index)
{
  autoware_msgs::Lane current_waypoints = avoid_waypoints_;

```

```
  // 重置 avoid_waypoints_
  std::lock_guard<std::mutex> lock(mutex_);
  avoid_waypoints_.waypoints.clear();

  // 添加起始点下标前的轨迹点进 avoid_waypoints_
  //getLocalClosestWaypoint 函数获得 current_waypoints 相对于
  // current_pose_global_.pose 的"距离最近轨迹点"的下标
  int closest_waypoint_index = getLocalClosestWaypoint(current_waypoints, current_pose_global_.pose, closest_search_size_);
  for (int i = 0; i < closest_waypoint_index; ++i)
  {
    avoid_waypoints_.waypoints.push_back(current_waypoints.waypoints.at(i));
  }

  // 设置用于避撞的轨迹
  for (const auto& pose : path.poses)
  {
    autoware_msgs::Waypoint wp;
    wp.pose.header = avoid_waypoints_.header;
    wp.pose.pose = transformPose(pose.pose, getTransform(avoid_waypoints_.header.frame_id, pose.header.frame_id));
    ……
    avoid_waypoints_.waypoints.push_back(wp);
  }

  // 添加目标点下标后面的轨迹点进 avoid_waypoints_
  for (int i = end_of_avoid_index; i < static_cast<int>(current_waypoints.waypoints.size()); ++i)
  {
    avoid_waypoints_.waypoints.push_back(current_waypoints.waypoints.at(i));
  }

  // 更新合并轨迹点后的 end_of_avoid_index
  end_of_avoid_index = closest_waypoint_index + path.poses.size();
}
```

(6) reset 函数。

reset 函数（源码略）用于重置 astar_中用于 A*搜索的信息。

4.3.11 节点 velocity_set

节点 velocity_set 对应于“4.2.2 节使用 rosbag 数据进行路径规划”中的操作步骤“(6)进行路径规划和导航：勾选 Motion Planing→waypoint_planner→velocity_set”。

节点 velocity_set 的主要作用：在节点 astar_avoid 发布在话题"safety_waypoints"上的轨迹基础上，修正无人车靠近障碍物或停车线的速度。

查找 src/autoware/utilities/runtime_manager/scripts/computing.yaml 可知，勾选 velocity_set 后运行 ROS 包 waypoint_planner 内的 velocity_set.launch。

```
name : velocity_set
desc : velocity_set desc sample
cmd  : roslaunch waypoint_planner velocity_set.launch
param: velocity_set
```

velocity_set.launch 中的内容很简单，配置参数，启动节点 velocity_set，具体如下。

```
<!-- -->
<launch>
  ......
  <node pkg="waypoint_planner" type="velocity_set" name="velocity_set" output="screen">
    ......
  </node>
</launch>
```

由 ROS 包 waypoint_planner 内的 CMakeLists.txt 可知，节点 velocity_set 的源文件是 src/velocity_set/velocity_set.cpp，velocity_set_path.cpp，velocity_set_info.cpp 和 libvelocity_set.cpp。

```
add_executable(velocity_set
  src/velocity_set/velocity_set.cpp
  src/velocity_set/velocity_set_path.cpp
  src/velocity_set/velocity_set_info.cpp
  src/velocity_set/libvelocity_set.cpp
)
......
```

首先是其 main 函数，main 函数在 velocity_set.cpp 中。

```
int main(int argc, char** argv)
{
  ......
  // 类对象
```

```
  CrossWalk crosswalk;
  VelocitySetPath vs_path;
  VelocitySetInfo vs_info;

  // "速度设定"订阅器
  ros::Subscriber waypoints_sub = nh.subscribe("safety_waypoints", 1, &VelocitySetPath::waypointsCallback, &vs_path);
  ……
  // "速度设定信息"订阅器
  ros::Subscriber config_sub = nh.subscribe("config/velocity_set", 1, &VelocitySetInfo::configCallback, &vs_info);
  ……
  // "矢量地图"订阅器
  ros::Subscriber sub_dtlane = nh.subscribe("vector_map_info/cross_walk", 1, &CrossWalk::crossWalkCallback, &crosswalk);
  ……
  // 发布器
  ros::Publisher detection_range_pub = nh.advertise<visualization_msgs::MarkerArray>("detection_range", 1);
  ……
  ros::Rate loop_rate(LOOP_RATE);
  while (ros::ok())
  {
    ros::spinOnce();

    int closest_waypoint = 0;

    if (crosswalk.loaded_all && !crosswalk.set_points)
      // 更新 crosswalk 内的 bdID_, detection_points_和 set_points
      crosswalk.setCrossWalkPoints();
    ……
    // 设置 crosswalk 内的变量 enable_multiple_crosswalk_detection_
    crosswalk.setMultipleDetectionFlag(enable_multiple_crosswalk_detection);

    if (use_crosswalk_detection)
      // setDetectionWaypoint 设置 crosswalk 中变量 detection_waypoint_,
      // 而传入函数的是 findClosestCrosswalk 函数获得的无人车处于
      // 当前位置时在搜索范围内最靠近人行横道的轨迹点下标
      crosswalk.setDetectionWaypoint(crosswalk.findClosestCrosswalk(closest_waypoint, vs_path.getPrevWaypoints(), STOP_SEARCH_DISTANCE));
    int obstacle_waypoint = -1;
```

```
    // 障碍物检测并可视化障碍物
    EControl detection_result = obstacleDetection(closest_waypoint, vs_path.getPrevWaypoints(), crosswalk, vs_info, detection_range_pub, obstacle_pub, &obstacle_waypoint);
    // 根据前方障碍物/停车线情况，
    // 更新vs_path内的new_waypoints_中的轨迹点速度，
    // 并从new_waypoints_中截取部分轨迹点发布到话题"final_waypoints"
    changeWaypoints(vs_info, detection_result, closest_waypoint, obstacle_waypoint, final_waypoints_pub, &vs_path);
    // 清空vs_info中的points_
    vs_info.clearPoints();
    // 发布obstacle_waypoint_index和stopline_waypoint_index
    std_msgs::Int32 obstacle_waypoint_index;
    std_msgs::Int32 stopline_waypoint_index;
    if (detection_result == EControl::STOP)
    {
      obstacle_waypoint_index.data = obstacle_waypoint;
      stopline_waypoint_index.data = -1;
    }
    ……
    obstacle_waypoint_pub.publish(obstacle_waypoint_index);
    stopline_waypoint_pub.publish(stopline_waypoint_index);
    // 重置vs_path内的set_path_
    vs_path.resetFlag();

    loop_rate.sleep();
  }

  return 0;
}
```

1. VelocitySetPath 类中的回调函数 waypointsCallback 和 currentVelocityCallback 函数

waypointsCallback 和 currentVelocityCallback 函数分别是话题"safety_waypoints"和"current_velocity"的回调函数。waypointsCallback 函数更新 VelocitySetPath 对象 vs_path 内的 autoware_msgs::Lane 类型变量 prev_waypoints_和 new_waypoints_，以及 bool 类型变量 set_path_。currentVelocityCallback 函数更新 vs_path 内的 double 类型变量 current_vel_。

```
void VelocitySetPath::waypointsCallback(const autoware_msgs::LaneConstPtr& msg)
```

```
{
  prev_waypoints_ = *msg;
  // 临时性设置，稍后处理轨迹点速度
  new_waypoints_ = *msg;

  set_path_ = true;
}

void VelocitySetPath::currentVelocityCallback(const geometry_msgs::TwistStampedConstPtr& msg)
{
  current_vel_ = msg->twist.linear.x;
}
```

2. VelocitySetInfo 类中的回调函数 configCallback，pointsCallback，localizerPoseCallback，controlPoseCallback 和 detectionCallback 函数

configCallback 等函数的分析过程与前面 VelocitySetPath 类中的回调函数基本一致，其余类似函数不再赘述，详情请见源码。对于 configCallback 函数，其中有些参数的含义需要进行解释。

```
void VelocitySetInfo::configCallback(const autoware_config_msgs::ConfigVelocitySetConstPtr &config)
{ // (m) 相距障碍物的停车距离
  stop_distance_obstacle_ = config->stop_distance_obstacle;
  // (m) 相距停车线的停车距离
  stop_distance_stopline_ = config->stop_distance_stopline;
  // 如果障碍物在此范围内，停车
  stop_range_ = config->detection_range;
  // 判断为障碍物的阈值
  points_threshold_ = config->threshold_points;
  detection_height_top_ = config->detection_height_top;
  detection_height_bottom_ = config->detection_height_bottom;
  // (m/s^2) 遇到障碍物时减速的加速度
  deceleration_obstacle_ = config->deceleration_obstacle;
  // (m/s^2) 遇到停车线时减速的减加速度
  deceleration_stopline_ = config->deceleration_stopline;
  // (kmph -> mps) 速度变化限制
  velocity_change_limit_ = config->velocity_change_limit / 3.6;
  // 如果障碍物在此范围内，减速
  deceleration_range_ = config->deceleration_range;
  temporal_waypoints_size_ = config->temporal_waypoints_size;
}
```

3. CrossWalk 类中的 setCrossWalkPoints 函数

更新 crosswalk 内的 bdID_(std::vector 类型变量)，detection_points_(std::unordered_map<int, CrossWalkPoints>类型变量)和 set_points(bool 类型变量)。

```
void CrossWalk::setCrossWalkPoints()
{
  std::unordered_map<int, std::vector<int>> bdid2aid_map;
  getAID(bdid2aid_map);

  // 保存键值
  for (const auto &bdid2aid : bdid2aid_map)
    // bdID_为 std::vector<int>类型变量
    bdID_.push_back(bdid2aid.first);

  calcDetectionArea(bdid2aid_map);
  calcCenterPoints();

  ROS_INFO("Set cross walk detection points");
  set_points = true;
}
```

1) getAID 函数

getAID 函数需要 crosswalk_中的数据，crosswalk_是 vector_map::CrossWalkArray 类型变量，根据 src/autoware/messages/vector_map_msgs/msg/CrossWalkArray.msg 可知 crosswalk_.data 为 CrossWalk 类型数组。

```
Header header
CrossWalk[] data
```

CrossWalk 数据结构如下。

```
# 类型
uint8 CLOSURE_LINE=0
uint8 STRIPE_PATTERN=1
uint8 BICYCLE_LANE=2

# 版本 1.00
int32 id
int32 aid
int32 type
int32 bdid
int32 linkid
```

getAID 函数更新传入函数的 bdid2aid_map，键为 crosswalk_.data 中每个斑马线的 bdid，键值为对应的 aid。

```
void CrossWalk::getAID(std::unordered_map<int, std::vector<int>> &bdid2aid_map) const
{
  for (const auto &x : crosswalk_.data)
    if (x.type == 1)
    { // 如果是斑马线，以 bdid 作为键，保存区域 ID
      bdid2aid_map[x.bdid].push_back(x.aid);
    }
}
```

2) calcDetectionArea 函数

calcDetectionArea 函数更新 detection_points_，detection_points_为 std::unordered_map<int, CrossWalkPoints>类型变量。其中，CrossWalkPoints 的数据结构如下。

```
struct CrossWalkPoints
{
  std::vector<geometry_msgs::Point> points;
  geometry_msgs::Point center;
  double width;
};
```

calcDetectionArea 函数代码如下。

```
void CrossWalk::calcDetectionArea(const std::unordered_map<int, std::vector<int>> &bdid2aid_map)
{
  for (const auto &crosswalk_aids : bdid2aid_map)
  {
    int bdid = crosswalk_aids.first;
    double width = 0.0;
    for (const auto &aid : crosswalk_aids.second)
    {
      detection_points_[bdid].points.push_back(calcCenterofGravity(aid));
      width += calcCrossWalkWidth(aid);
    }
    width /= crosswalk_aids.second.size();
    detection_points_[bdid].width = width;
  }
}
```

(1) calcCenterofGravity 函数。

calcCenterofGravity 函数需要使用 area_中的数据，area_的数据结构如下。

```
Header header
Area[] data
```

其中，Area 的结构如下。

```
# 版本 1.00
// 唯一标识
int32 aid
// 当前area的起始线段的id
int32 slid
// 当前area的末尾线段的id
int32 elid
```

Area 用来描述区域，由连续的按顺序排列的线段组成，其中，aid 是其唯一标识，slid 和 elid 分别为当前区域的起始线段和末尾线段的标识，中间的线段按顺序查找线段的标识即可。

calcCenterofGravity 函数(源码略)计算 aid 对应区域的重心坐标。

(2) calcCrossWalkWidth 函数。

calcCrossWalkWidth 函数(源码略)计算斑马线区域的最大宽度。

3) calcCenterPoints 函数

calcCenterPoints 函数(源码略)中分别计算 bdID_中每个元素对应的多个重心的中心，并更新 detection_points_。

4. CrossWalk 类中的 findClosestCrosswalk 函数

findClosestCrosswalk 函数(源码略)获得无人车处于当前位置时在搜索范围内最靠近人行横道的轨迹点下标，同时更新 crosswalk 内的 detection_crosswalk_id_，detection_crosswalk_id_记录了所临近的人行横道对应的 bdid。

5. CrossWalk 类中的 setDetectionWaypoint 函数

设置 crosswalk 中的变量 detection_waypoint_，传入函数的 num 正是前面 findClosestCrosswalk 获得的无人车处于当前位置时在搜索范围内最靠近人行横道的轨迹点下标。

```
void setDetectionWaypoint(const int &num)
{
  detection_waypoint_ = num;
}
```

6. obstacleDetection 函数

障碍物检测并可视化障碍物(源码略)。

7. changeWaypoints 函数

根据前方障碍物/停车线情况，更新 vs_path 内的 new_waypoints_中的轨迹点速度，并从 new_waypoints_中截取部分轨迹点发布到话题"final_waypoints"。new_waypoints_在前面 VelocitySetPath 类中的 waypointsCallback 函数中被赋值，且跟 prev_waypoints_一致。

```
void changeWaypoints(const VelocitySetInfo& vs_info, const EControl& detection_result, int closest_waypoint, int obstacle_waypoint, const ros::Publisher& final_waypoints_pub, VelocitySetPath* vs_path)
{
 if (detection_result == EControl::STOP || detection_result == EControl::STOPLINE)
  { // 在障碍物/停止线前停车
   // stop_waypoint 大约距离障碍物/停车线 stop_distance 米远
   int stop_distance = (detection_result == EControl::STOP)
     ? vs_info.getStopDistanceObstacle() : vs_info.getStopDistanceStopline();
   double deceleration = (detection_result == EControl::STOP)
     ? vs_info.getDecelerationObstacle() : vs_info.getDecelerationStopline();
   //确定与 obstacle_waypoint 的距离为 stop_distance 相对应轨迹点下标
   int stop_waypoint = calcWaypointIndexReverse(vs_path->getPrevWaypoints(), obstacle_waypoint, stop_distance);
   // 基于 stop_waypoint 更改轨迹点速度实现停车
   vs_path->changeWaypointsForStopping(stop_waypoint, obstacle_waypoint, closest_waypoint, deceleration);
   vs_path->avoidSuddenAcceleration(deceleration, closest_waypoint);
  vs_path->avoidSuddenDeceleration(vs_info.getVelocityChangeLimit(), deceleration, closest_waypoint);
   vs_path->setTemporalWaypoints(vs_info.getTemporalWaypointsSize(), closest_waypoint, vs_info.getControlPose());
   final_waypoints_pub.publish(vs_path->getTemporalWaypoints());
  }
 else if (detection_result == EControl::DECELERATE)
  { // 在障碍物前减速
   vs_path->initializeNewWaypoints();
   vs_path->changeWaypointsForDeceleration(vs_info.getDeceleration
```

```
Obstacle(), closest_waypoint, obstacle_waypoint);
    ......
  }
  else
  { // 加速或保持
    vs_path->initializeNewWaypoints();
    vs_path->avoidSuddenAcceleration(vs_info.getDeceleration
Obstacle(), closest_waypoint);
    ......
  }
}
```

1) calcWaypointIndexReverse 函数

确定与 begin_waypoint 的距离为 distance 相对应的轨迹点下标。

```
inline int calcWaypointIndexReverse(const autoware_msgs::Lane
&lane, const int begin_waypoint, const double distance)
{
  ......
}
```

2) VelocitySetPath 类中的 changeWaypointsForStopping 等函数

这些函数的实现较为简单，因此本书略去它们的源码。

①changeWaypointsForStopping 函数：在到达停车点前以恒定加速度减速，并以此更新 new_waypoints_中轨迹点的速度。

②avoidSuddenAcceleration 函数：保证加速过程中的加速度恒定，据此更新轨迹点速度。

③avoidSuddenDeceleration 函数：保证减速过程中的加速度恒定，据此更新轨迹点速度。

④setTemporalWaypoints 函数：从最近的轨迹点开始从 new_waypoints_中抽取大约"_temporal_waypoints_size"个轨迹点到 temporal_waypoints_。

⑤getTemporalWaypoints 函数：返回 vs_path 内的 temporal_waypoints_。

⑥initializeNewWaypoints 函数：重置 new_waypoints_。

⑦changeWaypointsForDeceleration 函数：作用和实现流程与 changeWaypoints-ForStopping 函数类似，只是并非减速至 0，而是减速至某一速度。

4.4 本章小结

本章对决策规划模块内 11 个基础 ROS 节点 waypoint_saver，waypoint_extractor，

waypoint_loader，waypoint_replanner，waypoint_marker_publisher，lane_navi，lane_rule，lane_stop，lane_select，astar_avoid，velocity_set 中的关键部分源码进行详细的流程及原理分析，并辅以代码验证示例、算法原理图/流程图帮助读者理解。

参考文献

[1] 熊璐，康宇宸，张培志，等．无人驾驶车辆行为决策系统研究[J]．汽车技术，2018(8):1-9.

[2] 余卓平，李奕姗，熊璐．无人车运动规划算法综述[J]．同济大学学报:自然科学版，2017(45):1150-1159.

[3] 邓鹏，张杭，申有吉．基于改进 Dijkstra 算法在智能导航中的应用[J]．新型工业化，2019，9(12)：91-95.

[4] 顾青，豆风铅，马飞．基于改进 A*算法的电动车能耗最优路径规划[J]．农业机械学报，2015，46(12)：321-327.

[5] 刘玉，邓琛，李文帅，等．巡逻机器人轨迹规划融合算法[J]．传感器与微系统，2020，39(4)：125-128.

[6] 成怡，王赟，修春波．一种改进 RRT 算法在路径规划中的应用研究[J]．控制工程，2020，27(3)：567-571.

[7] 李柏，张友民，邵之江．自动驾驶车辆运动规划方法综述[J]．控制与信息技术，2018(6)：1-6.

[8] 徐磊．基于 EPS 的自动泊车路径规划及跟踪控制研究[D]．合肥：合肥工业大学，2017.

[9] 吴玲玉，白国振，管登诗．自动泊车的运动轨迹规划[J]．农业装备与车辆工程，2017，55(9)：85-89.

[10] 靳岚，赵莉，谢黎明．基于三次 Bézier 三角样条插值的工业机器人连续路径轨迹规划[J]．机械设计与制造工程，2019，48(4)：35-39.

[11] 杜卓洋．无人驾驶车辆轨迹规划算法研究[D]．杭州：浙江大学，2019.

[12] 创客智造．autoware 入门教程—使用 rosbag 数据生成路径点[DB/OL]．[2020-04-11]．https://www.ncnynl.com/archives/201910/3413.html.

[13] 创客智造．autoware 入门教程—使用 rosbag 数据进行路径规划[DB/OL]．[2020-04-11]．https://www.ncnynl.com/archives/201910/3414.html.

[14] 何武．室内服务机器人的导航研究[D]．合肥：中国科学技术大学，2011.

第 5 章　Autoware 控制模块解析

5.1　自动驾驶控制模块概述

5.1.1　自动驾驶控制模块背景

自动驾驶系统中控制模块的主要作用如下。

首先获取车辆自主决策和轨迹规划的结果，在车辆的运动学和动力学约束下计算相应的控制指令，包含加速、制动、转向等，接着发布控制指令到车辆底盘执行器，从而可靠、精准地跟踪期望轨迹，框架如图 5-1 所示。

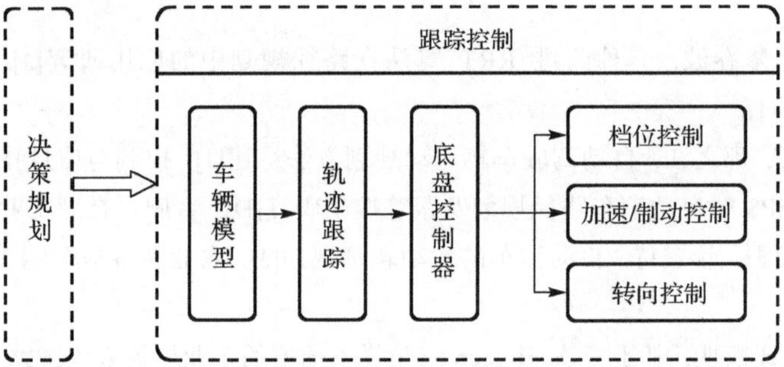

图 5-1　跟踪控制框架图

其中，跟踪控制可分为纵向控制和横向控制。

①纵向控制：是对车辆纵向运动状态的控制，实现自动驾驶车辆对规划轨迹上的各点速度跟踪或者与前车保持安全距离。

②横向控制：简单来说就是转向控制，要求系统可以基于定位、感知模块获取当前车辆位置与预期位置的横向偏差，然后通过控制车辆方向盘或直接改变车辆的转向轮角度实现车辆对目标路径的自主跟踪。

目前应用较多的控制算法有比例-积分-微分(proportion-integration-differentiation，PID)控制、滑模控制、前馈-反馈控制、预瞄跟踪控制和神经网络控制算法等。这些方法对参数和环境的依赖程度较高，当环境发生较大变化时不能很好地完成新状态下的轨迹跟踪；同时，地面无人车辆在运动过程中受到运动学和执行机构的约束，在高速运动情况下还需要考虑相应的动力学约束，上述方法难以处理这些约束。由于基于模型预测控制的轨迹跟踪算法对未来轨迹的预测和处理多目标约束条件的能力较强，故逐渐成为研究的热点[1]。

5.1.2　Autoware 控制模块概述

1. 纯跟踪控制

1）基本原理

纯跟踪（pure pursuit）算法被广泛应用在机器人的路径跟踪上。该算法把智能车简化为自行车模型如图 5-2 所示。其中以后轴中心为切点，车辆纵向车身为切线，通过控制前轮偏角 δ，使车辆可以沿着一条经过预瞄点的圆弧行驶[2]。

根据几何关系得到：

$$\tan(\delta)=\frac{L}{R} \tag{5-1}$$

式中，L 为车辆轴距，R 为运动时的曲率半径。

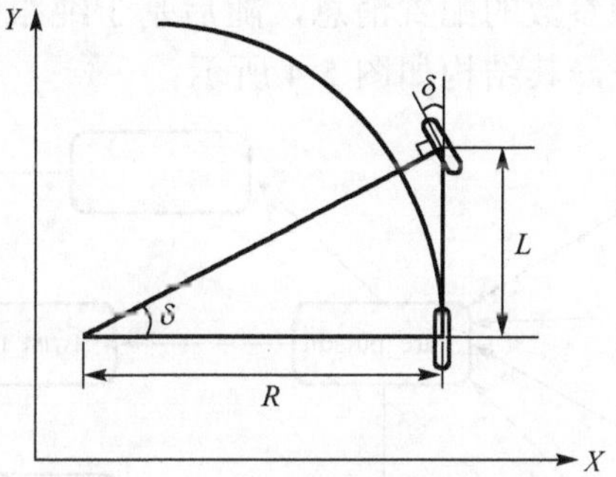

图 5-2　两轮自行车运动学模型

根据式（5-1）可知确定 R 之后即可求得前轮转角 δ。由于纯追踪路径跟踪方法是一种几何方法，如图 5-3 所示，我们可以做出如下推导[3]：

$$D+x_0=R \tag{5-2}$$

$$D^2+{y_0}^2=R^2 \tag{5-3}$$

$${x_0}^2+{y_0}^2={L_0}^2 \tag{5-4}$$

$$R=\frac{{L_0}^2}{2x_0} \tag{5-5}$$

x',y' 为车辆坐标系坐标轴，其中（x_0',y_0'）为规划路径上的预瞄点在车辆坐标系中的坐标，L_0 为车辆后轴中心到（x_0',y_0'）的距离。

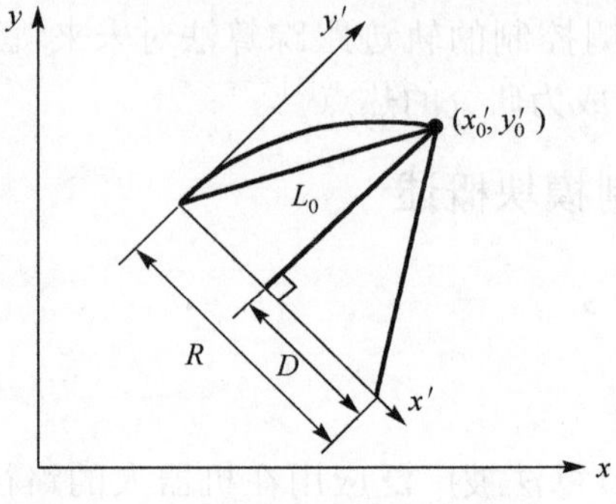

图 5-3　纯追踪模型几何解析

$$K = \frac{1}{R} = \frac{2x_0}{L_0^{\ 2}} \tag{5-6}$$

2) Autoware 中纯跟踪节点

Autoware 中的纯跟踪控制节点需要接收规划的路径点序列、车辆当前位姿、车辆当前速度、节点中一些参数的配置消息，随后基于纯跟踪算法原理处理并发布轮胎转角和速度的控制指令，其结构如图 5-4 所示。

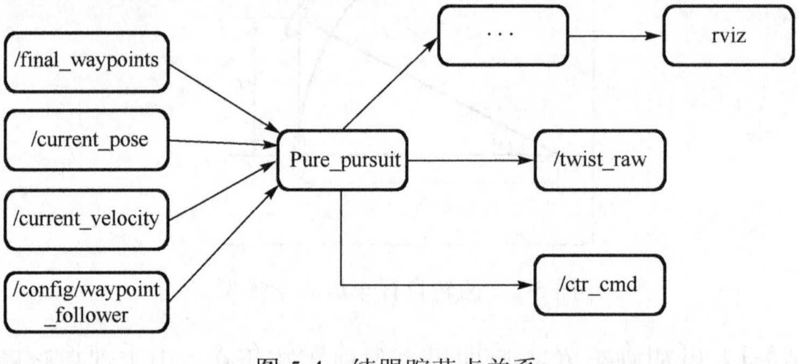

图 5-4　纯跟踪节点关系

2. 模型预测控制

1) 基本原理

模型预测控制(model predictive control，MPC)是一种基于预测模型控制的算法，利用预测模型和被控对象的当前状态，得到被控对象预测时域内的一系列输出，通过目标函数求得未来最优控制序列，并且可以通过在线反馈校正及有限时域内滚动优化达到预期控制目标，能够有效克服传统控制方法易受外界干扰、存在模型误差等缺点。模型预测控制的组成主要包含预测模型、滚动优化和反馈校正三部分[4]，如图 5-5 所示。

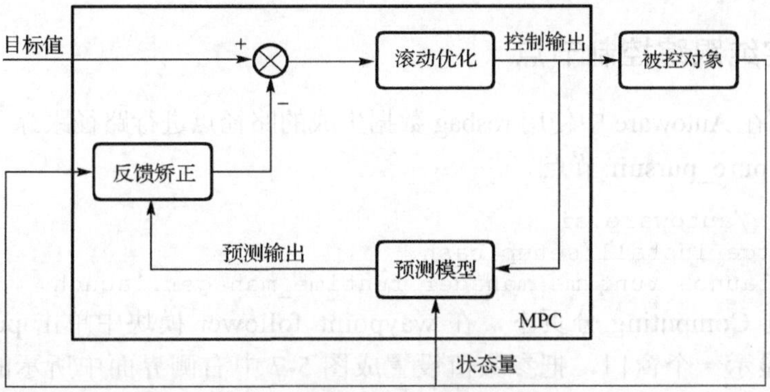

图 5-5　模型预测控制框架

2) Autoware 中模型预测节点

模型预测节点需要接收规划的路径点序列、最近点位置、车辆当前位姿、车辆当前速度、车辆状态等消息，其中，路径点序列需转化成适合 MPC 控制器的轨迹序列，随后利用预测模型和被控对象的当前状态处理并发布轮胎转角和速度的控制指令，其关系图如图 5-6 所示。

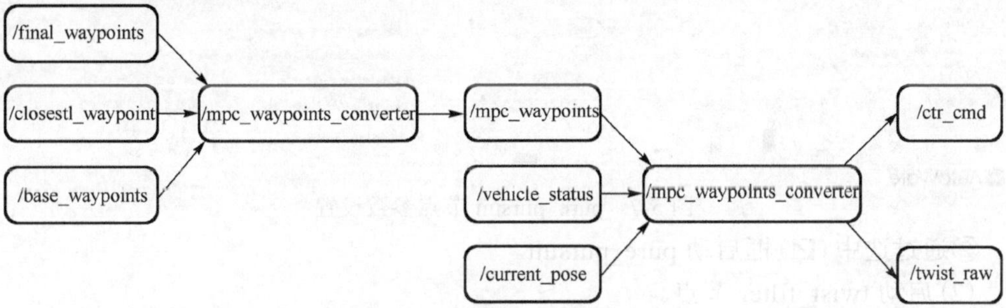

图 5-6　模型预测节点关系

5.2　Autoware 控制模块基础操作

5.2.1　使用 rosbag 数据进行路径点跟踪前提

本节只对跟踪控制节点进行阐述，因此我们认为下述步骤已经完成：

①定位功能正常，系统中已有车辆当前位姿 (/current_pose) 和车辆当前速度 (/current_velocity) 两个话题；

②规划模块正常发布最终路径点话题 (/final_waypoints)；

③ROSBAG 数据重播处于暂停状态。

5.2.2 确定纯跟踪控制节点

下面介绍在 Autoware 中使用 rosbag 数据生成的路径点进行路径跟踪[5]，步骤如下。

(1)启动 pure_pursuit 节点。

```
cd ~/autoware.ai
source install/setup.bash
roslaunch runtime_manager runtime_manager.launch
```

①切换到 Computing 分页下，在 waypoint_follower 模块中单击 pure_pursuit 后面[app]，将显示一个窗口，把参数值设置成图 5-7 中右侧界面中所示的值，此[app]窗口用来完成 pure_pursuit 节点中的一些参数设定。

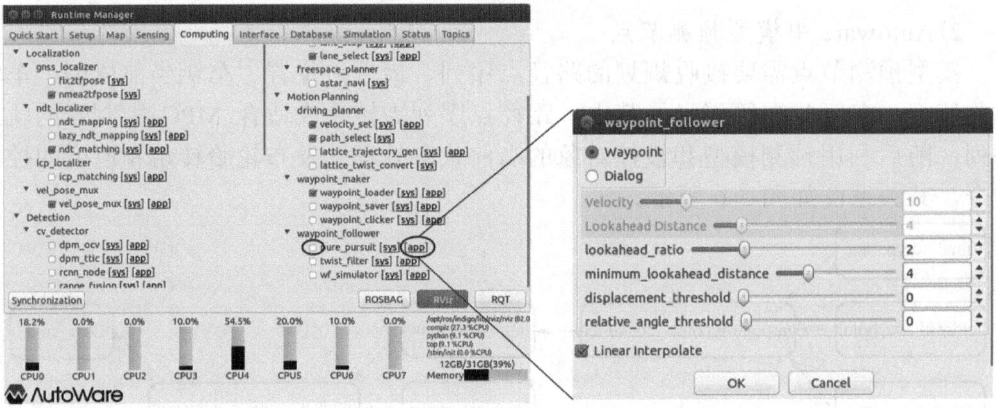

图 5-7　pure_pursuit 节点参数设置

②通过选中(☑)框启动 pure_pursuit。

(2)启动 twist_filter 节点。

①同上一步骤相似，单击 twist_filter 上的[app]，将显示一个窗口，确认参数值与图 5-8 中右侧界面中所示的值相同。

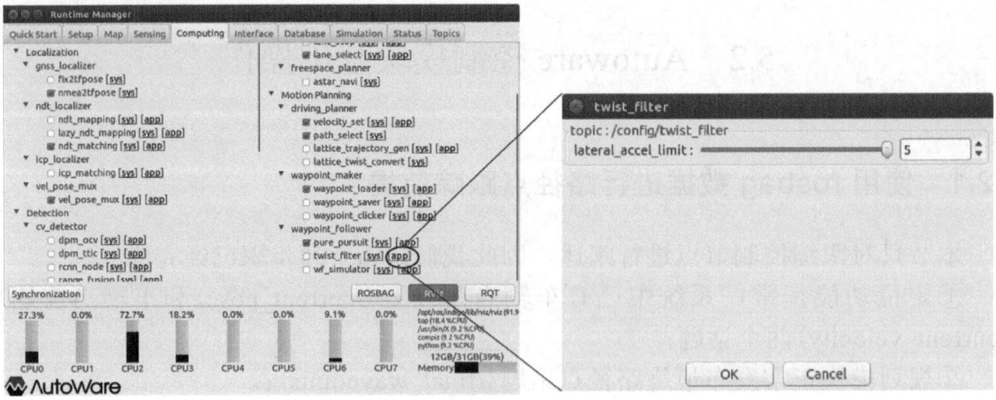

图 5-8　twist_filter 节点参数设置

②通过选中(☑)框启动 twist_filter。

(3) 恢复 ROSBAG 的播放。

切换到 Simulation 分页，点击 Pause 恢复播放。

5.3 纯跟踪节点详解

下面对“5.2 节 Autoware 控制模块基础操作”中所涉及的基础 ROS 节点(pure_pursuit，twist_filter) 中的关键源码进行分析。若读者需要完整源码，请到 Autoware 项目开源网站 https://gitlab.com/autowarefoundation/autoware.ai/autoware/-/wikis/Source-Build 下载 Autoware v1.12.0，本书限于篇幅仅附上被分析部分的源码。

5.3.1 pure_pursuit 节点

节点 pure_pursuit 对应于 5.2.2 节中“启动 pure_pursuit 节点”中的操作步骤“通过选中(☑)框启动 pure_pursuit”。

查找 src/autoware/utilities/runtime_manager/scripts/computing.yaml 可知，勾选 pure_pursuit 后运行 ROS 功能包 waypoint_follower 内的 pure_pursuit.launch 文件。

```
name : pure_pursuit
desc : pure_pursuit desc sample
cmd  : roslaunch waypoint_follower pure_pursuit.launch
param: waypoint_follower
```

pure_pursuit.launch 文件如下。

```
<!-- -->
<launch>
   <!--设置启动参数并添加默认值 -->
    <arg name="is_linear_interpolation" default="True"/>
    <arg name="publishes_for_steering_robot" default="False"/>
    <!--启动节点 -->
    <node pkg="waypoint_follower" type="pure_pursuit" name="pure_pursuit" output="log">

  <!--为节点参数赋值 -->
        <param name="is_linear_interpolation" value="$(arg is_linear_interpolation)"/>
        <param name="publishes_for_steering_robot" value="$(arg publishes_for_steering_robot)"/>
    </node>

</launch>
```

文件中启动了 pure_pursuit 节点并对相应参数进行赋值，其中，启动参数“is_linear_interpolation”默认值为 True，“publishes_for_steering_robot”默认值为 False。

由 ROS 包 waypoint_follower 内的 CMakeLists.txt 可知，节点 pure_pursuit 的源文件是 nodes/pure_pursuit/pure_pursuit_node.cpp 等。

```
add_executable(pure_pursuit
        nodes/pure_pursuit/pure_pursuit_node.cpp
        nodes/pure_pursuit/pure_pursuit.cpp
        nodes/pure_pursuit/pure_pursuit_core.cpp
        nodes/pure_pursuit/pure_pursuit_viz.cpp
        )
……
```

首先是其 main 函数，main 函数在 pure_pursuit_node.cpp 中。

```
#include <ros/ros.h>
// 自定义头文件
#include "pure_pursuit_core.h"
int main(int argc, char **argv)
{
ros::init(argc, argv, "pure_pursuit");
waypoint_follower::PurePursuitNode ppn;
ppn.run();

return 0;
}
```

文件中包含了自定义的头文件“pure_pursuit_core.h”，主函数主要内容有：
①通过 ros::init 函数初始化 ROS，同时指定节点唯一名称“pure_pursuit”；
②定义 PurePursuitNode 类对象 ppn；
③ppn 对象调用 run 函数。

1. waypoint_follower::PurePursuitNode 的构造函数

waypoint_follower::PurePursuitNode 的声明在“pure_pursuit_core.h”文件中，构造函数定义在“pure_pursuit_core.cpp”文件中，内容如下。

```
PurePursuitNode::PurePursuitNode()
: private_nh_("～")
, pp_()
, LOOP_RATE_(30)
, is_waypoint_set_(false)
, is_pose_set_(false)
, is_velocity_set_(false)
```

```
, is_config_set_(false)
, current_linear_velocity_(0)
, command_linear_velocity_(0)
, param_flag_(-1)
, const_lookahead_distance_(4.0)
, const_velocity_(5.0)
, lookahead_distance_ratio_(2.0)
, minimum_lookahead_distance_(6.0)
{
// 初始化函数
initForROS();
// 创建智能指针
node_status_publisher_ptr_ = std::make_shared<autoware_health_checker::NodeStatusPublisher>(nh_,private_nh_);
node_status_publisher_ptr_->ENABLE();
// 设置是否线性插值的参数值
pp_.setLinearInterpolationParameter(is_linear_interpolation_);
}
```

构造函数首先对数据成员进行初始化，其中比较重要的参数有 lookahead_distance_ ratio_(预瞄距离的系数)、minimum_lookahead_distance_(最小预瞄距离)等，值得注意的是，pp_是 PurePursuit 类的对象，构造函数如下文 1)所述。

函数中调用 PurePursuitNode::initForROS 函数，用来初始化 ROS 中的一些参数及设置订阅者和发布者，如下文 2)所述。

接着创建了智能指针 node_status_publisher_ptr_对 nh_和 private_nh_句柄分配动态内存空间并初始化，有利于系统内存的使用与释放，调用 ENABLE 函数用来对 Autoware 整个系统运行的状况进行检查，这里不做解释。

调用 setLinearInterpolationParameter 函数对 is_linear_interpolation_(是否线性插值)参数进行设置，如下文 3)所述。

1) waypoint_follower:: PurePursuit 的构造函数

PurePursuit 的构造函数在 pure_pursuit.cpp 文件中定义如下。

```
PurePursuit::PurePursuit()
: RADIUS_MAX_(9e10)
, KAPPA_MIN_(1 / RADIUS_MAX_)
, is_linear_interpolation_(false)
, next_waypoint_number_(-1)
, lookahead_distance_(0)
, current_linear_velocity_(0)
, minimum_lookahead_distance_(6)
```

```
{
} ;
```

purepursuit 类的构造函数对下列参数进行初始化：RADIUS_MAX_（最大运动半径），KAPPA_MIN_（最小曲率），is_linear_interpolation_（是否线性插值），next_waypoint_number_（下一个目标路径点在发布轨迹序列中的下标），lookahead_distance_（预瞄距离），current_linear_velocity_（当前车辆速度），minimum_lookahead_distance_（最小预瞄距离）。

2) PurePursuitNode::initForROS 函数

```
void PurePursuitNode::initForROS()
{
// 参数读取设定
private_nh_.param("is_linear_interpolation", is_linear_interpolation_, bool(true));
private_nh_.param("publishes_for_steering_robot", publishes_for_steering_robot_, bool(false));
nh_.param("vehicle_info/wheel_base", wheel_base_, double(2.7));

// 建立 4 个节点必需话题的订阅者
sub1_ = nh_.subscribe("final_waypoints", 10, &PurePursuitNode::callbackFromWayPoints, this);
sub2_ = nh_.subscribe("current_pose", 10, &PurePursuitNode::callbackFromCurrentPose, this);
sub3_ = nh_.subscribe("config/waypoint_follower", 10, &PurePursuitNode::callbackFromConfig, this);
sub4_ = nh_.subscribe("current_velocity", 10, &PurePursuitNode::callbackFromCurrentVelocity, this);

// 建立节点话题发布者
pub1_ = nh_.advertise<geometry_msgs::TwistStamped>("twist_raw", 10);
pub2_ = nh_.advertise<autoware_msgs::ControlCommandStamped>("ctrl_cmd", 10);
……
pub16_ = nh_.advertise<std_msgs::Float32>("angular_gravity", 0);
pub17_ = nh_.advertise<std_msgs::Float32>("deviation_of_current_position", 0);
}
```

函数利用句柄 private_nh_调用 param 函数对 is_linear_interpolation_参数赋值，若 launch 文件中有此参数的值则直接使用，否则赋给其默认值 true。对 publishes_ for_steering_robot_发布转角参数同理，此处值为 false，对 wheel_base_轴距赋值为 2.7m。

订阅 final_waypoints（最终路径点序列），current_pose（车辆当前位姿），config/waypoint_follower（参数配置），current_velocity（车辆当前速度）话题，与之对应的回调函数如下。

(1) callbackFromWayPoints 函数。

处理 final_waypoints（最终路径点序列）话题的回调函数。

```
void PurePursuitNode::callbackFromWayPoints(const autoware_msgs::LaneConstPtr &msg)
{
 // 判断路径点数组是否为空
  if (!msg->waypoints.empty())
    command_linear_velocity_ = msg->waypoints.at(0).twist.twist.linear.x;
  else
    command_linear_velocity_ = 0;
  // 设置当前跟踪的路径点
  pp_.setCurrentWaypoints(msg->waypoints);
  is_waypoint_set_ = true;
}
```

回调函数首先判断接收到的 final_waypoints 话题消息中 waypoint 数组是否为空，若不为空则把路径点数组中第一个路径点所包含的速度大小赋值给 command_linear_velocity_（命令线速度），否则赋值为 0。

pp_对象调用 setCurrentWaypoints() 函数设置当前跟踪的路径点。

```
void setCurrentWaypoints(const std::vector<autoware_msgs::Waypoint> &wps)
{
  current_waypoints_ = wps;
}
```

此函数把接收到消息中的 waypoints 数组（msg->waypoints）直接传递给 current_waypoints_（当前路径点数组）。

设置 is_waypoint_set_ = true，跟踪路径点信息正常获得的标志，表明 pure_pursuit 节点成功接收到路径消息。

(2) callbackFromCurrentPose 函数。

处理 current_pose（车辆当前位姿）话题的回调函数。

```
void PurePursuitNode::callbackFromCurrentPose(const geometry_msgs::PoseStampedConstPtr &msg)
```

```
{
  pp_.setCurrentPose(msg);
  is_pose_set_ = true;
}
```

调用 setCurrentPose 函数进行路径点设置。

```
void setCurrentPose(const geometry_msgs::PoseStampedConstPtr &msg)
  {
    current_pose_ = msg->pose;
  }
```

函数功能和上面类似，把接收到的车辆位姿信息直接传递给 pp_对象的 current_pose_。is_pose_set_= true，车辆当前位姿状态正常获得的标志，表明 pure_pursuit 节点成功接收到位姿信息。

(3) callbackFromConfig 函数。

处理 config/waypoint_follower(参数配置)话题的回调函数。

```
void PurePursuitNode::callbackFromConfig(const autoware_config_msgs::ConfigWaypointFollowerConstPtr &config)
{
  param_flag_ = config->param_flag;
  const_lookahead_distance_ = config->lookahead_distance;
  const_velocity_ = config->velocity;
  lookahead_distance_ratio_ = config->lookahead_ratio;
  minimum_lookahead_distance_ = config->minimum_lookahead_distance;
  is_config_set_ = true;
}
```

把接收消息包含的参数值进行传递赋值，回调函数中参数名可以参考图 5-7 的右侧界面所示，其中，param_flag_的值作为标识符表示 Waypoint 和 Dialog 两种模式，Waypoint 的值为 0，Dialog 的值为 1。图中所示选择 Waypoint 时 Velocity 和 Lookahead Distance 两个参数无法设置，因为这两个参数用在 Dialog 模式，所以在上面的回调函数中我们只用到 lookahead_ratio 和 minimum_lookahead_distance 这两个参数，分别把值传递给 lookahead_distance_ratio_和 minimum_lookahead_distance_两个参数。

(4) callbackFromCurrentVelocity 函数。

处理 current_velocity(车辆当前速度)话题的回调函数。

```
void PurePursuitNode::callbackFromCurrentVelocity(const geometry_msgs::TwistStampedConstPtr &msg)
```

```
{
  current_linear_velocity_ = msg->twist.linear.x;
  pp_.setCurrentVelocity(current_linear_velocity_);
  is_velocity_set_ = true;
}
```

把接收到消息所包含的 x 方向速度直接传递给参数 current_linear_velocity_（当前速度），接着 pp_对象调用 setCurrentVelocity()函数，把接收到的车辆速度信息传递给 pp_对象的 current_linear_velocity_。

```
void setCurrentVelocity(const double &cur_vel)
  {
    current_linear_velocity_ = cur_vel;
  }
```

is_velocity_set_ = true，车辆当前速度正常获得标志，表明 pure_pursuit 节点成功接收到速度消息。

通过建立话题发布者发布如下信息：

①twist_raw：运动消息，包含速度和角速度；

②ctrl_cmd：控制命令消息，包含速度、加速度、前轮转角；

③next_waypoint_mark：RVIZ 中的下一个路径点标志；

④next_target_mark：RVIZ 中的下一个目标点标志；

⑤search_circle_mark：RVIZ 中的搜寻半径标志；

⑥line_point_mark：路径线示意；

⑦trajectory_circle_mark：运动轨迹示意；

⑧angular_gravity：横向加速度；

⑨deviation_of_current_position：横向误差。

3) setLinearInterpolationParameter 函数

```
void setLinearInterpolationParameter(const bool &param)
 {
   is_linear_interpolation_ = param;
 }
```

函数作用是把前面 initForROS 函数中 private_nh_设置的参数 is_linear_interpolation_值“true”赋值给 pp_对象的参数 is_linear_interpolation_。

到此 ppn 对象的定义便完成了，其构造函数的主要内容简单来说便是“初始化”，包含参数变量的初始化、话题的接收者和发布者的初始化等，为接下来的运算提供参数基础。

2. run 函数

```
void PurePursuitNode::run()
{
  ROS_INFO_STREAM("pure pursuit start");
  ros::Rate loop_rate(LOOP_RATE_);
  while (ros::ok())
  {
    ros::spinOnce();
    // 判断必要消息是否正常接收
    if (!is_pose_set_ || !is_waypoint_set_ || !is_velocity_set_ || !is_config_set_)
    {
      ROS_WARN("Necessary topics are not subscribed yet ... ");
      loop_rate.sleep();
      continue;
    }
    // 设置预瞄距离
    pp_.setLookaheadDistance(computeLookaheadDistance());
    pp_.setMinimumLookaheadDistance(minimum_lookahead_distance_);
    // 寻找下一目标点并计算曲率判断是否是有效曲线
    double kappa = 0;
    bool can_get_curvature = pp_.canGetCurvature(&kappa);
    // 发布控制命令
    publishTwistStamped(can_get_curvature, kappa);
    publishControlCommandStamped(can_get_curvature, kappa);
    ……
    // Rviz 中可视化
    pub11_.publish(displayNextWaypoint(pp_.getPoseOfNextWaypoint()));
    pub12_.publish(displayNextTarget(pp_.getPoseOfNextTarget()));
    ……
    // 计算横向加速度并发布
    std_msgs::Float32 angular_gravity_msg;
    angular_gravity_msg.data = computeAngularGravity(computeCommandVelocity(), kappa);
    pub16_.publish(angular_gravity_msg);
    // 计算车辆与跟踪路径曲线的横向误差
    publishDeviationCurrentPosition(pp_.getCurrentPose().position, pp_.getCurrentWaypoints());

    is_pose_set_ = false;
    is_velocity_set_ = false;
    is_waypoint_set_ = false;
```

```

    loop_rate.sleep();
  }
}
```

函数首先检测节点所需消息输入是否正常接收，If 函数中的判断条件是回调函数中的是否成功接收消息的标志，在这里要求这四个标志必须为 true 程序才能继续往下运行，否则提示必要的话题消息没有成功接收，并在此处等待。If 函数对纯跟踪节点的运行条件做了筛查，以确保输入正确。

接着通过 setLookaheadDistance 对预瞄距离 lookahead_distance_进行设置，其值根据 computeLookaheadDistance 获得，如下文 1)所述。

```
void setLookaheadDistance(const double &ld)
{
  lookahead_distance_ = ld;
}
```

随后调用 canGetCurvature 函数寻找下一目标点与当前位置是否可以得到合理运动曲线并计算出对应的曲率，如下文 2)所述。

最终把得到的曲率和车辆自身参数带入式(5-1)，求得前轮转角并发布出去，如下文 3)所述。

1) computeLookaheadDistance 函数

```
double PurePursuitNode::computeLookaheadDistance() const
{
  if (param_flag_ == enumToInteger(Mode::dialog))
    return const_lookahead_distance_;
  // 最大预瞄距离
  double maximum_lookahead_distance = current_linear_velocity_ * 10;
  // 参考预瞄距离，lookahead_distance_ratio_的值为 2
  double ld = current_linear_velocity_ * lookahead_distance_ratio_;
  return ld < minimum_lookahead_distance_ ? minimum_lookahead_distance_ : ld > maximum_lookahead_distance ? maximum_lookahead_distance : ld;
}
```

computeLookaheadDistance 函数通过 if 判断 param_flag 的值，图 5-7 中选择的是 Waypoint 模式，所以在这里判断条件为 flase。maximu_lookahead_distance 表示最大预瞄距离，利用当前车辆速度的 10 倍作为上限值，ld 表示预瞄距离，其参考值是当前速度的 2 倍，把最小预瞄距离、参考值、最大预瞄距离三者中的中间值作为最终返回值。

setMinimumLookaheadDistance 函数如下。

```
void setMinimumLookaheadDistance(const double &minld)
{
  minimum_lookahead_distance_ = minld;
}
```

设置最小预瞄距离 minimum_lookahead_distance_ 的值为 6m。

2) canGetCurvature () 函数

```
bool PurePursuit::canGetCurvature(double *output_kappa)
{
  // 寻找下一个跟踪路径点
  getNextWaypoint();
  if (next_waypoint_number_ == -1)
  {
    ROS_INFO("lost next waypoint");
    return false;
  }
  // 遍历路径点序列中的每一个点到当前位置的距离
 // 是否大于预瞄距离进而判断曲线是否有效
  bool is_valid_curve = false;
  for (const auto &el : current_waypoints_)
  {
    if (getPlaneDistance(el.pose.pose.position, current_pose_.position) > minimum_lookahead_distance_)
    {
      is_valid_curve = true;
      break;
    }
  }
  if (!is_valid_curve)
  {
    return false;
  }
  // 是否是第一个点、最后一个点或者不能线性插值的情况
  if (!is_linear_interpolation_ || next_waypoint_number_ == 0 ||
    next_waypoint_number_ == (static_cast<int>(current_waypoints_.size() - 1)))
  {
    next_target_position_ = current_waypoints_.at(next_waypoint_number_).pose.pose.position;
    *output_kappa = calcCurvature(next_target_position_);
```

```
      return true;
    }
    // 线性插值
    bool interpolation = interpolateNextTarget(next_waypoint_number_,
  &next_target_position_);

    if (!interpolation)
    {
      ROS_INFO_STREAM("lost target! ");
      return false;
    }
    // 计算曲率
    *output_kappa = calcCurvature(next_target_position_);
    return true;
}
```

canGetCurvature 函数利用 getNextWaypoint()函数寻找在路径序列中将要跟踪的下一个目标点。接着遍历路径点序列中的每一个点到当前位置的距离，根据计算的距离是否大于预瞄距离进而判断曲线是否有效，getPlaneDistance 用来计算距离。

```
double getPlaneDistance(geometry_msgs::Point target1, geometry_msgs::
  Point target2)
{
    tf::Vector3 v1 = point2vector(target1);
    v1.setZ(0);
    tf::Vector3 v2 = point2vector(target2);
    v2.setZ(0);
    return tf::tfDistance(v1, v2);
}
```

使用的计算方法在 tf 库中有说明，这里不做解释。

如果不让线性插值或者下一个路径点是第一个点或最后一个点，则直接返回路径点的下标即可(注意：此时的点是有效点)，接着计算曲率。

(1) getNextWaypoint 函数。

```
void PurePursuit::getNextWaypoint()
{
    // 获取路径点数量
   int path_size = static_cast<int>(current_waypoints_.size());

    // 检查路径点数量是否为零
    if (path_size == 0)
    {
```

```
    next_waypoint_number_ = -1;
    return;
  }

  // 寻找下一个路径点
  for (int i = 0; i < path_size; i++)
  {
    // 路径点是最后一个点
    if (i == (path_size - 1))
    {
      ROS_INFO("search waypoint is the last");
      next_waypoint_number_ = i;
      return;
    }
    // 判断有效路径点
    if(getPlaneDistance(current_waypoints_.at(i).pose.pose.position,
  current_pose_.position) > lookahead_distance_)
    {
      next_waypoint_number_ = i;
      return;
    }
  }
  next_waypoint_number_ = -1;
  return;
```

getNextWaypoint 函数中 path_size 表示当前路径序列中路径点的个数，正常情况下其值为非零整数。通过 for 函数遍历路径序列中的点，根据 getPlaneDistance 函数计算路径序列中的点与车辆当前位置之间的距离，若距离大于预瞄距离(lookahead_distance_)，则返回此点在序列中的下标 next_waypoint_number_。当函数返回下标 next_waypoint_number_(非−1)后表明成功在路径序列中找到下一个目标点(注意：这里的下一个目标点并非是车辆要直接到达的点，后面线性插值的结果会提供真正的下一目标点)。

通过 for(const auto &el : current_waypoints_)循环检查路径序列中的点到当前车辆位置的距离是否大于 minimum_lookahead_distance_(最小预瞄距离)，大于则说明可以形成有效的曲线路径。

canGetCurvature 函数中也给出了下面三种情况的处理方法。

①is_linear_interpolation_的值为 flase：不线性插值，此时上面 getNextWaypoint 函数中所返回的 next_waypoint_number_就是真正的下一个目标点；

②next_waypoint_number_值为零：寻找的下一个目标点是路径序列中的第一个点；

③next_waypoint_number_ 值为 path_size−1：寻找的下一个目标点是路径序列中的最后一个点。

这三种情况是可能遇到的正常情况，处理方式是把路径序列中的 next_waypoint_number_ 处的点直接作为下一个目标点（next_target_position_）。

（2）interpolateNextTarget 函数。

```
bool PurePursuit::interpolateNextTarget(int next_waypoint, geometry_msgs::Point *next_target) const
{
  // 设定参考误差
  constexpr double ERROR = pow(10, -5);
  // 若下一个目标点是序列中的最后一个点时，则直接使用其位置，返回 true
  int path_size = static_cast<int>(current_waypoints_.size());
  if (next_waypoint == path_size - 1)
  {
    *next_target = current_waypoints_.at(next_waypoint).pose.pose.position;
    return true;
  }
  // 设定搜寻半径的值等于预瞄距离
  double search_radius = lookahead_distance_;
  // 建立线性插值的相关点
  geometry_msgs::Point zero_p;
  geometry_msgs::Point end = current_waypoints_.at(next_waypoint).pose.pose.position;
  geometry_msgs::Point start = current_waypoints_.at(next_waypoint - 1).pose.pose.position;
  // 坐标系中已知两点求直线方程，"ax + by + c = 0"
  double a = 0;
  double b = 0;
  double c = 0;
  double get_linear_flag = getLinearEquation(start, end, &a, &b, &c);
  if (!get_linear_flag)
    return false;
  // 计算车辆到直线的距离 d
  double d = getDistanceBetweenLineAndPoint(current_pose_.position, a, b, c);
  // 距离 d 大于搜索半径
  if (d > search_radius)
    return false;
  // 获取从 start 到 end 的向量 v，并单位化
  tf::Vector3 v((end.x - start.x), (end.y - start.y), 0);
```

```
tf::Vector3 unit_v = v.normalize();
// 获得单位向量的法向量
tf::Vector3 unit_w1 = rotateUnitVector(unit_v, 90);
tf::Vector3 unit_w2 = rotateUnitVector(unit_v, -90);
// 获取车辆位置到直线的可能垂足点坐标
geometry_msgs::Point h1;
h1.x = current_pose_.position.x + d * unit_w1.getX();
h1.y = current_pose_.position.y + d * unit_w1.getY();
h1.z = current_pose_.position.z;

geometry_msgs::Point h2;
h2.x = current_pose_.position.x + d * unit_w2.getX();
h2.y = current_pose_.position.y + d * unit_w2.getY();
h2.z = current_pose_.position.z;
// 选择在直线上的点
geometry_msgs::Point h;
if (fabs(a * h1.x + b * h1.y + c) < ERROR)
{
  h = h1;
}
else if (fabs(a * h2.x + b * h2.y + c) < ERROR)
{
  h = h2;
}
else
{
  return false;
}
// 距离 d 刚好等于搜索半径的情况
if (d == search_radius)
{
  *next_target = h;
  return true;
}
else
{
  // 距离 d 小于搜索半径的情况
  double s = sqrt(pow(search_radius, 2) - pow(d, 2));
  geometry_msgs::Point target1;
  target1.x = h.x + s * unit_v.getX();
  target1.y = h.y + s * unit_v.getY();
  target1.z = current_pose_.position.z;
```

```

    geometry_msgs::Point target2;
    target2.x = h.x - s * unit_v.getX();
    target2.y = h.y - s * unit_v.getY();
    target2.z = current_pose_.position.z;

    // 在上述两点中选择靠前的点
    double interval = getPlaneDistance(end, start);
    if (getPlaneDistance(target1, end) < interval)
    {
      *next_target = target1;
      return true;
    }
    else if (getPlaneDistance(target2, end) < interval)
    {
      *next_target = target2;
      return true;
    }
    else
    {
      return false;
    }
  }
}
```

interpolateNextTarget 函数用来线性插值。

首先给出 search_radius(搜索半径)，其值等于 lookahead_distance_(预瞄距离)。在纯跟踪理论中便是以车辆后轴为中心，预瞄距离为半径做圆，搜寻圆外的路径点。

接着设置两个点 start 和 end，其中，end 表示在 getNextWaypoint 函数中获取的下一个目标点，start 表示在路径点序列中 end 前面的点，为了便于理解我们假设 end 是路径点序列中下标为 3 的点(next_waypoint_number_=3)，其位置坐标为 (x_3, y_3)，则 start 是路径点序列中下标为 2 的点(next_waypoint_number_=3−1=2)，其位置坐标为 (x_2, y_2)。根据数学知识，已知两点坐标求直线方程得到：$Ax+By+C=0$，由函数 getLinearEquation 实现求解。

(3) getLinearEquation 函数。

```
bool getLinearEquation(geometry_msgs::Point start, geometry_msgs::Point end, double *a, double *b, double *c)
{
  // 计算 start 和 end 两点之间沿 x 和 y 方向的距离
  double sub_x = fabs(start.x - end.x);
```

```
    double sub_y = fabs(start.y - end.y);
    double error = pow(10, -5);
    // 检查 start 和 end 是否为同一点
    if (sub_x < error && sub_y < error)
    {
      ROS_INFO("two points are the same point!!");
      return false;
    }
    // 不是同一点的情况下计算直线方程的系数
    *a = end.y - start.y;
    *b = (-1) * (end.x - start.x);
    *c = (-1) * (end.y - start.y) * start.x + (end.x - start.x) * start.y;

    return true;
}
```

getLinearEquation 函数中通过计算 end(x_3, y_3)和 start(x_2, y_2)沿 x 方向的距离 sub_x 和沿 y 方向的距离 sub_y，若 sub_x 和 sub_y 同时小于参考误差 error(0.00001)，则认为 end(x_3, y_3)和 start(x_2, y_2)为同一个点，否则求解由这两点构成的直线方程的 a, b, c 的值。

接着计算车辆当前位置到直线的距离 d。

```
double getDistanceBetweenLineAndPoint(geometry_msgs::Point point,
double a, double b, double c)
{
  double d = fabs(a * point.x + b * point.y + c) / sqrt(pow(a, 2)
+ pow(b, 2));

  return d;
}
```

上面函数中根据公式$d = \frac{|Ax_0 + By_0 + C|}{\sqrt{A^2 + B^2}}$求解。此时车辆位置到直线的距离 d 与搜索半径 search_radius(图中用 r 表示)关系如图 5-9 所示。

左图表明 $d =$ search_radius 的情况，右图表明 $d <$ search_radius。

在求得距离 d 后我们还需要为在这条直线上线性插值做一些准备，如程序中先求得车辆到直线的垂足，思路如下：

①获取 start 点到 end 点的向量 v，并把 v 单位化得到 unit_v；

②获取单位向量 unit_v 的法向量，一个在逆时针 90 度方向为 unit_w1，另一个在顺时针 90 度为 unit_w2；

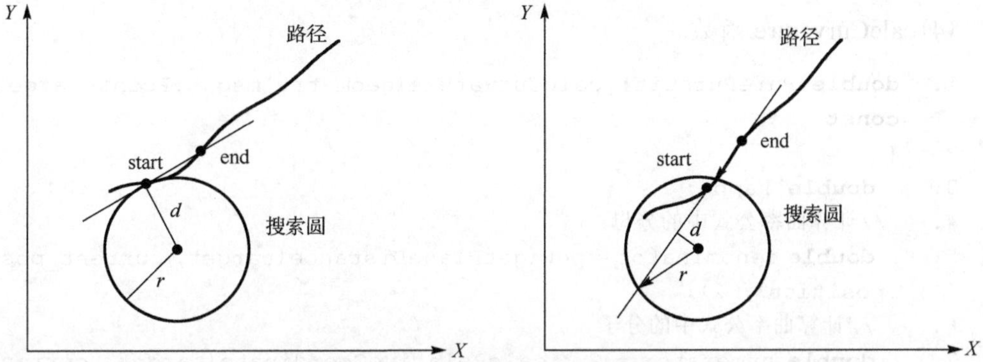

图 5-9　直线与搜索圆的关系

③获取垂足点的坐标，可以看到程序中按照法向量的两个方向进行计算，求出 $h1$ 和 $h2$ 两个点，这样可以保证这两个点中有一个在直线上；

④把 $h1$ 和 $h2$ 两个坐标点带入式子 $Ax+By+C$ 中，对结果取绝对值后与参考误差 ERROR 比较，小于 ERROR 的点即为直线上的垂足点 h。

此时回到图 5-9 的两种情况。

①当 d = search_radius 时即直线与搜索圆相切时：

next_target=h，直接把垂足点 h 作为真正的下一个目标点，并返回 true；

②当 d < search_radius 时即直线与搜索圆相交时：

在图 5-9 中可以看到直线与搜索圆有两个交点，分别算出两点的坐标 target1 和 target2（计算思想同上面计算垂足类似），有了交点坐标之后我们需判断哪个点是在我们车辆前方的点，在这里用距离大小来筛选，首先用 getPlaneDistance 函数计算出 start 和 end 两点间的距离 interval：

```
double getPlaneDistance(geometry_msgs::Point target1, geometry_msgs::
  Point target2)
{
  tf::Vector3 v1 = point2vector(target1);
  v1.setZ(0);
  tf::Vector3 v2 = point2vector(target2);
  v2.setZ(0);
  return tf::tfDistance(v1, v2);
}
```

此函数运用 tf 命名空间下的函数计算平面上两点之间的距离；同理分别计算 target1 和 target2 到 end 点的距离与 interval 进行比较，选择距离近的点为下一个跟踪的目标点，并返回 true。

至此我们根据代码完成了车辆下一个要跟踪路径点的寻找工作。

(4) calcCurvature 函数。

```
double PurePursuit::calcCurvature(geometry_msgs::Point target) const
{
  double kappa;
 //计算曲率公式中的分母
  double denominator = pow(getPlaneDistance(target, current_pose_.position), 2);
  //计算曲率公式中的分子
  double numerator = 2 * calcRelativeCoordinate(target, current_pose_).y;
  //计算曲率
  if (denominator != 0)
    kappa = numerator / denominator;
  else
  {
    if (numerator > 0)
      kappa = KAPPA_MIN_;
    else
      kappa = -KAPPA_MIN_;
  }
  ROS_INFO("kappa : %lf", kappa);
  return kappa;
}
```

分母 denominator 的值表示车辆当前位置到目标点距离的平方，分子 numerator 表示目标点在车辆坐标系中沿 y 方向上的距离的 2 倍。根据分子和分母的值计算出曲率 Kappa，如式 (5-6)。

其中分子的计算需要用到坐标转换，因为给定的路径点的坐标是在车辆的父级坐标系当中，而我们所要的是在车辆坐标系中的相对位置，所以首先把路径点转化到车辆坐标系当中，如 calcAbsoluteCoordinate 函数。

```
geometry_msgs::Point calcAbsoluteCoordinate(geometry_msgs::Point point_msg, geometry_msgs::Pose current_pose)
{
  tf::Transform inverse;
  tf::poseMsgToTF(current_pose, inverse);

  tf::Point p;
  pointMsgToTF(point_msg, p);
  tf::Point tf_p = inverse * p;
```

```
  geometry_msgs::Point tf_point_msg;
  pointTFToMsg(tf_p, tf_point_msg);
  return tf_point_msg;
}
```

3) publishTwistStamped 函数

```
void PurePursuitNode::publishTwistStamped(const bool &can_get_curvature, const double &kappa) const
{
  geometry_msgs::TwistStamped ts;
  ts.header.stamp = ros::Time::now();
 // 计算速度和角速度的值
  ts.twist.linear.x = can_get_curvature ? computeCommandVelocity() : 0;
  ts.twist.angular.z = can_get_curvature ? kappa * ts.twist.linear.x : 0;
  node_status_publisher_ptr_->CHECK_MAX_VALUE("/value/twist", ts.twist.linear.x,2.2,3.3,4.4,"linear twist_cmd is too high");
 // 发布运动话题消息
  pub1_.publish(ts);
}
```

publishTwistStamped 函数用来发布 twist_cmd 话题，发布的消息 ts 主要包含线速度(linear.x)和角速度(angular.z)，其值分别为 computeCommandVelocity 函数的结果和曲率与速度的乘积。

```
double PurePursuitNode::computeCommandVelocity() const
{
  if (param_flag_ == enumToInteger(Mode::dialog))
    return kmph2mps(const_velocity_);

  return command_linear_velocity_;
}
```

由于在前面讲到 param_flag 的值为 Waypointd 模式下的值，所以函数返回值为 commend_liner_velocity_(此值来自处理 final_waypoints 消息的回调函数)。

此外在 publishTwistStamped 函数中对 ts.twist.linear.x 的值设置了三种水平：WARN(2.2)，ERROR(3.3)，FATAL(4.4)。

4) PublishControlCommandStamped 函数

```
void PurePursuitNode::publishControlCommandStamped(const bool &can_get_curvature, const double &kappa) const
{
```

```
  if (!publishes_for_steering_robot_)
return;

  autoware_msgs::ControlCommandStamped ccs;
  ccs.header.stamp = ros::Time::now();
  // 速度
  ccs.cmd.linear_velocity = can_get_curvature ? computeCommandVelocity() : 0;
  // 加速度
  ccs.cmd.linear_acceleration = can_get_curvature ? computeCommandAccel() : 0;
  // 前轮转角
  ccs.cmd.steering_angle = can_get_curvature ? convertCurvatureToSteeringAngle(wheel_base_, kappa) : 0;

  pub2_.publish(ccs);
}
```

函数用来发布控制话题，其消息 ccs 主要包含线速度、加速度和理论前轮转角，速度与上面速度相同。

(1) computeCommandAccel 函数。

```
double PurePursuitNode::computeCommandAccel() const
{
  // 利用pp_对象获取当前车辆位姿和目标位姿
  const geometry_msgs::Pose current_pose = pp_.getCurrentPose();
  const geometry_msgs::Pose target_pose = pp_.getCurrentWaypoints().at(1).pose.pose;
  // 计算加速度
  const double x = std::hypot(current_pose.position.x - target_pose.position.x, current_pose.position.y - target_pose.position.y);
  const double v0 = current_linear_velocity_;
  const double v = computeCommandVelocity();
  const double a = (v * v - v0 * v0) / (2 * x);
  return a;
}
```

在函数中可以看到首先通过 getCurrentPose 函数获得车辆的当前位姿，把 pp_对象的变量 current_pose_传递给 current_pose。

```
geometry_msgs::Pose getCurrentPose() const
{
  return current_pose_;
}
```

然后选取当前路径序列中下标为 1 的点的位姿作为 target_pose。计算当前位置(current_pose.position)到目标位置(target_post.position)的距离 x，当前速度 v_0(current_linear_velocity_)，v(由上面可知是路径点序列中的下标为 0 的点的速度)，通过物理知识计算出对应的加速度 a。在这里我们看到 Autoware 中纯跟踪节点对纵向上的控制略显粗糙，其主要体现的还是在横向控制中的转角计算。

(2) convertCurvatureToSteeringAngle 函数。

```
double convertCurvatureToSteeringAngle(const double &wheel_base, const double &kappa)
{
  return atan(wheel_base * kappa);
}
```

参考式(5-1)，计算出理论前轮转角。

5) computeAngularGravity 函数

```
angular_gravity_msg.data = computeAngularGravity(computeCommandVelocity(), kappa)
double PurePursuitNode::computeAngularGravity(double velocity, double kappa) const
{
  const double gravity = 9.80665;
  return (velocity * velocity) / (1.0 / kappa * gravity);
}
```

上述根据物理学中向心加速度 $V^2/(R*g)$ 的求解公式求得，返回值是重力加速度(gravity)的倍数。

6) publishDeviationCurrentPosition 函数

```
void PurePursuitNode::publishDeviationCurrentPosition(const geometry_msgs::Point &point, const std::vector<autoware_msgs::Waypoint> &waypoints) const
{
  // 求横向误差时规划的路径序列不能少于三个点
  if (waypoints.size() < 3)
  {
    return;
  }
  // 利用路径序列中的第二点和第三点计算直线方程
  double a, b, c;
  double linear_flag_in =
      getLinearEquation(waypoints.at(2).pose.pose.position,
```

```
    waypoints.at(1).pose.pose.position, &a, &b, &c);

    std_msgs::Float32 msg;
    // 计算当前位置到直线的距离
    msg.data = getDistanceBetweenLineAndPoint(point, a, b, c);

    pub17_.publish(msg);
}
```

计算车辆当前位置到规划路径曲线的近似横向误差。

函数利用路径点序列中的第二点和第三点做直线，并求出车辆当前位置到直线的距离作为横向误差，其中的函数在前面都已经详细说明此处不再重复。

到此我们完成了路径跟踪模块中纯跟踪节点的主要代码分析。

简单总结：纯跟踪节点接收来自规划模块的实时路径点序列和车辆当前位置及速度后，先找到路径序列中下一目标点再进行线性插值计算出插值点，把此插值点作为将要跟踪的目标点，随后计算出到达改点的理论曲率，最终根据纯跟踪理论计算出对应的前轮转角。

5.3.2　twist_filter 节点

节点 twist_filter 是“5.2.2 节确定纯跟踪控制节点”中的操作步骤“(2) 启动 twist_filter 节点”中启动的 twist_filter 节点。

节点 twist_filter 的主要作用：对 pure_pursuit 节点中发布的速度进行过滤处理。

由 ROS 包 waypoint_follower 内的 CMakeLists.txt 可知，节点 twist_filter 的源文件是 nodes/twist_filter/twist_filter.cpp。

```
add_executable(twist_filter nodes/twist_filter/twist_filter.cpp)
......
```

首先是其 main 函数，main 函数在 waypoint_replanner_node.cpp 中。

```
int main(int argc, char **argv)
{
    ros::init(argc, argv, "twist_filter");
    // 创建句柄
    ros::NodeHandle nh;
    ros::NodeHandle private_nh("～");
    // 建立话题订阅者
    ros::Subscriber twist_sub = nh.subscribe("twist_raw", 1,
TwistCmdCallback);
ros::Subscriber config_sub = nh.subscribe("config/twist_filter",
10, configCallback);
```

```
  // 建立发布者
    g_twist_pub = nh.advertise<geometry_msgs::TwistStamped>("twist_cmd", 1000);

    ros::spin();
    return 0;
}
```

Main 函数中对 ROS 进行初始化，指定唯一节点名称为 twist_filter，定义了两个订阅者用来接收 twist_raw 和 config/twist_filter 话题，并调用回调函数处理。其中 twist_raw 话题由 pure_pursuit 节点发布，config/twist_fiter 来自 runtime 的 config，其回调函数如下。同时也定义了一个发布者发布消息类型为<geometry_msgs::TwistStamped>的 twist_cmd 话题。

1．configCallback 函数

处理 config/twist_filter 话题的回调函数。

```
void configCallback(const autoware_config_msgs::ConfigTwistFilterConstPtr &config)
{
  g_lateral_accel_limit = config->lateral_accel_limit;
  ROS_INFO("g_lateral_accel_limit = %lf",g_lateral_accel_limit);
  g_lowpass_gain_linear_x = config->lowpass_gain_linear_x;
  ROS_INFO("lowpass_gain_linear_x = %lf",g_lowpass_gain_linear_x);
  g_lowpass_gain_angular_z = config->lowpass_gain_angular_z;
  ROS_INFO("lowpass_gain_angular_z = %lf",g_lowpass_gain_angular_z);
}
```

函数接收 config/twist_filter 话题中的消息内容，把对应的参数值传递给 g_lateral_accel_limit（横向加速度限制），lowpass_gain_linear_x（速度的低通滤波系数），lowpass_gain_angular_z（角速度的低通滤波系数）。

config/twist_filter 话题中的消息格式 ConfigTwistFilter.msg：

①Header header；

②float32 lateral_accel_limit；

③float32 lowpass_gain_linear_x；

④float32 lowpass_gain_angular_z。

2．TwistCmdCallback 函数

```
void TwistCmdCallback(const geometry_msgs::TwistStampedConstPtr &msg)
{
```

```
  // 读取速度和角速度的值
  double v = msg->twist.linear.x;
  double omega = msg->twist.angular.z;
  // 检测角速度的值
  if(fabs(omega) < ERROR){
    g_twist_pub.publish(*msg);
    return;
  }
  // 在此横向加速度和角速度约束下的最大速度
  double max_v = g_lateral_accel_limit / fabs(omega);
  geometry_msgs::TwistStamped tp;
  tp.header = msg->header;
  // 计算横向加速度
  double a = v * omega;
  ROS_INFO("lateral accel = %lf", a);
  // 调整速度
  tp.twist.linear.x = fabs(a) > g_lateral_accel_limit ? max_v : v;
  tp.twist.angular.z = omega;
  // 低通滤波处理
  static double lowpass_linear_x = 0;
  static double lowpass_angular_z = 0;
  lowpass_linear_x = g_lowpass_gain_linear_x * lowpass_linear_x
+ (1 - g_lowpass_gain_linear_x) * tp.twist.linear.x;
  lowpass_angular_z = g_lowpass_gain_angular_z * lowpass_angular_z +
(1 - g_lowpass_gain_angular_z) * tp.twist.angular.z;

  tp.twist.linear.x = lowpass_linear_x;
  tp.twist.angular.z = lowpass_angular_z;

  ROS_INFO("v: %f -> %f",v,tp.twist.linear.x);
  g_twist_pub.publish(tp);
  }
```

接收的消息中包含速度 v 和角速度 Omega（ω），首先判断角速度大小是否接近于 0，是的话则认为当前是直线行驶不考虑横向加速度，直接发布接收到的消息。若角速度的值不接近零（非直线行驶），需要对其进行横向加速度上的约束 g_lateral_accel_limit。计算此约束下的最大行驶速度 max_v。接着根据接收到的速度和角速度计算出对应的横向加速度 a，把计算出的横向加速度与约束 g_lateral_accel_limit 进行比较，若横向加速度 a 大于给定的限值，则线速度赋值为 max_v，否则赋值为接收的速度 v，其角速度 Omega 就是接收的角速度。

接着对输出的速度和角速度进行一阶低通滤波处理。

一阶低通滤波的算法公式为

$$Y(n)=\alpha X(n)+(1-\alpha)Y(n-1) \tag{5-7}$$

式中，α =滤波系数（通常较小）；$X(n)$ =本次采样值；$Y(n\text{–}1)$ =上次滤波输出值；$Y(n)$ =本次滤波输出值。

一阶低通滤波法采用本次采样值与上次滤波输出值进行加权，得到有效滤波值，其输出对输入有反馈作用。

最后把处理好的消息发布出去。

twist_filter 节点主要是对速度和角速度进行一个满足车辆运动学的检验，不能超过给定的横向加速度阈值，否则进行减速处理。

5.4 Autoware 控制模块模型预测控制

5.4.1 节点启动

查找 src/autoware/utilities/runtime_manager/scripts/computing.yaml 可知，勾选 mpc_follower 后运行 ROS 功能包 waypoint_follower 内的 mpc_follower.launch 文件。

```
name : mpc_follower
desc : model predictive control based path following
cmd  : roslaunch waypoint_follower mpc_follower.launch
param: mpc_follower
```

mpc_follower.launch 文件如下。

```
<launch>
    <!--定义程序中参数值并对其进行解释 -->
    <arg name="ns" default="/"/>
    <arg name="show_debug_info" default="false" doc="flag to display debug info" />
    <arg name="publish_debug_values" default="false" doc="publish debug topics" />
    <!--控制周期 -->
    <arg name="ctrl_period" default="0.03" doc="control period [s]"/>
    ......
    <!--求解器的类型 -->
    <arg name="qp_solver_type" default="unconstraint_fast" doc="optimization solver type. option is unconstraint_fast, unconstraint, and qpoases_hotstart"/>
    <!--车辆的类型 -->
```

```
    <arg name="vehicle_model_type" default="kinematics" doc="vehicle model type for mpc prediction. option is kinematics, kinematics_no_delay, and dynamics"/>

    <!-- MPC 控制器的相关参数值和解释 -->
    <arg name="mpc_prediction_horizon" default="70" doc="prediction horizon step"/>
    ……
    <!--启动节点并对节点相关的参数赋值到参数管理器中 -->
    <group ns="$(arg ns)">

        <node pkg="waypoint_follower" type="mpc_waypoints_converter" name="mpc_waypoints_converter" output="screen"/>
        <node pkg="waypoint_follower" type="mpc_follower" name="mpc_follower" output="screen">
            <!-- 对节点系统运行当中的参数进行设置 -->
            <param name="publish_debug_values" value="$(arg publish_debug_values)"/>
            ……
           <!-- 参数变量 -->
           <param name="ctrl_period" value="$(arg ctrl_period)"/>
           ……
        </node>
    </group>
  </launch>
```

文件中启动了 mpc_waypoints_converter 和 mpc_follower 两个节点并对相应参数进行赋值。其中，mpc_waypoints_converter 节点对上层规划模块发出的路径点进行处理转化后再发送给 mpc_follower 节点，后面对其进行介绍。值得注意的是，在 launch 文件中对 mpc_follower 节点中的车辆模型给出了默认值“vehicle_model_type”为“kinematics”（运动学模型）。

5.4.2 mpc_waypoints_converter 节点详解

由 ROS 包 waypoint_follower 内的 CMakeLists.txt 可知，节点 mpc_waypoints_converter 的源文件是 nodes/mpc_follower/mpc_waypoints_converter.cpp。

```
add_executable(mpc_waypoints_converter nodes/mpc_follower/mpc_waypoints_converter.cpp)
……
```

首先是其 main 函数，main 函数在 mpc_waypoints_converter.cpp 中。

```
int main(int argc, char **argv)
{
  ros::init(argc, argv, "mpc_waypoints_converter");
  MPCWaypointsConverter obj;
  ros::spin();
  return 0;
};
```

main 函数通过 ros::init 函数初始化 ROS，同时指定节点唯一名称 mpc_waypoints_converter；定义 MPCWaypointsConverter 类对象 obj，构造函数如下；ros::spin()触发回调函数。

1．MPCWaypointsConverter 的构造函数

```
MPCWaypointsConverter()
 {
   pub_waypoints_ = nh_.advertise<autoware_msgs::Lane>("/mpc_waypoints", 1);
   sub_closest_waypoint_ = nh_.subscribe("/closest_waypoint", 1, &MPCWaypointsConverter::callbackClosestWaypoints, this);
   sub_base_waypoints_ = nh_.subscribe("/base_waypoints", 1, &MPCWaypointsConverter::callbackBaseWaypoints, this);
   sub_final_waypoints_ = nh_.subscribe("/final_waypoints", 1, &MPCWaypointsConverter::callbackFinalWaypoints, this);

   closest_idx_ = 0;
   back_waypoints_num_ = 10;
   front_waypoints_num_ = 50;
 };
```

构造函数定义发布者 pub_waypoints_，用来发布 mpc_waypoints 话题消息；定义接收者 sub_closest_waypoint_、sub_base_waypoints_、sub_final_waypoints_，分别用来接收 closest_waypoint、base_waypoints、final_waypoints 话题消息；接着对变量初始化，closest_idx_ 表示最近点的下标，back_waypoints_num_ 表示向后的点数为 10， front_waypoints_num_表示为向前的点数 50。

2．callbackClosestWaypoints 函数

```
void callbackClosestWaypoints(const std_msgs::Int32 msg)
{
  closest_idx_ = msg.data;
}
```

接收 closest_waypoint 消息的回调函数，closest_waypoint 表示最近点位置，通

过其消息格式 msgs::Int32 看出仅包含一个整数类型数字，此消息由规划模块发布，其值为 1，因此在此处把 closest_idx_（最近点下标）设置为 1。

3. callbackBaseWaypoints 函数

```
void callbackBaseWaypoints(const autoware_msgs::Lane &msg)
{
  base_waypoints_ = msg;
}
```

接收 base_waypoints 消息的回调函数，从 base_waypoints 消息格式为 autoware_msgs::Lane 看出是关于路径的消息，在此处仅把接收到的消息传递给 base_waypoints_ 。

4. callbackBaseWaypoints 函数

```
void callbackFinalWaypoints(const autoware_msgs::Lane &final_
waypoints)
{
  // 检查路径点的尺寸
  if (base_waypoints_.waypoints.size() == 0 || final_waypoints.
waypoints.size() == 0)
    return;
  // 最近点下标不能是最后一个或者更大
  if ((int)base_waypoints_.waypoints.size() - 1 < closest_idx_)
  {
    ROS_WARN("base_waypoints_.waypoints.size() - 1 = %d, closest_
idx_ = %d", (int)base_waypoints_.waypoints.size(), closest_idx_);
    return;
  }
  // 求两点距离
  auto sq_dist = [](const geometry_msgs::Point &a, const geometry_
msgs::Point &b) {
    const double dx = a.x - b.x;
    const double dy = a.y - b.y;
    return dx * dx + dy * dy;
  };
  autoware_msgs::Lane mpc_waypoints;
  mpc_waypoints.header = final_waypoints.header;
  mpc_waypoints.increment = final_waypoints.increment;
  mpc_waypoints.lane_id = final_waypoints.lane_id;
  mpc_waypoints.lane_index = final_waypoints.lane_index;
  mpc_waypoints.cost = final_waypoints.cost;
  mpc_waypoints.closest_object_distance = final_waypoints.closest_
```

```
object_distance;
 mpc_waypoints.closest_object_velocity = final_waypoints.closest_object_velocity;
 mpc_waypoints.is_blocked = final_waypoints.is_blocked;

 // 在 base_waypoints 中查找最近的点
// 由延迟导致/ closest_waypoints 与/ final_waypoints 不一致
 int closest_idx = -1;
 for (int i = 0; i < (int)base_waypoints_.waypoints.size(); ++i) {
  // 寻找 base_waypoints_路径点序列中
 // 与 final_waypoints 中的第二点相同的点的下标
  const double d = sq_dist(final_waypoints.waypoints[1].pose.pose.position, base_waypoints_.waypoints[i].pose.pose.position);
  if (d < 0.01) {
   closest_idx = i;
   break;
  }
 }
 if (closest_idx == -1) {
  // 在 base_waypoints 序列中找不到最接近
  // final_waypoints.waypoint [1]的点，则报错
  ROS_ERROR("cannot find closest base_waypoints' waypoint to final_waypoints.waypoint[1] !!");
 }
 // 最近点往前退 10 个点
 int base_start = std::max(closest_idx - back_waypoints_num_, 0);
 for (int i = base_start; i < closest_idx; ++i)
 {
 // 把最近点前面的几个点放到 mpc_waypoints 序列中
  mpc_waypoints.waypoints.push_back(base_waypoints_.waypoints.at(i));
  // 把 final_waypoints 中的第二个点的 twist 属性给 mpc 的最后一个
  mpc_waypoints.waypoints.back().twist = final_waypoints.waypoints[1].twist;
 }

 int final_end = std::min(front_waypoints_num_ + 1, (int)final_waypoints.waypoints.size());
 for (int i = 1; i < final_end; ++i)
 {
  mpc_waypoints.waypoints.push_back(final_waypoints.waypoints.at(i));
 }
  pub_waypoints_.publish(mpc_waypoints);
}
```

接收 final_waypoints 消息的回调函数，首先检查接收到的 final_waypoints 话题消息中 final_waypoints.waypoints.size 和上面接收到 base_waypoints 的 base_waypoints_.waypoints.size 不能为空；随后判断最近点的下标(closest_idx_)位置不能大于接收到的路径尺寸；接着定义 sq_dist 用来求两点距离的平方；定义 mpc_waypoints，其消息格式为 autoware_msgs::lane 并对其成员传递赋值；最后对接收到的消息进行处理生成 mpc_waypoints。

生成 mpc 路径点时，首先寻找 base_waypoints 路径点序列中与 final_waypoints 中的第二点相同点的下标 closest_idx(注意：base_waypoints 与 final_waypoints 在发送的时候是相同的，由于接收或其他因素带来的延迟导致二者存在一定的“错位”，所以在此处体现是不同的)。接着以下标 closest_idx 为参考位置在 base_waypoints 序列中后退取最多 back_waypoints_num_(10)个点放入 mpc_waypoints 中，然后以 final_waypoints 序列中第 2 个点为参考位置向前取最多 front_waypoints_num_(50)个点放入 mpc_waypoints 中(注意：在这里都限制了最多取点数，因为具体取点的个数受总点数的限制)，最终组成 mpc_waypoints 路径点序列。

通过发布者把生成的 mpc_waypoints 路径点序列发布出去。

至此 mpc_waypoints_converter 节点的作用便完成了，其主要功能是把从规划模块接收过来的路径点消息处理转化为 mpc_waypoints 消息并发送出去供 mpc_follower 节点使用。

5.4.3 mpc_follower 节点详解

由于代码内容较多，我们选取根据 launch 文件中的参数和要求对此节点进行解释，所以仅对源码中用到的且主要部分进行解释，同时尽量保证逻辑清晰完成，对代码中的其他模型和求解器读者可按照同样逻辑进行理解。

由 ROS 包 waypoint_follower 内的 CMakeLists.txt 可知，节点 mpc_follower 的源文件是 nodes/mpc_follower/mpc_follower_node.cpp。

```
add_executable(mpc_follower nodes/mpc_follower/mpc_follower_node.cpp nodes/mpc_follower/mpc_follower_core.cpp ${MPC_FOLLOWER_SRC})
......
```

首先是其 main 函数，main 函数在 mpc_follower_node.cpp 中。

```
int main(int argc, char **argv)
{
  ros::init(argc, argv, "mpc_follower");
  MPCFollower obj;
  ros::spin();
  return 0;
};
```

main 函数通过 ros::init 函数初始化 ROS，同时指定节点的唯一名称 mpc_follower；定义 MPCFollower 类对象 obj，构造函数如下；ros::spin()触发回调函数。

1. MPCFollower 的构造函数

```
MPCFollower::MPCFollower()
    : nh_(""), pnh_("～"), my_position_ok_(false), my_velocity_ok_(false), my_steering_ok_(false)
{
  // 读取参数服务器中的参数
  pnh_.param("show_debug_info", show_debug_info_, bool(false));
  pnh_.param("publish_debug_values", publish_debug_values_, bool(true));
  ……
  // 设置 mpc 参数
  pnh_.param("mpc_prediction_horizon", mpc_param_.prediction_horizon, int(70));
    ……
 // 选择的模型，默认为运动学模型
  pnh_.param("vehicle_model_type", vehicle_model_type_, std::string("kinematics"));

  if (vehicle_model_type_ == "kinematics")
  {
    double steer_tau;
    // 转向动力学时间常数(一维近似)
    pnh_.param("vehicle_model_steer_tau", steer_tau, double(0.1));
    // make_shared 函数的主要功能是在动态内存中分配一个对象
  // 并初始化它，返回指向此对象的 shared_ptr
    vehicle_model_ptr_ = std::make_shared<KinematicsBicycleModel>(wheelbase_, amathutils:: deg2rad(steer_lim_deg_), steer_tau);
    ROS_INFO("[MPC] set vehicle_model = kinematics");
  }
   ……
   // 设置求解器类型
  std::string qp_solver_type_;
  pnh_.param("qp_solver_type", qp_solver_type_, std::string("unconstraint_ fast"));
  if (qp_solver_type_ == "unconstraint")
  {
    qpsolver_ptr_ = std::make_shared<QPSolverEigenLeastSquare>();
    ROS_INFO("[MPC] set qp solver = unconstraint");
  }
```

```
  else if (qp_solver_type_ == "unconstraint_fast")
  {
    qpsolver_ptr_ = std::make_shared<QPSolverEigenLeastSquareLLT>();
    ROS_INFO("[MPC] set qp solver = unconstraint_fast");
  }
  else
  {
    ROS_ERROR("[MPC] qp_solver_type is undefined");
  }

  steer_cmd_prev_ = 0.0;
  lateral_error_prev_ = 0.0;
  yaw_error_prev_ = 0.0;

  // 初始化滤波器
  double steering_lpf_cutoff_hz, error_deriv_lpf_curoff_hz;
  pnh_.param("steering_lpf_cutoff_hz", steering_lpf_cutoff_hz, double(3.0));
  pnh_.param("error_deriv_lpf_curoff_hz", error_deriv_lpf_curoff_hz, double(5.0));
  ……
  // roscpp的定时器会计划在某一速率下执行一次回调操作，在订阅或服务中的回调函数队列机制中使用
  timer_control_ = nh_.createTimer(ros::Duration(ctrl_period_), &MPCFollower::timerCallback, this);
  std::string out_twist, out_vehicle_cmd, in_vehicle_status, in_waypoints, in_selfpose;
  // 对话题消息的名字重命名
  pnh_.param("out_twist_name", out_twist, std::string("/twist_raw"));
  pnh_.param("out_vehicle_cmd_name", out_vehicle_cmd, std::string("/ctrl_cmd"));
  ……
  // 发布运动命令
  pub_twist_cmd_ = nh_.advertise<geometry_msgs::TwistStamped>(out_twist, 1);
  // 发布控制命令
  pub_steer_vel_ctrl_cmd_ = nh_.advertise<autoware_msgs::ControlCommandStamped>(out_vehicle_cmd, 1);
  // 建立话题接收对象
  sub_ref_path_ = nh_.subscribe(in_waypoints, 1, &MPCFollower::callbackRefPath, this);
  sub_pose_ = nh_.subscribe(in_selfpose, 1, &MPCFollower::
```

```
callbackPose, this);
 sub_vehicle_status_ = nh_.subscribe(in_vehicle_status, 1,
&MPCFollower::callbackVehicleStatus, this);
 ……
// 此处根据 launch 文件 publish_debug_values_ 的值为 flase
 if (publish_debug_values_)
 {
   pub_debug_values_ = pnh_.advertise<std_msgs::Float64MultiArray>
("debug/debug_values", 1);
  ……
 }
};
```

构造函数对其数据成员初始化和参数变量进行赋值，具体参数在后面用到时进行解释；选择车辆模型 vehicle_model_type_，根据 launch 文件其值为 kinematic(运动学模型)，并创建了智能指针 vehicle_model_ptr_；选择求解器类型 qp_ solver_type_ 根据 launch 文件其值为 unconstraint_fast，并创建智能指针 qpsolve_ptr_；初始化低通滤波器。

建立话题接收者接收话题 in_waypoints、in_selfpose、in_vehicle_status，其中，“in_waypoints”被赋值为“in_waypoints_name”而“in_waypoints_name”在 launch 文件中的值为“/mpc_waypoints”，所以接收的话题“in_waypoints”实则为“/mpc_waypoints”话题(由上面的 mpc_waypoints_converter 节点发布)。同理“in_selfpose”实则为“/current_pose”话题，“in_vehicle_status”实则为“/vehicle_status”话题。

通过 ros::NodeHandle::createTimer 创建定时器以一定的频率执行回调函数，参数“ros::Duration(ctrl_period_)”是调用定时器回调函数时间间隔，ctrl_period_的值为 0.03 即每 0.03 秒调用一次回调函数。MPCFollower::timerCallback 则表示回调函数。

2. callbackRefPath 函数

接收 mpc_waypoints 话题的回调函数：

```
void MPCFollower::callbackRefPath(const autoware_msgs::Lane::
ConstPtr &msg)
{
  // 跟踪的路径点序列
  current_waypoints_ = *msg;
  DEBUG_INFO("[MPC] path callback: received path size = %lu",
current_waypoints_.waypoints.size());
    MPCTrajectory traj;
  // 计算相对时间
  std::vector<double> relative_time;
```

```
MPCUtils::calcPathRelativeTime(current_waypoints_, relative_time);
DEBUG_INFO("[MPC] path callback: relative_time.size() = %lu, front() = %f, back() = %f", relative_time.size(), relative_time.front(), relative_time.back());
// 按给定距离重新对路径点采样
MPCUtils::convertWaypointsToMPCTrajWithDistanceResample(current_waypoints_, relative_time, traj_resample_dist_, traj);
MPCUtils::convertEulerAngleToMonotonic(traj.yaw);
DEBUG_INFO("[MPC] path callback: resampled traj size() = %lu", traj.relative_time.size());
// 路径圆滑处理
if (enable_path_smoothing_)
{
  for (int i = 0; i < path_smoothing_times_; ++i)
  {
    if (!MoveAverageFilter::filt_vector(path_filter_moving_ave_num_, traj.x) || !MoveAverageFilter::filt_vector(path_filter_moving_ave_num_, traj.y) ||
   !MoveAverageFilter::filt_vector(path_filter_moving_ave_num_, traj.yaw) || !MoveAverageFilter::filt_vector(path_filter_moving_ave_num_, traj.vx))
    {
      ROS_WARN("[MPC] path callback: filtering error. stop filtering");
      return;
    }
  }
}
// 计算航向角
if (enable_yaw_recalculation_)
{
  MPCUtils::calcTrajectoryYawFromXY(traj);
  MPCUtils::convertEulerAngleToMonotonic(traj.yaw);
}
// 计算曲率
MPCUtils::calcTrajectoryCurvature(traj, curvature_smoothing_num_);//35
// 找到曲率最大和最小的值
const double max_k = *max_element(traj.k.begin(), traj.k.end());
const double min_k = *min_element(traj.k.begin(), traj.k.end());
```

```
DEBUG_INFO("[MPC] path callback: trajectory curvature : max_k = %f, min_k = %f", max_k, min_k);
// 在轨迹中添加最后一个点速度为 0
const double mpc_predict_time_length = (mpc_param_.prediction_horizon + 1) * mpc_param_.prediction_sampling_time;
const double end_velocity = 0.0;
traj.vx.back() = end_velocity;
traj.push_back(traj.x.back(), traj.y.back(), traj.z.back(), traj.yaw.back(),  end_velocity, traj.k.back(), traj.relative_time.back() + mpc_predict_time_length);
 if (!traj.size())
 {
  ROS_ERROR("[MPC] path callback: trajectory size is undesired.");
  DEBUG_INFO("size: x=%lu, y=%lu, z=%lu, yaw=%lu, v=%lu,k=%lu, t=%lu",traj.x.size(),traj.y.size(),  traj.z.size(),traj.yaw.size(), traj.vx.size(), traj.k.size(), traj.relative_time.size());
  return;
 }
ref_traj_ = traj;
// 发送轨迹可视化
visualization_msgs::Marker markers;
convertTrajToMarker(ref_traj_, markers, "ref_traj", 0.0, 0.5, 1.0, 0.05);
pub_debug_filtered_traj_.publish(markers);
};
```

callbackRefPath 函数把接收到的“/mpc_waypoints”话题消息传递给“current_waypoints_”。

定义 MPCTrajectory 类型 traj 对象用来存放处理后的轨迹点，其成员如下：

```
std::vector<double> x;                // 存放 x 位置的 vector
std::vector<double> y;                // 存放 y 位置的 vector
std::vector<double> z;                // 存放 z 位置的 vector
std::vector<double> yaw;              // 存放航向角 vector
std::vector<double> vx;               // 存放速度的 vector
std::vector<double> k;                // 存放曲率的 vector
std::vector<double> relative_time; // 存放相对时间的 vector
```

计算路径点的相对时间如下文 1)所示；重采样后得到初步的轨迹(traj)如下文 2)所示；使用移动平均滤波器对轨迹点圆滑处理；calcTrajectoryYawFromXY 计算轨迹点中的航向角如下文 3)所示；利用三点的圆拟合计算曲率；检查最终得到的参考轨迹是否合格如下文 4)所示。

1）计算相对时间

输入：

current_waypoints_：当前路径（path）。

输出：

relative_time：相对时间序列（path_time）。

```
void MPCUtils::calcPathRelativeTime(const autoware_msgs::Lane &path, std::vector<double> &path_time)
{
  double t = 0.0;
  path_time.clear();
  path_time.push_back(t);
  for (int i = 0; i < (int)path.waypoints.size() - 1; ++i)
  {
    const double x0 = path.waypoints.at(i).pose.pose.position.x;
    const double y0 = path.waypoints.at(i).pose.pose.position.y;
    const double z0 = path.waypoints.at(i).pose.pose.position.z;
    const double x1 = path.waypoints.at(i + 1).pose.pose.position.x;
    const double y1 = path.waypoints.at(i + 1).pose.pose.position.y;
    const double z1 = path.waypoints.at(i + 1).pose.pose.position.z;
    const double dx = x1 - x0;
    const double dy = y1 - y0;
    const double dz = z1 - z0;
    const double dist = sqrt(dx * dx + dy * dy + dz * dz);
    double v = std::max(std::fabs(path.waypoints.at(i).twist.twist.linear.x), 1.0);
    t += (dist / v);
    path_time.push_back(t);
  }
}
```

calcPathRelativeTime函数用来生成路径点的时间序列path_time，在for循环中先得到第一个点的坐标(x_0,y_0,z_0)和第二个点的坐标(x_1,y_1,z_1)，随后计算两点之间的距离dist，利用距离dist与速度v的关系计算两点之间的时间差Δt，其中，速度v是第一点（两点中的前一点）的速度与1之间的较大值，最后更新时间$t+\Delta t$，把更新完的时间放入时间序列path_time中直至到最后一点，得到一个对应于路径点序列的时间序列。

2）重采样获得初步轨迹

输入：

current_waypoints_：当前路径（path）；

relative_time：时间序列(path_time)；

traj_resample_dist_：重采样距离(d_ref_index=0.1)。

输出：

traj：参考的轨迹(ref_traj)。

```
void MPCUtils::convertWaypointsToMPCTrajWithDistanceResample(const autoware_msgs::Lane &path, const std::vector<double> &path_time,  const double &dl, MPCTrajectory &ref_traj)
{
  ref_traj.clear();
  double dist = 0.0;
  std::vector<double> dists;
 // 第一个距离为 0，保证和时间序列的尺寸是相同的
  dists.push_back(0.0);

  for (int i = 1; i < (int)path_time.size(); ++i)
  {
    double dx = path.waypoints.at(i).pose.pose.position.x - path.waypoints.at(i - 1).pose.pose.position.x;
    double dy = path.waypoints.at(i).pose.pose.position.y - path.waypoints.at(i - 1).pose.pose.position.y;
    dist += sqrt(dx * dx + dy * dy);
    dists.push_back(dist);
  }

  convertWaypointsToMPCTrajWithResample(path, path_time, dists, dl, ref_traj);
}
```

convertWaypointsToMPCTrajWithDistanceResample 函数同 calcPathRelativeTime 函数相似，不同之处在于前者得到的是相对距离序列 dists(表示的是各点到第一个点的距离，此序列中的数据单调递增)，后者得到的是相对时间序列。随后调用 convertWaypointsToMPC- TrajWithResample 函数，分析如下。

输入：

current_waypoints_：当前路径(path)；

relative_time：时间序列(path_time)；

dists：距离序列(ref_index)；

traj_resample_dist_：重采样距离(d_ref_index=0.1)。

输出：

traj：参考轨迹(ref_traj)。

```
Void MPCUtils::convertWaypointsToMPCTrajWithResample(const autoware_msgs::Lane &path, const std::vector<double> &path_time, const std::vector<double> &ref_index, const double &d_ref_index, MPCTrajectory &ref_traj)
{
  // 检查距离序列的尺寸，其不能为 0
  if (ref_index.size() == 0) {
    return;
  }
  // 距离序列中的数值必须是单调增
  for (unsigned int i = 1; i < ref_index.size(); ++i)
  {
    if (ref_index[i] < ref_index[i - 1])
    {
      ROS_ERROR("[convertWaypointsToMPCTrajWithResample] resampling index must be monotonically increasing. idx[%d] = %f, idx[%d+1] = %f", i, ref_index[i], i, ref_index[i + 1]);
      return;
    }
  }
  // 此处 point 的值就是 0
  double point = ref_index[0];
  while (point < ref_index.back())
  {
    unsigned int j = 1;
    while (point > ref_index.at(j))
    {
      ++j;
    }
    // 到前一距离的差值
    const double a = point - ref_index.at(j - 1);
    // 距离序列中相邻的差值
    const double ref_index_dist = ref_index.at(j) - ref_index.at(j - 1);
    // 循环中对应相邻两点
    const geometry_msgs::Pose pos0 = path.waypoints.at(j - 1).pose.pose;
    const geometry_msgs::Pose pos1 = path.waypoints.at(j).pose.pose;
    const geometry_msgs::Twist twist0 = path.waypoints.at(j - 1).twist.twist;
    const geometry_msgs::Twist twist1 = path.waypoints.at(j).twist.twist;
    // 根据前两点做插值
    const double x = ((ref_index_dist - a) * pos0.position.x + a
```

```
* pos1.position.x) / ref_index_dist;
    const double y = ((ref_index_dist - a) * pos0.position.y + a
* pos1.position.y) / ref_index_dist;
    const double z = ((ref_index_dist - a) * pos0.position.z + a
* pos1.position.z) / ref_index_dist;
    // 计算横摆角
    const double yaw0 = tf2::getYaw(pos0.orientation);
    const double dyaw = amathutils::normalizeRadian(tf2::getYaw
(pos1.orientation) - yaw0);
    const double yaw1 = yaw0 + dyaw;
    const double yaw = ((ref_index_dist - a) * yaw0 + a * yaw1) /
ref_index_dist;  const double vx = ((ref_index_dist - a) *
twist0.linear.x + a * twist1.linear.x) / ref_index_dist;
  // 此处的曲率先设为 0
    const double curvature_tmp = 0.0;
    const double t = ((ref_index_dist - a) * path_time.at(j - 1)
+ a * path_time.at(j)) / ref_index_dist;
  // 把计算出的轨迹点的信息储存起来
    ref_traj.push_back(x, y, z, yaw, vx, curvature_tmp, t);
    point += d_ref_index;
  }
}
```

函数首先检查距离序列(ref_index)的尺寸不能为 0，且其必须单调递增。循环遍历当前路径(path)中的所有点，进行以距离为 d_ref_index=0.1 的重采样，组成新的参考轨迹(ref_traj)，包含坐标位置、横摆角、速度、时间等参数信息。

在这给出起点开始的前两个循环作为说明。

①起始时 point 的值为 0，其必然小于距离序列(ref_index)中的最后一个的值，所以此时 j 为 1，差值 a 为 0，此时 rcf_indcx_dist 表示为距离序列(ref_index)中第二个与第一个差值即路径点(path)中前两点的距离。随后选取了路径点中的前两点 pose0 和 pose1 用来计算采样点，以 x 坐标为例：

```
x = ((ref_index_dist - a) * pos0.position.x + a * pos1.position.x)
/ ref_index_dist;
```

把上面的值带入进去可得到 x 的值，实则是第一个点的 x 坐标，其他参数的值也同理，可以看到把路径点的第一个点放入了参考的轨迹(ref_traj)中，同时 point 的值增加了 d_ref_index(0.1)。

②接下来进行第二次的计算(为做说明 j 的值仍为 1)，此时 a 的值为 0.1，ref_index_dist 仍表示为距离序列(ref_index)中第二个与第一个值的差即路径点(path)中前两点的距离，pose0 和 pose1 两点不变，计算 x 坐标为例可以转化为下式：

$$x = (1-\varepsilon)x_0 + \varepsilon x_1 \tag{5-8}$$

其中，$\varepsilon = \dfrac{a}{\text{ref\_index\_}d}$。

可以看出此步骤的本质是在插值增点，其他参数也是同理。完成此步最终得到重新采样后的轨迹(traj)。

3)计算航向角

输入：

traj：参考的轨迹(traj)。

输出：

计算轨迹中的航向角。

```
void MPCUtils::calcTrajectoryYawFromXY(MPCTrajectory &traj)
{
  if (traj.yaw.size() == 0)
    return;
   for (unsigned int i = 1; i < traj.yaw.size() - 1; ++i)
  {
    const double dx = traj.x[i + 1] - traj.x[i - 1];
    const double dy = traj.y[i + 1] - traj.y[i - 1];
    traj.yaw[i] = std::atan2(dy, dx);
  }
  if (traj.yaw.size() > 1)
  {
    traj.yaw[0] = traj.yaw[1];
    traj.yaw.back() = traj.yaw[traj.yaw.size() - 2];
  }
}
```

函数首先检查轨迹中航向角序列(traj.yaw)的尺寸不能为0；随后根据x和y坐标的几何关系计算当前轨迹(traj)中的第二点到倒数第二点中各点的航向角，其范围约束在$(-\pi, \pi)$，其中第一点和最后一点的航向角分别赋予第二点和倒数第二点的值。

4)MPCTrajectory::size函数

```
unsigned int MPCTrajectory::size() const
{
   if (x.size() == y.size() && x.size() == z.size() && x.size() ==
yaw.size() &&  x.size() == vx.size() && x.size() == k.size() && x.size()
== relative_time.size())
  {
    return x.size();
```

```
  }
  else
  {
    std::cerr << "[MPC trajectory] trajectory size is inappropriate" << std::endl;
    return 0;
  }
}
```

函数检查参考轨迹(traj)中各参数的数量是否对应相同，参数包括三维坐标位置、航向角、速度、曲率、相对时间。此处他们的尺寸数量应该相同，否则报错。

3. callbackPose 函数

接收 current_pose 话题的回调函数：

```
void MPCFollower::callbackPose(const geometry_msgs::PoseStamped::ConstPtr &msg)
{
  vehicle_status_.header = msg->header;
  vehicle_status_.pose = msg->pose;
  my_position_ok_ = true;
};
```

回调函数把接收到的车辆当前位姿消息传递赋值给 vehicle_status_并设置标志变量 my_position_ok_的值为 true，表明成功接收到车辆位姿信息。

vehicle_status_包含的数据结构如下。

```
struct VehicleStatus
{
  std_msgs::Header header;
  geometry_msgs::Pose pose;          // 车辆位姿
  geometry_msgs::Twist twist;        // 车辆速度
  double tire_angle_rad;             // 车辆轮胎转角
};
```

4. callbackVehicleStatus 函数

接收 vehicle_status 话题的回调函数：

```
void MPCFollower::callbackVehicleStatus(const autoware_msgs::VehicleStatus &msg)
{
  vehicle_status_.tire_angle_rad = msg.angle;
  vehicle_status_.twist.linear.x = amathutils::kmph2mps(msg.speed);
```

```
    my_steering_ok_ = true;
    my_velocity_ok_ = true;
  };
```

回调函数把接收到的车辆当前状态消息传递赋值给 vehicle_status_并设置标志变量 my_steering_ok_和 my_velocity_ok_的值为 true，表明成功接收到车辆状态信息。

5. 定时器的回调函数

```
void MPCFollower::timerCallback(const ros::TimerEvent &te)
{
  // 检查车辆模型和求解器是否建立
  if (vehicle_model_ptr_ == nullptr || qpsolver_ptr_ == nullptr)
  {
    DEBUG_INFO("[MPC] vehicle_model = %d, qp_solver = %d", !
(vehicle_model_ptr_ == nullptr), !(qpsolver_ptr_ == nullptr));
 // 发布制动命令
    publishControlCommands(0.0, 0.0, steer_cmd_prev_, 0.0);
    return;
  }
  // 检查系统必要的消息是否准备完成
  if (ref_traj_.size() == 0 || !my_position_ok_ || !my_velocity_ok_
|| !my_steering_ok_)
  {
    DEBUG_INFO("[MPC] MPC is not solved. ref_traj_.size() = %d,
my_position_ok_=%d, my_velocity_ok_=%d, my_steering_ok_=%d",
ref_traj_.size(), my_position_ok_, my_velocity_ok_,
my_steering_ok_);
  // 发布制动命令
    publishControlCommands(0.0, 0.0, steer_cmd_prev_, 0.0);
    return;
  }

  // 控制命令定义并初始化
  double vel_cmd = 0.0;
  double acc_cmd = 0.0;
  double steer_cmd = 0.0;
  double steer_vel_cmd = 0.0;
   // 获取系统当前时间
  auto start = std::chrono::system_clock::now();
 // 求解 mpc
  const bool mpc_solved = calculateMPC(vel_cmd, acc_cmd, steer_cmd,
steer_vel_cmd);
```

```
  double elapsed_ms = std::chrono::duration_cast<std::chrono::nanoseconds>(std::chrono::system_clock::now() - start).count() * 1.0e-6; DEBUG_INFO("[MPC] timerCallback: MPC calculating time = %f [ms]\n", elapsed_ms);
   // 发布计算时间
  std_msgs::Float32 mpc_calc_time_msg;
  mpc_calc_time_msg.data = elapsed_ms;
  pub_debug_mpc_calc_time_.publish(mpc_calc_time_msg);
  if (!mpc_solved)
  {
    ROS_WARN("[MPC] MPC is not solved. publish 0 velocity.");
    vel_cmd = 0.0;
    acc_cmd = 0.0;
    steer_cmd = steer_cmd_prev_;
    steer_vel_cmd = 0.0;
  }
  // 发布控制命令
  publishControlCommands(vel_cmd, acc_cmd, steer_cmd, steer_vel_cmd);
};
```

timerCallback 函数首先检查汽车模型和求解器对应的指针是否定义，参考路径、车辆速度、车辆位置、轮胎转角是否满足要求，有问题则会发布制动命令。随后获取系统当前时间并通过 calculateMPC 函数进行模型预测控制的相关计算，最后计算 MPC 所用的时间并发布出去，发布控制命令如下文 2) 所述。

1) MPC 计算

```
bool MPCFollower::calculateMPC(double &vel_cmd, double &acc_cmd, double &steer_cmd, double &steer_vel_cmd)
{
  // 预测时域 70 步
  const int N = mpc_param_.prediction_horizon;
  // 采样时间
  const double DT = mpc_param_.prediction_sampling_time;//0.1
  const int DIM_X = vehicle_model_ptr_->getDimX();//3
  const int DIM_U = vehicle_model_ptr_->getDimU();//1
  const int DIM_Y = vehicle_model_ptr_->getDimY();//2
  // 获取横摆角
  const double current_yaw = tf2::getYaw(vehicle_status_.pose.orientation);
  // 计算参考轨迹上的最近点(用作初始状态)
  unsigned int nearest_index = 0;
  double yaw_err, dist_err, nearest_traj_time;
```

```
  geometry_msgs::Pose nearest_pose;
  if (!MPCUtils::calcNearestPoseInterp(ref_traj_, vehicle_status_.pose, nearest_pose, nearest_index, dist_err, yaw_err, nearest_traj_time))
  {
    ROS_WARN("[MPC] calculateMPC: error in calculating nearest pose. stop mpc.");
    return false;
  };
  // 检查横向误差是否合格
  if (dist_err > admisible_position_error_ || std::fabs(yaw_err) > amathutils::deg2rad(admisible_yaw_error_deg_))
  {
    ROS_WARN("[MPC] error is over limit, stop mpc. (pos: error = %f[m], limit: %f[m], yaw: error = %f[deg], limit %f[deg])", dist_err, admisible_position_error_, amathutils::rad2deg(yaw_err), admisible_yaw_error_deg_);
    return false;
  }
   // 设置 mpc 的初始时间
  const double mpc_start_time = nearest_traj_time;
  // 检查轨迹长度
  const double mpc_end_time = mpc_start_time + (N - 1) * DT;
  if (mpc_end_time > ref_traj_.relative_time.back())
  {
    ROS_WARN("[MPC] path is too short for prediction. path end: %f[s], mpc end time: %f[s]", ref_traj_.relative_time.back(), mpc_end_time);
    return false;
  }
  // 根据位置计算横向误差
  const double err_x = vehicle_status_.pose.position.x - nearest_pose.position.x;
  const double err_y = vehicle_status_.pose.position.y - nearest_pose.position.y;
  const double sp_yaw = tf2::getYaw(nearest_pose.orientation);
  const double err_lat = -sin(sp_yaw) * err_x + cos(sp_yaw) * err_y;
  ......
}
```

calculateMPC 函数对参数进行读取，如预测时域、采样时间、当前车辆的横摆角等。接着寻找在参考轨迹中与车辆当前位置最近的点，首先找到满足条件的最近点，再寻找第二近点。随后根据这两点的关系线性插值得到真正的最近点，如下面 calcNearestPoseInterp 函数。

检查计算的横向误差是否大于允许值，其中，MPC 预测时间不能大于参考路径的相对时间，然后进行模型预测求解(源码略)。

最后把 MPC 计算的时间发布出去。

(1) calcNearestPoseInterp 函数。

输入：

ref_traj_：参考路径(traj)；

vehicle_status_.pose：车辆自身位姿(self_pose)。

输出：

nearest_pose：最近点位姿(nearest_pose)；

nearest_index：在参考路径中的下标(nearest_index)；

dist_err：最近点与当前车辆位置的距离(min_dis_error)；

yaw_err：最近点与当前车辆的横摆角误差(nearest_yaw_error)；

nearest_traj_time：最近点在路径中的时间(nearest_time)。

```
bool MPCUtils::calcNearestPoseInterp(const MPCTrajectory &traj,
const geometry_msgs::Pose &self_pose, geometry_msgs::Pose
&nearest_pose,  unsigned int &nearest_index, double &min_dist_
error, double &nearest_yaw_error, double &nearest_time)
{
 // 检查参考路径的尺寸，不能为 0
 if (traj.size() == 0)
  {
   ROS_WARN("[calcNearestPoseInterp] trajectory size is zero");
   return false;
  }
  //获取车辆目前的位姿状态
  const double my_x = self_pose.position.x;
  const double my_y = self_pose.position.y;
  const double my_yaw = tf2::getYaw(self_pose.orientation);
 // 获取系统中的最大 double 值作为参考
  int nearest_index_tmp = -1;
  double min_dist_squared = std::numeric_limits<double>::max();
  for (uint i = 0; i < traj.size(); ++i)
  {
    const double dx = my_x - traj.x[i];
    const double dy = my_y - traj.y[i];
   const double dist_squared = dx * dx + dy * dy;
```

```
    //标准化弧度返回一个小于 pi 的值
    const double err_yaw = amathutils::normalizeRadian(my_yaw -
traj.yaw[i]);
    if (fabs(err_yaw) < (M_PI / 3.0))
    {
      if (dist_squared < min_dist_squared)
      {
        //保存最近点
        min_dist_squared = dist_squared;
        nearest_index_tmp = i;
      }
    }
  }
  if (nearest_index_tmp == -1)
  {
    //若所有航路点的偏航误差都超过 PI / 3，则找不到最接近的航路点
    ROS_WARN("[calcNearestPoseInterp] yaw error is over PI/3 for
all waypoints. no closest waypoint found.");
    return false;
  }
  // 最近点的下标
  nearest_index = nearest_index_tmp;
  if (traj.size() == 1)
  {
    nearest_pose.position.x = traj.x[nearest_index];
    nearest_pose.position.y = traj.y[nearest_index];
    tf2::Quaternion q;
    q.setRPY(0, 0, traj.yaw[nearest_index]);
    nearest_pose.orientation = tf2::toMsg(q);
    nearest_time = traj.relative_time[nearest_index];
    min_dist_error = std::sqrt(min_dist_squared);
    nearest_yaw_error = amathutils::normalizeRadian(my_yaw - traj.yaw
[nearest_index]);
    return true;
  }
  //获得第二近点
  int second_nearest_index = 0;
  if (nearest_index == traj.size() - 1)
    second_nearest_index = nearest_index - 1;
  else if (nearest_index == 0)
    second_nearest_index = 1;
  else
```

```
  {
    double dx1, dy1, dist_squared1, dx2, dy2, dist_squared2;
    dx1 = my_x - traj.x[nearest_index + 1];
    dy1 = my_y - traj.y[nearest_index + 1];
    dist_squared1 = dx1 * dx1 + dy1 * dy1;
    dx2 = my_x - traj.x[nearest_index - 1];
    dy2 = my_y - traj.y[nearest_index - 1];
    dist_squared2 = dx2 * dx2 + dy2 * dy2;
    if (dist_squared1 < dist_squared2)
      second_nearest_index = nearest_index + 1;
    else
      second_nearest_index = nearest_index - 1;
  }
  const double a_sq = min_dist_squared;
  //当前位置与第二近点的距离
  const double dx2 = my_x - traj.x[second_nearest_index];
  const double dy2 = my_y - traj.y[second_nearest_index];
  const double b_sq = dx2 * dx2 + dy2 * dy2;
  //最近点与第二近点的距离
  const double dx3 = traj.x[nearest_index] - traj.x[second_nearest_index];
  const double dy3 = traj.y[nearest_index] - traj.y[second_nearest_index];
  const double c_sq = dx3 * dx3 + dy3 * dy3;
  //两点距离较近的情况
  if (c_sq < 1.0E-5)
  {
    nearest_pose.position.x = traj.x[nearest_index];
    nearest_pose.position.y = traj.y[nearest_index];
    tf2::Quaternion q;
    q.setRPY(0, 0, traj.yaw[nearest_index]);
    nearest_pose.orientation = tf2::toMsg(q);
    nearest_time = traj.relative_time[nearest_index];
    min_dist_error = std::sqrt(min_dist_squared);
    nearest_yaw_error = amathutils::normalizeRadian(my_yaw - traj.yaw[nearest_index]);
    return true;
  }
  //线性插值
  const double alpha = 0.5 * (c_sq - a_sq + b_sq) / c_sq;
  nearest_pose.position.x = alpha * traj.x[nearest_index] + (1 - alpha) * traj.x[second_nearest_index];
  nearest_pose.position.y = alpha * traj.y[nearest_index] + (1 - alpha) * traj.y[second_nearest_index];
```

```
double tmp_yaw_err = traj.yaw[nearest_index] - traj.yaw[second_nearest_index];
    if (tmp_yaw_err > M_PI)
    {
      tmp_yaw_err -= 2.0 * M_PI;
    }
    else if (tmp_yaw_err < -M_PI)
    {
      tmp_yaw_err += 2.0 * M_PI;
    }
    const double nearest_yaw = traj.yaw[second_nearest_index] + alpha * tmp_yaw_err;
    tf2::Quaternion q;
    q.setRPY(0, 0, nearest_yaw);
    nearest_pose.orientation = tf2::toMsg(q);
    nearest_time = alpha * traj.relative_time[nearest_index] + (1 - alpha) * traj.relative_time[second_nearest_index];
    min_dist_error = std::sqrt(b_sq - c_sq * alpha * alpha);
    nearest_yaw_error = amathutils::normalizeRadian(my_yaw - nearest_yaw);
    return true;
  }
```

calcNearestPoseInterp 函数的作用是利用线性插值方式计算出在参考路径点序列(Traj)中与当前车辆位置最近的点 nearest_pose(类型：geometry_msgs::pose)。在获取车辆当前位姿状态 my_x(x 坐标)、my_y(y 坐标)、my_yaw(横摆角)后利用 for 循环遍历路径序列中的点，根据平面几何关系计算出当前位置到路径点上的距离的平方 dist_squared，随后根据 amathutils::normalizeRadian 函数计算出当前位置与路径点的横摆角误差 err_yaw，函数如下。

```
double normalizeRadian(const double _angle)
{
  // 取模
  double n_angle = std::fmod(_angle, 2 * M_PI);
  n_angle = n_angle > M_PI ? n_angle - 2 * M_PI : n_angle < -M_PI ? 2 * M_PI + n_angle : n_angle;
  return n_angle;
}
```

normalizeRadian 函数主要实现把横摆角误差表示在一个 $\pm\pi$ 范围内。

在前面已经得到路径点与当前位姿的关系，下面进行判断哪种关系是合格的进而得到最近点：

①首先 err_yaw（横摆角误差）的绝对值要小于 $\pi/3$，在满足横摆角要求的点中找到距离最近的点便是最近点，把其下标 i 赋值给 nearest_index_tmp（临时最近点下标）；

②接着获取第二近点，根据上面步骤中最近点（不是参考轨迹中的第一点或最后一点）向前后各找一点，选取车辆当前位置与这两点中距离较近的一点作为第二近点，同时得到当前位置到最近点距离的平方（a_sq）、到第二近点距离的平方（b_sq）、最近点到第二近点距离的平方（c_sq）；

③最终根据上述两点（存在一定间隔）线性插值得到 nearest_pose，线性插值的系数 alpha 根据 a_sq、 b_sq、c_sq 获得，插值方式与前面处理路径点同理。

计算完成后将会得到最近参考点的位姿、下标、横摆角误差、相对时间等。

(2) 模型预测求解。

根据代码看到系统的模型状态量为

①横向距离误差 err_lat;

②航向角度误差 yaw_err;

③轮胎当前转角 steer。

其中，横向误差计算如下：

```
//根据位置计算横向误差
const double err_x = vehicle_status_.pose.position.x - nearest_pose.position.x;
const double err_y = vehicle_status_.pose.position.y - nearest_pose.position.y;
const double sp_yaw = tf2::getYaw(nearest_pose.orientation);
const double err_lat = -sin(sp_yaw) * err_x + cos(sp_yaw) * err_y;
```

计算车辆当前位置到最近轨迹点的横向误差 err_lat，如图 5-10 所示。

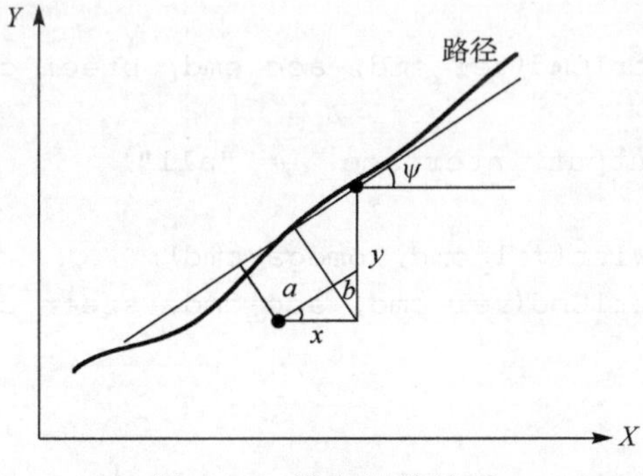

图 5-10　横向误差关系

图中定义 a 为我们所求的横向误差 err_lat，φ 为最近点的航向角。

所以有

$$a = y * \cos\varphi - x * \sin\varphi \tag{5-9}$$

航向角度误差 yaw_err 由 calcNearestPoseInterp 函数中计算求得，轮胎当前转角 steer 根据车辆状态信息获得。

控制量为前轮转角 δ 。

随后对根据离散线性化模型建立动态预测方程，目标函数优化求解得到转角控制序列，优化求解时约束为轮胎的转角范围。此处复杂的数学公式我们不做推导。

最终选取控制序列中的第一个控制量经过滤波处理得到转角命令(steer_cmd)；根据控制序列前两个值计算转角变化速度(steer_vel_cmd)；根据轨迹序列获得速度(vel_cmd)和加速度(acc_cmd)；根据求得的转角控制序列求解预测轨迹并发送可视化消息。

2) publishControlCommands 函数

```
void MPCFollower::publishControlCommands(const double &vel_cmd, const double &acc_cmd, const double &steer_cmd, const double &steer_vel_cmd)
{
 //计算车辆运动时的角速度
 const double omega_cmd = vehicle_status_.twist.linear.x * std::tan(steer_cmd) / wheelbase_;
 //选择要发布的话题
  if (output_interface_ == "twist")
  {
    publishTwist(vel_cmd, omega_cmd);
  }
  else if (output_interface_ == "ctrl_cmd")
  {
    publishCtrlCmd(vel_cmd, acc_cmd, steer_cmd);
  }
  else if (output_interface_ == "all")
  {
    publishTwist(vel_cmd, omega_cmd);
    publishCtrlCmd(vel_cmd, acc_cmd, steer_cmd);
  }
  else
  {
    ROS_WARN("[MPC] control command interface is not appropriate");
  }
}
```

publishControlCommands 函数用来发布控制指令，output_interface_参数的值为 all，因此会发布 vel_cmd(速度)、omega_cmd(车辆的角速度)、acc_cmd(加速度)、steer_cmd(转向角)，其中，omega_cmd(车辆的角速度)在此函数中求得：

$$\omega = v / \left(\frac{\tan(\delta)}{L} \right) = v / R \tag{5-10}$$

至此我们已经得到跟踪轨迹需要的车辆控制量。

5.5 本章小结

本章对控制模块内 4 个基础 ROS 节点 pure_pursuit，twist_filter，mpc_waypoints_converter，mpc_follower 中的关键部分源码进行详细的流程及原理分析，辅以算法原理图/流程图帮助读者理解。

参考文献

[1] 龚建伟，姜岩，徐威. 无人驾驶车辆模型预测控制[M]. 北京：北京理工大学出版社，2014.

[2] Jarrod M S. Automatic steering methods for autonomous automobile path tracking[R]. Pittsburgh: Catnegie Mellon University, 2009.

[3] 陈宁，周志峰，王永泉，等. 一种纯追踪模型改进算法. 轻工机械[J], 2014,32(4):69-72.

[4] 韩亚奇. 高速公路环境中智能车辆路径规划与跟踪[D]. 南宁：广西大学，2019.

[5] ShinpeiKato.Autoware_TierIV_Academy_v1.1[DB/OL].[2020-04-22].https://github.com/CPFL/Autoware-Manuals/blob/master/en/Autoware_TierIV_Academy_v1.1.pdf.

第 6 章　Autoware 自动驾驶开发指南

在详细分析 Autoware 各模块内基础节点之后，本章将以三个案例向读者介绍基于 Autoware 开发自动驾驶系统的实现过程。可以说，读者按照这三个案例依次操作便可以搭建一个自动驾驶系统雏形，但是千万要注意，一定要在二次开发的工程上注明“基于 Autoware”，并且不能用于商业用途，仅可用于教学研究。

6.1　案例一：3D 车辆模型

在 RViz 中实时显示自动驾驶车辆周围障碍物、期望路径等状态时，为加强展示效果需要展示本车模型，图 6-1 所示为本书所使用的 3D 车辆模型，其车体上带有标志“北航仿生智能”。下面为读者讲解如何基于 Autoware 已有的车辆 3D 模型获取带有自己标志的模型。特别需要指明的是，我们仅是改变车体涂装，并非原创，读者切忌将成果宣称为“自主研发”。

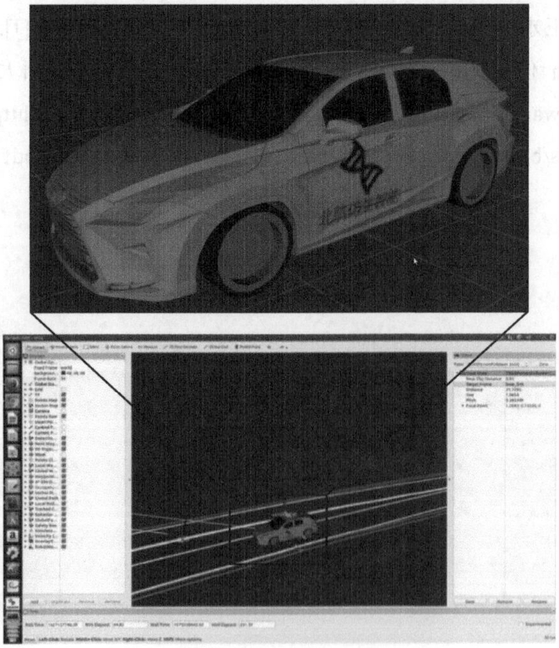

图 6-1　3D 车辆模型的必要性

首先把 Autoware 1.12.0 版本的 ROS 包 vehicle_description 直接拷贝到自己的 ROS 工程中，如图 6-2 所示，我们可以在 vehicle_description/mesh/内发现 lexus.jpg 的文件，用 PS 打开后，新建图层在原来 Autoware 的标志那里放上自己的标志，接着把 Autoware 的标志用喷枪磨掉。

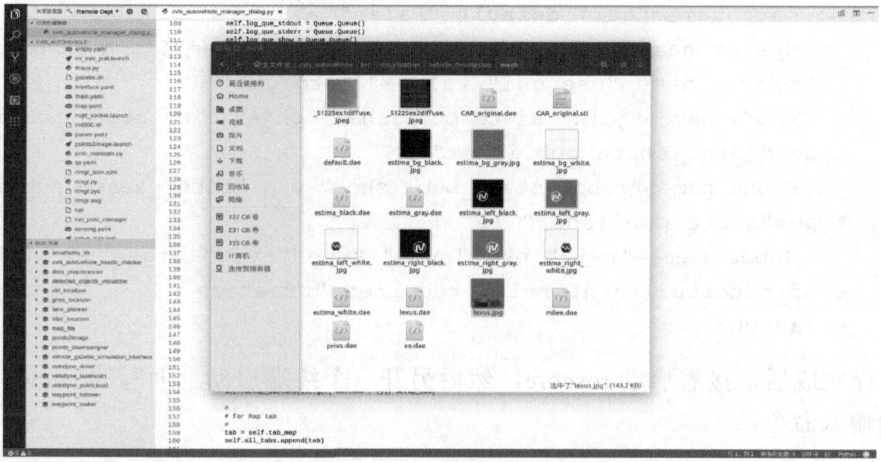

图 6-2　贴图位置

这样就得到了带自己标志的模型贴图如图 6-3 所示。

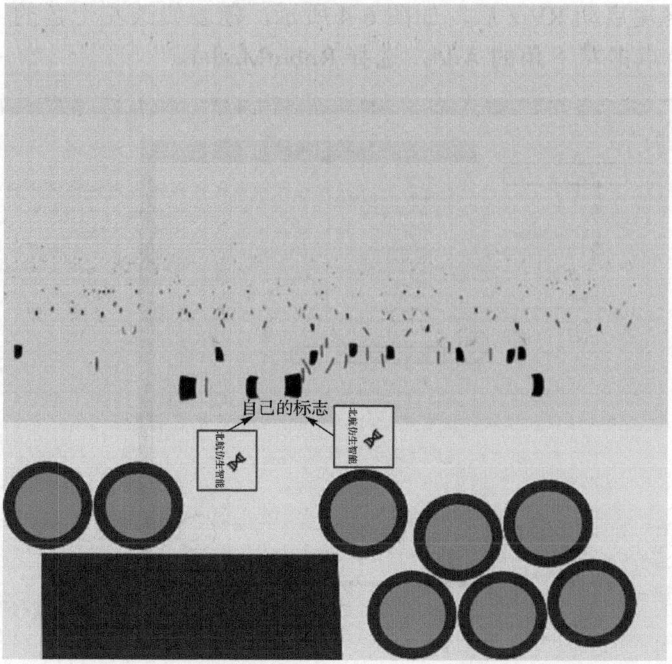

图 6-3　带自己标志的模型贴图

接着创建 lauch 文件 display.launch 启动 RViz 用以观察我们的新模型(其实是新模型贴图，3D 模型用的还是 Autoware 的)。display.launch 具体代码如下。

```
<launch>
    <arg name="model" />
    <arg name="gui" default="False" />
    <param name="robot_description" textfile="$(arg model)" />
    <param name="use_gui" value="$(arg gui)"/>
    <node name="joint_state_publisher" pkg="joint_state_publisher"
type="joint_state_publisher" />
    <node name="robot_state_publisher" pkg="robot_state_publisher"
type="state_publisher" />
    <node name="rviz" pkg="rviz" type="rviz" args="-d $(find
urdf_tutorial)/urdf.rviz" required="true" />
</launch>
```

编译完成后，接着启动 roscore，然后另开一个终端启动上面写的 launch 文件，在终端输入命令：

```
zhengkunxian@zhengkunxian:~/cvis_autovehicle$ roslaunch vehicle_
description display.launch model:="`rospack find vehicle_
description'/urdf/lexus.urdf"
```

再开一个终端启动 RViz 后，如图 6-4 所示，需要修改左上角的 Fixed Frame 为 base_link，然后点击左下角的 Add，选择 RobotModel。

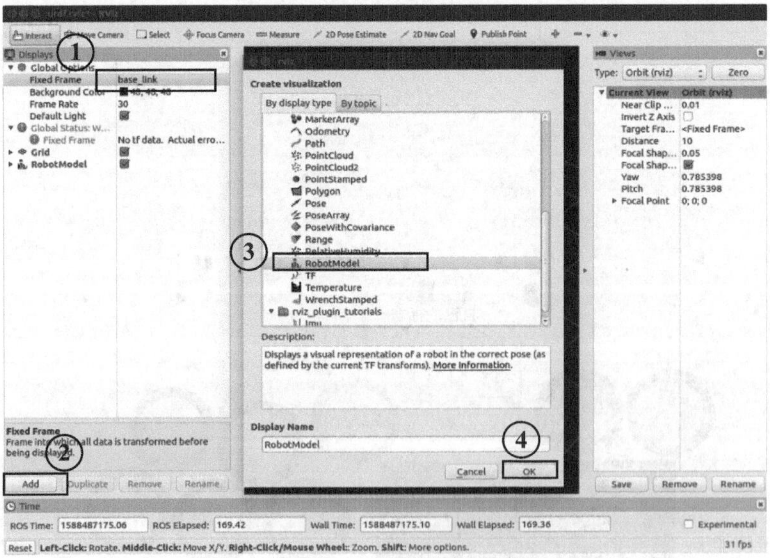

图 6-4　查看模型时在 RViz 中的操作

点击 OK 就能看到更改后的 3D 模型(图 6-5)。

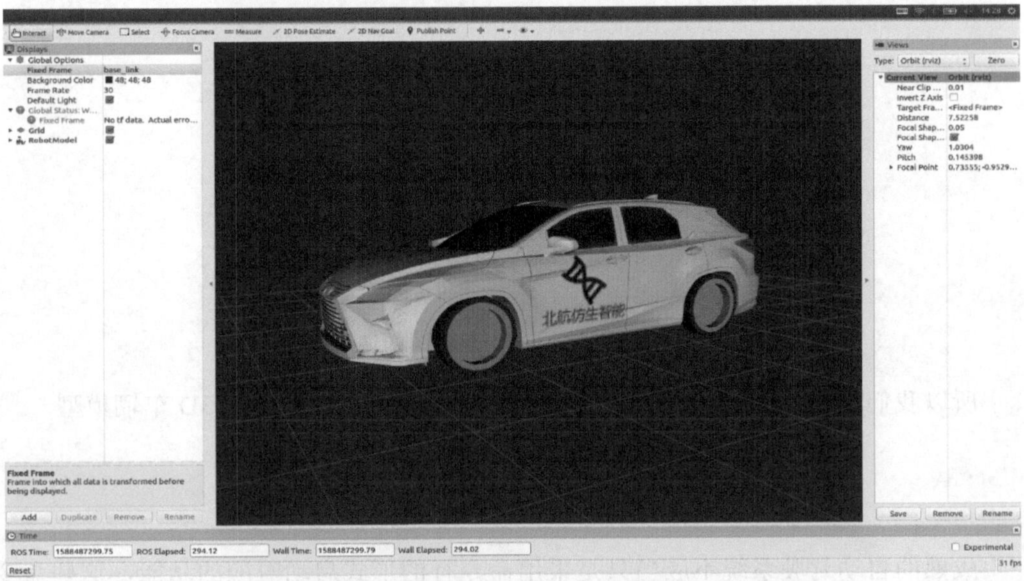

图 6-5　更改后的 3D 车辆模型

为什么改这个贴图就行了呢?

实际上我们看 lexus 这个模型的 urdf 定义文件 vehicle_description/urdf/lexus.urdf 可以发现其调用了 vehicle_description/mesh/lexus.dae:

```
<?xml version="1.0"?>
<robot name="car">
  <link name="base_link">
    <visual name="base_visual">
      <origin xyz="1 0 0.0" rpy="1.57 0 3.14" />
      <geometry>
        <mesh filename="package://vehicle_description/mesh/lexus.dae" scale="1.0 1.0 1.0"/>
      </geometry>
    </visual>
  </link>
</robot>
```

由图 6-6 可知,vehicle_description/mesh/lexus.dae 又调用了 lexus.jpg 作为其模型的贴图:

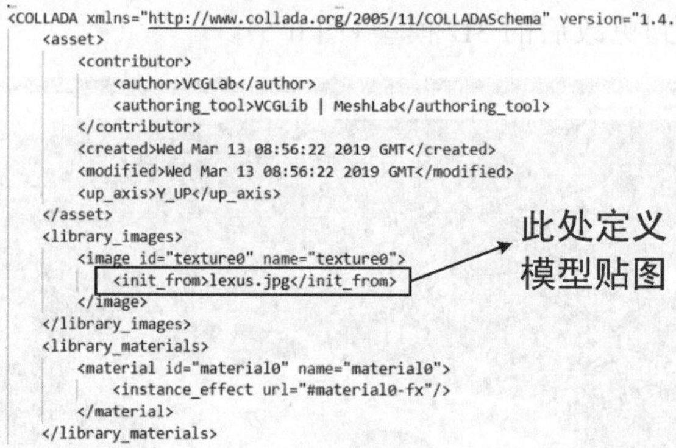

```
<COLLADA xmlns="http://www.collada.org/2005/11/COLLADASchema" version="1.4.1">
    <asset>
        <contributor>
            <author>VCGLab</author>
            <authoring_tool>VCGLib | MeshLab</authoring_tool>
        </contributor>
        <created>Wed Mar 13 08:56:22 2019 GMT</created>
        <modified>Wed Mar 13 08:56:22 2019 GMT</modified>
        <up_axis>Y_UP</up_axis>
    </asset>
    <library_images>
        <image id="texture0" name="texture0">
            <init_from>lexus.jpg</init_from>
        </image>
    </library_images>
    <library_materials>
        <material id="material0" name="material0">
            <instance_effect url="#material0-fx"/>
        </material>
    </library_materials>
```


图 6-6　lexus.dae 中对贴图的调用

所以我们只要更改 lexus.jpg 这个贴图就可以获得自己专属的 3D 车辆模型。

6.2　案例二：人机交互界面

成熟的自动驾驶系统不应当只是采用命令行的形式启动对应的功能，这些命令行应当隐藏在人机交互界面背后，操作者通过点击按钮就可以启动对应的功能。Autoware 的人机交互界面如图 6-7 所示。

我们基于 Autoware 的人机交互界面开发得到如图 6-8 所示的用户界面(底色为深蓝色)。

实际上开发 UI 并不难，现在很多软件都支持拖拽式 UI 开发，点击鼠标即可完成界面的布置。Autoware 的 UI 是基于 wxGlade 开发的，我们下载同样的 UI 开发软件即可对其进行更改。首先将 ROS 包 runtime_manager 直接拷贝到自己的 ROS 工程中，但是要注意 ROS 包之间是有调用关系的，因此需要将 runtime_manager 包所依

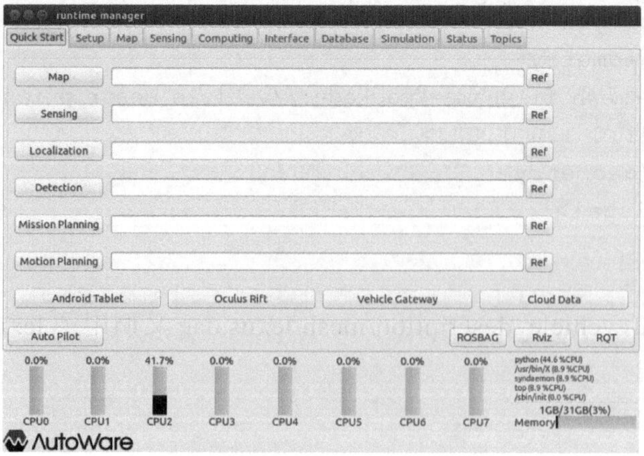

图 6-7　Autoware 人机交互界面

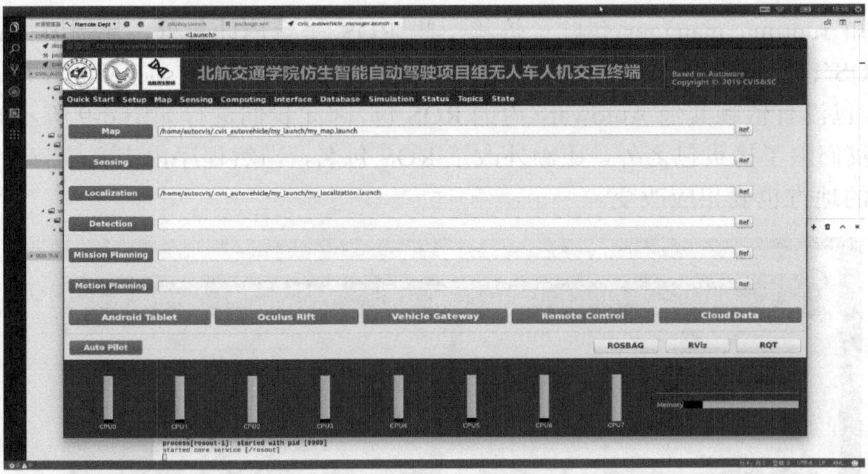

图 6-8　改造后的 Autoware 人机交互界面

赖的其他 ROS 包也拷贝到自己的工程中。到对应 ROS 包的 package.xml 文件内即可确定所依赖的其他包，runtime_manager 包的 package.xml 如下。

```
<?xml version="1.0"?>
<package>
  <name>runtime_manager</name>
  <version>1.11.0</version>
  <description>The runtime_manager package</description>
  <maintainer email="kondoh@axe-inc.co.jp">Masao KONDOH</maintainer>
  <license>Apache 2</license>
  <buildtool_depend>catkin</buildtool_depend>

  <build_depend>rospy</build_depend>
  <build_depend>std_msgs</build_depend>
  <build_depend>autoware_msgs</build_depend>
  <build_depend>autoware_config_msgs</build_depend>
  <build_depend>tablet_socket_msgs</build_depend>

  <run_depend>rospy</run_depend>
  <run_depend>std_msgs</run_depend>
  <run_depend>autoware_msgs</run_depend>
  <run_depend>autoware_config_msgs</run_depend>
  <run_depend>tablet_socket_msgs</run_depend>
  <run_depend>velodyne</run_depend>
  <run_depend>uvc_camera</run_depend>
  <run_depend>nmea_navsat_driver</run_depend>
  <export>
  </export>
</package>
```

可知 runtime_manager 包除了依赖一些 ROS 平台内的包外，还需要 Autoware 内的 ROS 包 autoware_msgs，autoware_config_msgs 和 tablet_socket_msgs，而这三个 ROS 包没有依赖其他 Autoware 内的 ROS 包，因此我们进行如图 6-9 所示的拷贝。另外，我们除了拷贝包之外，还额外改了 ROS 包名，当然程序内定义依赖关系和调用文件的地方也要相应改变。

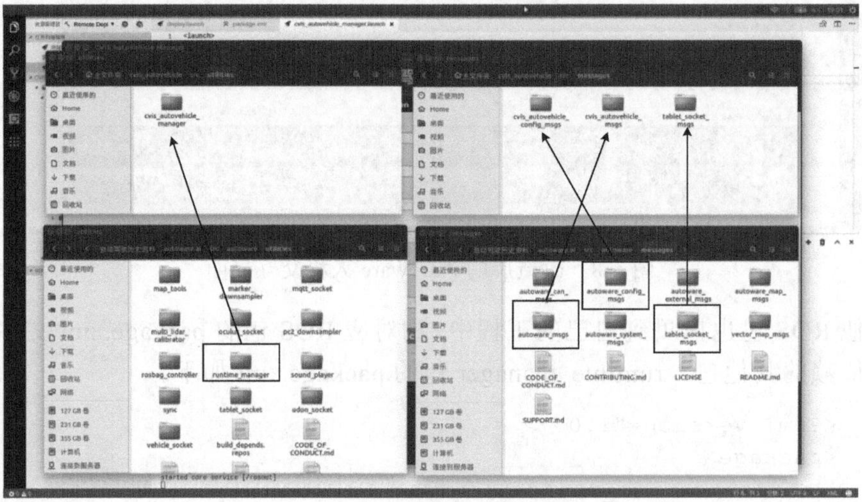

图 6-9　拷贝示意图

拷贝完成后，如图 6-10 所示，直接在 wxGlade 文件夹内启动 wxGlade，无须安装。wxGlade 已经上传至 https://download.csdn.net/download/xiaoxiao123jun/ 12385272，读者可自行下载。

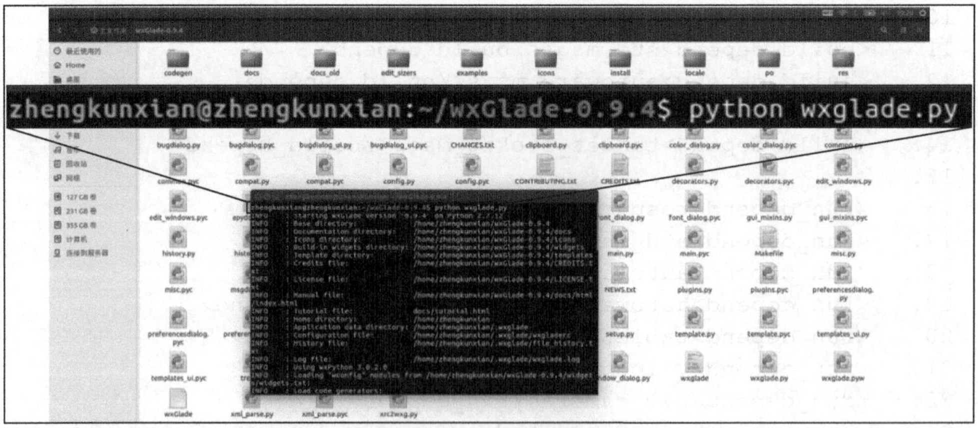

图 6-10　wxGlade 启动

wxGlade 启动后执行如图 6-11 所示操作，打开 Autoware 用户界面文件 rtmgr.wxg。

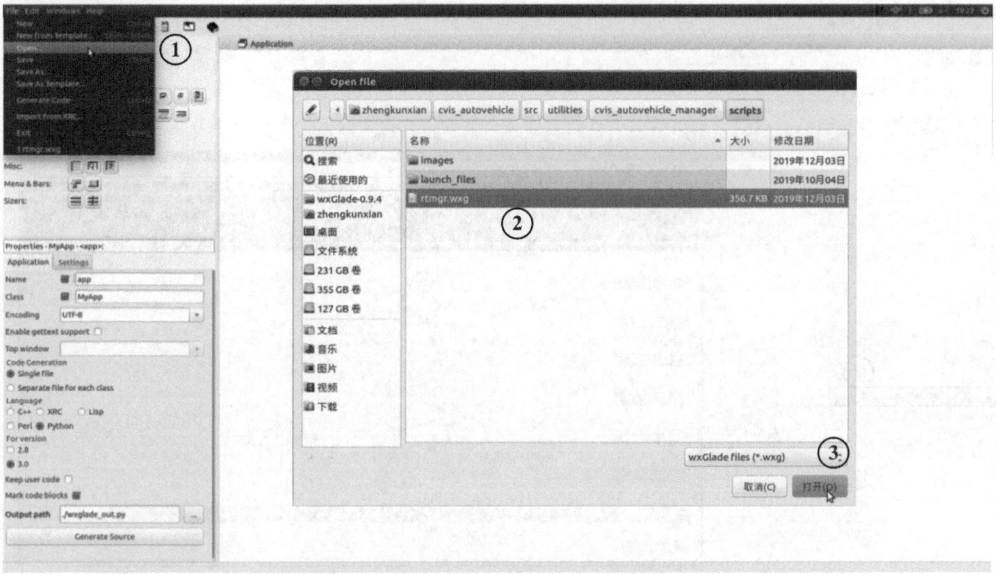

图 6-11　打开用户界面文件操作流程

rtmgr.wxg 打开后在 wxGlade 的显示如图 6-12 所示，这里使用的是我们已经更改过的界面文件，即图 6-8 中的界面。

图 6-12　用户界面文件打开后的显示

首先预览未更改时的界面(图 6-13)。

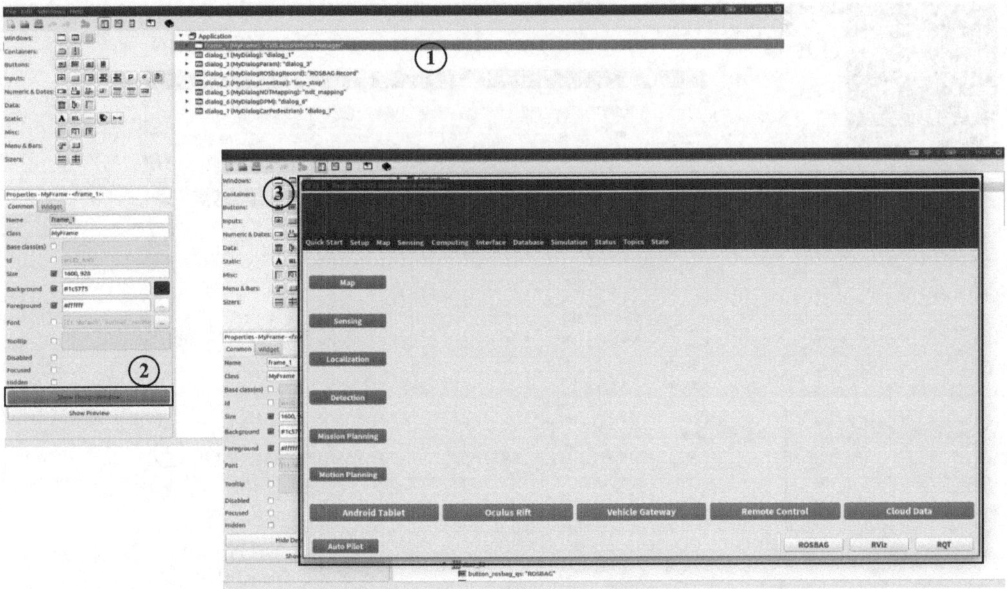

图 6-13　用户界面预览

我们对界面进行简单的更改(图 6-14)，如需更复杂的更改，请网上查阅相关教程。

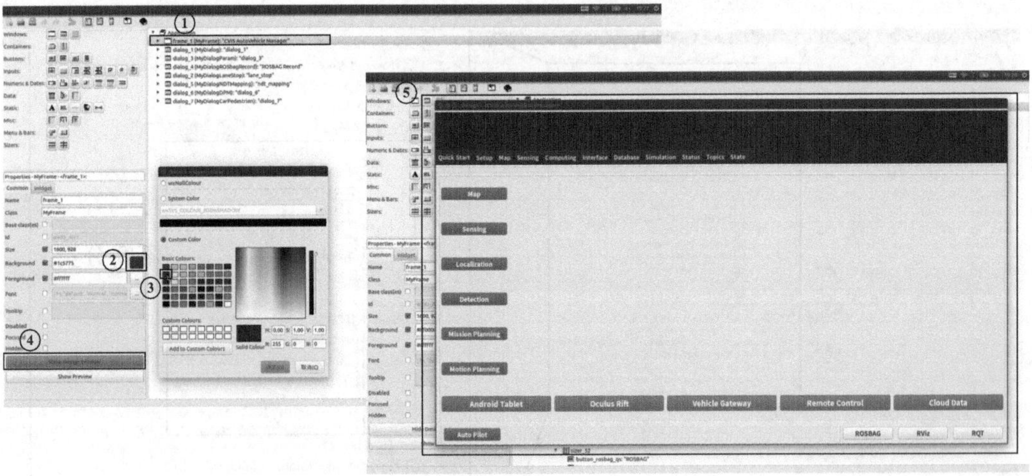

图 6-14　更改用户界面

下面开始编译，首先运行 roscore，接着另开一个终端运行下面的指令：

```
1.  zhengkunxian@zhengkunxian:~/cvis_autovehicle$ catkin_make
```

此时可能会报缺少包的错误，类似图 6-15 中缺少 jsk_recognition_msgs 包，如果缺少其他包实际上解决方式也是一样的。

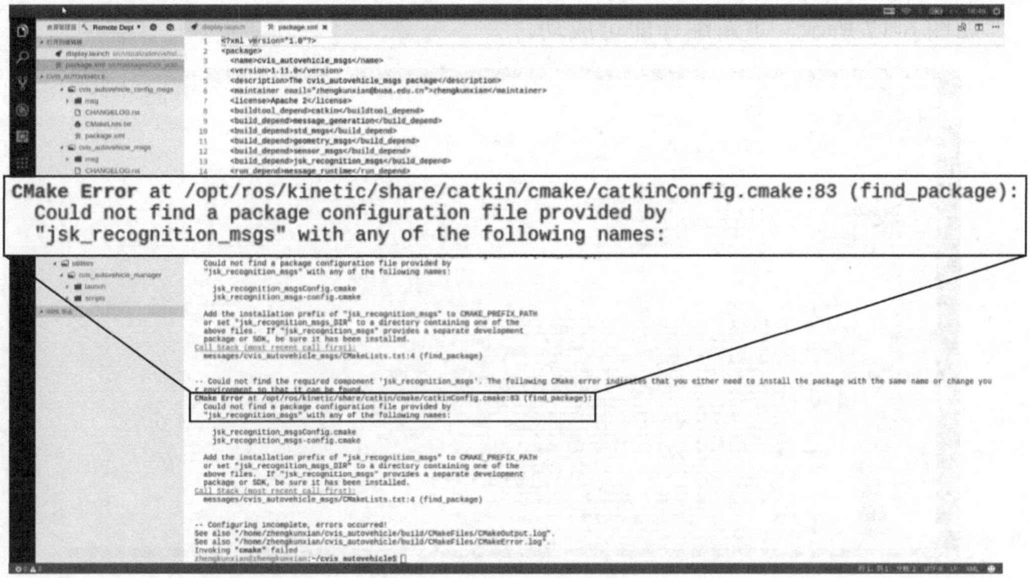

图 6-15　编译报错

遇到这类错误只要下载缺少的ROS包即可，缺少的ROS包安装完成后如图6-16所示。

```
zhengkunxian@zhengkunxian:~/cvis_autovehicle$ sudo apt-get
install ros-kinetic-jsk-recognition-msgs
```

图 6-16　ROS 包安装成功

如图 6-17 所示，重新编译即可成功。

图 6-17　工程编译成功

接着依次执行：

```
1.  zhengkunxian@zhengkunxian:~/cvis_autovehicle$ source devel/
    setup.bash
2.  zhengkunxian@zhengkunxian:~/cvis_autovehicle$ roslaunch cvis_
    autovehicle_manager cvis_autovehicle_manager.launch
```

便可启动用户界面，图 6-18 中的界面其底色为红色，跟图 6-8 中的界面已经不同。

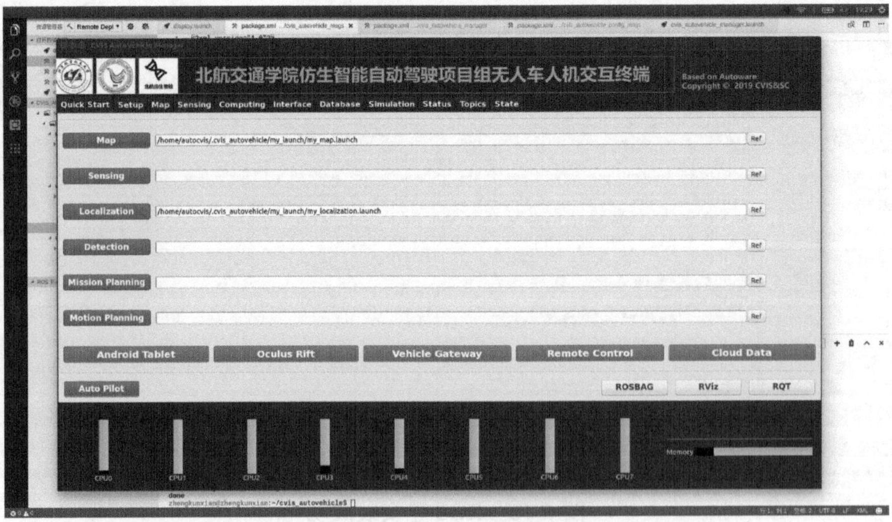

图 6-18　更改底色后的界面

上面为读者简单介绍了用户界面的更改过程，实际上还有很多复杂的操作，读者可以自行探索，在图 6-7 中 Autoware 原版用户界面的基础上设计出自己的专属用户界面。

6.3　案例三：功能填充

经过上面两个案例，读者已经开发完成专属车辆 3D 模型和用户界面，接下来考虑完善自动驾驶的功能。实际上经过案例二，估计大部分读者已经知道如何填充后台自动驾驶功能。要知道 Autoware 的用户界面虽然是前端，但它其实也是 ROS 包(runtime_manager 包)，也是 Autoware 的具体功能之一，因此我们仍然像“扒”Autoware 的 ROS 包 runtime_manager 一样，“扒”其他 ROS 包到自己的工程内编译跑通即可初步搭建自动驾驶的基本功能框架。后面在此基础框架上添加自己的专属算法即可快速实现独有自动驾驶系统，因此借助 Autoware 我们可以跳过很多不必要的基础功能开发过程，专注于算法上的创新，加速教学研究过程。下面以从 Autoware 中“扒”激光点云定位(ROS 包)这一功能为例，讲解具体的操作过程。

首先根据 Autoware 官方快速操作教程《Autoware_QuickStart_v1.1》中对于激光点云定位的相关操作(图 6-19)，查找到对应的 launch 文件，继而确定需要“扒”的节点。其实关键是获知 Autoware 中相应功能的启动操作，操作确定了，就知道涉及哪些节点，而 ROS 松耦合的特性使得“扒”节点非常容易。Autoware 官方快速操作教程《Autoware_QuickStart_v1.1》及用户手册《Autoware_UsersManual_v1.1》已经上传至 https://download.csdn.net/download/xiaoxiao123jun/12386722，读者可自行下载。

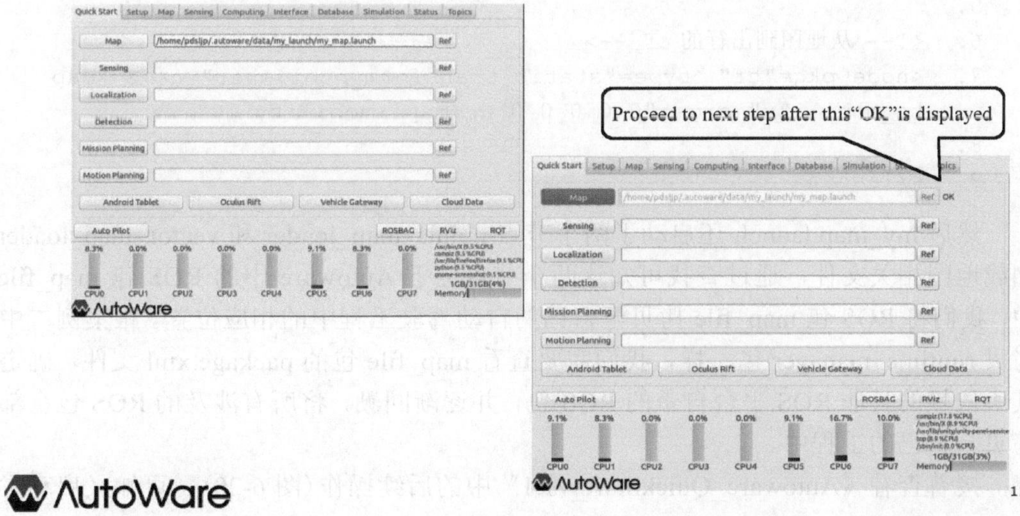

图 6-19　《Autoware_QuickStart_v1.1》中加载地图操作

由操作可知首先需要启动 my_map.launch，内容如下。

```
<launch>
  <!-- TF -->
  <include file="/home/zhengkunxian/.autoware/data/tf/tf.launch"/>
  <!–加载点云地图 -->
  <node pkg="map_file" type="points_map_loader" name="points_map_loader" args="noupdate /home/zhengkunxian/.autoware/data/map/pointcloud_map/bin_Laser-00160_-00860.pcd ……"/>
  <!-- 加载矢量地图 -->
  <node pkg="map_file" type="vector_map_loader" name="vector_map_loader" args="/home/zhengkunxian/.autoware/data/map/vector_map/streetlight.csv ……"/>
</launch>
```

其中 tf.launch 的内容如下，tf.launch 中启动的节点 static_transform_publisher 为 ROS 平台自带，不需要“扒”。

```
<!---->
<launch>
<!-- 从世界到地图的 tf -->
<node pkg="tf"  type="static_transform_publisher" name="world_to_map" args="14771 84757 -39 0 0 0 /world /map 10" />
<!-- 从地图到出行的 tf -->
<node pkg="tf"  type="static_transform_publisher" name="map_to_mobility" args="0 0 0 0 0 0 /map /mobility 10" />
</launch>
```

然后 my_map.launch 还启动了两个节点 points_map_loader 和 vector_map_loader 加载地图相关文件，通过查找可知这两个节点位于 Autoware 中的 ROS 包 map_file 中，我们将 ROS 包 map_file 拷贝至自己的自动驾驶工程中的相应位置。跟案例二中拷贝 runtime_manager 包一样，我们需要查看 map_file 包的 package.xml 文件，确定其所依赖的且非 ROS 平台自带的 ROS 包，并逐渐回溯，将所有涉及的 ROS 包全部拷贝至自己的工程中。

接着查看《Autoware_QuickStart_v1.1》中的后续操作(图 6-20)，可知又启动了 my_ localization.launch。

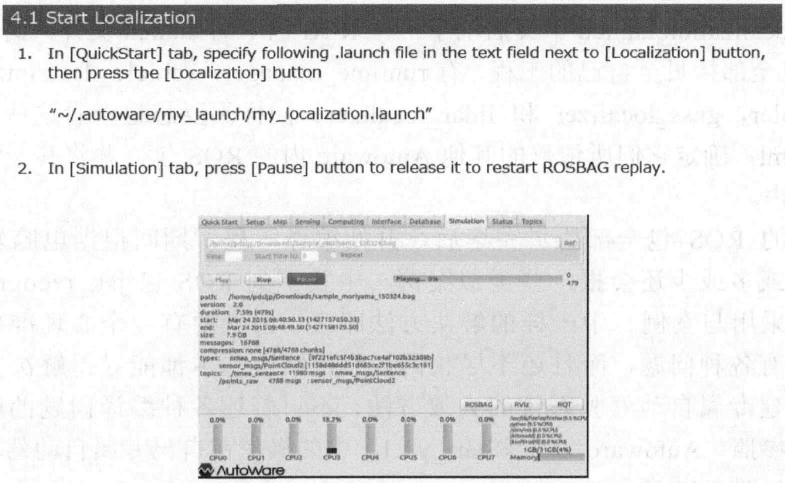

图 6-20　《Autoware_QuickStart_v1.1》中启动定位

my_localization.launch 内容如下。

```
<launch>

  <!-- setting path parameter -->
  <arg name="get_height" value="true" />

  <!-- Setup -->
  <include file="$(find runtime_manager)/scripts/setup_tf.launch">
    ......
  </include>
  <include file="$(find vehicle_description)/launch/vehicle_model.launch" />

  <!-- points downsampler -->
  <include file="$(find points_downsampler)/launch/points_downsample.launch" />

  <!-- nmea2tfpose -->
  <include file="$(find gnss_localizer)/launch/nmea2tfpose.launch"/>

  <!-- ndt_matching -->
  <include file="$(find lidar_localizer)/launch/ndt_matching.launch">
    <arg name="get_height" value="$(arg get_height)" />
  </include>

</launch>
```

my_localization.launch 中又启动了一些 ROS 包中的 launch 文件，我们将所涉及的 ROS 包全部拷贝至自己的工程，有 runtime_manager，vehicle_description，points_downsampler，gnss_localizer 和 lidar_localizer。同样不要忘记查看这些 ROS 包的 package.xml，确定它们所依赖的其他 Autoware 内的 ROS 包，并将其一并拷贝至自己的工程内。

相关的 ROS 包全部拷贝完毕后，开始编译工程，期间根据电脑软件环境配置的不同或多或少还会报一些类似案例二中找不到 ROS 包 jsk_recognition_msgs 的错误，采用与案例二中一样的解决方法即可。读者要有一个心理准备，编译过程必定会有各种问题，而且还不尽相同，但是网上基本都能寻得解决方案，本书仅介绍构建专属自动驾驶系统的大致方法，不再赘述各种编译问题的解决。编译成功后，参照《Autoware_QuickStart_v1.1》中的操作在自己专属自动驾驶系统上运行即可，如图 6-21 所示。

图 6-21　启动专属自动驾驶系统的激光点云定位功能

其他功能的实现类似“扒”激光点云定位功能，这些都是一些基础功能的实现，如激光点云定位功能就是基于常见的正态分布变换算法。我们当然也可以自己实现，但其实重复“造轮子”意义不大，毕竟算法不像实业，对于算法而言，我们懂得原理，并且确认已有“轮子”功能正常后就可以专心在此基础上优化、创新，而且 Autoware 基于 Apache 2.0 开源许可协议，我们基于该产品代码开发了衍生产品，不用担心会在某一天被禁止使用该代码。

最后，为了方便读者，本书将 Autoware v1.12.0 源码，代码运行过程中所需的配置文件以及示例 ROSBAG 数据上传至 https://pan.baidu.com/s/11LCN5ZFxLKcaruJQag8vpw（提取码：9quo），以便读者进行实操。

6.4 本章小结

本章从三个案例的实操角度为读者解密基于 Autoware 搭建个人专属自动驾驶系统的过程，读者基于 Autoware 可以跳过很多基础功能的开发，快速构建自动驾驶基本框架，专注于创新算法的实现。而且本章内容简单易行，具有较好的课堂教学研究价值，适合帮助零基础学生快速入门自动驾驶技术。